ENCICLOPEDIA DELLA Terra PER RAGAZZI

ENCICLOPEDIA DELLA Terra PER RAGAZZI

MICHAEL ALLABY

TOURING JUNIOR

Touring Club Italiano

Presidente Franco Iseppi

Direttore generale Fabrizio Galeotti

Touring Editore

Direttore editoriale Alberto Dragone

Editor Ornella Pavone

Progetto editoriale Jessica Cox

Editore testi Barbara Shepherd

Disegni DiZign Pty Ltd, Juliana Titin

Testi aggiuntivi Brian Choo, Robert Coenraads, Robert Coupe

Indice Puddingburn Publishing Services

Traduzione e adattamento Elena Gatti, Daniela Alvisi

Editing Studio Diwa, Milano

Fotolito Colourscan Overseas Co Pte Ltd

Stampato in Cina

Finito di stampare nell'agosto 2011

Codice H1140A

EAN 9788836558377

Pagina precedente: La lava arriva al mare formando nubi di vapore, isola di Kilauea, Hawaii, Usa.

A destra: Le scogliere di una delle 115 isole delle Seychelles emergono dalle acque turchesi dell'arcipelago (foto da elicottero).

Sommario

Guida alla consultazione 8

La Terra nello spazio 10

L'universo 12
Il sistema solare 14
Il pianeta Terra 16
Origine della Terra 18
Il Sole 20
La Luna 22

La storia della Terra 24

La vita sulla Terra 26
L'evoluzione delle piante 28
Esplosione di vita 30
Oceani affollati 32
L'era dei pesci 34
La fine di un'era 36
L'era dei rettili 38
I dinosauri 40
I mammiferi 42
La Terra diventa la casa dell'Uomo 44

Dentro la Terra 46

Viaggio al centro della Terra 48
Terra inquieta 50
Continenti in movimento 52
Pieghe e faglie 54
Le rocce 56
Rocce ignee 58
Rocce sedimentarie 60
Rocce metamorfiche 62
Le rocce nel paesaggio 64
Usi delle rocce 66
I minerali 68
I minerali ornamentali e i cristalli 70
I minerali preziosi e semipreziosi 72
I metalli 74
I fossili 76
Piante e invertebrati 78
I fossili dei vertebrati 80
Ricostruire i fossili 82

La Terra in movimento 84

I vulcani 86
I punti caldi 88
Kilauea 90
I vulcani del mondo 92
Paesaggi vulcanici 94
Crateri e caldere 96
I terremoti 98
Gli tsunami 100
I terremoti nel mondo 102
Geyser e sorgenti calde 104
Ghiacciai e calotte glaciali 106
Frane e valanghe 108
La degradazione meteorica 110
Paesaggi di erosione 112

Gli oceani 114

Oceani del mondo 116
L'oceano Pacifico 118
L'oceano Atlantico 120
L'oceano Indiano 122
Il mar Glaciale Artico 124
L'oceano Antartico 126
Mari in espansione 128

Le correnti marine 130
Le onde e le maree 132
Le zone e gli habitat oceanici 134
Le barriere coralline 136
Le coste 138
Blu profondo 140
I fondali oceanici 142

Le terre emerse 146

La cartografia della Terra 148
I continenti 150
Le isole 156
Gli atolli 158
Gli ecosistemi 160
Le foreste tropicali 162
Le foreste temperate e di conifere 166
Le praterie 168
La tundra 170
I deserti 172
Le montagne 176
I fiumi 180
Gli estuari 182
Le zone umide 184
Le regioni artiche 186
Le regioni antartiche 188
Le aree agricole 190
Le aree urbane 192
La biodiversità 194
L'ambiente globale 196

La meteorologia 198

Che tempo fa? 200
Le zone climatiche 202
Il "motore" del tempo 204
I sistemi dei venti 206
Il ciclo dell'acqua 208
Le nubi 210
I tipi di nubi 212
I venti 214
Le precipitazioni 216
Le perturbazioni 218
I tornado 220
Gli uragani 221
I fulmini 222
Il raffreddamento globale 224
Il riscaldamento globale 226
Gli effetti del riscaldamento globale 228

Le risorse del pianeta 230

Energia dalla Terra 232
Petrolio e gas 234
Il carbone 236
Energia solare ed energia eolica 238
Energia dall'acqua 240

Banca dati 242
Glossario 248
Indice analitico 250
Fonti iconografiche 256

Guida alla consultazione

L'enciclopedia è divisa in otto sezioni. La prima è dedicata al posto occupato dal nostro pianeta nel sistema solare e nell'universo, la seconda ci guida attraverso la storia della Terra, mentre la terza e la quarta ne esplorano le profondità per scoprire di che cosa è fatta e osservarne i processi; la quinta e la sesta sezione descrivono gli oceani e le terre emerse, la settima è dedicata all'atmosfera, e infine l'ultima prende in esame le risorse e le fonti energetiche. Completano il volume un glossario e una "banca dati" sulla Terra.

ABBREVIAZIONI

mm	millimetri	t	tonnellate
cm	centimetri	kg	chilogrammi
m	metri	g	grammi
km	chilometri	m.a.	milioni di anni fa
km²	chilometri quadrati		
°	gradi (temperatura)		
°N	gradi di latitudine nord		
°S	gradi di latitudine sud		

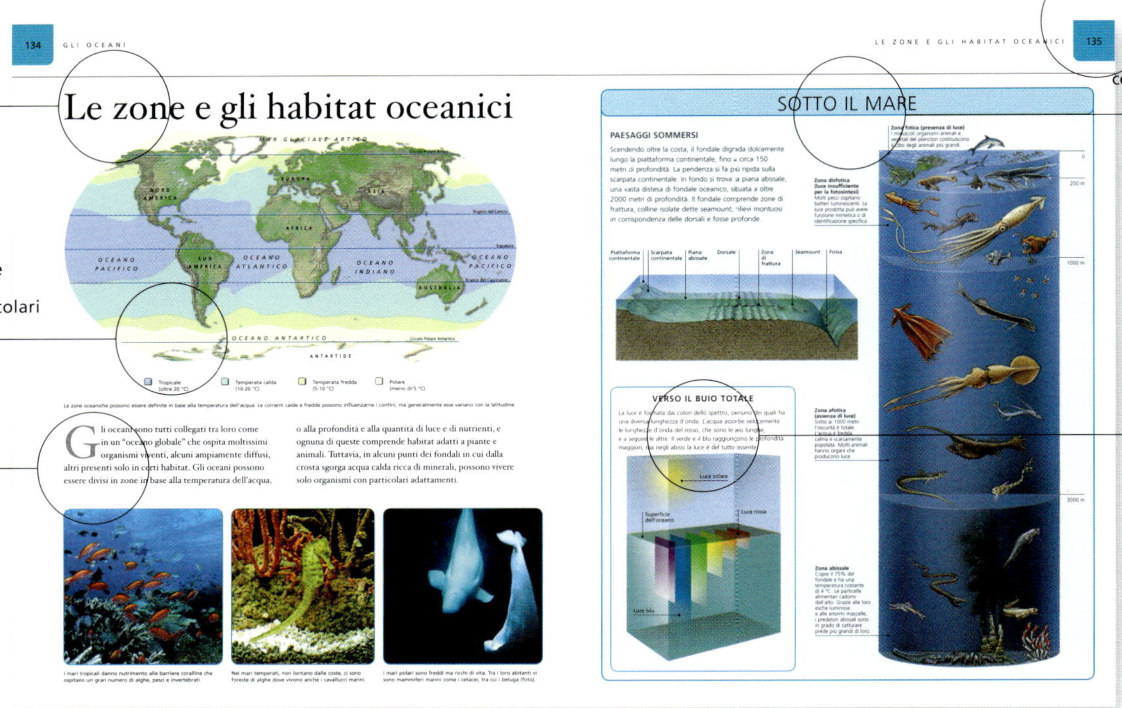

Titolo del capitolo
Qui è indicato l'argomento discusso nella pagina o nel capitolo.

Mappe e carte
In alcuni casi le mappe riguardano caratteristiche geografiche; in altri casi evidenziano aspetti particolari dell'argomento trattato.

Introduzione
Questo testo introduce l'argomento della pagina o del capitolo.

Colore
Ogni sezione è contrassegnata da un colore.

Descrizioni su pagina intera
Alcune pagine sono dedicate a descrizioni più dettagliate di particolari fenomeni o aspetti tematici.

Box interni
Nelle illustrazioni provviste di didascalie e negli schemi si possono trovare ulteriori informazioni.

DATI SULL'OCEANO PACIFICO

Superficie	155,6 milioni di km²
Profondità media	4001 m
Profondità massima	10.920 m
Larghezza massima	18.000 km
Lunghezza massima	13.900 km
Lunghezza delle coste	135.663 km

RECORD MONDIALI

LA NAZIONE PIÙ PICCOLA
Città del Vaticano
(0,44 km²)

LA STALAGMITE PIÙ ALTA
Grotta di Kráshnohorská, Slovacchia
(32 m)

CURIOSITÀ

Non è possibile andare fino al centro della Terra: si verrebbe schiacciati dalla pressione e cotti dal calore prima di arrivare al mantello. Il limite massimo sono i 2080 metri della Grotta di Voronya, in Georgia.

CRONOLOGIA GEOLOGICA

Nella sezione dedicata alla storia della Terra è riportata una linea del tempo, suddivisa in due parti che elencano le ere e i periodi geologici. Sulla linea, è evidenziato il periodo trattato nella pagina.

PER SAPERNE DI PIÙ

I box "curiosità" sono presenti in tutto il libro; quelli sugli oceani e sui record si trovano nelle sezioni dedicate agli oceani e alle terre emerse.

PALEOZOICO: ERA DELLA VITA ANTICA				
CAMBRIANO	ORDOVICIANO	SILURIANO	DEVONIANO	CARBONIFERO
542	488	444	416	359

Paragrafi
Ogni sezione è divisa in capitoli, e alcuni capitoli sono a loro volta suddivisi in paragrafi.

Frecce
Le frecce indicano gli oggetti descritti.

Approfondimento
I box di approfondimento sono dedicati ad aspetti di particolare interesse.

Intestazione di pagina
Il titoletto in alto a destra richiama i diversi capitoli di ogni sezione.

Didascalie
Ogni illustrazione ha la sua didascalia. In alcuni casi è presente un breve testo con ulteriori informazioni.

Mappa di distribuzione
Vedi spiegazione dettagliata in basso.

Fotografie e didascalie
Le fotografie, corredate di didascalie, mostrano scene o immagini relative all'argomento trattato nella pagina.

Occhio all'habitat
Vedi spiegazione dettagliata in basso.

Illustrazione principale
È l'immagine, provvista di didascalia, che illustra il tema della pagina.

Schemi dettagliati
Disegni e schemi forniscono ulteriori informazioni.

MAPPE DI DISTRIBUZIONE

Gli ecosistemi sono localizzati su mappe a colori. L'ecosistema di cui si parla è colorato in giallo; se ne vengono descritti due, il secondo è in blu e la zona di sovrapposizione è verde.

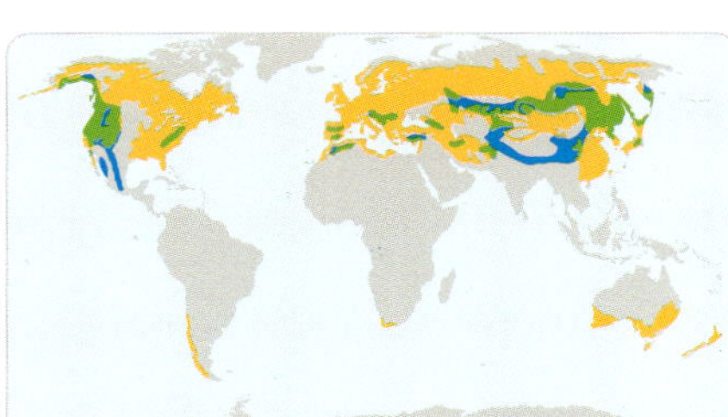

Foreste temperate · Foreste di conifere · Foreste temperate e di conifere

OCCHIO ALL'HABITAT

Molti habitat ed ecosistemi terrestri sono fragili, cioè sensibili ai cambiamenti, che possono anche essere causati da attività umane. Questi box evidenziano habitat o animali particolarmente vulnerabili.

OCCHIO ALL'HABITAT

La stella "corona di spine" si nutre di polipi di corallo. Attacca le barriere di tutto il mondo e ha già causato seri danni alla Grande Barriera Australiana. Un altro problema delle barriere è lo sbiancamento, dovuto alla scomparsa delle alghe causata dall'inquinamento.

	MESOZOICO: ERA DEI RETTILI			CENOZOICO: ERA DEI MAMMIFERI	
MIANO	TRIASSICO	GIURASSICO	CRETACEO	PALEOGENE	NEOGENE
	251	200	146	65,5	23 0

La Terra nello spazio

L'universo

La Terra e gli altri pianeti, il Sole e le altre stelle, le galassie, lo spazio che le circonda e l'energia che sprigionano fanno tutti parte di ciò che chiamiamo universo. Circa 14 miliardi di anni fa, tutta la materia, l'energia e lo spazio stesso erano concentrati in un unico punto; in seguito si verificò una tremenda esplosione – il Big Bang – da cui ebbero origine gli elementi fondamentali dell'universo, l'idrogeno e l'elio. Questi gas si aggregarono in grandi corpi, chiamati galassie, e dall'esplosione delle stelle al loro interno si formarono altri elementi, fra cui il carbonio, il "mattone della vita" sulla Terra.

La Terra e il sistema solare si sono formati da una nube di gas e polveri, circa 4,6 miliardi di anni fa. La nebulosa di Orione, un giorno, potrebbe collassare su se stessa e dare origine a un sistema solare molto simile al nostro.

LA VITA NELL'UNIVERSO

Tutto ciò che sappiamo dell'universo l'abbiamo imparato con l'aiuto dei satelliti e delle sonde spaziali, che dagli anni Sessanta hanno viaggiato nel sistema solare alla scoperta di luoghi inesplorati. Finora le sonde non hanno trovato tracce di vita oltre la Terra.

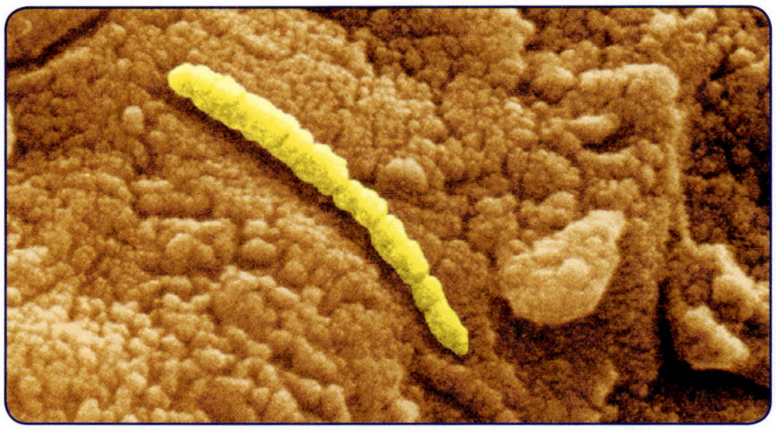

Osservando al microscopio un meteorite proveniente da Marte, è stata scoperta questa struttura tubulare. Secondo alcuni potrebbe trattarsi di un piccolo fossile marziano.

QUALI FORME DI VITA?
I primi organismi viventi sulla Terra erano semplici cellule. Forse nell'universo esistono altre forme di vita semplici come questa?

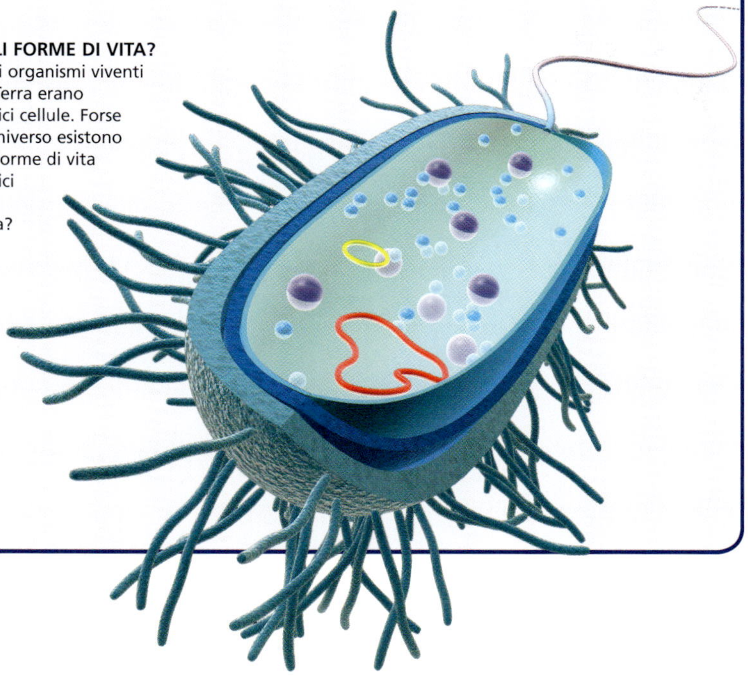

1 LA TERRA
La nostra casa è un piccolo e acquoso pianeta blu, in orbita a circa otto minuti-luce dal calore e dalla luce del Sole, una tipica stella gialla. Finora la Terra è l'unico luogo che conosciamo nell'universo in cui esiste la vita.

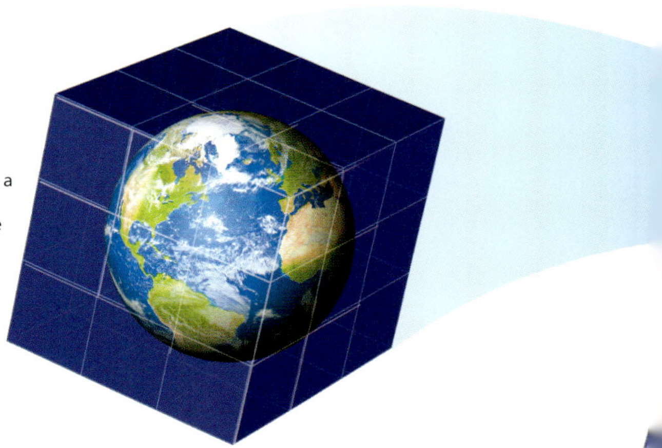

IL POSTO DELLA TERRA NELLO SPAZIO

La Terra è solo uno degli otto pianeti del sistema solare che, a sua volta, fa parte della Via Lattea, una delle galassie che formano l'ammasso del Gruppo Locale. Questi ammassi galattici si raggruppano in superammassi, che contano al loro interno miliardi di galassie.

UNA BIGLIA BLU
Quando gli astronauti misero piede sulla Luna, la Terra in lontananza si presentò ai loro occhi come una biglia blu sospesa nell'oscurità dello spazio, al di sopra del grigio panorama senza vita del suolo lunare.

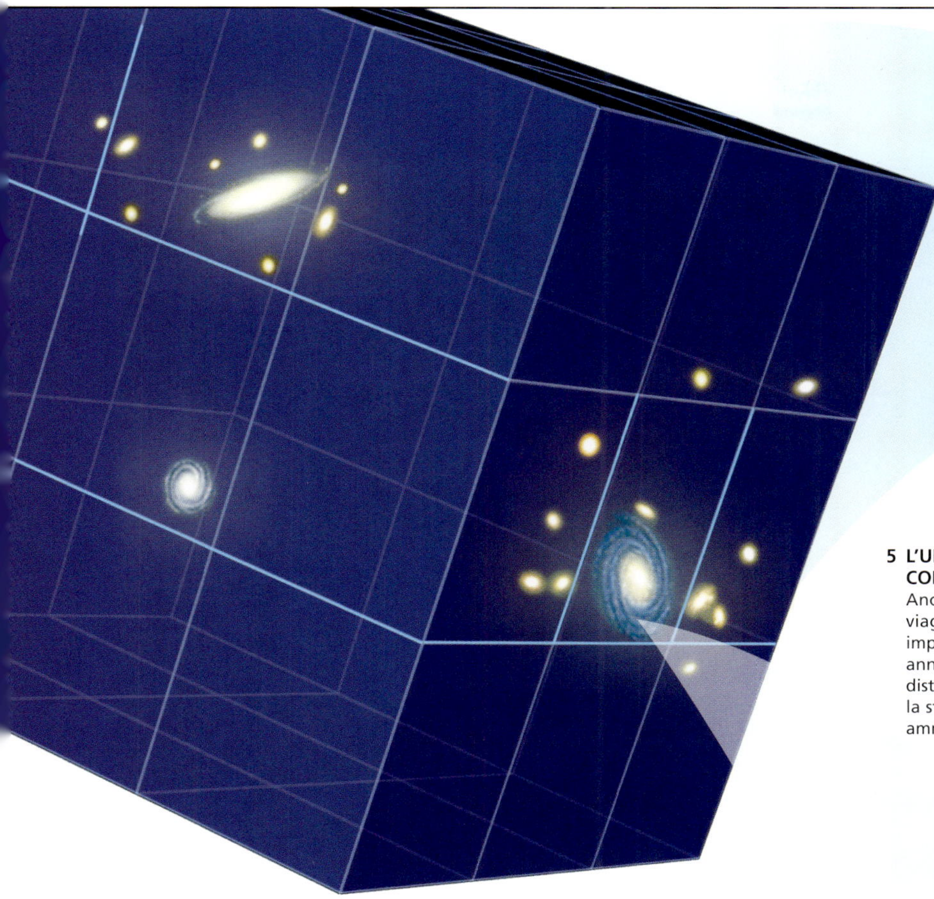

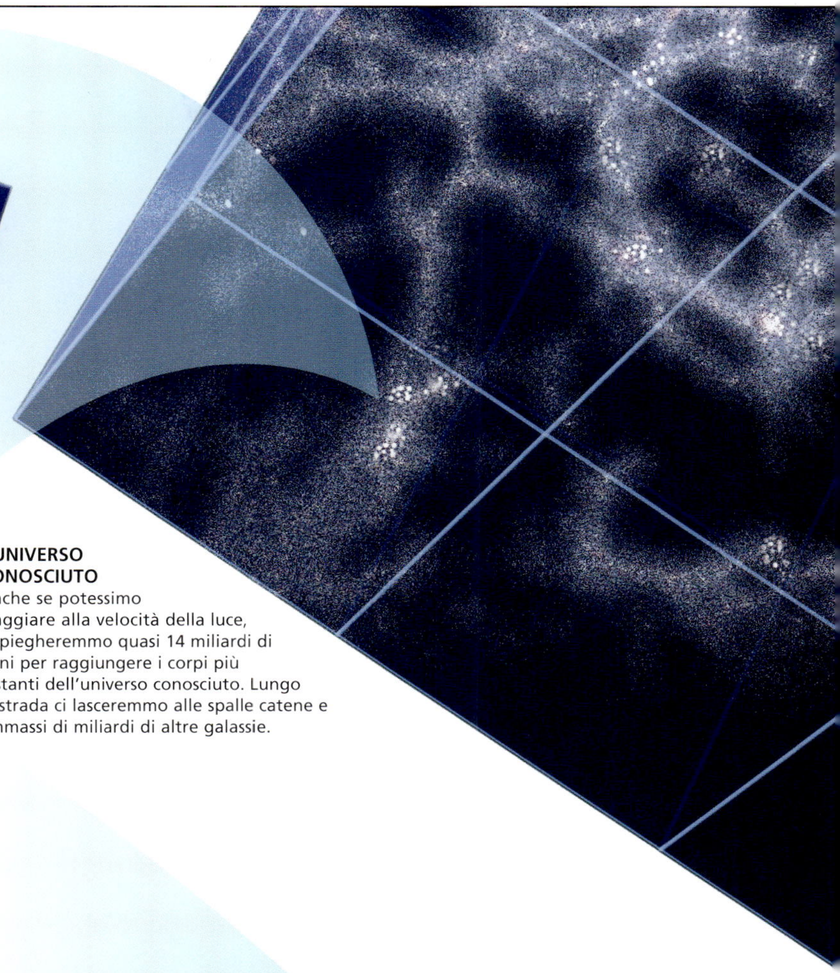

5 L'UNIVERSO CONOSCIUTO
Anche se potessimo viaggiare alla velocità della luce, impiegheremmo quasi 14 miliardi di anni per raggiungere i corpi più distanti dell'universo conosciuto. Lungo la strada ci lasceremmo alle spalle catene e ammassi di miliardi di altre galassie.

4 IL GRUPPO LOCALE
Un raggio luminoso impiegherebbe 2,5 milioni di anni per raggiungere la galassia di Andromeda, la galassia di grandi dimensioni più vicina alla nostra. Andromeda è uno dei nostri vicini nella piccola famiglia di galassie nota come Gruppo Locale.

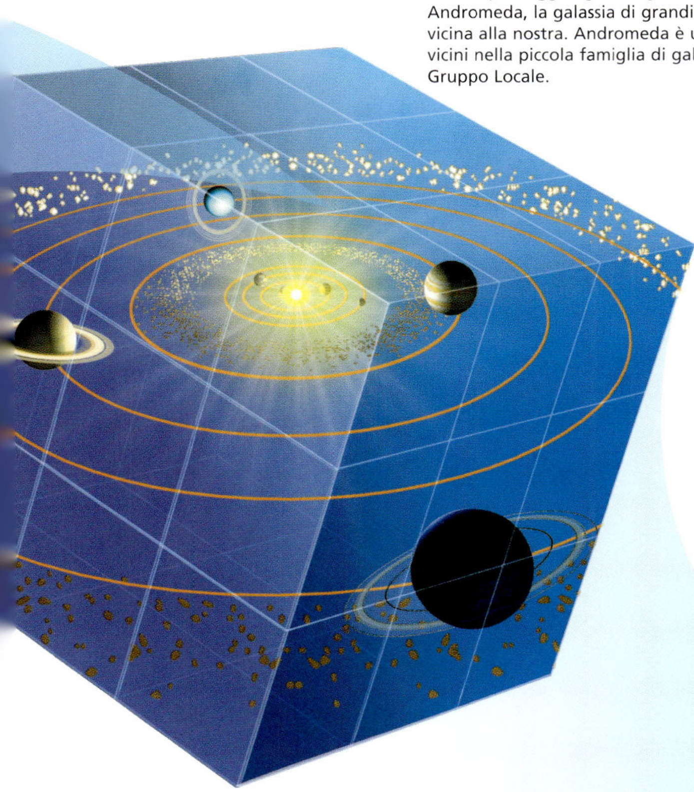

3 LA VIA LATTEA
Anche sfrecciando alla velocità della luce nel vuoto (300.000 km/s), la massima velocità possibile, un raggio luminoso impiegherebbe 100.000 anni per attraversare la nostra galassia.

2 IL SISTEMA SOLARE
Allontanando il punto di osservazione, la Terra ci appare come un semplice pianeta in un gruppo che comprende altri sette pianeti maggiori e diversi pianeti nani. La luce impiega circa sei ore per viaggiare dal Sole fino a Plutone, il pianeta nano situato agli estremi confini del sistema solare.

Il sistema solare

I pianeti maggiori ruotano intorno al Sole lungo percorsi ellittici chiamati orbite. Il tempo di un'orbita è breve per i pianeti interni, mentre può durare molti anni per quelli esterni.

La Terra fa parte della grande famiglia cosmica che chiamiamo sistema solare. Al centro si trova il Sole, che regola questo insieme composto da otto pianeti maggiori, dozzine di satelliti e innumerevoli asteroidi e comete. I pianeti maggiori si dividono in due gruppi; i rocciosi pianeti interni sono Mercurio, Venere, la Terra e Marte, mentre i pianeti esterni, detti anche "giganti gassosi", sono Giove, Saturno, Urano e Nettuno. Nel 1930, anno della sua scoperta, Plutone fu annoverato tra i pianeti ma, nel 2006, fu ribattezzato pianeta nano; Plutone è uno dei piccoli mondi ghiacciati che formano la Fascia di Kuiper, ai confini del sistema solare. Gli altri due pianeti nani sono Cerere ed Eris, ma tanti ancora sono i corpi celesti in attesa di una classificazione.

LA DISTANZA DAL SOLE

I pianeti interni orbitano piuttosto vicino al Sole. I grandi pianeti esterni, invece, sono più lontani e sparpagliati, con enormi spazi compresi tra le loro orbite.

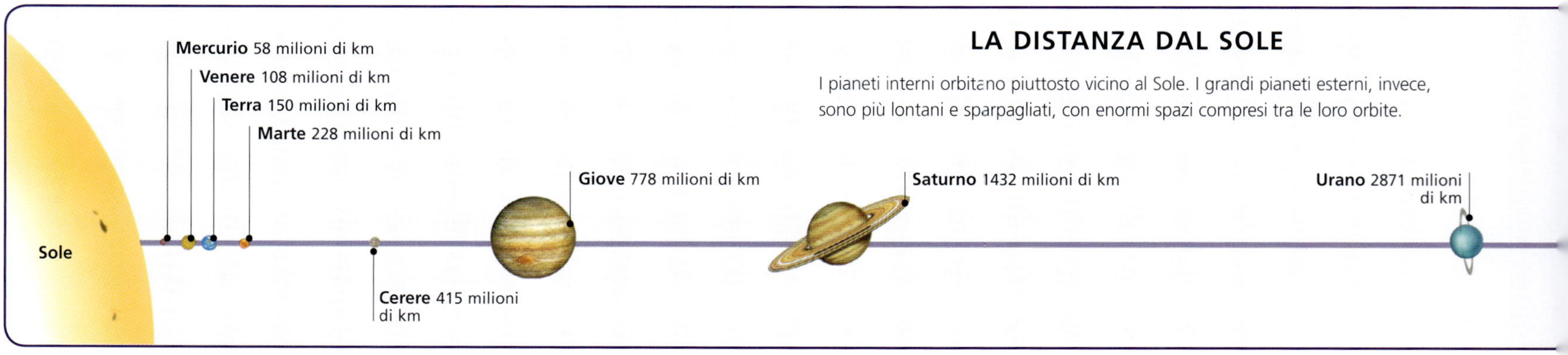

I PIANETI INTERNI
I quattro pianeti più vicini al Sole costituiscono il sistema solare interno. Sono composti soprattutto di roccia e sono molto più piccoli dei quattro giganti gassosi.

I PIANETI ESTERNI
I quattro pianeti del sistema solare esterno sono chiamati giganti gassosi, perché sono costituiti in gran parte di idrogeno e di elio.

La fascia degli asteroidi Gli asteroidi sono fatti di roccia e metallo. Ce ne sono migliaia che orbitano fra Marte e Giove.

La Cometa Hale Bopp Quando una cometa si avvicina al Sole, il calore fa vaporizzare il ghiaccio di cui è fatta, formando code di gas e polvere.

I PIANETI

Gli otto pianeti maggiori del sistema solare sono molto diversi fra loro per dimensione e struttura. Tutti insieme avrebbero una massa pari a quella di 447 Terre, equivalente ad appena lo 0,13% della massa del Sole.

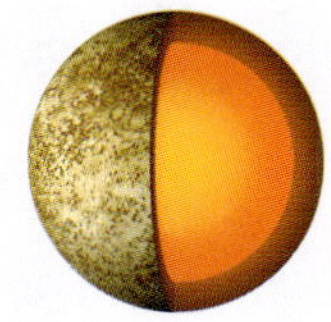

MERCURIO
Mercurio ha un ampio nucleo centrale e una superficie ricoperta da crateri e bacini.

VENERE
Venere è velato da bianche nubi sulfuree, sotto le quali si ergono vulcani e montagne.

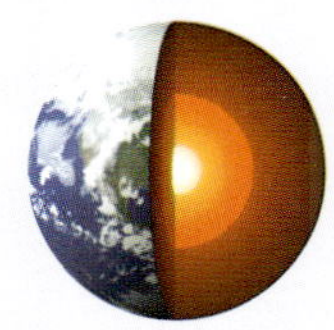

TERRA
La Terra ha un nucleo solido di ferro e nichel, un nucleo liquido esterno, un mantello e una crosta.

MARTE
Marte è un pianeta gelido, con antichi crateri e vulcani. Presso i suoi poli c'è acqua ghiacciata.

GIOVE
Giove è una gigantesca palla di gas, soprattutto idrogeno ed elio. La sua superficie non è solida.

SATURNO
Saturno è striato da bande di nubi e da tempeste e vortici formati da ghiaccio e cristalli di ammoniaca.

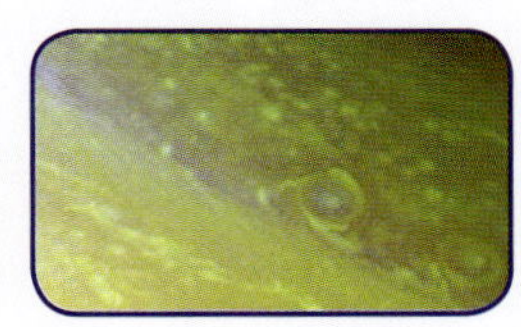

URANO
Sotto la superficie gassosa di Urano ci sono uno strato melmoso di acqua e gas e un nucleo roccioso.

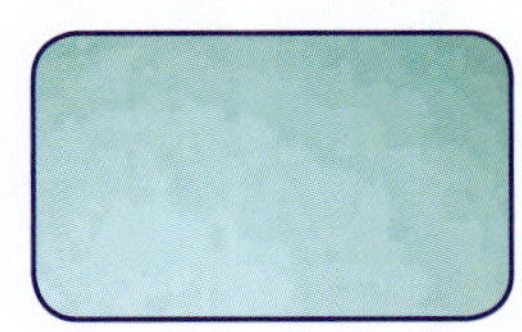

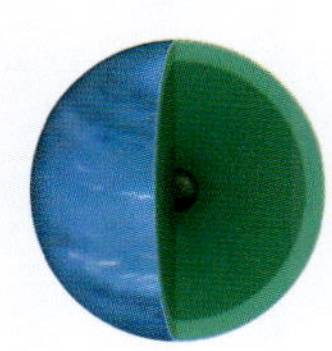

NETTUNO
Nettuno ci appare blu per il metano in superficie; al di sotto si trovano fango e un nucleo roccioso.

Nettuno 4498 milioni di km

Plutone 5914 milioni di km

Eris 10.122 milioni di km

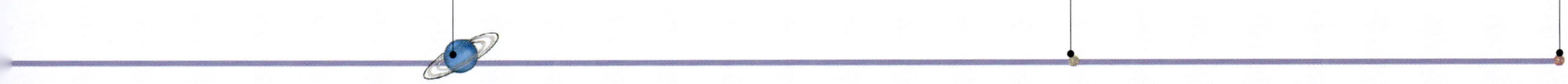

Il pianeta Terra

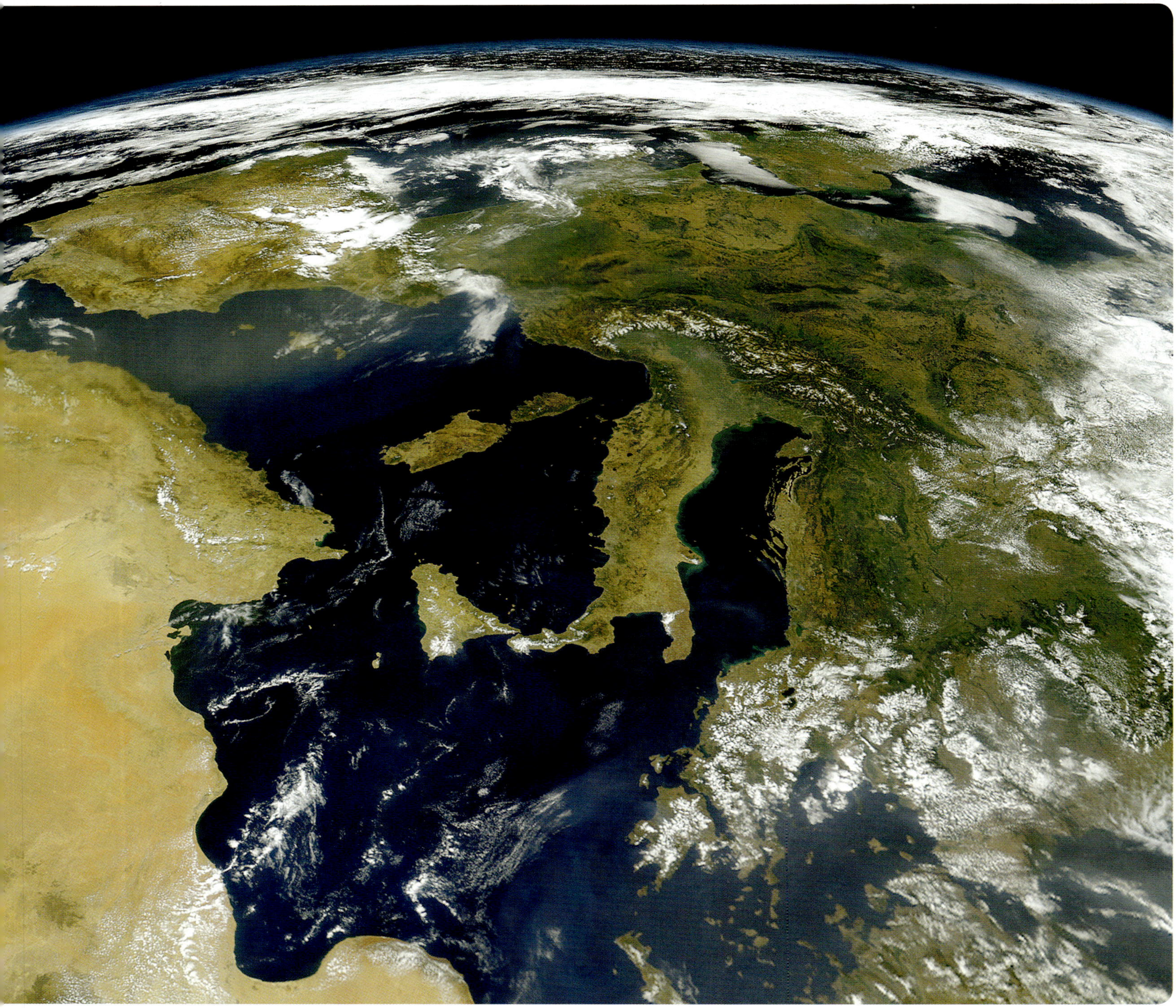

La morfologia del suolo terrestre si può fotografare dallo spazio con i satelliti. Questa foto mostra parte dell'Europa e dell'Africa, con l'Italia che si estende nel Mediterraneo.

La Terra è l'unico luogo che conosciamo, in tutto l'universo, con condizioni adatte alla vita. La Terra si trova infatti alla giusta distanza dal Sole perché in superficie ci sia acqua allo stato liquido; se fosse più vicina al Sole, fiumi e oceani andrebbero in ebollizione per poi evaporare e, se fosse più lontana, sarebbe un gelido mondo di ghiaccio. Sotto la superficie rocciosa, la Terra presenta uno strato di materia calda e fusa; durante le eruzioni vulcaniche, la roccia fusa risale in superficie e si solidifica nella crosta, rinnovandola continuamente, creando nuove montagne e sollevando minerali dagli strati profondi.

L'ATMOSFERA TERRESTRE

L'atmosfera terrestre, lo strato di gas che circonda il pianeta, viene suddivisa in diverse regioni. La troposfera contiene la maggior parte del vapore acqueo visibile sotto forma di nubi; al di sopra si trova la stratosfera, in cui è presente lo strato di ozono che ci protegge dalle radiazioni nocive. Oltre il confine superiore dell'atmosfera si estende la fredda oscurità dello spazio cosmico.

UNO STRATO SOTTILE
In confronto alle dimensioni della Terra, lo spessore dell'atmosfera si può paragonare a quello di una mano di vernice.

IL PIANETA DEGLI ESTREMI

Sulla superficie terrestre è presente un'incredibile varietà di ambienti. In quasi tutti ci sono forme di vita di qualche tipo.

Le regioni polari Rispetto al resto della Terra, i gelidi Poli ricevono molta meno luce solare.

I deserti Nei deserti, le piogge sono così scarse che pochissime piante riescono a crescere.

I Tropici Nelle zone vicine all'Equatore fa caldo tutto l'anno e le piogge sono abbondanti.

Le montagne La vegetazione cambia salendo in quota, via via che la temperatura diminuisce.

LA TERRA A CONFRONTO

La Terra è un pianeta molto attivo. L'attività in superficie e nel sottosuolo forma continuamente nuove montagne e depressioni, che vengono poi lentamente erose dai corsi d'acqua, dalla pioggia, dal ghiaccio e dalle onde degli oceani. Su Marte e Venere – i pianeti più vicini alla Terra – dove non esiste acqua allo stato liquido in superficie, le montagne e le fosse sono meno soggette all'erosione e sono più grandi di ogni altra forma terrestre.

Origine della Terra

Circa 4,6 miliardi di anni fa, una massiccia nebulosa rotante di gas caldo e polveri si condensò formando il sistema solare. I granelli di polvere iniziarono ad aggregarsi in corpi sempre più grandi e intorno a una giovane stella, il Sole, si formarono così i pianeti. Secondo le prove scientifiche, almeno due pianeti – la giovane Terra e un piccolo pianeta chiamato Theia – si formarono a circa 150 milioni di chilometri dal Sole, e dai detriti risultanti dallo schianto fra i due corpi si formò la Luna. La Terra, composta in origine di sola materia fusa, accumulò massa lentamente in seguito a innumerevoli urti con corpi più piccoli e, crescendo, si raffreddò, formando una crosta solida. La forza di gravità divenne così sufficiente a trattenere intorno al pianeta un'atmosfera gassosa contenente vapore acqueo.

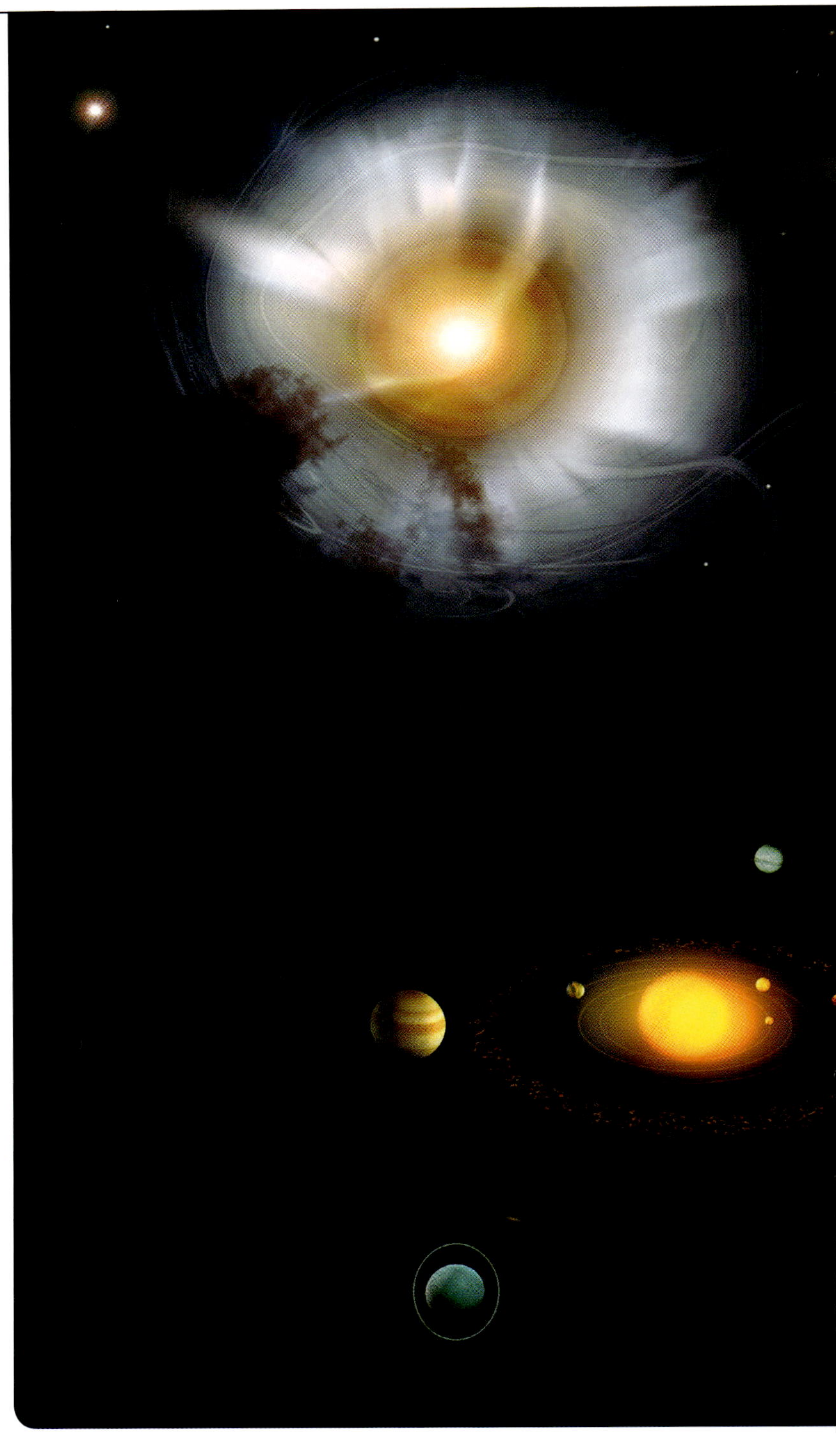

ROCCE DALLO SPAZIO

Dalla materia che formò il sistema solare non derivano solo il Sole e i pianeti, ma anche gli asteroidi, milioni di corpuscoli rocciosi concentrati fra le orbite di Marte e Giove; alcuni sono piccoli come sassolini, altri sono grandi come montagne. I corpi che si incendiano nell'atmosfera danno luogo alle meteore, quelli che toccano il suolo sono detti meteoriti.

In questa foto aerea si vede chiaramente il Meteor Crater, grande cratere da impatto che si trova in Arizona, negli Stati Uniti. A provocarlo fu un meteorite caduto circa 50.000 anni fa.

BREVE STORIA DELLA TERRA

L'origine
La polvere e i detriti, presenti nella nube massiccia che circonda il Sole, si ammassano creando i pianeti interni. La gravità li spinge a urtarsi fra di loro formando oggetti sempre più grandi, fino a costituire i pianeti.

Il riscaldamento
La Terra viene colpita e, dai detriti, si forma la Luna. I ripetuti impatti e il calore interno surriscaldano il nostro pianeta e lo fanno fondere. Gli elementi pesanti sprofondano al centro e quelli più leggeri affiorano.

Il raffreddamento
La Terra si raffredda e in superficie si forma una crosta solida rocciosa. Ha origine l'atmosfera, a cui si aggiungono i gas espulsi dai vulcani e dalle profondità della Terra.

L'assestamento
Gli impatti si diradano. L'interno della Terra si divide in nucleo e mantello. Il vapore acqueo nel cielo si condensa e sul pianeta iniziano a cadere le piogge, creando gli oceani. Tutto è pronto per lo sviluppo della vita.

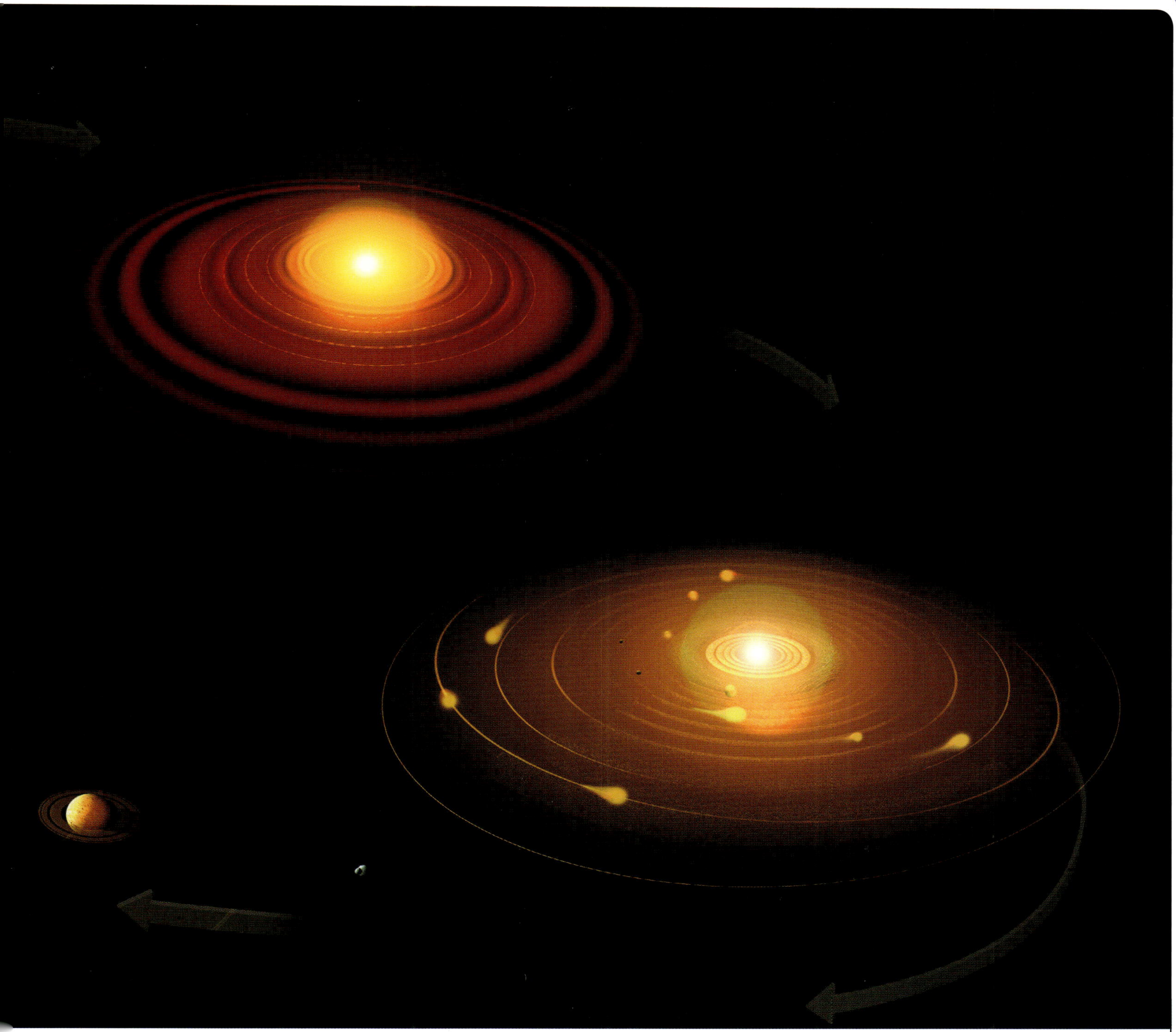

All'inizio della sua storia, la Terra subì un periodo di intenso bombardamento. Ogni impatto aggiunse massa al giovane pianeta.

NASCITA DEL SISTEMA SOLARE

1 Una gigantesca nube di gas e polveri collassa, inizia a ruotare e si appiattisce, assumendo la forma di un disco.

2 Dopo milioni di anni, gran parte della materia si accumula al centro e inizia a creare quello che diventerà il Sole. La materia rimasta all'esterno, lungo il disco, si aggrega in fasce.

3 Nel raggio di parecchi chilometri, ammassi di polvere si addensano e formano corpi rocciosi che, urtandosi fra di loro, si uniscono e si trasformano nei pianeti interni.

4 Otto pianeti, fra cui la Terra, restano infine in orbita intorno al Sole.

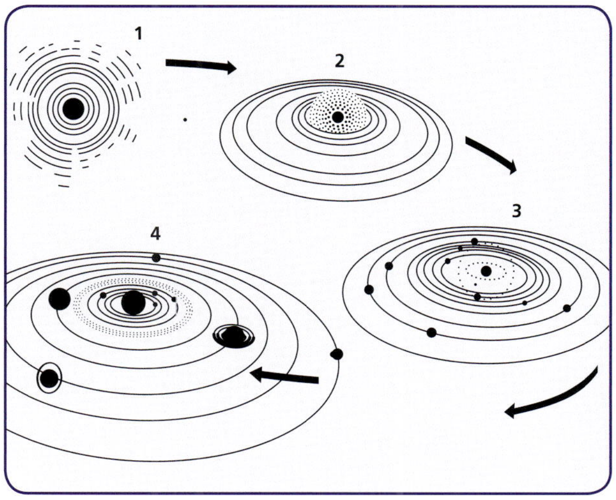

Il Sole

Dal Sole, la grande stella al centro del nostro sistema solare, provengono la luce e il calore che servono per riscaldarci e ottenere il cibo. Il Sole non è la stella più grande dell'universo, anzi, è piuttosto piccola, ma a noi sembra enorme e brillante perché si trova a "soli" 150 milioni di chilometri dalla Terra. La sua luce ci raggiunge in appena otto minuti, mentre quella della successiva stella più brillante impiega ben otto anni! Secondo gli scienziati, il Sole si è formato circa 4,6 miliardi di anni fa, forse dall'esplosione di una stella vicina, che provocò il collasso gravitazionale di un'enorme nube di polveri e gas. La parte centrale della nube si trasformò nel Sole, mentre i corpi più piccoli che si formarono intorno divennero i pianeti.

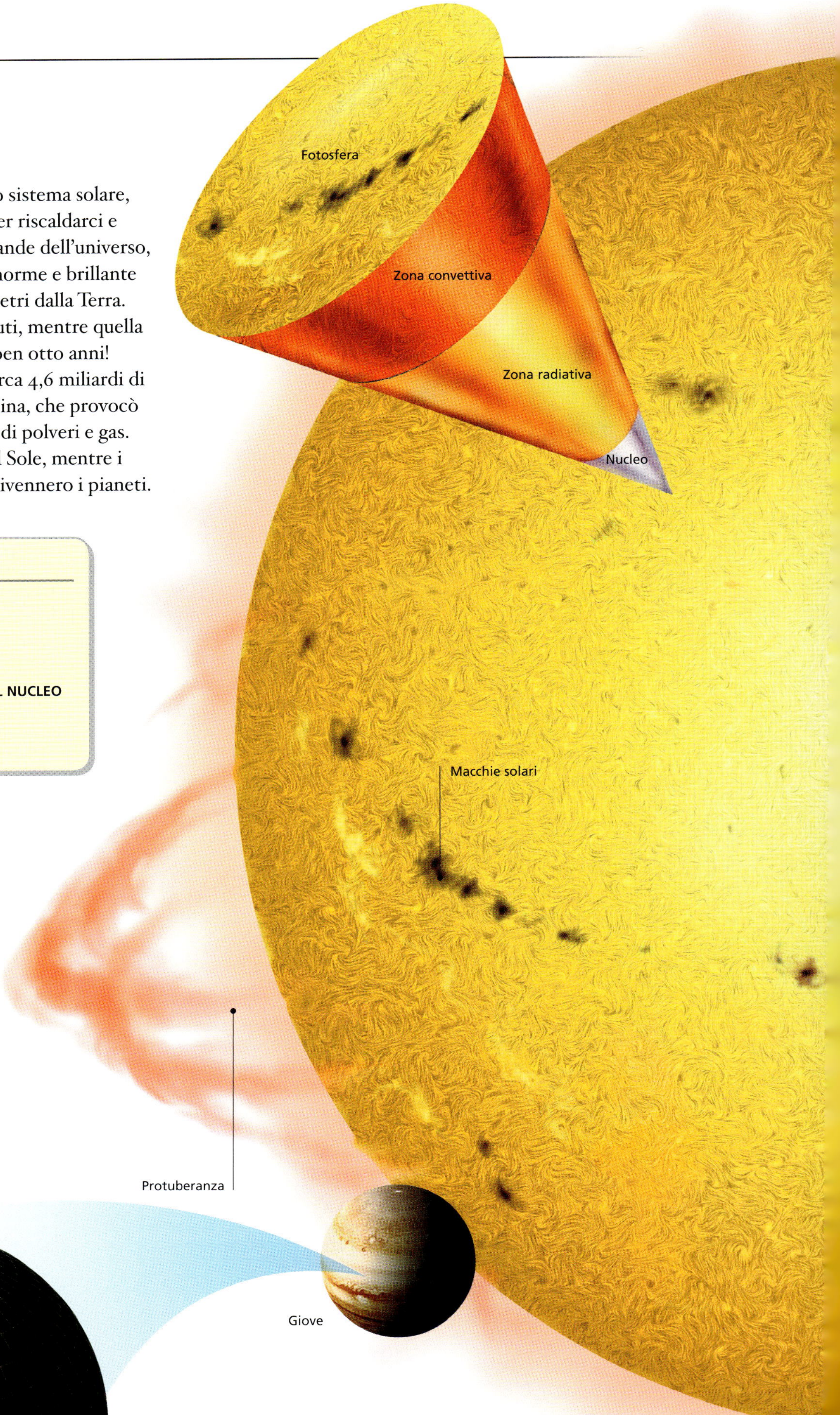

DATI SUL SOLE

ORIGINE DEL NOME
Dal latino *sol, solis*

DATA DI SCOPERTA
Conosciuto fin dall'antichità

ETÀ DEL SOLE
4,6 miliardi di anni

GRAVITÀ
28 (Terra = 1)

VOLUME
1.304.000 (Terra = 1)

DIAMETRO
1.392.530 km

TEMPERATURA NEL NUCLEO
15.000.000 °C

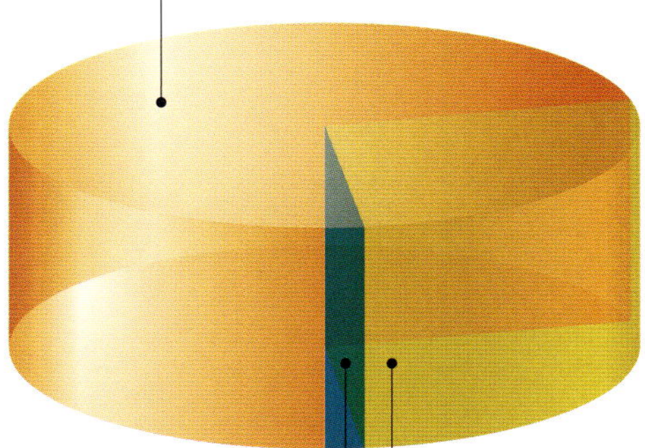

DENTRO IL SOLE
Il Sole è composto di gas, principalmente idrogeno, e si alimenta grazie a un processo chiamato fusione nucleare. Nel suo caldissimo nucleo si produce l'energia.

QUANTO È GRANDE IL SOLE?

Il Sole è 900 volte più grande di Giove, il maggiore dei pianeti. Giove, a sua volta, è 1112 volte più grande della Terra.

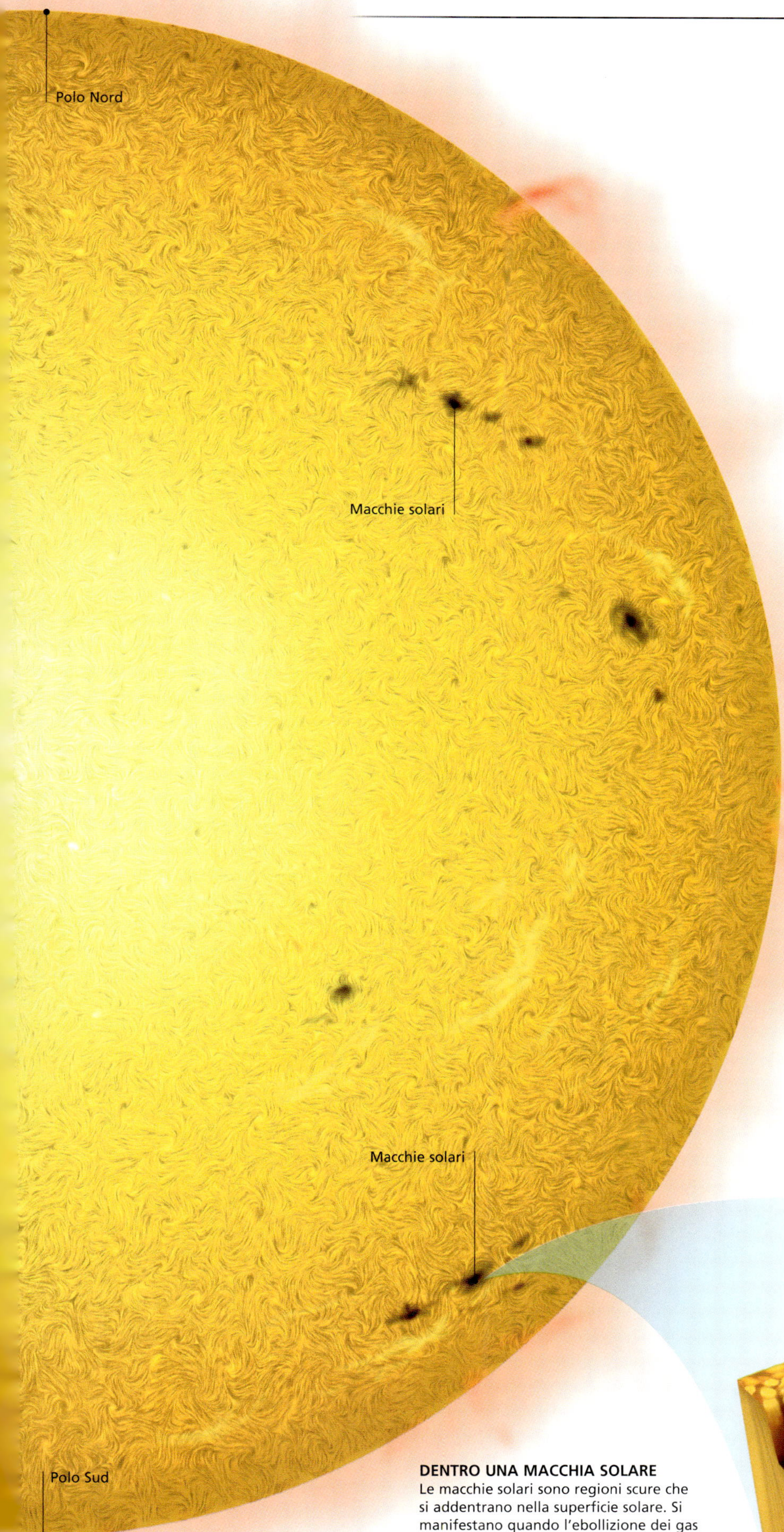

STUDIARE IL SOLE

Nel 1995, la sonda SOHO (Solar and Heliospheric Observatory) fu lanciata nello spazio, a 1,5 milioni di chilometri dalla Terra: da questa distanza riuscì a tenere il Sole in costante osservazione.

La sonda SOHO ha scattato immagini utili per capire l'attività solare interna.

SCOPPI DI ENERGIA
I brillamenti solari, imponenti eruzioni che avvengono sulla superficie del Sole, liberano massicce quantità di energia nello spazio.

NASTRI DI LUCE
Quando le particelle espulse dai brillamenti colpiscono le regioni polari della Terra, danno luogo alle aurore (boreali o australi), simili a nastri di luce dai colori vivaci.

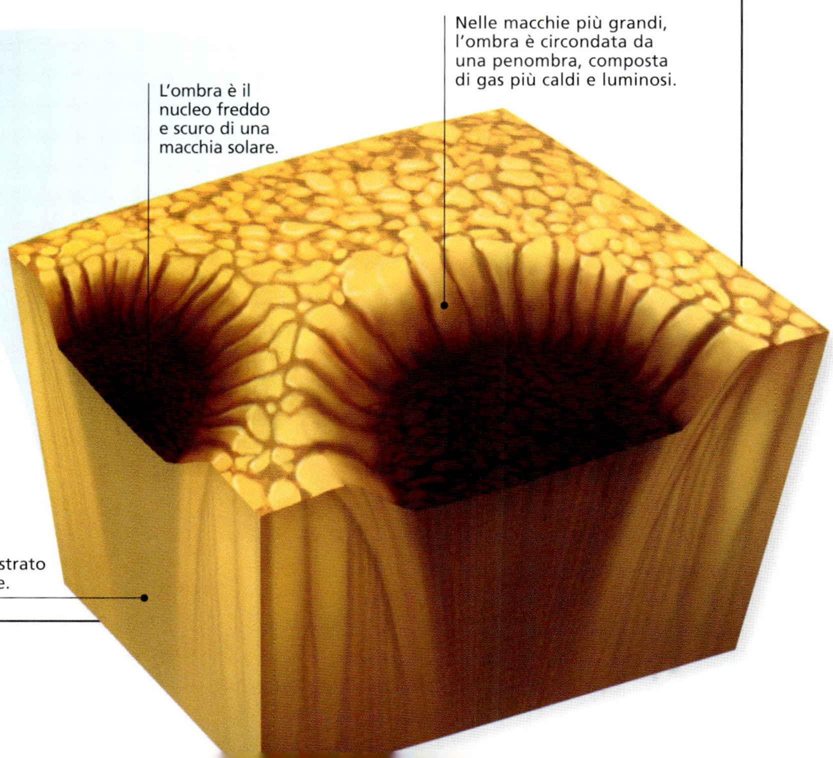

DENTRO UNA MACCHIA SOLARE
Le macchie solari sono regioni scure che si addentrano nella superficie solare. Si manifestano quando l'ebollizione dei gas si interrompe, raffreddando la superficie. Spesso le macchie solari sono molto più grandi della Terra.

La Luna

La Luna è l'unico satellite naturale della Terra. Si è formata dai detriti derivati dall'urto tra il nostro pianeta – appena nato – con un altro corpo celeste. Subito dopo la sua formazione, la Luna fu colpita da un costante bombardamento di meteoriti, che scavarono sulla sua superficie profondi crateri e ampi bacini; la lava scura che affiorò dal sottosuolo riempì i bacini lunari e gli antichi astronomi, osservando queste zone scure, le scambiarono per letti oceanici prosciugati, chiamandoli "mari". Nel 1969, Neil Armstrong fu il primo uomo a camminare sul suolo lunare. Da allora, e fino al 1972, il programma Apollo portò altri 11 astronauti sulla Luna, per missioni della durata di alcuni giorni.

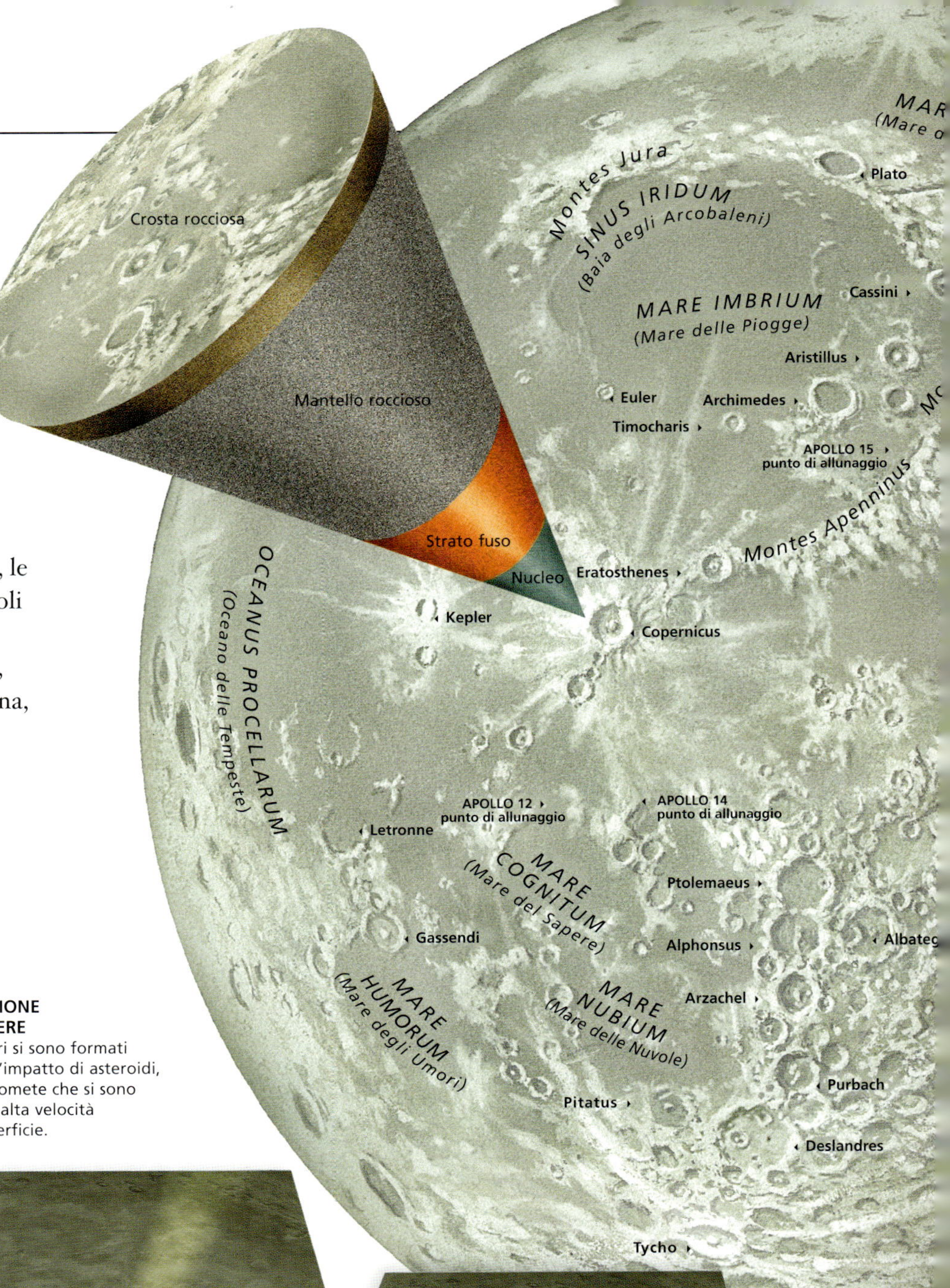

DATI SULLA LUNA

ORIGINE DEL NOME
Dal latino *luna lnuae*

DISTANZA DALLA TERRA
384.401 km

DIAMETRO
3476 km

MASSA
1,2% della massa terrestre

ATMOSFERA
Nessuna

DURATA DEL GIORNO (GIORNI TERRESTRI)
Periodo di rotazione e giorno solare: 29,5

LA FORMAZIONE DI UN CRATERE
I crateri lunari si sono formati in seguito all'impatto di asteroidi, meteoriti o comete che si sono abbattuti ad alta velocità sulla sua superficie.

Un corpo celeste colpisce il suolo e crea un'ampia cavità.

La materia superficiale viene scagliata all'esterno, formando talvolta altri crateri nei punti in cui atterra.

LE FASI LUNARI
Mentre la Luna compie il suo moto intorno alla Terra, noi ne vediamo illuminate parti diverse. Quando si frappone tra il nostro pianeta e il Sole, la faccia rivolta verso di noi è buia (Luna nuova). Quando, invece, si trova dalla parte opposta del Sole, vediamo la sua faccia interamente illuminata (Luna piena).

Luna nuova

Luna crescente

Primo quarto

Gibbosa crescente

Luna piena

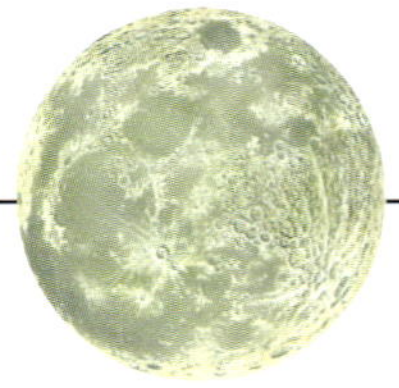

QUANTO È GRANDE LA LUNA?
Le dimensioni della Luna sono pari al 27% di quelle della Terra.

LE CARTE LUNARI

La Luna rivolge alla Terra sempre lo stesso emisfero (a sinistra); il suo lato nascosto (sotto) ci fu rivelato soltanto dopo l'avvento delle sonde spaziali. La Luna ha un piccolo nucleo caldo, uno spesso mantello e una crosta costellata di crateri.

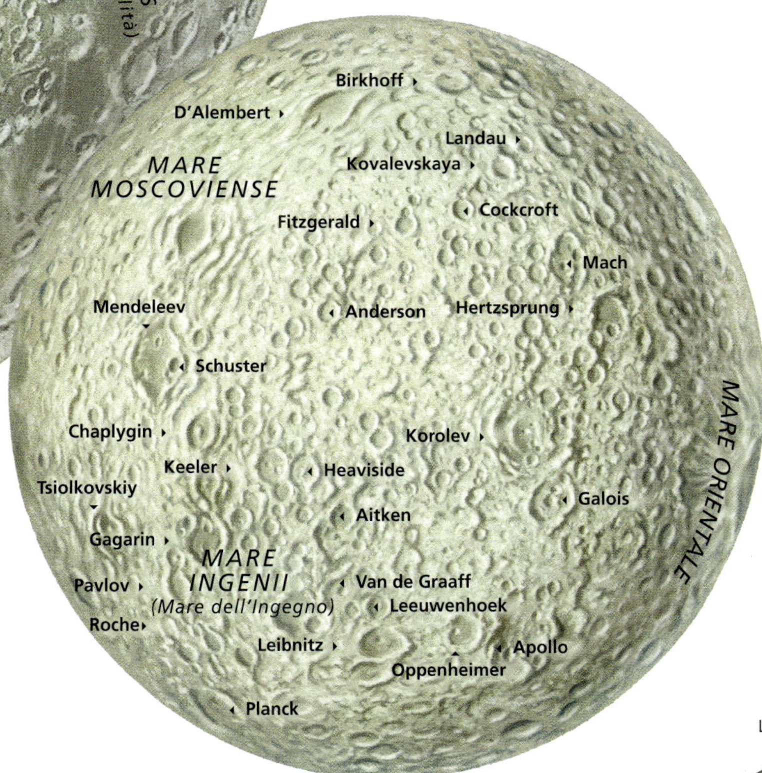

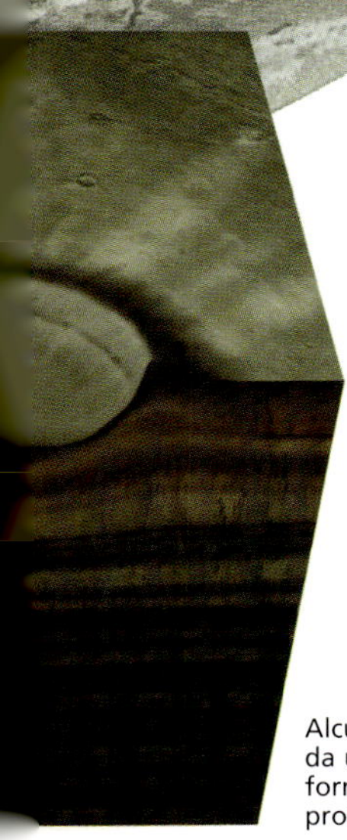

Alcuni crateri sono circondati da una serie di strutture radiali formate dai detriti rocciosi proiettati tutto intorno.

Luna nuova

Luna calante

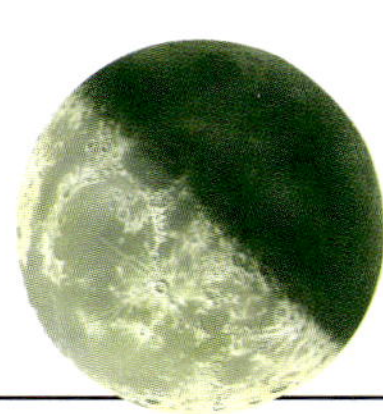

Ultimo quarto

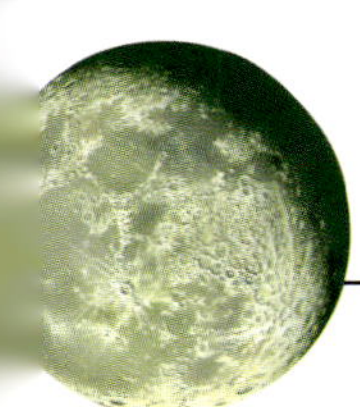

Gibbosa calante

L'ESPLORAZIONE DELLA LUNA

Essendo il corpo celeste più vicino alla Terra, la Luna è stata studiata più di ogni altro corpo del nostro sistema solare.

1959-76
Programma Luna

1961
Programma Ranger

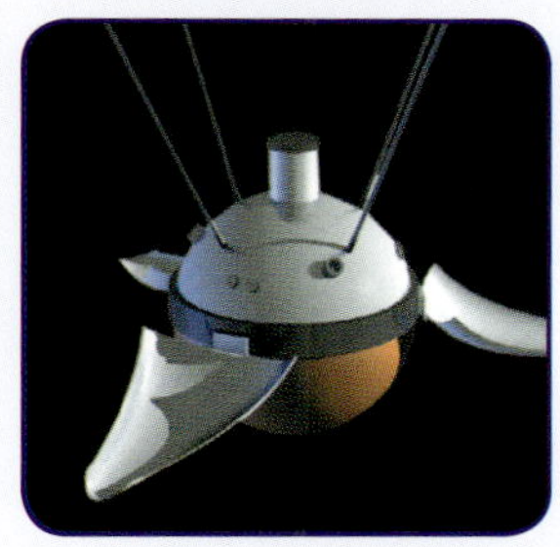

1966
Sonde Luna 9 e Surveyor 1

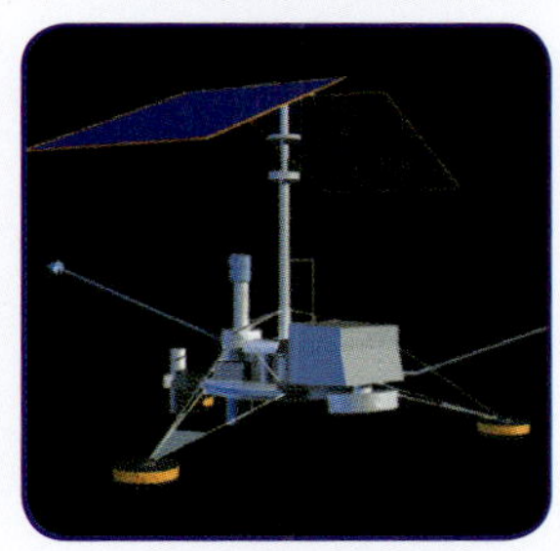

1968
Sonda Surveyor 7

1969-72
Programma Apollo

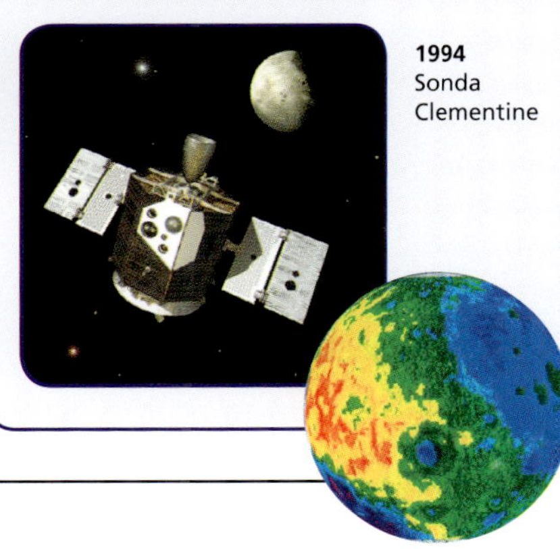

1994
Sonda Clementine

La storia della Terra

La vita sulla Terra

Gli organismi più semplici, i batteri, compaiono sulla Terra circa 3,8 miliardi di anni fa, ma dopo questo evento passano miliardi di anni senza che si sviluppino forme di vita più complesse delle meduse o delle alghe. Circa 550 milioni di anni fa si verifica un eccezionale aumento nel numero e nei tipi di animali, noto come "esplosione del Cambriano": a partire da questo momento, la storia della Terra viene suddivisa in tre lunghe *ere* (Paleozoico, Mesozoico e Cenozoico), che comprendono undici intervalli più brevi chiamati *periodi*. Queste suddivisioni corrispondono a cambiamenti avvenuti nell'ambiente e nei tipi di piante e animali. Durante la lunga storia della Terra si sono verificate cinque estinzioni di massa, che hanno portato alla scomparsa di molte forme di vita.

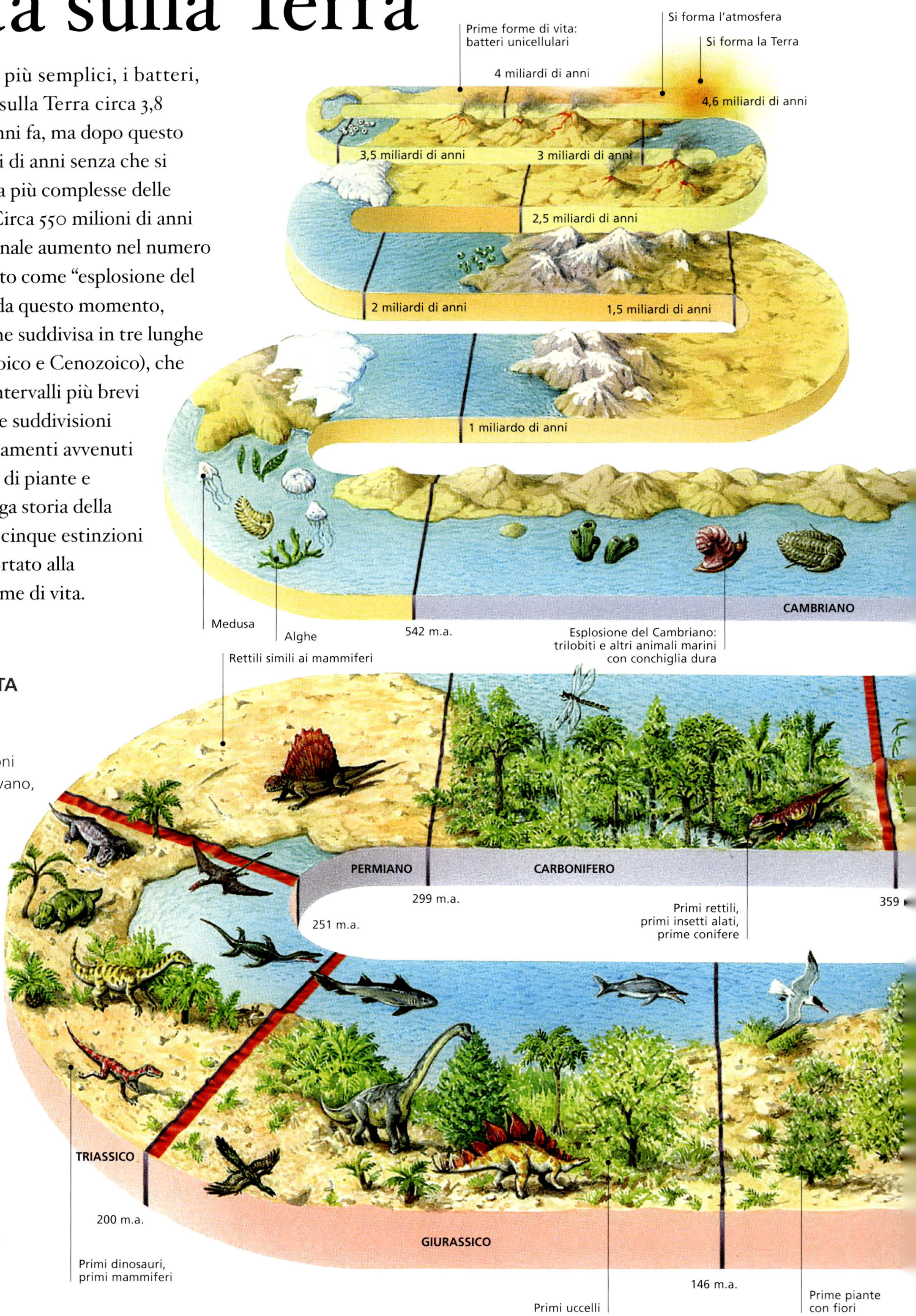

LA STORIA DELLA VITA SULLA TERRA

Negli ultimi 3,8 miliardi di anni, mentre le condizioni del nostro pianeta cambiavano, si sono evolute, diffuse ed estinte molte specie di piante e animali. Gli esseri umani sono gli ultimi arrivati.
In questo testo, l'era cenozoica è suddivisa nei periodi Paleogene e Neogene, ma è molto usata anche la ripartizione in Terziario e Quaternario.

LEGENDA

- Archeano
- Proterozoico
- Paleozoico
- Mesozoico
- Cenozoico
- Estinzioni di massa
- m.a. milioni di anni fa

Secondo gli scienziati, la Terra si sarebbe formata 4,6 miliardi di anni fa. Le rocce più antiche, rinvenute nella regione di Isua in Groenlandia, risalgono a 3,8 miliardi di anni fa.

FOSSILI VIVENTI

Le stromatoliti sono concrezioni che si formano nell'arco di centinaia di anni, grazie a colonie di cianobatteri che cementano i granelli di fango. La loro forma le fa assomigliare a dei cavolfiori di pietra. La struttura vivente delle stromatoliti si accresce verso l'alto e verso l'esterno, strato dopo strato. Le stromatoliti fossili, risalenti a 3,5 miliardi di anni fa, sono tra le più antiche testimonianze di vita sulla Terra.

Oggi, le stromatoliti viventi si trovano soltanto in alcune baie riparate. Quelle della foto hanno 4000 anni e si trovano nella riserva marina di Hamelin Pool, a Shark Bay (Australia).

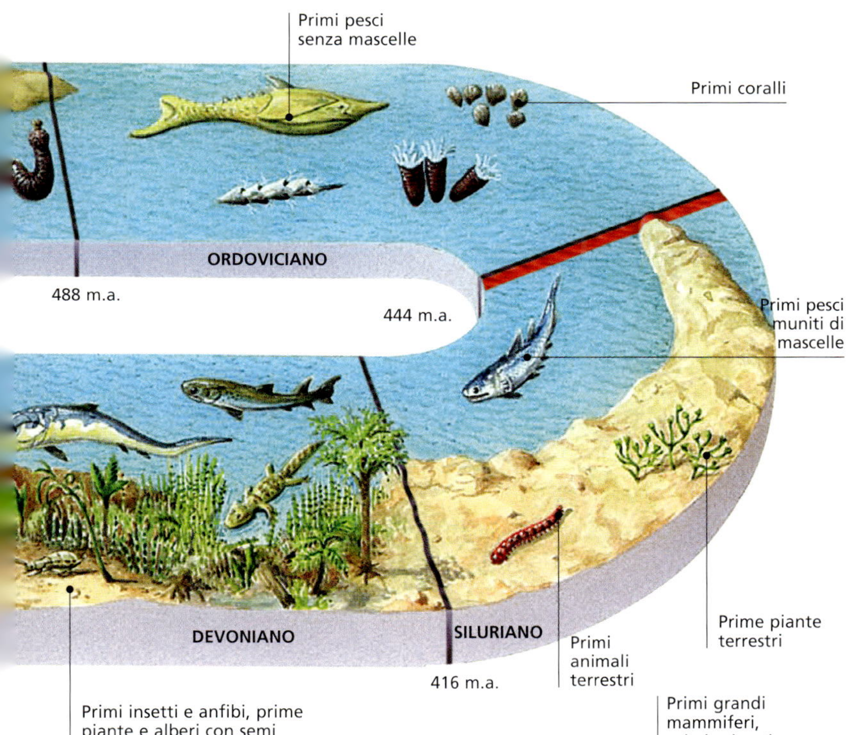

L'evoluzione delle piante

CARBONIFERO: 359-299 MILIONI DI ANNI FA
Crescono equiseti giganti, licopodi e felci.

PERMIANO: 299-251 MILIONI DI ANNI FA
Periodo dei ginkgo (con semi nudi) e delle conifere.

TRIASSICO: 251-200 MILIONI DI ANNI FA
Crescono rigogliose le cicadofite.

La Terra ha 4,6 miliardi di anni, ma per oltre un miliardo di anni – a causa dell'eccessivo calore solare e dei gas velenosi presenti in atmosfera – ha ospitato soltanto elementi non viventi, come le rocce e l'acqua. Le prime vere piante compaiono negli oceani circa 550 milioni di anni fa, mentre le prime piante terrestri si evolvono circa 400 milioni di anni fa, crescendo vicino ai laghi: sono gli antenati delle piante con spore come i licopodi giganti, gli equiseti e le felci, che formeranno le enormi foreste del Carbonifero. Le piante con semi, come le conifere, compaiono 350 milioni di anni fa, mentre quelle con fiori si evolvono 135 milioni di anni fa.

Permiano
Il ginkgo è l'unica specie sopravvissuta di un gruppo di piante comparse nel Permiano.

Triassico
Cicadofita

Carbonifero
Gli equiseti attuali sono praticamente uguali a quelli del Carbonifero.

FELCI ARBOREE
Le felci sono piante terrestri con fusti legnosi che si riproducono tramite minuscole cellule chiamate spore. Le alte felci arboree sono comparse e si sono diffuse nel Carbonifero. Oggi vivono soltanto nelle foreste umide.

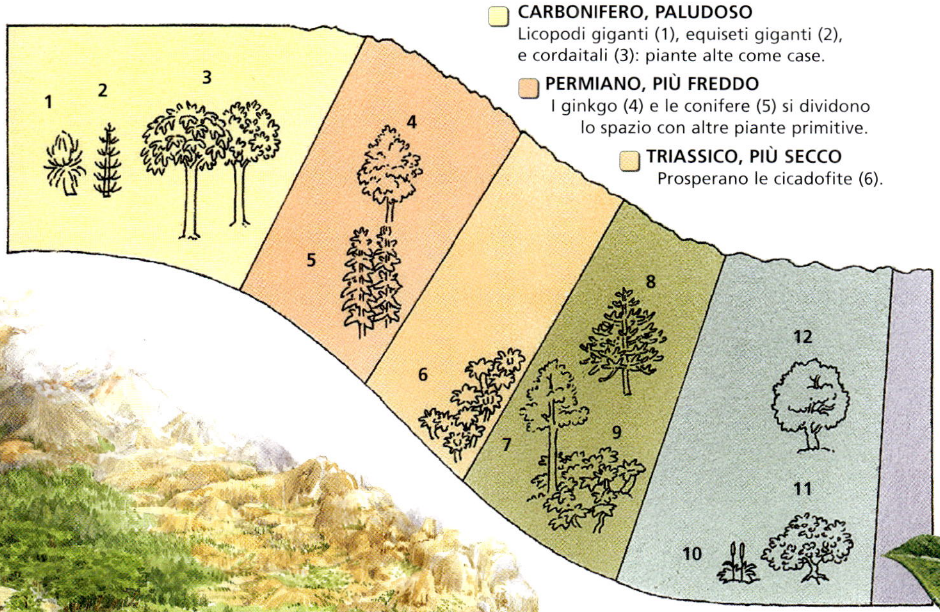

CARBONIFERO, PALUDOSO
Licopodi giganti (1), equiseti giganti (2), e cordaitali (3): piante alte come case.

PERMIANO, PIÙ FREDDO
I ginkgo (4) e le conifere (5) si dividono lo spazio con altre piante primitive.

TRIASSICO, PIÙ SECCO
Prosperano le cicadofite (6).

GIURASSICO, PIÙ FREDDO E PIÙ UMIDO
Nel sottobosco di felci (9) compaiono nuove specie di conifere, come il cipresso di palude (7) e le araucarie (8).

CRETACEO, PERIODO DI FIORITURE
Compaiono le piante con fiori, come i giunchi (10), le magnolie arbustive (11) e i salici (12).

PALEOGENE
Nel regno vegetale inizia il dominio delle piante con fiori.

Dal Paleogene a oggi
La fragola è una delle oltre 235.000 specie attuali di piante con fiori.

Cretaceo
Magnolia

GIURASSICO: 200-146 MILIONI DI ANNI FA
Comparsa di nuove specie di conifere.

CRETACEO: 146-65,5 MILIONI DI ANNI FA
Comparsa delle piante con fiori, inclusi gli alberi.

PALEOGENE: 65,5-23 M.A.
Dominio delle piante con fiori.

Giurassico
Conifera.

Esplosione di vita

Fino alla cosiddetta "esplosione del Cambriano", circa 550 milioni di anni fa, negli oceani nuotano soltanto creature cieche, a corpo molle. Dopo questa "esplosione", gli oceani iniziano a brulicare di animali più complessi, provvisti di occhi, gusci e spine. Le spugne primitive iniziano a costruire le prime barriere ma, mentre i mari sono pieni di vita, le terre – aride – restano vuote. Molti organismi del Cambriano sono artropodi, animali provvisti di rivestimenti esterni rigidi e articolati (oggi rappresentati per esempio da insetti, ragni e granchi); alcuni di essi sono predatori che cacciano e mangiano altri animali. Anche i primi antenati dei vertebrati – minuscoli pesci vermiformi, privi di mascelle – compaiono in questo periodo.

I TRILOBITI

I trilobiti, antico gruppo di artropodi marini che ebbero un buon successo evolutivo, sono stati tra i primi animali a sviluppare gli occhi. Avevano un corpo ricoperto da un guscio rigido, formato da testa (scudo cefalico), torace (o addome) e coda. I trilobiti sono sopravvissuti per circa 300 milioni di anni.

I fossili dei trilobiti sono comuni e se ne conoscono più di 15.000 specie. Questi artropodi si sono estinti alla fine del Permiano.

I MARI DEL CAMBRIANO

I mari del Cambriano sono popolati da creature bizzarre come il temibile *Anomalocaris*, predatore di creature più piccole. Sui fondali si aggirano i trilobiti, i *Wiwaxia* corazzati, e gli spinosi *Hallucigenia*, mentre le spugne filtrano l'acqua per nutrirsi delle particelle sospese. Una creatura particolare è il *Pikaia*, il primo tra i vertebrati, animali provvisti di colonna vertebrale. Circa 490 milioni di anni fa, molti di questi antichi organismi si estinguono, probabilmente a causa di un abbassamento della temperatura e di una riduzione dell'ossigeno nell'acqua, provocati dall'avanzamento dei ghiacciai.

PALEOZOICO: ERA DELLA VITA ANTICA				
CAMBRIANO	ORDOVICIANO	SILURIANO	DEVONIANO	CARBONIFERO
542	488	444	416	359

FORME DI VITA DEL CAMBRIANO

1 *Vauxia*, spugna molle ramificata

2 *Anomalocaris*, parente degli artropodi

3 *Marella*, crostaceo primitivo

4 *Pikaia*, il parente più antico dei vertebrati

5 Archeociatidi, parenti delle spugne, organismi costruttori di barriere

6 *Wiwaxia*, antico parente di chiocciole e lumache

7 Trilobite, artropode che viveva sul fondale

8 *Hallucigenia*, creatura a 14 zampe

9 *Halkieria*, organismo dal guscio corazzato

10 Alghe verdi, antiche parenti delle piante terrestri

	MESOZOICO: ERA DEI RETTILI			CENOZOICO: ERA DEI MAMMIFERI	
MIANO	TRIASSICO	GIURASSICO	CRETACEO	PALEOGENE	NEOGENE
	251	200	146	65,5	23 0

Oceani affollati

In corrispondenza del cambiamento climatico avvenuto alla fine del Cambriano, alcuni gruppi di animali si estinguono, ma nel periodo successivo, l'Ordoviciano, la vita negli oceani conosce una grande fioritura e compaiono le barriere coralline, che offrono habitat adatti a molluschi, trilobiti, gigli di mare e altri animali. I cefalopodi – il gruppo a cui appartengono gli attuali calamari e polpi – si diffondono e in alcuni casi si trasformano in giganteschi predatori marini. I piccoli pesci privi di mascelle sviluppano placche ossee rigide di protezione. Gran parte dell'acqua del pianeta è imprigionata nelle grandi calotte glaciali, sotto forma di ghiaccio: circa 450 milioni di anni fa, enormi ghiacciai iniziano a ricoprire le terre emerse, riducendo la temperatura degli oceani e abbassando il livello del mare. Ancora una volta, molti animali si estinguono: tra questi, la maggior parte – ma non la totalità – dei trilobiti.

I PRIMI CORALLI

I polipi dei coralli sono animali a corpo molle provvisti di tentacoli, simili alle meduse. Molti secernono scheletri esterni duri di carbonato di calcio che si accumulano diventando barriere coralline. Nell'Ordoviciano erano comuni i coralli rugosi e tabulari.

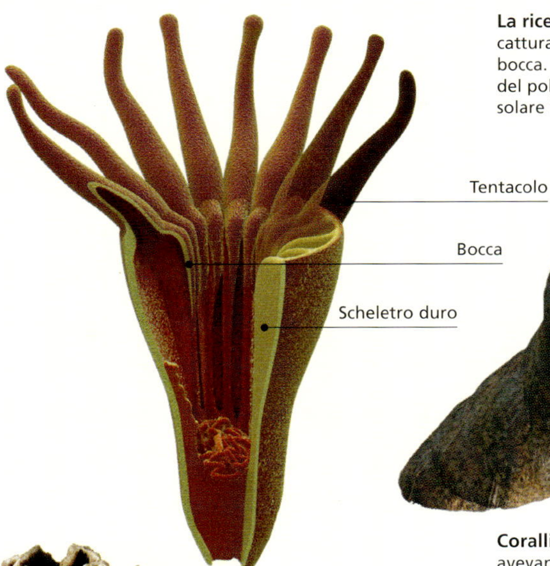

La ricerca del cibo I tentacoli catturano il cibo e lo portano alla bocca. Le alghe presenti all'interno del polipo convertono l'energia solare in sostanze nutritive.

Coralli rugosi I coralli rugosi avevano uno scheletro a forma di corno. Molti erano solitari.

Coralli tabulari Formavano colonie e avevano scheletri "ad alveare".

CACCIATORI DEGLI ABISSI

Durante l'Ordoviciano, le forme di vita marina diventano più complesse. I predatori principali sono cefalopodi come il *Cameroceras*, provvisto di una conchiglia conica lunga fino a 9 metri: le sue prede cercano di scappare nuotando, sprofondando nel fondale o appallottolandosi. I flessuosi gigli di mare, o crinoidi, crescono sui fondali insieme ai coralli tabulari e rugosi. Queste primitive comunità delle barriere coralline si estinguono quando, verso la fine dell'Ordoviciano, la Terra si raffredda e si ricopre di ghiacci.

PALEOZOICO: ERA DELLA VITA ANTICA				
CAMBRIANO	ORDOVICIANO	SILURIANO	DEVONIANO	CARBONIFERO
542	488	444	416	359

FORME DI VITA DELL'ORDOVICIANO

1 *Orthograptus*, graptolite planctonico (parente vermiforme delle stelle marine)
2 *Opipeuter*, trilobite nuotatore dai grandi occhi
3 *Climacograptus*, graptolite planctonico
4 *Sphaeragnostus*, trilobite planctonico, appallottolato
5 *Tentaculites*, parente dei molluschi
6 *Cameroceras*, nautiloide con conchiglia diritta
7 *Grewingkia*, corallo rugoso solitario
8 *Cyclonema bilix*, parente dei molluschi che viveva sui fondali
9 *Calapoecia*, corallo coloniale tabulare
10 *Sowerbyella*, brachiopode
11 *Ectenocrinus*, crinoide
12 *Xenocrinus*, crinoide
13 *Nemograptus gracilus*, graptolite

	MESOZOICO: ERA DEI RETTILI			CENOZOICO: ERA DEI MAMMIFERI	
MIANO	TRIASSICO	GIURASSICO	CRETACEO	PALEOGENE	NEOGENE
	251	200	146	65,5	23 0

L'era dei pesci

Nei mari del Siluriano nuotano scorpioni giganti predatori, mentre sulle terre emerse crescono le piante primitive. In un gruppo di pesci si sviluppano le prime mascelle munite di denti; gli artropodi, come gli scorpioni di mare, muovono i primi passi fuori dall'acqua, in cerca di cibo lungo le spiagge e gli argini fluviali. Nel Devoniano prendono il sopravvento i pesci: nei mari e nei fiumi vanno a caccia i primi squali, e i placodermi (pesci corazzati) raggiungono dimensioni gigantesche. Altri pesci, quelli a pinne lobate, sviluppano pinne carnose sostenute da robuste strutture ossee. Alcuni pesci a pinne lobate a respirazione aerea sviluppano le zampe e iniziano a strisciare fuori dall'acqua, nelle prime foreste brulicanti di insetti primitivi.

Il pesce di Gogo Il *Gogonasus*, un pesce del Devoniano strettamente imparentato con i nostri antenati a quattro zampe.

PESCI CON LE ZAMPE

I vertebrati con quattro zampe si sono evoluti nel Devoniano, da pesci a pinne lobate. Le loro pinne si sono trasformate in zampe, permettendo il movimento sulla terraferma. Altri pesci sono rimasti in acqua, diventando gli antenati degli attuali pesci polmonati.

Cranio Questo pesce poteva respirare aria attraverso grandi fori presenti nel cranio, ma è probabile che non uscisse mai dall'acqua.

Eusthenopteron Le pinne lobate di questo pesce avevano articolazioni simili a quelle delle zampe degli anfibi attuali.

IL DOMINIO DEI PESCI

Il *Dunkleosteus*, lungo 9 metri, è il più potente predatore dei mari del Devoniano: gigantesco pesce corazzato, è uno dei primi dotati di mascelle. Lo *Stethacanthus* è invece uno squalo primitivo con pinna dorsale e testa appiattite, entrambe ricoperte da squame dentellate. I trilobiti spinosi *Huntonia* vanno in cerca di cibo sui fondali, tra brachiopodi, spugne e coralli. Molti di questi animali marini vengono spazzati via dall'estinzione che si verifica alla fine del Devoniano.

PALEOZOICO: ERA DELLA VITA ANTICA				
CAMBRIANO	ORDOVICIANO	SILURIANO	DEVONIANO	CARBONIFERO
542	488	444	416	359

FORME DI VITA DEL DEVONIANO

1 *Dunkleosteus*, pesce corazzato munito di mascelle
2 *Stethacanthus*, squalo primitivo
3 *Cladoselache*, squalo primitivo con denti a tre punte
4 *Huntonia*, trilobite
5 Corallo rugoso coloniale, organismo costruttore di barriere
6 Corallo rugoso solitario, di grandi dimensioni e dalla forma tubulare
7 *Ctenacanthus*, squalo primitivo con due pinne dorsali

	MESOZOICO: ERA DEI RETTILI			CENOZOICO: ERA DEI MAMMIFERI	
MIANO	TRIASSICO	GIURASSICO	CRETACEO	PALEOGENE	NEOGENE
	251	200	146	65,5	23 0

La fine di un'era

Nel Carbonifero si sviluppano lussureggianti foreste paludose, formate da enormi licopodi ed equiseti: gran parte del carbone che utilizziamo oggi deriva proprio dai resti di queste antiche piante. Mentre sott'acqua si aggirano gli anfibi predatori, nel sottobosco scorrazzano i millepiedi giganti e nell'aria volano gli insetti. Nel Permiano, il clima sulle terre emerse diventa più arido, favorendo la diffusione dei rettili come i terapsidi, o "rettili-mammiferi", che in alcuni casi raggiungono dimensioni enormi. Alla fine del Permiano, circa 251 milioni di anni fa, un'estinzione di massa uccide oltre il 90% degli organismi marini e il 75% dei vertebrati terrestri; le barriere coralline vengono spazzate via e impiegheranno 10 milioni di anni per ricostituirsi.

CHE CATASTROFE!

La più grande estinzione di massa si verifica 251 milioni di anni fa. A causarla potrebbero essere enormi eruzioni vulcaniche avvenute in Siberia, che riversano gas velenosi in atmosfera, o forse un drastico cambiamento climatico con diminuzione delle piogge. Ci vorranno 150 milioni di anni per ricostituire la varietà di forme viventi del Permiano.

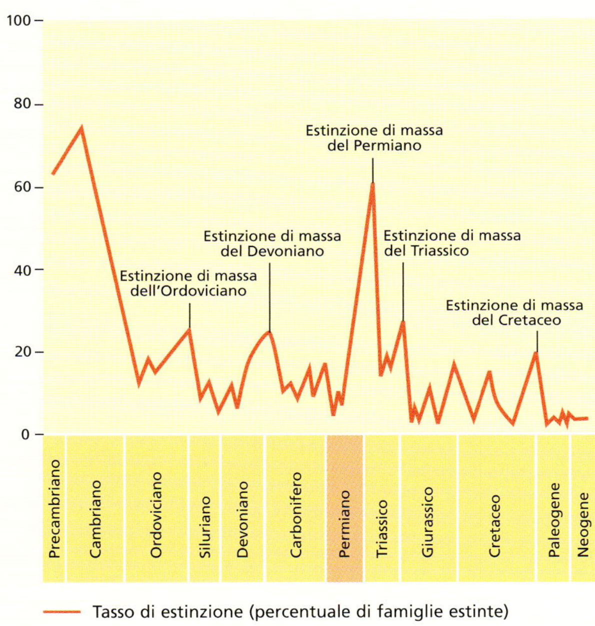

ADDIO PER SEMPRE
I grandi predatori come il *Dinogorgon rubidgei* non sopravvivono all'estinzione del Permiano. Per fortuna, alcuni "rettili-mammiferi" più piccoli, tra cui i nostri antenati, riescono invece a resistere.

LOTTA PER LA SOPRAVVIVENZA

Nel Permiano, l'atmosfera è densa di ceneri vulcaniche. Negli oceani, lo squalo *Helicoprion*, dalla strana forma e dai denti a spirale, va a caccia di razze e piccoli pesci; sul fondale, l'ultimo dei trilobiti si aggira in cerca di cibo tra i brachiopodi. I terapsidi dai denti a sciabola, "rettili-mammiferi", predano altri rettili muniti di placche ossee negli ambienti aridi dei deserti. Nonostante le loro dimensioni e la loro forza, tuttavia, queste creature si trovano indifese di fronte alla catastrofe che le spazza via alla fine del Permiano.

PALEOZOICO: ERA DELLA VITA ANTICA				
CAMBRIANO	ORDOVICIANO	SILURIANO	DEVONIANO	CARBONIFERO
542	488	444	416	359

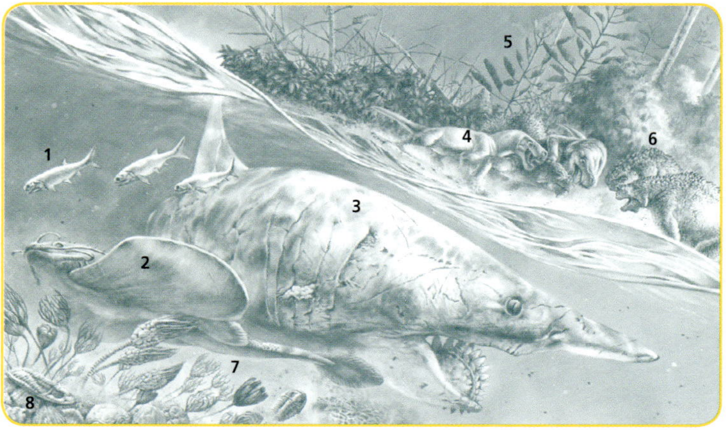

FORME DI VITA DEL PERMIANO

1 *Palaeoniscum*, pesce a pinne raggiate

2 *Menapsis armata*, razza simile a uno squalo

3 *Helicoprion*, squalo dai denti a spirale

4 *Inostrancevia*, terapside carnivoro

5 *Araucaria*, pianta detta in inglese *monkey puzzle* ("rompicapo delle scimmie")

6 *Scutosaurus*, rettile con placche ossee

7 Crinoide, o giglio di mare

8 *Phillipsia*, l'ultimo trilobite

	MESOZOICO: ERA DEI RETTILI			CENOZOICO: ERA DEI MAMMIFERI	
MIANO	TRIASSICO	GIURASSICO	CRETACEO	PALEOGENE	NEOGENE
	251	200	146	65,5	23 0

L'era dei rettili

All'inizio del Triassico, 251 milioni di anni fa, tutte le terre emerse del globo si uniscono tra loro a formare un gigantesco unico continente, la Pangea, in cui il clima è in gran parte caldo e secco. Fanno la loro comparsa nuovi tipi di rettili, che camminano sulla terraferma, nuotano nell'acqua e volano nei cieli; compaiono anche tartarughe e coccodrilli primitivi. Un gruppo di rettili sviluppa arti e articolazioni adatti a camminare in posizione eretta sulle zampe posteriori: sono i primi dinosauri; all'incirca nello stesso periodo, da piccoli rettili terapsidi si evolvono anche i primi mammiferi. Verso la fine del Triassico, molti rettili terrestri si estinguono e i dinosauri conquistano il controllo del pianeta.

PANGEA, IL SUPERCONTINENTE

La Pangea si forma nel Permiano, quando tutte le terre emerse si uniscono in un unico supercontinente, e inizia a frammentarsi nel Giurassico. Oggi, la terra sotto ai nostri piedi si sta ancora muovendo, e non è escluso che in un lontano futuro possa formarsi un nuovo supercontinente.

PIANTE DEL TRIASSICO
La vegetazione del Triassico comprende cicadacee, felci e conifere, piante adatte a un ambiente rigido.

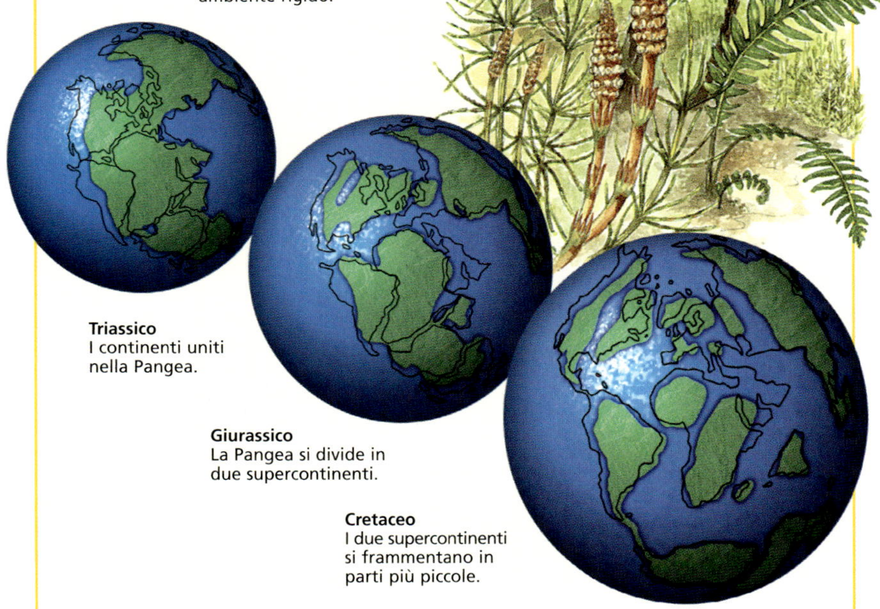

Triassico
I continenti uniti nella Pangea.

Giurassico
La Pangea si divide in due supercontinenti.

Cretaceo
I due supercontinenti si frammentano in parti più piccole.

L'ARRIVO DEI DINOSAURI

I lussureggianti argini fluviali del Triassico offrono un ottimo riparo dal caldo e dalla siccità, condizioni climatiche della Pangea. Il dinosauro erbivoro corazzato *Desmatosuchus* e il terrificante *Postosuchus* sono parenti dei moderni coccodrilli; il *Paracyclotosaurus*, uno degli ultimi anfibi giganti, regola la sua temperatura corporea crogiolandosi al sole. I primi dinosauri sono predatori piccoli e di corporatura leggera, come il veloce *Coelophysis* che caccia in branco.

PALEOZOICO: ERA DELLA VITA ANTICA				
CAMBRIANO	ORDOVICIANO	SILURIANO	DEVONIANO	CARBONIFERO
542	488	444	416	359

FORME DI VITA DEL TRIASSICO

1. *Ornithosuchus*, parente primitivo dei coccodrilli
2. *Eudimorphodon*, pterosauro (rettile volante)
3. *Auracarioxylon arazonicum*, conifera
4. *Postosuchus*, rettile carnivoro corazzato
5. *Coelophysis*, uno dei primi dinosauri carnivori
6. *Placerias*, rettile-mammifero munito di zanne
7. *Desmatosuchus*, rettile erbivoro munito di corni
8. *Lariosaurus*, notosauro (rettile acquatico)
9. *Palaeocycas*, cicadacea primitiva
10. *Paracyclotosaurus*, anfibio gigante

	MESOZOICO: ERA DEI RETTILI			CENOZOICO: ERA DEI MAMMIFERI	
IANO	TRIASSICO	GIURASSICO	CRETACEO	PALEOGENE	NEOGENE
	251	200	146	65,5	23 0

I dinosauri

Nel Giurassico e nel Cretaceo dominano i dinosauri, e negli stessi periodi vivono i primi mammiferi, piccole e timide creature pelose, mentre i rettili marini giganti perlustrano i mari, e gli pterosauri volteggiano nei cieli. Alcuni dinosauri diventano i più grandi animali mai apparsi sulla terraferma, mentre altri – piccoli e carnivori – sviluppano le piume per tenersi al caldo e imparano a volare, diventando i primi uccelli. All'inizio del Cretaceo risale la comparsa dei fiori, e dei loro insetti impollinatori. La caduta di un enorme meteorite, 65,5 milioni di anni fa, causa una nuova estinzione di massa che spazza via l'85% degli organismi, compresi la maggior parte dei dinosauri e tutti i rettili marini.

DAI DINOSAURI AGLI UCCELLI

Molti dei caratteri che si osservano negli uccelli attuali, come le piume e le ossa a forcella, sono comparsi per la prima volta in piccoli dinosauri carnivori. Il più antico uccello conosciuto, *Archaeopteryx*, aveva ali piumate ed era probabilmente in grado di effettuare voli planati.

DINOSAURO-UCCELLO

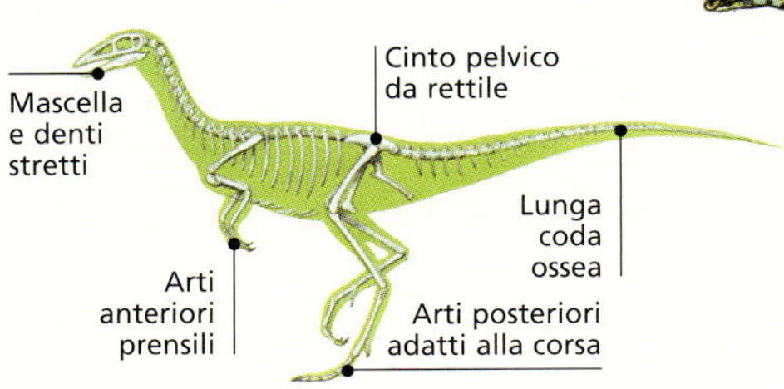

Compsognathus

IL PRIMO UCCELLO

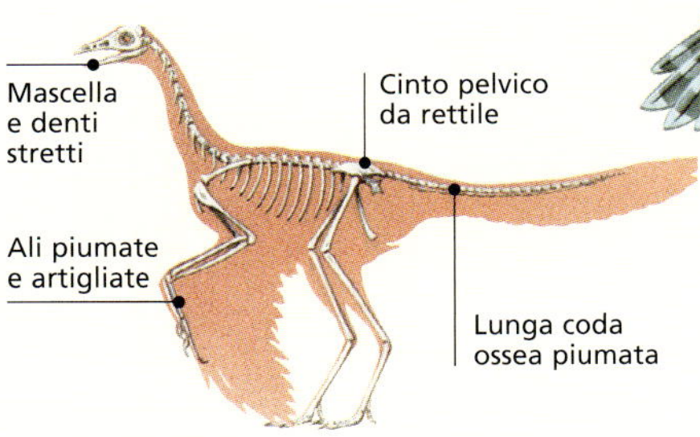

Archaeopteryx

UCCELLO ATTUALE

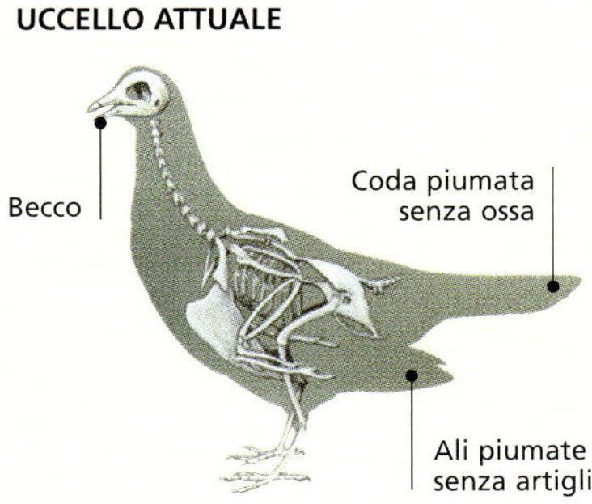

Quaglia della California

L'ERA DEI DINOSAURI

I dinosauri raggiungono la loro massima diffusione verso la fine del Cretaceo. I più terrificanti sono i giganteschi *Tyrannosaurus*, carnivori, pedinati dai *Troodon* in cerca di avanzi di cibo. Alcuni erbivori, come lo *Styracosaurus*, hanno corni o corazze protettive. Nei mari dominano altri rettili, come l'*Elasmosaurus* dal lungo collo e il *Plotosaurus* che si nutre di pesci. Sulle loro teste volteggiano il *Quetzalcoatlus* – il più grande animale volante mai vissuto – e il più piccolo *Pteranodon*.

PALEOZOICO: ERA DELLA VITA ANTICA				
CAMBRIANO	ORDOVICIANO	SILURIANO	DEVONIANO	CARBONIFERO
542	488	444	416	359

FORME DI VITA DEL CRETACEO

1 *Pteranodon*, pterosauro (rettile volante)

2 *Tyrannosaurus*, grande dinosauro carnivoro

3 *Quetzalcoatlus*, lo pterosauro più grande

4 *Parasaurolphus*, dinosauro dal becco ad anatra

5 *Carnotaurus*, dinosauro carnivoro

6 *Nodosaurus*, dinosauro erbivoro corazzato

7 *Belemnites*, grande ammonite spiralata

8 *Plotosaurus*, mosasauro (rettile marino), predatore di pesci

9 *Elasmosaurus*, plesiosauro dal collo lungo (rettile marino)

10 *Hesperornis*, uccello acquatico non volatore

11 *Styracosaurus*, dinosauro erbivoro munito di corni e protuberanze

12 *Troodon*, piccolo e intelligente dinosauro carnivoro

	MESOZOICO: ERA DEI RETTILI			CENOZOICO: ERA DEI MAMMIFERI	
RMIANO	TRIASSICO	GIURASSICO	CRETACEO	PALEOGENE	NEOGENE
	251	200	146	65,5	23 0

I mammiferi

Dopo l'estinzione degli enormi dinosauri, nel Paleogene i mammiferi iniziano ad aumentare di dimensioni e a invadere nuovi ambienti: i cetacei colonizzano gli oceani e i pipistrelli conquistano l'aria. Compaiono i primati: i primi sono piccoli e arboricoli, ma hanno un cervello di grandi dimensioni, arti prensili e complessi comportamenti sociali; è da loro che discendono i primati attuali, cioè le scimmie, le scimmie antropomorfe e gli esseri umani. Per gran parte del Paleogene, il clima è caldo e umido. Le piante erbacee, che in un primo momento crescono soltanto sulle rive dei fiumi e dei laghi, iniziano a diffondersi in zone più aride e le foreste si espandono fino alle regioni polari. Alla fine di questo periodo, il pianeta si raffredda lentamente, l'Antartide si ricopre di ghiaccio e le correnti oceaniche meridionali diventano più fredde.

I PRIMI MAMMIFERI

I primi antenati dei mammiferi sono rettili dalla forma allungata, poco somiglianti ai veri mammiferi. L'evoluzione successiva li porterà ad avere denti specializzati e un corpo compatto ricoperto da peli. I primi veri mammiferi compaiono alla fine del Triassico e sviluppano speciali ossa nelle orecchie che permettono di avere un udito sensibile.

Dimetron
Rettile-mammifero primitivo del Permiano, con una "vela" sul dorso.

Cynognathus
Rettile-mammifero evoluto, del Triassico.

Megazastrodon
Minuscola creatura del Giurassico, è uno dei primi veri mammiferi.

Glyptodon
Mammifero corazzato, ha le dimensioni di una piccola automobile.

SOTTO ATTACCO

Una femmina di *Arsinoitherium* cerca disperatamente di difendere il suo piccolo da un branco di *Hyaeonodon* predatori. *Arsinoitherium* è un erbivoro con gigantesche corna, vissuto nelle pianure dell'Africa settentrionale 35 milioni di anni fa: lontano cugino degli elefanti attuali, in realtà assomiglia più a un rinoceronte. Gli *Hyaeonodon* sono feroci predatori con zanne appuntite e zoccoli sulle zampe al posto degli artigli.

PALEOZOICO: ERA DELLA VITA ANTICA					
CAMBRIANO	ORDOVICIANO	SILURIANO	DEVONIANO	CARBONIFERO	
542	488	444	416	359	2

GINKGO
Una sola specie di ginkgo è sopravvissuta fino a oggi. Viene chiamata "fossile vivente" perché ci fornisce indizi sulla vita delle piante del passato.

Una foglia fossile di ginkgo, rinvenuta in rocce del Paleogene nel Nord Dakota (Usa).

	MESOZOICO: ERA DEI RETTILI			CENOZOICO: ERA DEI MAMMIFERI	
MIANO	TRIASSICO	GIURASSICO	CRETACEO	PALEOGENE	NEOGENE
	251	200	146	65,5	23 0

La Terra diventa la casa dell'Uomo

Quando, tra i 23 e i 2 milioni di anni fa, il clima diventa più freddo e più secco, vaste aree di pianure erbose rimpiazzano le lussureggianti foreste tropicali dell'Africa meridionale e nuove catene montuose, come l'Himalaya, modificano le condizioni atmosferiche globali. I mammiferi erbivori si spostano in grandi branchi e sviluppano adattamenti dei denti e dell'apparato digerente. Molti mammiferi moderni discendono da piccoli animali vissuti in questo periodo.

Le scimmie antropomorfe scendono dagli alberi per alimentarsi al suolo, e imparano a camminare erette: ciò facilita l'avvistamento del cibo e dei predatori, e libera gli arti superiori, che possono essere usati per trasportare i piccoli. I primi esseri umani si evolvono circa 2 milioni di anni fa, imparano a costruire strumenti in pietra e a usare il fuoco. Molti tipi di esseri umani si evolvono e si estinguono prima dell'avvento della nostra specie, *Homo sapiens*, circa 200.000 anni fa.

LUCY
Gli esseri umani si evolvono da scimmie antropomorfe a postura eretta chiamate australopiteci, 4 milioni di anni fa. Lo scheletro di una femmina di australopiteco, soprannominata "Lucy", fu scoperto in Etiopia nel 1974.

SEPOLTURA DELL'ETÀ DELLA PIETRA
Questi due esseri umani dell'età della pietra, rinvenuti in Liguria, sono stati sepolti insieme, con i corpi raggomitolati l'uno intorno all'altro. Il cranio dello scheletro a destra è ornato da un copricapo di conchiglie.

PALEOZOICO: ERA DELLA VITA ANTICA				
CAMBRIANO	ORDOVICIANO	SILURIANO	DEVONIANO	CARBONIFERO
542	488	444	416	359

UOMINI DI NEANDERTAL

Gli uomini di Neandertal, abitanti delle grotte europee circa 60.000 anni fa, per qualche tempo coesistono con la nostra specie. Il loro corpo tarchiato, che li aiuta a mantenere il calore, e la loro abilità nel costruire utensili gli permettono di adattarsi alle dure condizioni delle ere glaciali, ma nonostante questo si estinguono circa 28.000 anni fa.

L'UOMO SI DIFFONDE IN TUTTO IL MONDO

L'uomo moderno fa la sua comparsa in Africa circa 200.000 anni fa, per poi migrare dall'Africa all'Europa, all'Asia e all'Australia. I bassi livelli del mare durante l'ultima era glaciale permisero agli esseri umani di spostarsi dall'Asia settentrionale alle Americhe, attraverso lo Stretto di Bering.

LEGENDA

- Aree dove sono stati rinvenuti resti dei primi esseri umani moderni
- Percorso delle migrazioni
- a.f. anni fa (circa)

TRACCE DI VITA

Oltre alle ossa fossilizzate, gli uomini primitivi ci hanno lasciato molti altri indizi sul loro stile di vita, per esempio impronte impresse nelle rocce, utensili, discariche di rifiuti e opere d'arte. Ogni scoperta permette agli scienziati di ricostruire la vita degli uomini che ci hanno preceduto sulla Terra.

Impronte fossili di essere umani, lasciate nel terreno circa 3,5 milioni di anni fa.

Pitture rupestri di 17.000 anni fa nella grotta di Lascaux (Francia), scoperta da quattro ragazzi.

	MESOZOICO: ERA DEI RETTILI			CENOZOICO: ERA DEI MAMMIFERI	
MIANO	TRIASSICO	GIURASSICO	CRETACEO	PALEOGENE	NEOGENE
	251	200	146	65,5	23 0

Dentro la Terra

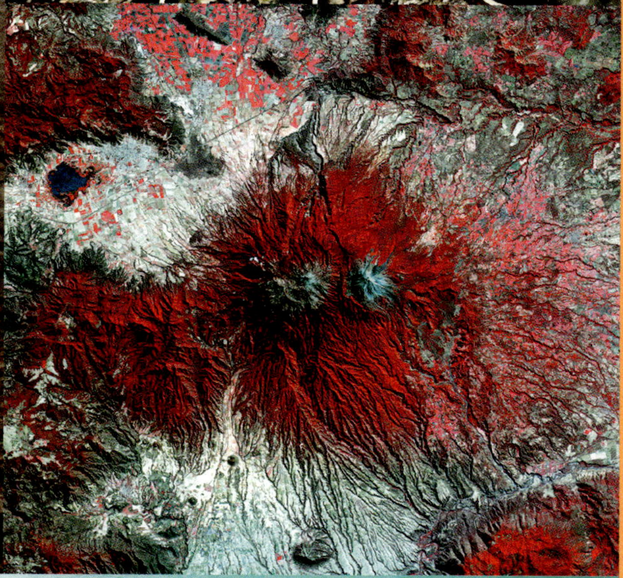

Viaggio al centro della Terra

Un fiume di lava liquida e ardente scende lungo una valle. Quando si verifica un'eruzione vulcanica, la lava viene spinta forzatamente dal mantello verso la superficie.

Circa 4,6 miliardi di anni fa, la Terra era una palla infuocata di rocce fuse, allo stato liquido. Con il raffreddamento, la forza di gravità della Terra stessa spinse gli elementi più pesanti, come il ferro, verso il centro, mentre quelli più leggeri, tra cui l'ossigeno e il silicio, rimasero a galleggiare in superficie. Alla fine, si formarono quattro strati. Al centro, un nucleo di ferro pesante, formato da due parti: una interna solida e una esterna liquida. Intorno al nucleo, un mantello più leggero formato principalmente da un minerale verde, l'olivina, spesso trasportato in superficie con la lava, e infine, sopra al mantello, una fragile crosta rocciosa. I fondali oceanici e i continenti su cui viviamo formano la crosta terrestre, sottile e rigida.

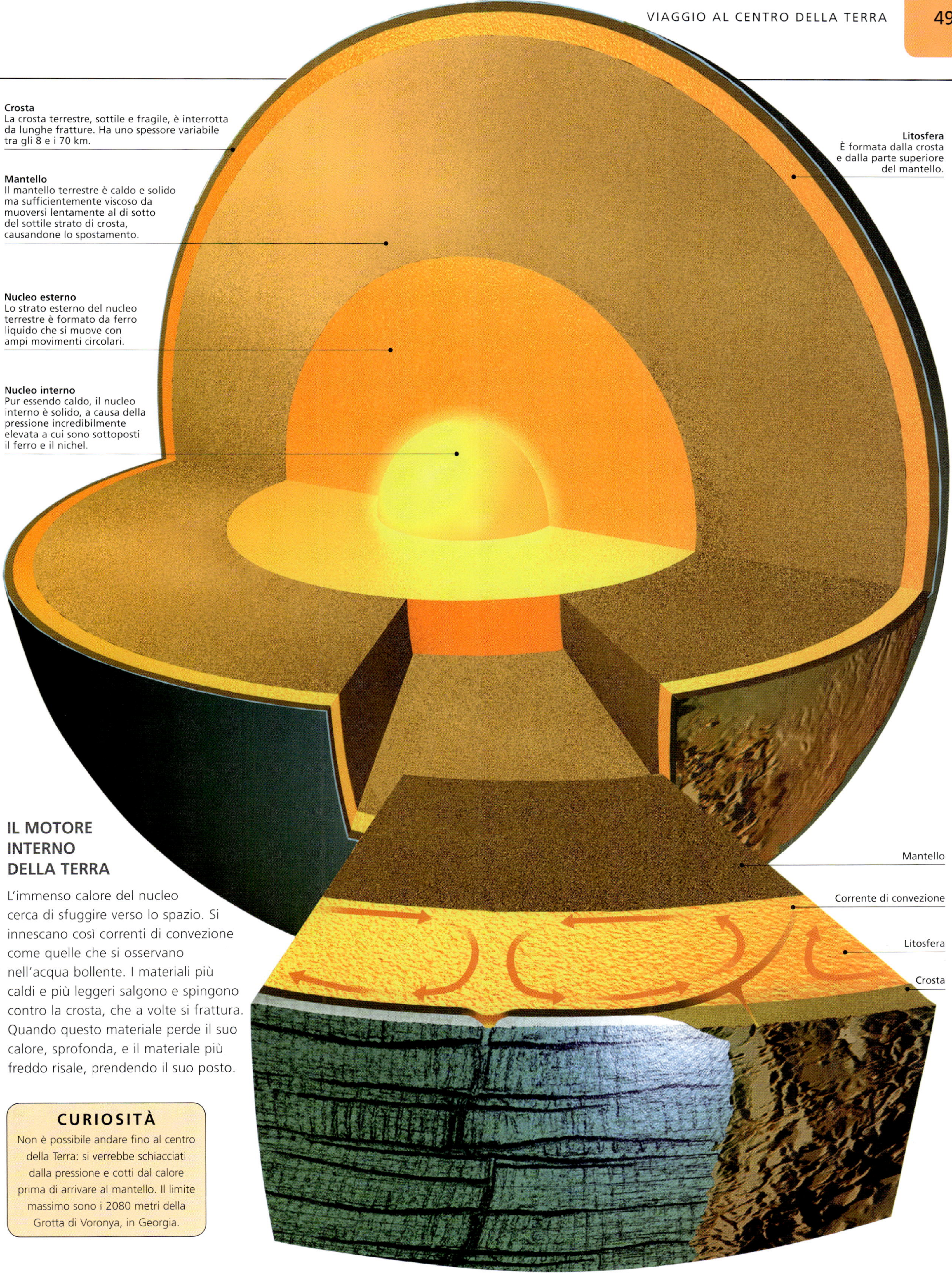

IL MOTORE INTERNO DELLA TERRA

L'immenso calore del nucleo cerca di sfuggire verso lo spazio. Si innescano così correnti di convezione come quelle che si osservano nell'acqua bollente. I materiali più caldi e più leggeri salgono e spingono contro la crosta, che a volte si frattura. Quando questo materiale perde il suo calore, sprofonda, e il materiale più freddo risale, prendendo il suo posto.

CURIOSITÀ

Non è possibile andare fino al centro della Terra: si verrebbe schiacciati dalla pressione e cotti dal calore prima di arrivare al mantello. Il limite massimo sono i 2080 metri della Grotta di Voronya, in Georgia.

Terra inquieta

Al centro della Terra c'è una straordinaria centrale energetica: un nucleo bollente e infuocato. Il calore del nucleo cuoce le rocce soprastanti del mantello, e man mano che la "cottura" procede, le rocce calde e liquide che formano il magma risalgono come le bolle nell'acqua in ebollizione. Le parti più fredde sprofondano, ma vengono riscaldate nuovamente dal nucleo e ricominciano a salire in un ciclo continuo che genera delle correnti di convezione, in cui il magma in movimento esercita un'azione di spinta e di traino sulla crosta terrestre. Dopo la formazione della Terra, questi movimenti spaccarono la crosta e la trasformarono in una specie di gigantesco puzzle: sopra i pezzi di questo immaginario puzzle – le cosiddette placche tettoniche – si trovano gli oceani e le terre emerse. Quando il magma fuoriesce in mezzo a due placche, esse si separano, ma possono allontanarsi soltanto finché non si scontrano con altre placche; sono queste collisioni a provocare i terremoti e le eruzioni vulcaniche.

Le cascate e i fiumi consumano le catene montuose, in una lotta senza fine contro le forze interne della Terra, che invece spingono le montagne verso l'alto.

I geyser sono getti di acqua calda che fuoriescono da fratture nel terreno. Si formano soltanto dove ci sono rocce calde appena al di sotto della superficie.

SOTTO LA SUPERFICIE

Le correnti di convezione (indicate dalle frecce rosse) causano stiramenti e compressioni della crosta terrestre. Dove le placche si separano, si formano le dorsali oceaniche e le *rift valley*, dove invece le placche si scontrano, si formano montagne, vulcani e valli sottomarine.

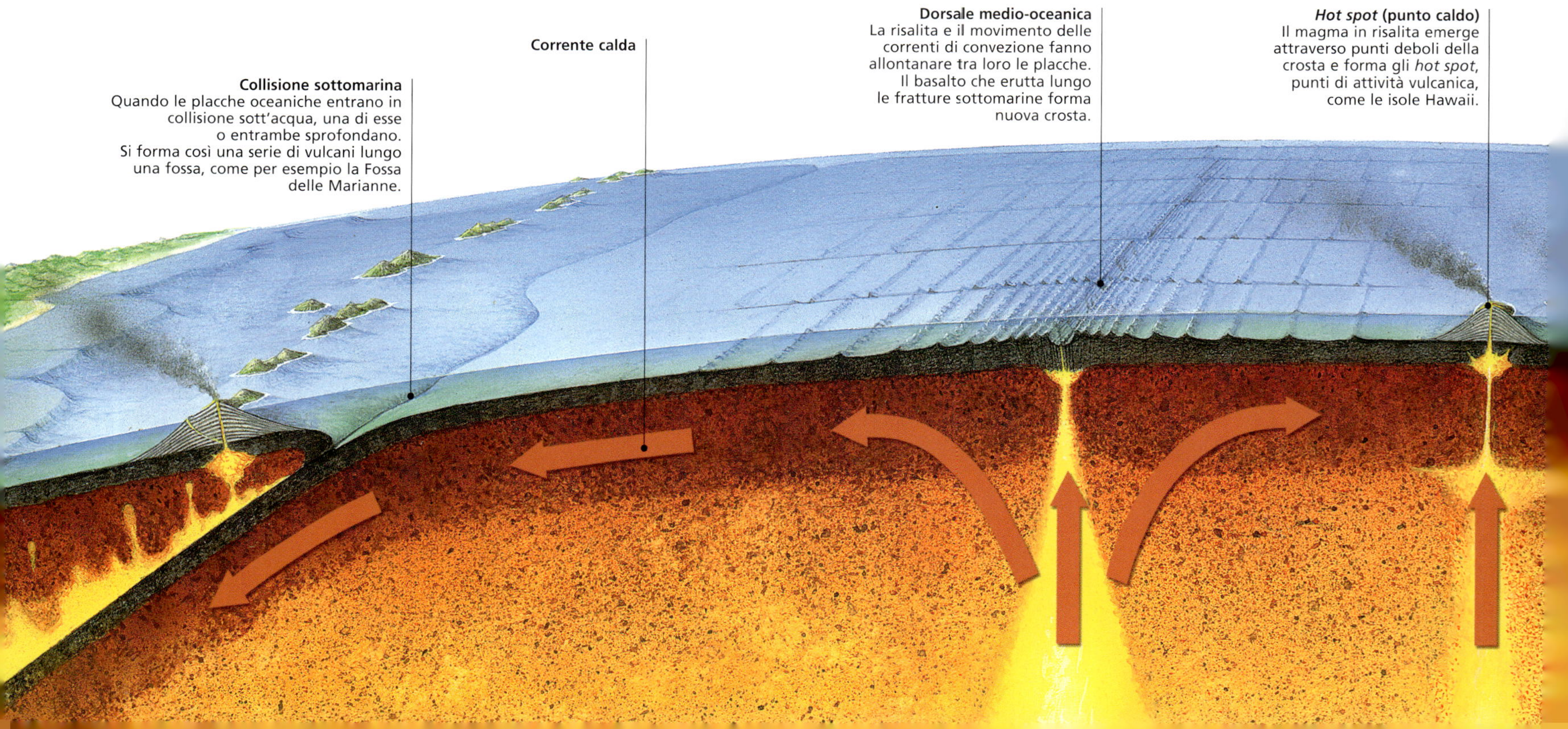

Fiumi di lava fuoriescono da profonde fratture o fori della crosta terrestre, formando grandi edifici vulcanici. I vulcani sono comuni nei punti di indebolimento della crosta.

Le sorgenti calde sono comuni lungo i margini delle placche tettoniche terrestri. L'acqua sotterranea viene riscaldata mentre scorre lungo le fratture nelle rocce calde.

SOTTO LA CROSTA

La crosta terrestre è sottile e galleggia sul mantello. La crosta oceanica è formata da rocce basaltiche pesanti, mentre quella continentale, più spessa, galleggia perché è formata da rocce granitiche più leggere. È per questo che i continenti si trovano sopra il livello del mare, mentre la maggior parte dell'acqua del globo si trova nei più profondi bacini oceanici.

CROSTA OCEANICA
La crosta oceanica è formata da basalto, una roccia vulcanica che si indurisce quando il magma erutta in corrispondenza delle dorsali medio-oceaniche.

CROSTA CONTINENTALE
La crosta continentale forma le terre emerse ed è costituita da rocce più antiche e più leggere come il granito, lo gneiss e l'arenaria.

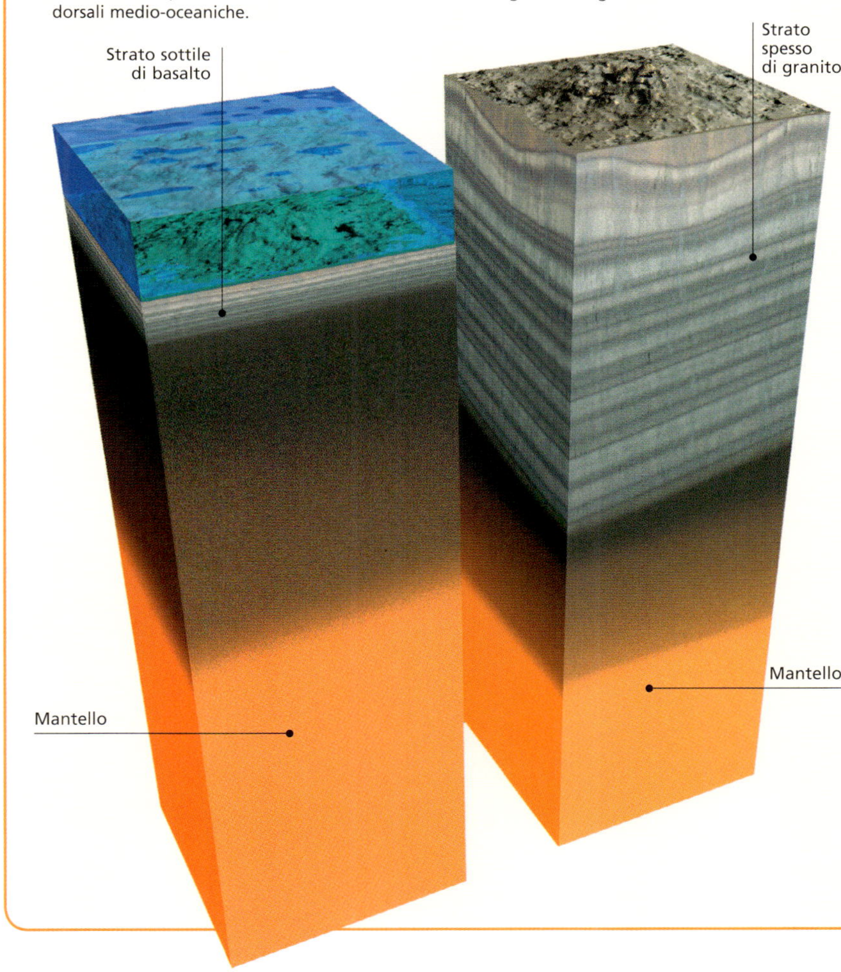

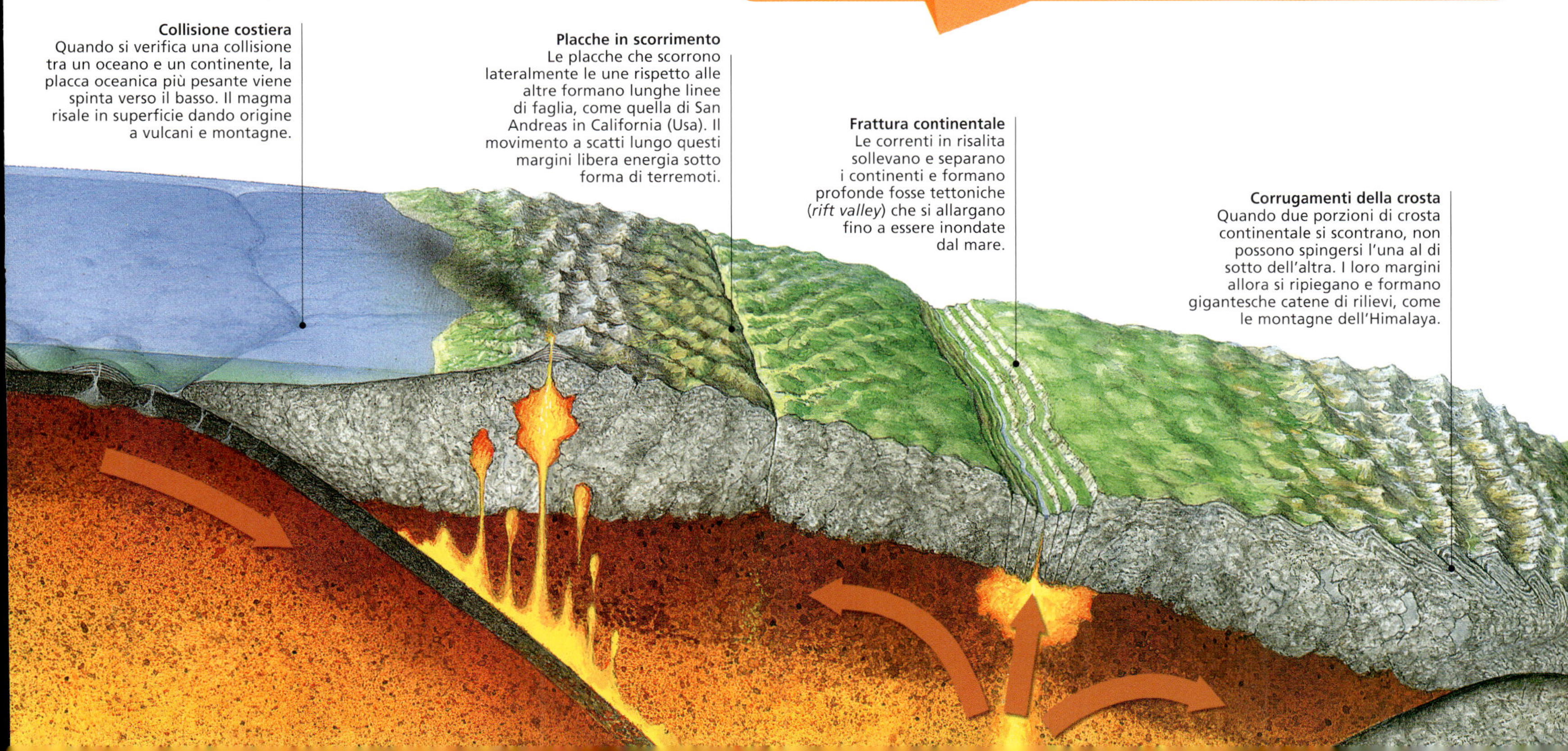

Continenti in movimento

La crosta terrestre è in movimento, ma fino a poco tempo fa i geologi non ne avevano le prove, e le prime teorie sulla "deriva" dei continenti rimasero inascoltate. Eppure, c'erano molte cose che non si potevano spiegare se non ammettendo che i continenti erano un tempo uniti, per esempio i ritrovamenti di animali e piante simili nei continenti meridionali, o i profili a incastro del Sud America e dell'Africa. Nel 1910, lo scienziato tedesco Alfred Wegener notò che i continenti assomigliavano ai pezzi di un puzzle e ipotizzò che fossero un tempo uniti in un solo continente. Nel 1960, grazie ad apparecchiature subacquee, gli scienziati scoprirono lunghe catene montuose sotto gli oceani, nei punti di separazione della crosta terrestre, e finalmente l'idea della "deriva" dei continenti iniziò a essere accettata.

MOTO CONTINUO
Per milioni di anni, i movimenti delle placche tettoniche terrestri hanno causato restringimenti e allargamenti dei mari, e separazioni e unioni dei continenti.

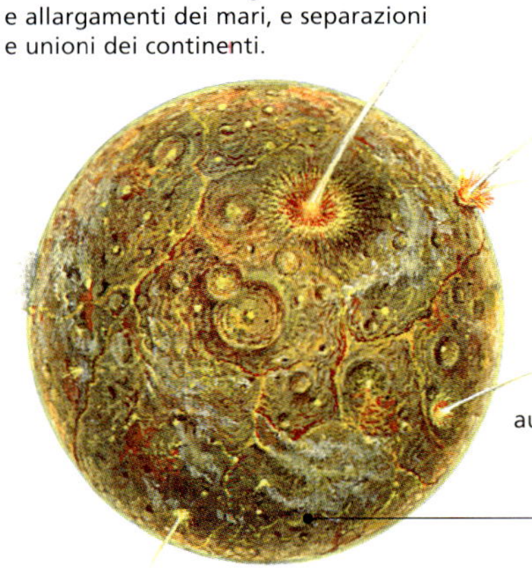

4,6-4,2 miliardi di anni fa
Collisioni di meteoriti e comete fanno aumentare le dimensioni della Terra. I materiali pesanti sprofondano nel nucleo.

4,2-3,8 miliardi di anni fa
Via via che gli impatti diminuiscono, la Terra si raffredda e si forma una crosta solida. Il vapore acqueo prodotto dai vulcani e dalle comete condensa, formando gli oceani.

TERRE SEPARATE

Esplorando l'Indonesia intorno al 1850, Alfred Wallace aveva notato che gli animali di Giava, di Sumatra e del Borneo erano diversi da quelli della Nuova Guinea e dell'Australia. Pur non riuscendo a spiegarlo, Wallace aveva scoperto la linea di divisione tra le placche dell'Eurasia e dell'Australia. L'assenza di un ponte di terra tra le placche aveva impedito agli animali di passare da una parte all'altra, e la maggior parte delle specie erano rimaste isolate.

Le coste del Mar Rosso e del Golfo di Aden hanno iniziato a separarsi soltanto 25 milioni di anni fa.

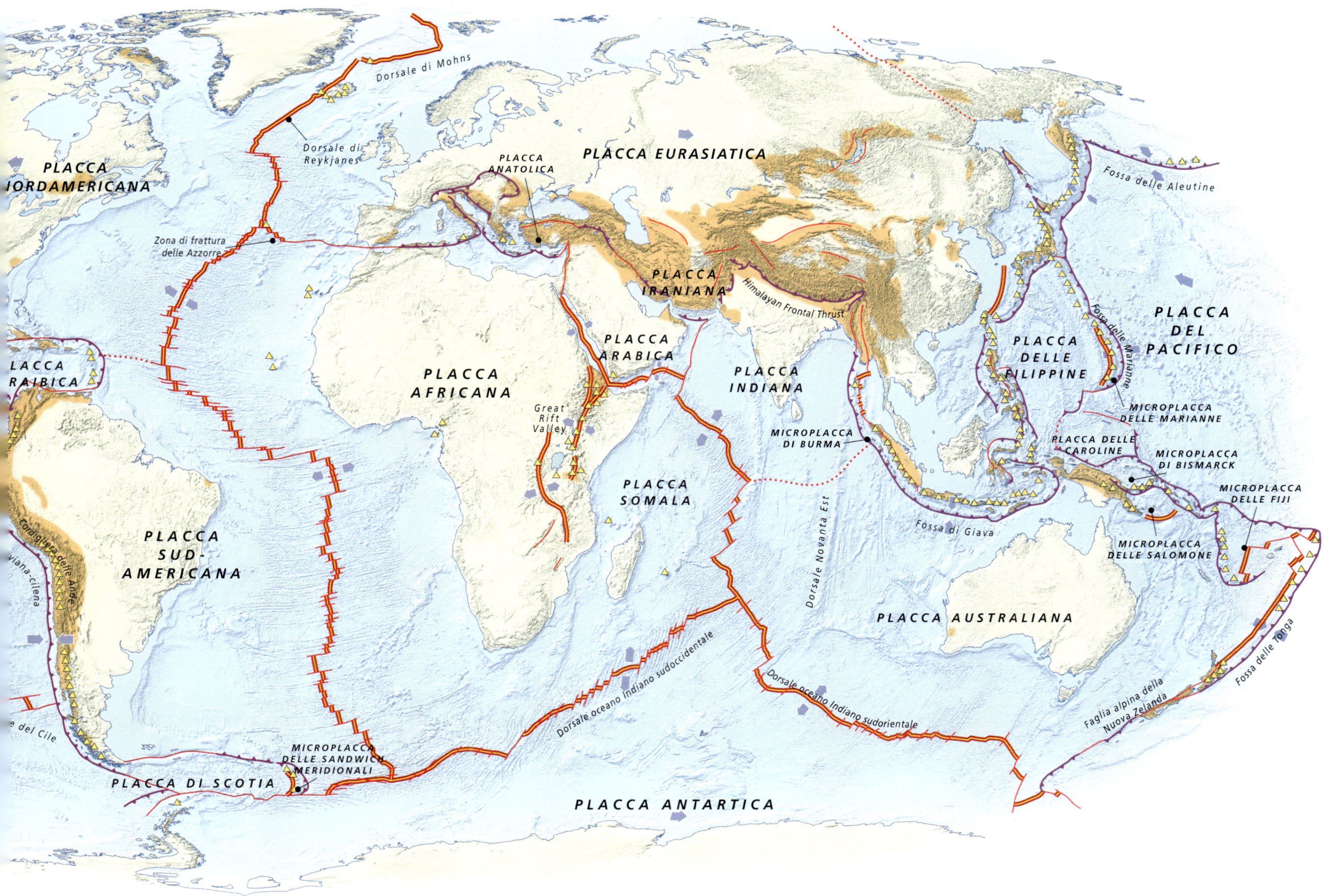

LEGENDA
- Zona sismica
- Zona vulcanica
- Placche in collisione
- Placche in allontanamento
- Placche in movim. laterale
- Situazione incerta
- Direzione del movimento

MARGINI TETTONICI

I vulcani, le fosse oceaniche, le catene montuose e i terremoti segnano i punti di incontro delle placche tettoniche. Il margine della placca pacifica, chiamato "Cintura di Fuoco", è il più attivo. Le frecce indicano la direzione di movimento di ogni placca.

270 milioni di anni fa
Le terre emerse si fondono in un enorme supercontinente, la Pangea, circondato da un unico oceano.

200 milioni di anni fa
La Pangea inizia a frammentarsi, inizialmente in due supercontinenti: Laurasia a nord e Gondwana a sud.

Situazione attuale
L'oceano Atlantico si sta allargando e le Americhe si stanno allontanando dall'Europa e dall'Africa.

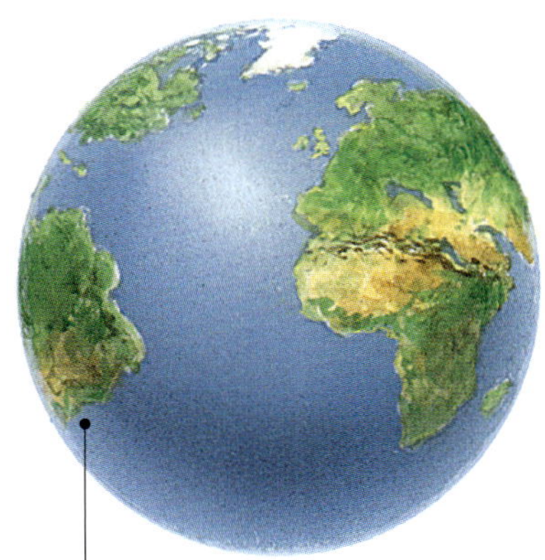

Tra 50 milioni di anni
L'Atlantico continua ad allargarsi e il Pacifico si restringe, avvicinando il Nord America all'Asia. L'Africa si scontra con l'Europa, chiudendo il Mediterraneo.

Pieghe e faglie

La pressione delle placche in movimento sotto la superficie è enorme, tanto da spaccare anche le rocce più resistenti creando così le faglie, che possono essere di piccole dimensioni, come quelle visibili nei versanti rocciosi e nei tagli stradali, oppure estendersi per centinaia di chilometri. Quando le rocce si allontanano tra loro, un lato scivola verso il basso e si forma una faglia normale, quando invece si scontrano, una parte di solito si solleva sull'altra, creando una faglia inversa; se, infine, lo scivolamento avviene in direzioni opposte, o a velocità diverse, si creano le faglie laterali o trasformi. Tutti e tre i tipi possono formarsi lungo una linea di faglia principale.

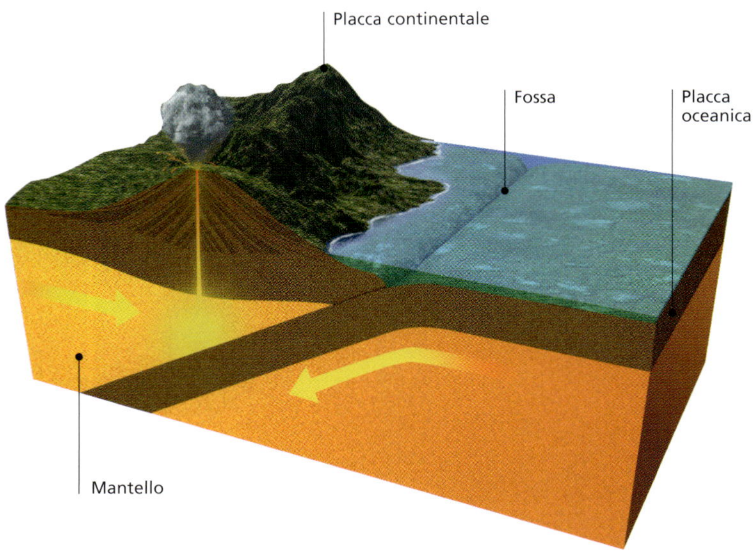

SCONTRO TRA UN OCEANO E UN CONTINENTE

Entrando in collisione con una placca continentale, la placca oceanica scivola al di sotto del continente (subduzione) e subisce una fusione. La roccia fusa risale formando i vulcani.

Le Torri del Paine, in Cile, fanno parte della catena delle Ande. Queste montagne si sono innalzate quando la placca del Pacifico è scivolata sotto quella sudamericana.

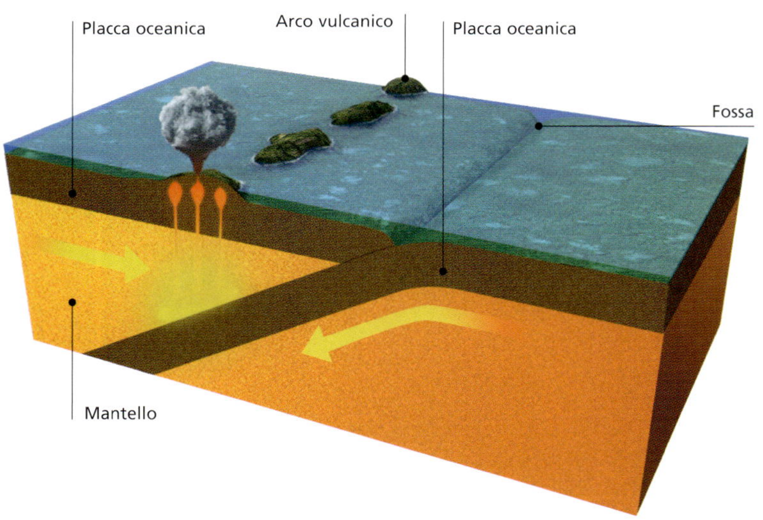

SCONTRO TRA DUE OCEANI

In caso di collisione tra due placche oceaniche, è la placca più densa a scivolare sotto l'altra, subendo la fusione. In questo caso, le rocce fuse risalgono creando una fila di isole, o arco vulcanico.

Gunung Semeru, insieme a centinaia di altri vulcani, fa parte dell'arco vulcanico indonesiano, formatosi in seguito alla collisione tra placca australiana e placca del Pacifico.

Questa specie di enorme cicatrice nel terreno è la Faglia di San Andreas, in California (Usa). Sul suo lato sinistro, la placca del Pacifico si muove lentamente verso nordovest; sul lato destro, la placca del Nord America scivola verso sudest.

I TIPI DI FAGLIE

Le placche tettoniche possono scontrarsi (convergenza), scivolare lateralmente, o allontanarsi tra loro (divergenza).

Le montagne dell'Himalaya Quando si scontrano due continenti, la crosta non sprofonda e i loro margini si piegano verso l'alto formando le catene montuose.

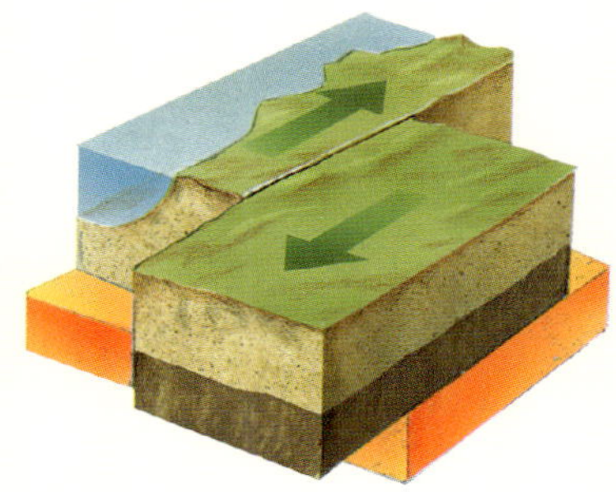

La Faglia di San Andreas Se due placche scivolano lateralmente l'una rispetto all'altra, il movimento violento causa improvvisi slittamenti che danno origine a forti terremoti.

La Rift Valley dell'Africa orientale Quando due placche continentali si separano, le spaccature si allargano creando avvallamenti (*rift valley*) in cui si formano fiumi e laghi.

Dorsale medio-atlantica Mentre i continenti si allontanano, la lava basaltica scorre attraverso le spaccature sommerse della crosta terrestre. Alla fine si crea un oceano, con una dorsale in mezzo.

Le rocce

Le rocce che ci circondano sono sempre in movimento, come se viaggiassero, al rallentatore, sulle montagne russe. Le forze geologiche, infatti, le spingono verso l'alto formando le montagne, le fondono e le lanciano in aria, le spaccano in piccoli pezzi, le fanno sprofondare. Questo viaggio turbolento dà origine a tre tipi di rocce: le *rocce ignee* (o *magmatiche*), che si formano quando il materiale fuso si raffredda; le *rocce sedimentarie*, che si formano quando si depositano, in strati, i frammenti creati dall'azione delle onde, del ghiaccio o da scontri con altre rocce; le *rocce metamorfiche*, che derivano dalla trasformazione delle rocce all'interno della Terra, schiacciate e cotte dalle elevatissime temperature e pressioni.

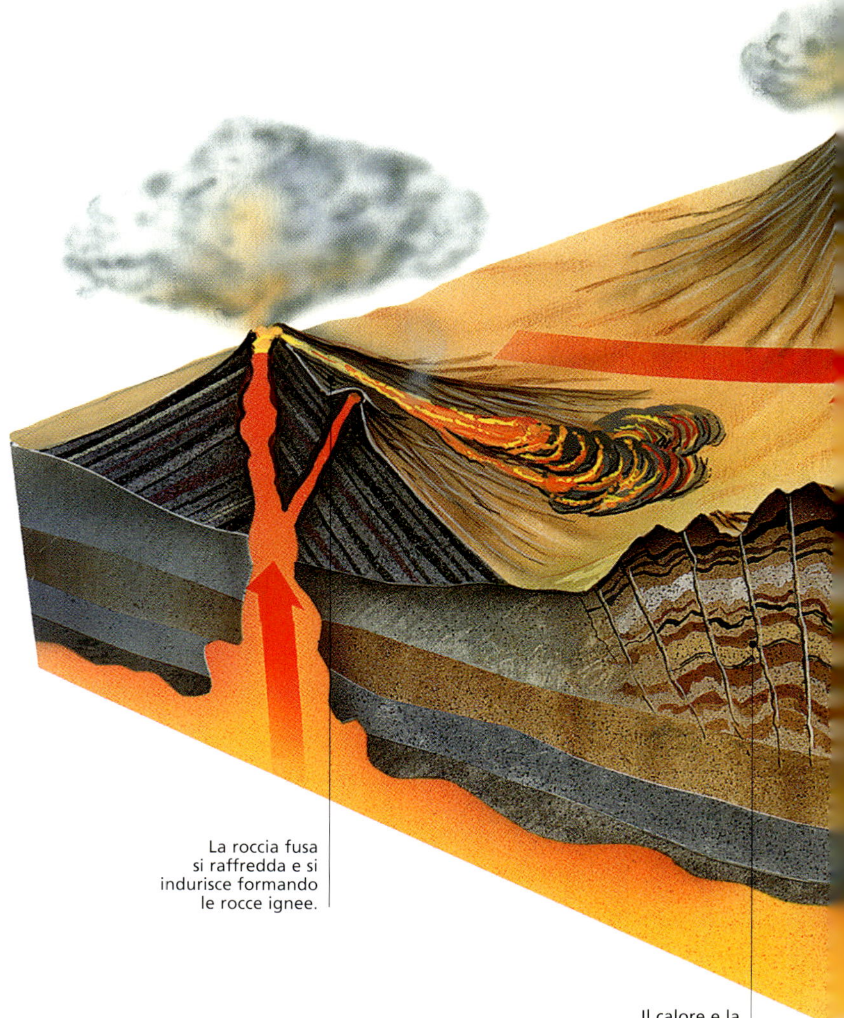

La roccia fusa si raffredda e si indurisce formando le rocce ignee.

Il calore e la pressione del sottosuolo danno origine alle rocce metamorfiche.

COME SI FORMANO LE ROCCE

Le rocce si formano, vengono distrutte e si riformano nuovamente, in un "ciclo delle rocce" senza fine. L'erosione consuma le montagne e i vulcani, e i fiumi trasportano al mare i sedimenti che si formano. I sedimenti che arrivano sul fondo oceanico vengono spinti nelle zone di subduzione, dove fondono e diventano lava, che fuoriesce dai vulcani completando il ciclo.

UN NOME PER OGNI ROCCIA

Osserva le rocce intorno a te: i loro cristalli sono piccoli o grandi? Sono disposte in strati piatti e diritti, o ripiegati e distorti? Sono tutti indizi per capirne l'origine.

Conglomerato

Quarzo lattiginoso

ROCCIA SEDIMENTARIA
È formata da frammenti di minerali o rocce che sono stati erosi, trasportati e depositati in strati, e si sono solidificati tutti insieme.

Granito

Quarzo

Mica

Feldspato

ROCCIA IGNEA
I cristalli, ravvicinati tra loro, sono grandi se la roccia si è raffreddata lentamente nel sottosuolo, sono microscopici se si è raffreddata lentamente.

Gneiss a bande

Quarzo

Biotite

Feldspato

ROCCIA METAMORFICA
Si osservano bande ripiegate e ondulate di minerali, causate dalla forte pressione e dall'elevata temperatura.

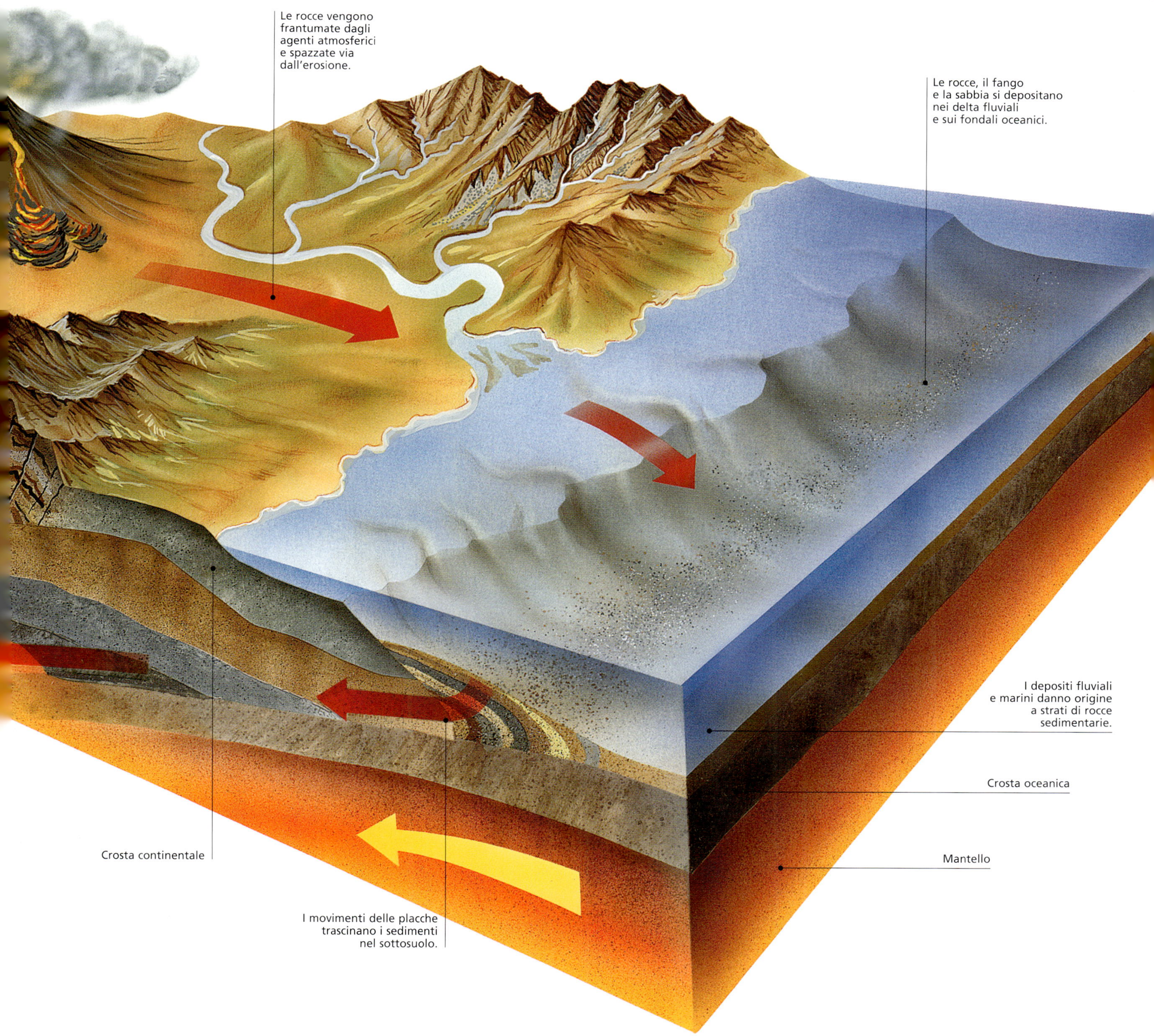

La lava esce dal vulcano Kilauea (Hawaii, Usa), e la roccia ignea neoformata si raffredda al contatto con l'oceano.

Gli strati inclinati in queste rocce sedimentarie (Arizona, Usa) sono testimonianze di antiche dune sabbiose.

Le Alpi, formate dalla compressione della Tetide contro la placca eurasiatica: la pressione ha modificato le rocce.

Rocce ignee

Le rocce ignee, o magmatiche, derivano da magma raffreddato. Quando il materiale fuso si raffredda, si formano piccoli cristalli che poi si accrescono. Maggiore è il tempo di raffreddamento, più grandi sono i cristalli. I cristalli più grandi del mondo – alcuni più grandi di un'automobile – sono stati trovati nelle pegmatiti. Nella lava che fuoriesce sulla superficie terrestre e si raffredda velocemente i cristalli sono invece molto piccoli. Le rocce ignee possono essere molto dure e vengono spesso utilizzate per costruire strade e edifici.

Gabbro

Pomice

Ignimbrite

Ossidiana a bande
Nell'ossidiana possono formarsi striature se la lava densa scorre un po' prima di raffreddarsi.

Andesite

Ossidiana
Vetrosa e friabile, l'ossidiana si spacca formando frammenti dai bordi taglienti.

Kimberlite
La kimberlite proviene dalle profondità del mantello e può includere cristalli di diamante.

Riolite
Dello stesso materiale del granito, la riolite ha cristalli piccoli perché deriva da lava raffreddata rapidamente.

Basalto vescicolare
Comune roccia grigia a grana fine, derivata da lava raffreddata. Può riempirsi di bolle di gas.

Tufo vulcanico
Il tufo è formato da ceneri vulcaniche solidificate e compresse.

Lava-ossidiana
La lava che dà origine all'ossidiana ha un alto contenuto di silice, caratteristica che la fa scorrere lentamente, come una zuppa densa.

DENTRO LE ROCCE

Basalto Al microscopio, in una sezione di basalto si vedono cristalli lunghi e corti, circondati da minerali a grana fine.

Gabbro Ha la stessa composizione del basalto, ma con cristalli molto più grandi dovuti al lento raffreddamento.

Pegmatite A causa del lento raffreddamento, nella pegmatite i cristalli possono essere molto grandi.

Serpentino Il serpentino è una roccia verde che è stata compressa lungo i bordi di continenti in collisione.

Gabbro
È una roccia di colore scuro, formata da cristalli grossolani.

Granito
Il granito è formato da grandi cristalli derivati dal lento raffreddamento del magma in profondità.

Andesite
L'andesite è formata da lava densa eruttata da vulcani situati sui margini delle placche tettoniche.

Granito
Questo granito si differenzia da quello bianco per la presenza di bei cristalli rosa di feldspato.

Pallasite (meteorite)
Ricca di nichel e ferro, questa meteorite ha avuto origine dal nucleo di un pianeta esploso.

I TAPPI DI LAVA

I tappi di lava e i dicchi sono colonne di rocce ignee che un tempo facevano parte di un vulcano. La roccia fusa che si raffredda in un antico camino vulcanico è molto più dura delle ceneri presenti nel cono del vulcano stesso: quando l'erosione porta via le ceneri, le parti interne del vulcano restano esposte.

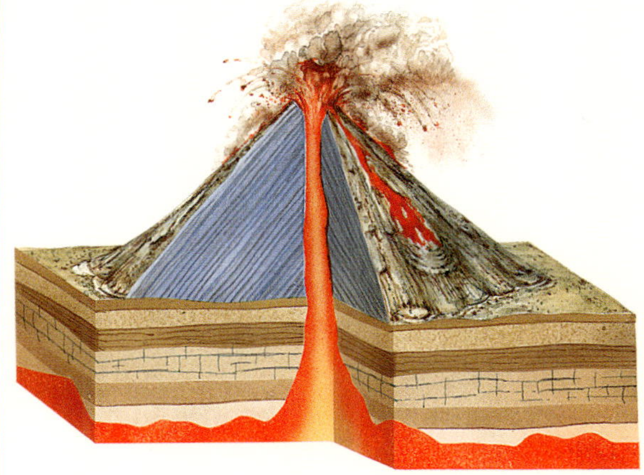

Eruzione Il magma risale in superficie ed erutta attraverso il camino attivo principale del vulcano, dando origine a un cono vulcanico dai fianchi ripidi, fatto di strati di ceneri e lava.

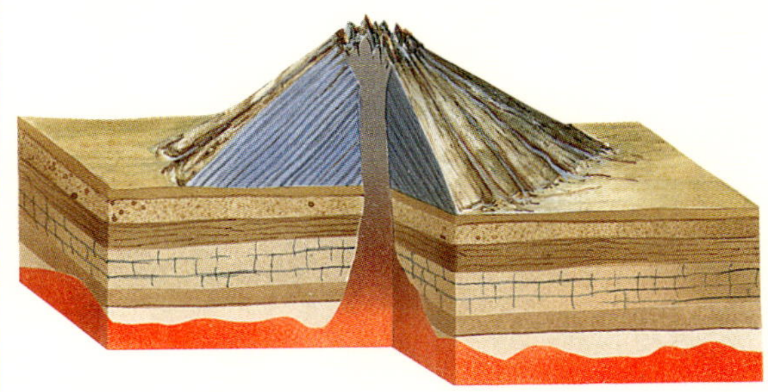

Estinzione Il vulcano si estingue e il magma si raffredda all'interno del camino, indurendosi a partire dalla sommità e trasformandosi in roccia ignea solida.

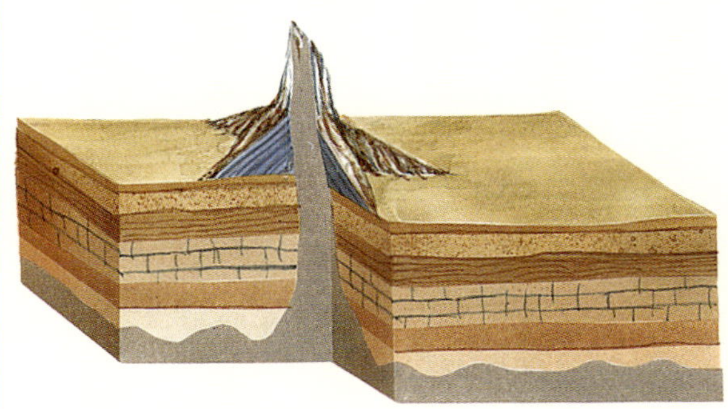

Erosione I fiumi erodono i fianchi del vulcano estinto, trasportando via le ceneri del cono vulcanico e scoprendo le formazioni di lava indurita, che diventano tappi e dicchi vulcanici.

Rocce sedimentarie

Le rocce sedimentarie sono formate da granuli di rocce più antiche, frantumate dagli agenti atmosferici e dall'erosione. Questo materiale libero costituisce i sedimenti, che vengono trascinati in grande quantità dalle acque correnti, dal vento e dal ghiaccio. Le rocce che vengono trasportate a lungo nell'acqua acquistano una forma arrotondata. Alla fine, i sedimenti arrivano a un lago o al mare, dove si depositano in strati, mentre i frammenti più fini e leggeri continuano a spostarsi; i sedimenti che arrivano successivamente seppelliscono quelli precedenti e, con il tempo, tutto il materiale viene cementato o compresso, formando una roccia solida.

Roccia ferrifera striata
Roccia antica, formata da strati di selce rossa ed ematite grigia.

Roccia ferrifera pisolitica

Punte di lancia in selce
Le punte di lancia venivano intagliate nella selce, in modo da ottenere un bordo affilato e un'estremità da legare alla lancia.

Conglomerato
Roccia a grana grossa, formata da grandi ciottoli arrotondati tenuti insieme da materiale più fine.

Selce
La selce è una roccia dura, a grana fine, formata da materiali depositati sul fondo del mare.

DENTRO LE ROCCE

Una sezione sottile di arenaria, osservata al microscopio a luce polarizzata per visualizzarne la struttura. È formata da granuli di sabbia quarzosa parzialmente arrotondati.

Breccia
La breccia è formata da frammenti a spigoli vivi eruttati da un vulcano e quindi cementati a formare una roccia.

Argillite
Le lamine di argillite possono presentare striature marroni, dovute a infiltrazioni di acqua ferrosa.

Ciottolo di breccia
Ciottolo fluviale di breccia, forse destinato a far parte di un conglomerato.

Diaspro
Roccia striata formata da minerali di quarzo.

Calcare
Si vedono chiaramente i gusci calcarei (di carbonato di calcio) di minuscoli organismi marini.

Strumenti in selce del Paleolitico
Gli uomini primitivi usavano la selce per fare utensili come coltelli, lance e frecce.

Evaporite
I minerali come il sale o il gesso, che cristallizzano durante il prosciugamento di laghi e mari, vengono chiamati evaporiti.

Breccia
Gli spigoli vivi dei granuli indicano che essi non hanno subito un trasporto dal loro punto di origine.

Selce

Argillite

Arenaria
Roccia molto comune, formata da granuli di sabbia cementata, di solito quarzosa.

COME SI FORMA UN CANYON

I canyon, come il famoso Grand Canyon formato dal fiume Colorado (Usa), sono luoghi ideali per osservare gli strati di rocce sedimentarie. Gli strati più duri danno origine a ripidi precipizi, mentre quelli più deboli vengono erosi formando pendii più lievi.

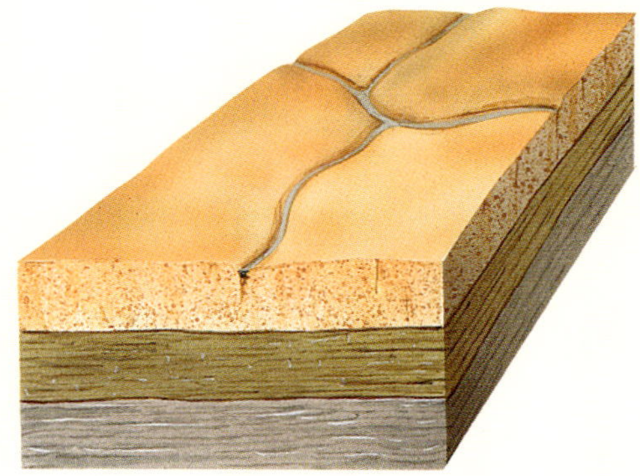

Si forma il canyon L'attività tettonica solleva la superficie oltre il livello del mare, e i fiumi acquistano una notevole energia riuscendo a scavare le rocce.

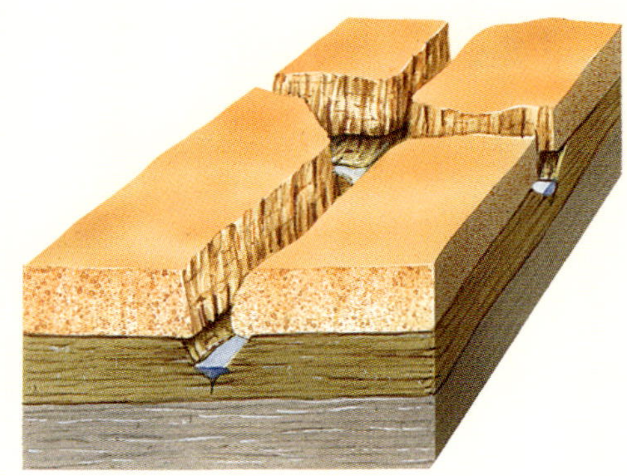

Il canyon diventa più profondo Il fiume scava negli strati di rocce sedimentarie formando un canyon stretto e profondo, con versanti ripidi.

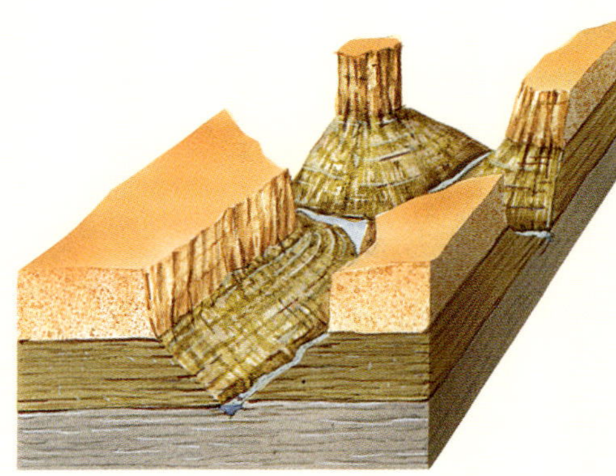

Il canyon diventa più ampio Gli strati di roccia più debole vengono erosi e indeboliti alla base, allargando il canyon e facendo crollare gli strati più alti di roccia dura.

Rocce metamorfiche

Sotto la superficie terrestre, le rocce si trasformano continuamente come in una gigantesca pentola a pressione. Non fondono, ma si modificano lentamente pur restando solide, con un processo chiamato metamorfismo. All'inizio sembra che non succeda quasi nulla, ma poi, nelle rocce riscaldate, i cristalli si uniscono tra loro e si ingrandiscono. Le rocce metamorfiche come la quarzite e il marmo sono più dure e più resistenti delle loro rocce originarie. I minerali piatti come la mica ricrescono, posizionando il loro lato appiattito nel senso della pressione, formando l'ardesia, la fillite e gli scisti. A temperature e pressioni molto alte si formano nuovi minerali come i granati.

Quarzite
È una roccia più dura dell'arenaria di partenza, perché i granuli di quarzo sono stati legati insieme dal calore.

Anfibolite
È formata da basalto vulcanico in cui i minerali neri, gli anfiboli, sono stati riscaldati e compressi.

Marmo blu
La colorazione blu-verde di questo marmo deriva dal serpentino che si è mescolato con il calcare.

Skarn
I cristalli raggiati di questa roccia si sono formati in seguito a un forte riscaldamento di un calcare sabbioso.

Gneiss a bande
Facilmente riconoscibile, questa roccia presenta bande spesse e fortemente ondulate di mica nera e feldspato bianco.

Quarzite micacea
Il mescolamento dell'argilla nella quarzoarenite originaria ha causato la crescita dei cristalli di mica.

DENTRO LE ROCCE

Gneiss Al microscopio, in una sezione di gneiss si vedono cristalli di quarzo bianco, nero e grigio, e mica marrone.

Milonite La struttura a bande della milonite, dovuta a una faglia di slittamento, si vede bene in questa sezione.

Antracite
L'antracite è il carbone di più alta qualità, derivato da un processo di riscaldamento e di compressione.

Fillite
Gli strati piatti originari dell'argillite sono stati piegati dalla pressione, formando bande strettamente ondulate di fillite.

Skarn
Lo skarn è una roccia che contiene calcite e, spesso, minerali metallici rari.

Marmo con rubini

Marmo bianco
Derivato da un processo metamorfico del calcare, il marmo è usato per costruzioni e sculture.

Scisto a granati
Sparsi tra i cristalli di mica bianchi e neri, in questo scisto si vedono grandi cristalli rossi di granato.

Granulite
I cristalli granulari e grossolani di questa roccia si devono al riscaldamento e alla compressione dei minerali fin quasi al loro punto di fusione.

Micacisto biotitico
La roccia stratificata generata dalla pressione ha forzato i cristalli di mica a crescere in un'unica direzione.

IL METAMORFISMO

Il metamorfismo delle rocce può avvenire in due modi: in seguito a una forte pressione, come se le rocce venissero strette in una gigantesca morsa, o in seguito a un intenso riscaldamento, come se venissero cotte da una fiamma ossidrica.

COMPRESSIONE

In alcuni casi le rocce si modificano quando vengono compresse e spinte verso l'alto con la formazione di montagne, in seguito a forze che si sviluppano in profondità.

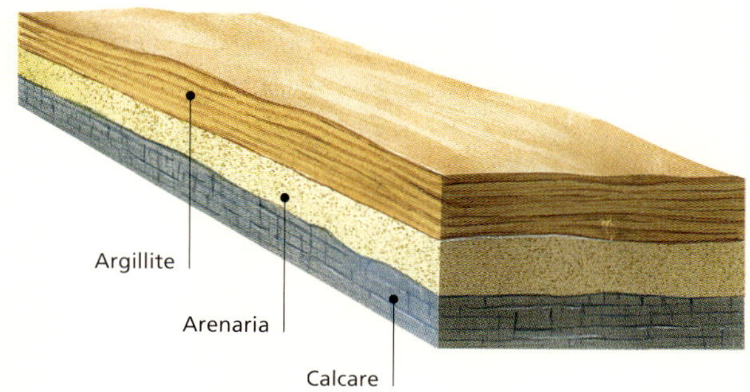

Strati piatti Quando inizia la compressione, le rocce sedimentarie sono disposte in strati piatti e diritti.

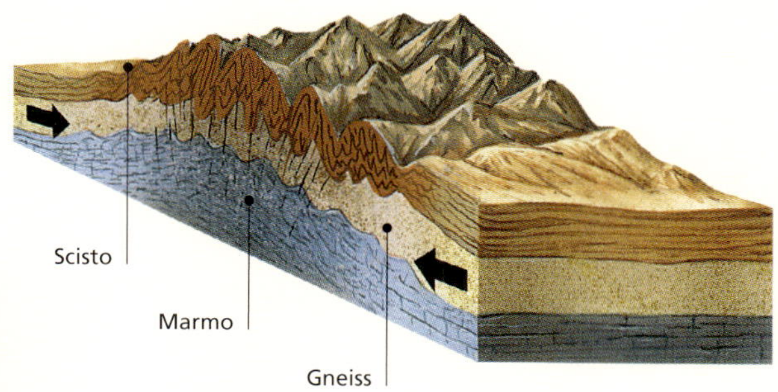

Pieghe La forte compressione fa ripiegare gli strati, come in un tappeto sgualcito.

"COTTURA"

Il magma risale in superficie e "cuoce" le rocce circostanti. Le rocce si induriscono e crescono nuovi minerali.

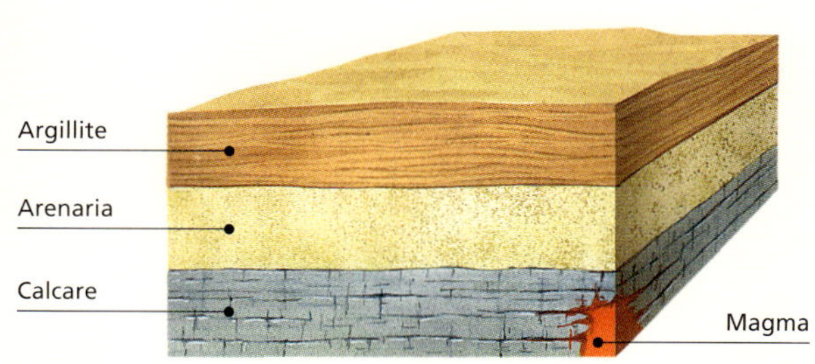

Riscaldamento Il magma bollente inizia a risalire attraverso le rocce sedimentarie.

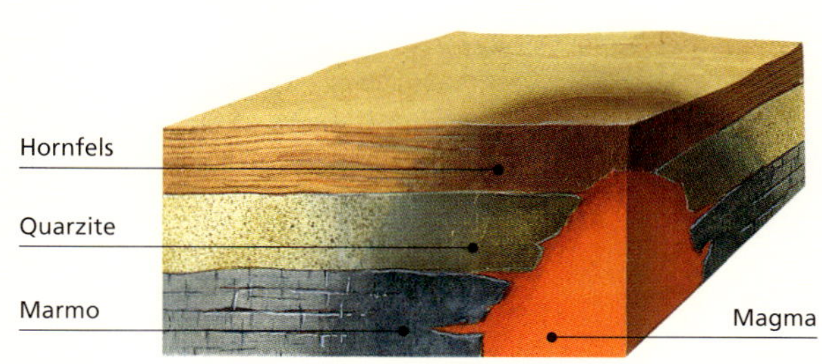

Cottura Il calore del magma "cuoce" le rocce e le modifica.

Le rocce nel paesaggio

È facile riconoscere nel paesaggio i diversi tipi di roccia: gli strati appiattiti di roccia sedimentaria di un canyon, per esempio, hanno un aspetto diverso dalle rocce di un cono vulcanico o dalle pieghe metamorfiche di una catena montuosa. L'acqua, il vento e il ghiaccio modificano il paesaggio con l'erosione, portando lontano le rocce più fragili. Il granito viene levigato fino a formare rilievi tondeggianti, mentre dagli antichi *neck* (riempimenti di camini vulcanici) basaltici e dalle colate laviche si formano spettacolari formazioni colonnari.

Sul granito, l'erosione produce forme lisce e arrotondate, simili a enormi biglie.

Il basalto vulcanico fuso si raffredda e si contrae, formando splendide colonne esagonali.

IL GRAND CANYON

Intagliato nel paesaggio dal fiume Colorado, il Grand Canyon (Usa) è il più grande canyon desertico del mondo. Le sue pareti stratificate sono come pagine di un gigantesco libro, vecchio di oltre 2 miliardi di anni. Le didascalie nella parte destra dell'illustrazione, dal basso verso l'alto, ripercorrono la storia del canyon.

I ghiacciai hanno creato ripide pareti nelle montagne di granito del Parco Nazionale di Yosemite (Usa).

Il Grand Canyon è un grande accumulo di strati sedimentari. Gli strati più duri e resistenti formano le pareti verticali, mentre quelli più teneri formano i pendii più lievi.

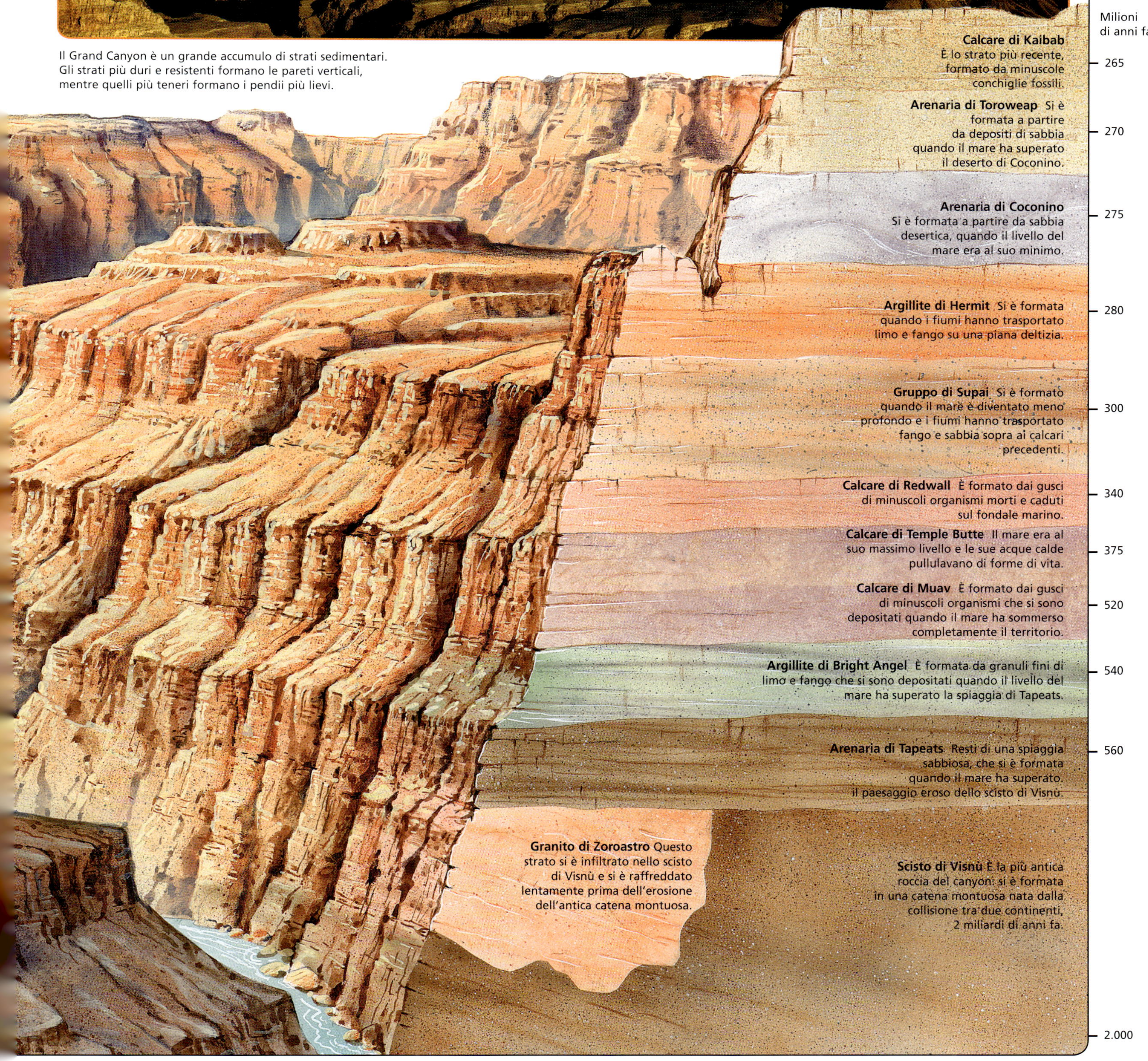

Usi delle rocce

Gli uomini hanno iniziato a usare le rocce molto tempo fa. La selce e le rocce vulcaniche sono ideali per fare utensili perché si rompono in frammenti dai bordi taglienti, per costruire piramidi, palazzi e templi si usano invece granito, marmo, arenaria, calcare e ardesia. Quest'ultima, che si può rompere in lamine sottili, è usata per tetti e pavimentazioni. L'argilla e l'argillite vengono estratte, lavorate e cotte in forno per ottenere i mattoni. Oggi si impiegano anche altri materiali come il vetro e l'acciaio, che hanno rimpiazzato la pietra e i mattoni nelle costruzioni più moderne. Molti edifici, tuttavia, sono ancora decorati con lastre levigate di granito e marmo.

UTENSILI DI SELCE

Gli uomini primitivi hanno iniziato a produrre utensili in pietra 2,5 milioni di anni fa. Grazie al pollice opponibile, riuscivano a lavorare le rocce con le mani, realizzando utensili da caccia come coltelli, punte di lancia e asce. Circa 50.000 anni fa, la scoperta del fuoco permise di ottenere utensili migliori.

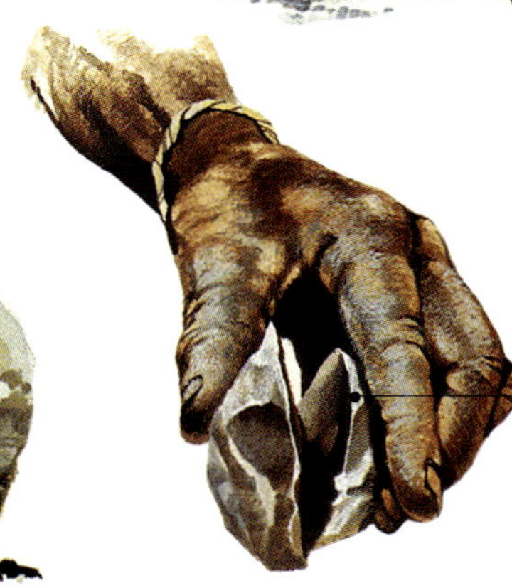

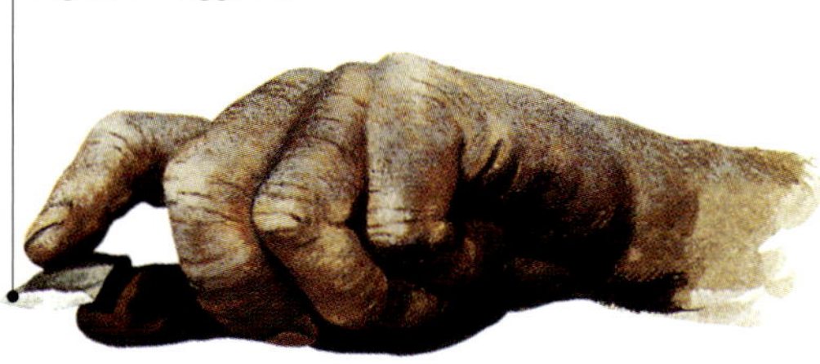

CURIOSITÀ

Coltelli e altri utensili erano molto preziosi per gli uomini primitivi. Le schegge di selce avevano bordi taglienti come l'acciaio, anche se non duravano a lungo perché la selce è un materiale fragile.

COME FU COSTRUITA STONEHENGE?

Furono i primi abitanti dell'Inghilterra a costruire Stonehenge, circa 5000 anni fa. Per i primi pilastri e i primi architravi furono usate pietre di arenaria locale; successivamente fu usata la dolerite, portata dal Galles.

Con un sistema di leve, i pilastri venivano sollevati e infilati nel terreno.

I pilastri venivano quindi raddrizzati tirandoli con delle funi.

Le pietre orizzontali venivano innalzate su piattaforme di legno.

Gli architravi venivano fatti scivolare e posizionati sui pilastri.

LA PIRAMIDE DEL MAGO
I Maya iniziarono a costruire la Piramide del Mago a Uxmal (Messico) circa 1400 anni fa. La piramide in pietra fu realizzata nell'arco di 300 anni, in cinque tappe, costruendo ogni volta una piramide nuova e più grande sulla sommità di quella precedente.

La piramide ha una strana forma ovale, fianchi ripidi e due templi sulla sommità.

Il Taj Mahal (India), costruito in marmo bianco intarsiato di gemme, fu realizzato intorno alla metà del XVII secolo dall'imperatore Shah Jahan, come monumento in memoria della moglie.

I minerali

Osservando una roccia da vicino, si può notare che è formata da minuscoli frammenti di uno o più minerali. I minerali, materiali di base delle rocce, sono sostanze solide, formate da elementi chimici, che si trovano in natura nella crosta terrestre; quelli che contengono un solo elemento si chiamano elementi nativi. Esistono migliaia di minerali diversi, di ogni colore, forma e dimensione; sono minerali i metalli come l'oro e l'argento, e le gemme preziose come i diamanti. I minerali possono presentarsi in cristalli, cioè in una forma regolare, con facce piatte. Spesso, i cristalli di minerali diversi crescono insieme formando le rocce. Quando i minerali hanno molto spazio a disposizione per accrescersi, formano cristalli grandi e bellissimi.

MINERALI A COLORI

Alcuni minerali sono sempre dello stesso, inconfondibile colore, altri invece, come la fluorite, possono avere colori diversi. Le variazioni di colore possono essere dovute alla presenza di diversi elementi o impurità.

Rodocrosite
Rosa tenue

Malachite
Verde scuro

Zolfo
Giallo brillante

Fluorite
Verde

Fluorite
Giallo

Fluorite
Viola

ABITO CRISTALLINO

L'abito cristallino è la forma dovuta ai cristalli del minerale. Come le persone, i cristalli possono essere piccoli e grassi, o alti e magri, o avere caratteristiche intermedie.

Rame
Ramificato

Labradorite
In blocchi rocciosi

Granato
Prismatico

LUCENTEZZA

La lucentezza descrive l'aspetto della superficie di un minerale, che può essere lucida, vetrosa, cerosa o opaca. Il minerale con la lucentezza maggiore è il diamante.

Caolinite
Opaca

Asbesto
Sericea (come la seta)

Galena
Metallica

Calcite
Vitrea

Turchese
Cerosa

Amazonite
Vitrea

I MINERALI FLUORESCENTI

Alcuni minerali, come la fluorite e l'opale, risplendono quando vengono colpiti da un'invisibile luce ultravioletta.

LA CROSTA TERRESTRE
Il 90% circa di tutti i minerali che si trovano sulla superficie terrestre sono silicati, i "mattoni di base" delle rocce.

I SISTEMI CRISTALLINI
I minerali vengono raggruppati in sei sistemi cristallini, in base alla forma dei loro cristalli. I sistemi determinano la forma del minerale.

Vesuvianite
Sistema tetragonale

Pirite
Sistema cubico

Amazonite
Sistema triclino

Selenite
Sistema monoclino

Berillo
Sistema esagonale

Barite
Sistema rombico

TRASPARENZA
Il grado di trasparenza indica quanto è facile o difficile vedere attraverso un minerale. Molti minerali puri sono completamente trasparenti, mentre è impossibile vedere attraverso un minerale opaco.

Quarzo
Trasparente

Pietra di luna
Semitrasparente

Crisoprasio
Traslucido

Malachite
Opaco

LA SCALA DI MOHS

I 10 minerali della scala di Mohs, classificati dal più tenero al più duro, si usano come riferimento per determinare la durezza di altri materiali. Se un quarzo scalfisce un materiale sconosciuto, significa che quel materiale è più tenero. Anche gli oggetti raffigurati a destra si possono usare come termini di confronto.

1 Talco

2 Gesso

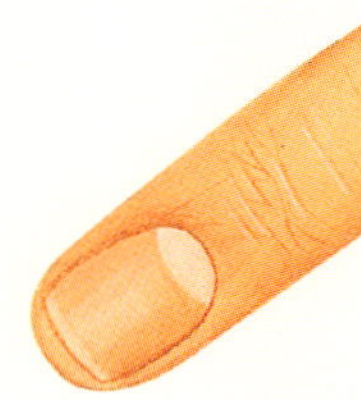

2.5 Unghia

3 Calcite

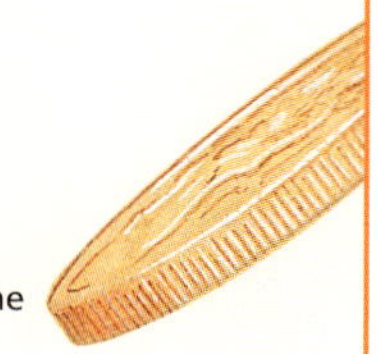

3.5 Moneta di rame

4 Fluorite

5 Apatite

5.5 Vetro

6 Ortoclasio

6.5 Coltello di acciaio

7 Quarzo

8 Topazio

8.5 Limetta a smeriglio

9 Corindone

10 Diamante

I minerali ornamentali e i cristalli

I minerali e le rocce sono detti ornamentali quando sono di bell'aspetto ma non sono considerati preziosi: ne sono esempi l'agata, l'ematite, il calcedonio e il lapislazzuli, usati per sculture e gioielli. Dai minerali metalliferi si ricavano i metalli, alcuni molto belli, come i cubi argentei di galena (minerale del piombo). I minerali metalliferi si possono raccogliere nelle miniere in disuso o, con speciali permessi, in quelle attive. Alcuni collezionisti sono specializzati in cristalli, di minerali comuni come il quarzo, o rari come la rodocrosite, altri preferiscono esemplari piccolissimi, visibili con l'uso di un microscopio.

Cianite
Dai lunghi cristalli azzurri di questo minerale, che crescono nelle rocce metamorfiche, si ottengono gemme ornamentali.

Cinabro
Minerale da cui si ricava il mercurio; era utilizzato per produrre un pigmento rosso, il vermiglione.

Rosa del deserto
Formati da depositi di gesso, questi cristalli dalla forma a fiore si possono trovare facilmente nei laghi desertici.

Selenite (gesso)
Minerale tenero che si rompe lungo due piani di sfaldatura.

Aragonite
È una forma di carbonato di calcio, ed è il minerale di cui sono fatti i rami dei coralli e le conchiglie dei molluschi.

Zolfo
Bel minerale, troppo tenero per essere tagliato a gemma; si usa per produrre acidi solforici.

Lapislazzuli
Molto ricercato per il suo colore blu intenso.

Rodocrosite
I cristalli di questo minerale sono rari esemplari da collezione.

IL LAPISLAZZULI

Il lapislazzuli, ridotto in polvere e mischiato con olio, formava un pigmento blu molto ricercato dai pittori, in gioielleria e per ornamenti vari. Gli antichi Egizi lo usavano come ombretto per gli occhi.

Il lapislazzuli, raro e costoso, veniva usato dai pittori solo quando era pagato da un ricco committente. Nell'*Incoronazione della Vergine* di Beato Angelico è stato impiegato per colorare le vesti dei sacerdoti.

Malachite
Di colore verde scuro, con delicate striature, è un minerale ornamentale ma anche un minerale da cui si estrae il rame.

I LAGHI SALATI

Il minerale che chiamiamo "sale", usato per insaporire i cibi, è il salgemma (o alite). Prima dell'invenzione del frigorifero, il sale si usava per conservare i cibi e valeva quanto l'oro. Il salgemma si deposita quando l'acqua salata evapora.

Un lago asciutto nella Valle della Morte (Arizona, Usa), ricoperto da una crosta di sale. Quando l'acqua evapora, si può raccogliere il sale semplicemente raschiandolo dalla superficie.

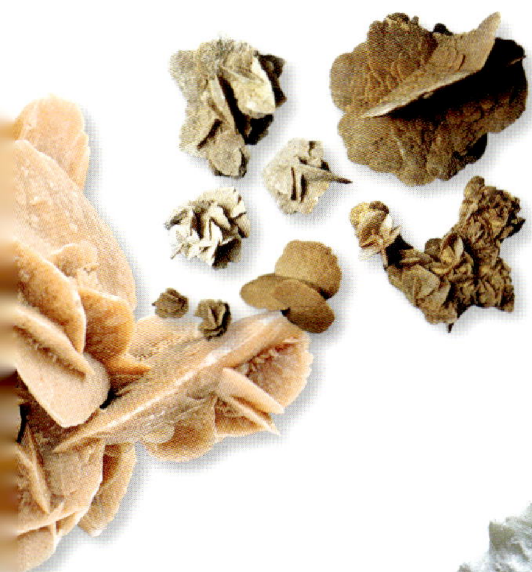

Caolinite
Minerale di argilla usato nella produzione di ceramiche e dentifrici.

Wulfenite
Può presentarsi anche in cristalli sottili e sfaccettati.

Talco
È uno dei minerali più teneri; viene frantumato in scaglie sottili per produrre il talco in polvere.

Cuprite
Bel minerale di rame, è un'importante fonte di rame metallico.

Wulfenite
Minerale metallifero che forma pesanti cristalli gialli.

Salgemma
È un minerale che cresce in cristalli cubici.

Galena
Pesante minerale per l'estrazione del piombo, si presenta sotto forma di blocchi argentei. Gli antichi Egizi lo usavano nei cosmetici per gli occhi.

Pegmatite
Roccia ignea (qui con mica e fluorite) in cui è frequente la formazione di grandi cristalli.

Amazonite

I minerali preziosi e semipreziosi

Per essere considerato una pietra preziosa, un minerale deve soddisfare tre requisiti: deve essere bello, durevole e raro. Il diamante, il rubino, lo zaffiro e lo smeraldo sono le quattro pietre preziose più note. L'ametista, un tempo indossata dalle famiglie reali, ha smesso di essere considerata preziosa quando ne sono stati trovati grandi depositi in Brasile. Lo zolfo ha uno splendido colore giallo, ma la sua fragilità gli impedisce di diventare una gemma. L'alessandrite è forse la pietra preziosa più rara e ricercata, per la sua strana capacità di cambiare colore passando da un verde vivace in luce diurna a un rosso intenso di notte. I minerali semipreziosi, come la tormalina e il quarzo, sono belli ma piuttosto comuni.

Azzurrite
Minerale di rame, di colore blu intenso; viene levigato per usi ornamentali.

Diamante
Prezioso minerale di carbonio, è la pietra preziosa più dura.

Zaffiri
Il blu è il colore più comune degli zaffiri, ma ne esistono anche di arancioni e gialli.

LA FORMAZIONE DEI DIAMANTI

Perché si formino i cristalli di diamante, il carbonio deve essere sottoposto a una pressione elevatissima, presente solo nel sottosuolo oltre i 150 km di profondità.

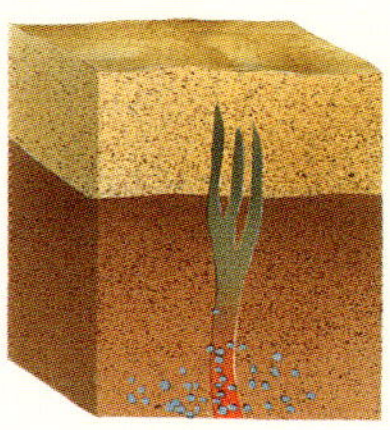

VERSO LA SUPERFICIE
Il magma che forma la kimberlite (la roccia madre dei diamanti) risale dal mantello nella crosta, portando con sé i diamanti. Perché questi non si ritrasformino in grafite, la risalita deve essere veloce.

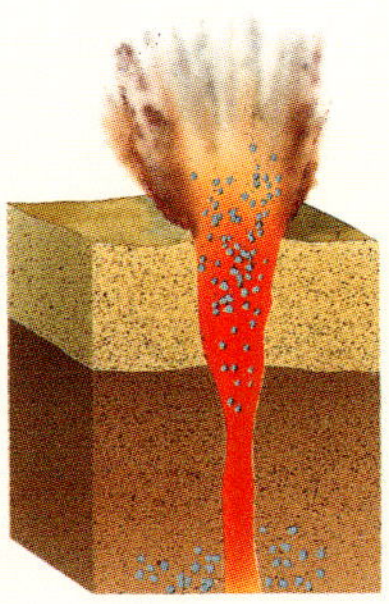

BOLLE ESPLOSIVE
Quando il magma arriva vicino alla superficie e inizia a bollire, si formano delle bolle di gas. Anche l'acqua circostante inizia a bollire causando un'esplosione simile a un colpo di fucile.

DIAMANTI IN ARRIVO
In seguito, la roccia frantumata e il magma solidificano all'interno del condotto vulcanico. L'erosione può trasportare i diamanti fino ai fiumi presenti nelle vicinanze.

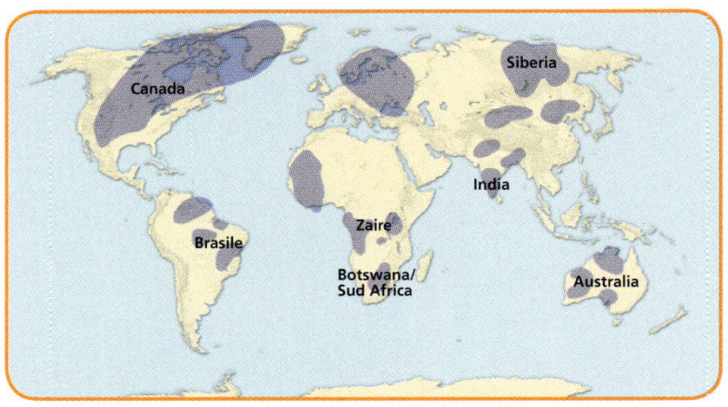

Diamanti Derivano da vulcani esplosivi che si sono formati sulla crosta terrestre. I giacimenti sono indicati in viola.

Smeraldi Gli smeraldi vengono estratti in vari Paesi, soprattutto in Colombia (Sud America). I giacimenti sono indicati in verde.

Zaffiri e rubini Si trovano nei fiumi vicino a rocce ricche di corindone. I giacimenti sono in rosso (rubini) e blu (zaffiri).

Crisoberillo occhio-di-gatto
Le sottili fibre aghiformi presenti in questa gemma creano un particolare riflesso lineare.

Fosterite
È una forma di olivina, ed è il minerale più abbondante nel mantello terrestre.

Pirite
Minerale di solfuro di ferro, detto anche "oro degli stolti", viene lavorato per creare perle e gioielli.

Ametista
Forma di quarzo di colore viola.

Acquamarina
Pietra preziosa di colore azzurro, è una varietà di berillo, come lo smeraldo.

Tormalina
Di composizione chimica variabile, la tormalina si presenta in molte varietà e colori.

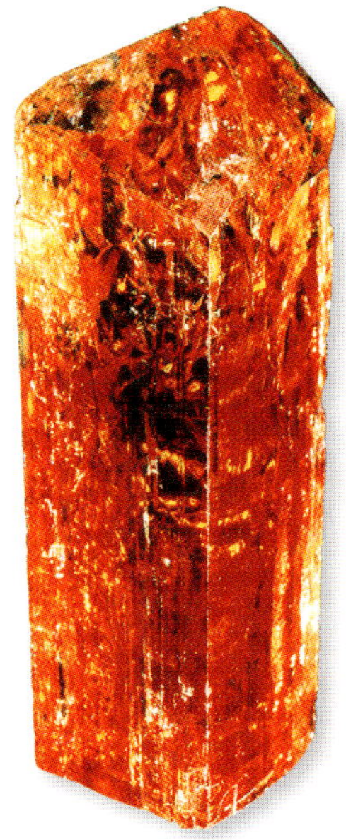

Topazio dorato o imperiale
I cristalli della varietà arancione, come questo, sono molto più rari di quelli azzurri.

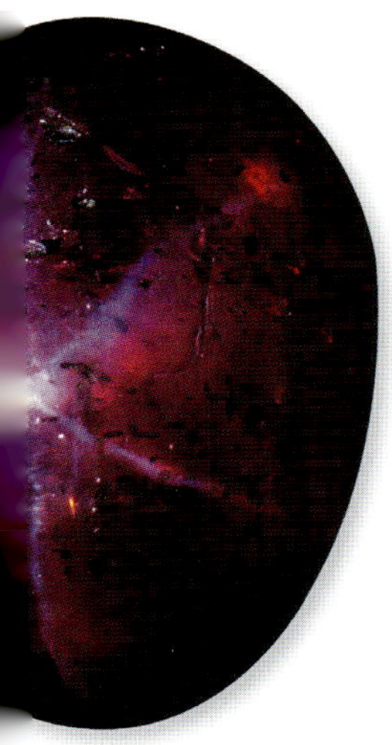

Rubino stellato
Riflettendosi sulle sottili inclusioni aghiformi presenti in questo tipo di rubino, la luce crea un effetto "a stella".

Quarzo
Cristalli di forma perfetta come questo sono molto ambiti dai collezionisti.

Quarzo
Le gemme trasparenti di quarzo possono essere anche viola o gialle.

Smeraldo
Gli smeraldi più preziosi sono di colore verde intenso.

Opale nobile
I colori di questo enorme opale, trovato in Australia nel 1989, coprono tutto lo spettro, dal rosso al viola.

LE PIETRE DI NASCITA

L'origine delle pietre di nascita risale al tempo di Mosè, che in una corazza per suo fratello Aaron, grande sacerdote, incastonò 12 pietre preziose, una per ogni tribù di Israele. In seguito, le pietre vennero associate ai mesi dell'anno e allo zodiaco; secondo la tradizione, avrebbero poteri magici e di portafortuna.

GENNAIO
Granato

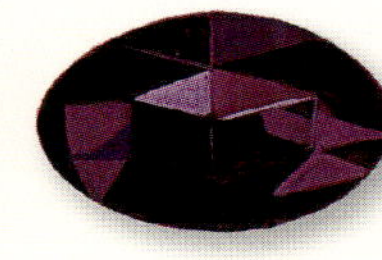

FEBBRAIO
Ametista

MARZO
Acquamarina

APRILE
Diamante

MAGGIO
Smeraldo

GIUGNO
Perla

LUGLIO
Rubino

AGOSTO
Peridoto

SETTEMBRE
Zaffiro

OTTOBRE
Opale

NOVEMBRE
Topazio

DICEMBRE
Turchese

I metalli

I metalli nativi, come l'oro, lo stagno e il rame, si trovano in natura nella loro forma pura. La scoperta che i metalli possono essere forgiati o fusi ha permesso di produrre utensili e armi migliori. Le prime lavorazioni dell'oro risalgono a cica 8000 anni fa, ma nella sua forma pura esso è troppo tenero per avere qualche utilità. Circa 6000 anni fa, il popolo della Mesopotamia scoprì che aggiungendo lo stagno al rame fuso si otteneva un miscuglio (una lega) più resistente, il bronzo, che aveva il vantaggio di essere un materiale durevole, ma fu rimpiazzato dal ferro quando quest'ultimo iniziò a essere estratto dai minerali.

LA LAVORAZIONE DEL BRONZO

Più di 3000 anni fa, in Cina, il popolo della dinastia Shang commerciava in oggetti di bronzo. Con stampi in argilla si producevano in serie vasi e urne decorati.

L'ematite, il più importante minerale di ferro, viene riscaldato per estrarre il metallo. Ha un tipico aspetto "reniforme", cioè con protuberanze tondeggianti.

I METALLI NATIVI

I METALLI NATIVI

Oro, argento e rame sono detti metalli nativi perché si trovano in forma pura, a differenza di altri, come alluminio e ferro, che devono essere estratti dai minerali. Non si rompono né si degradano facilmente, ma il ferro si combina con l'ossigeno dell'aria, formando la ruggine. Alcuni metalli, come lo stagno, richiedono un grande dispendio di energia per l'estrazione: per questo motivo il loro sfruttamento ha origini recenti.

ORO
L'oro nativo si trova spesso insieme al quarzo. I cristalli tipici sono ramificati e hanno una lucentezza metallica brillante.

L'oro è un metallo considerato prezioso fin dall'antichità. Questa maschera funeraria dell'antico Egitto fu realizzata per Tutankhamen, che divenne faraone nel 1361 a.C., quando aveva nove anni, e morì a diciotto anni. La maschera è decorata con pietre preziose.

RAME
Il rame nativo si trova generalmente in cristalli ramificati. Nei punti in cui è venuto a contatto con l'aria è ricoperto da una pellicola blu-verde.

La civiltà Hopewell dell'Ohio (Usa) ebbe il suo periodo di splendore dal 300 a.C. al 500 d.C. Gli artigiani usavano il rame per realizzare manufatti come questo corvo.

ARGENTO
L'argento nativo forma cristalli lunghi e sottili, rivestiti da una patina scura.

Un tempo, il Perù era ricco di argento. Questo pendente, su cui è incisa la figura di un dio con copricapo di piume, è della civiltà Chimu, che raggiunse il suo massimo splendore nel XV secolo.

I fossili

Gran parte di ciò che sappiamo della vita sulla Terra deriva dagli studi compiuti sui resti fossili degli organismi viventi. I fossili si formano in lunghi periodi di tempo: perché un animale o una pianta diventino fossili, devono morire in un luogo adatto, essere ricoperti da sedimenti e sfuggire alla decomposizione, agli animali spazzini e all'erosione. Nelle testimonianze fossili ci sono molti "buchi". Gli animali con parti dure – come gusci, scheletri e denti – si fossilizzano più facilmente rispetto a quelli a corpo molle, e gli organismi acquatici si fossilizzano più facilmente di quelli terrestri. Le notizie che ci forniscono i fossili sono sorprendenti: oltre alla storia delle singole specie, essi tratteggiano infatti la storia di tutto il mondo vivente, indicandoci le linee evolutive a fondo cieco, i periodi di crescita rapida, le estinzioni di massa.

INTRAPPOLATI
Circa 40 milioni di anni fa, questi moscerini sono rimasti intrappolati nella resina appiccicosa di un albero che si è poi indurita diventando ambra. Molti di essi hanno perso zampe e ali, nel tentativo di liberarsi.

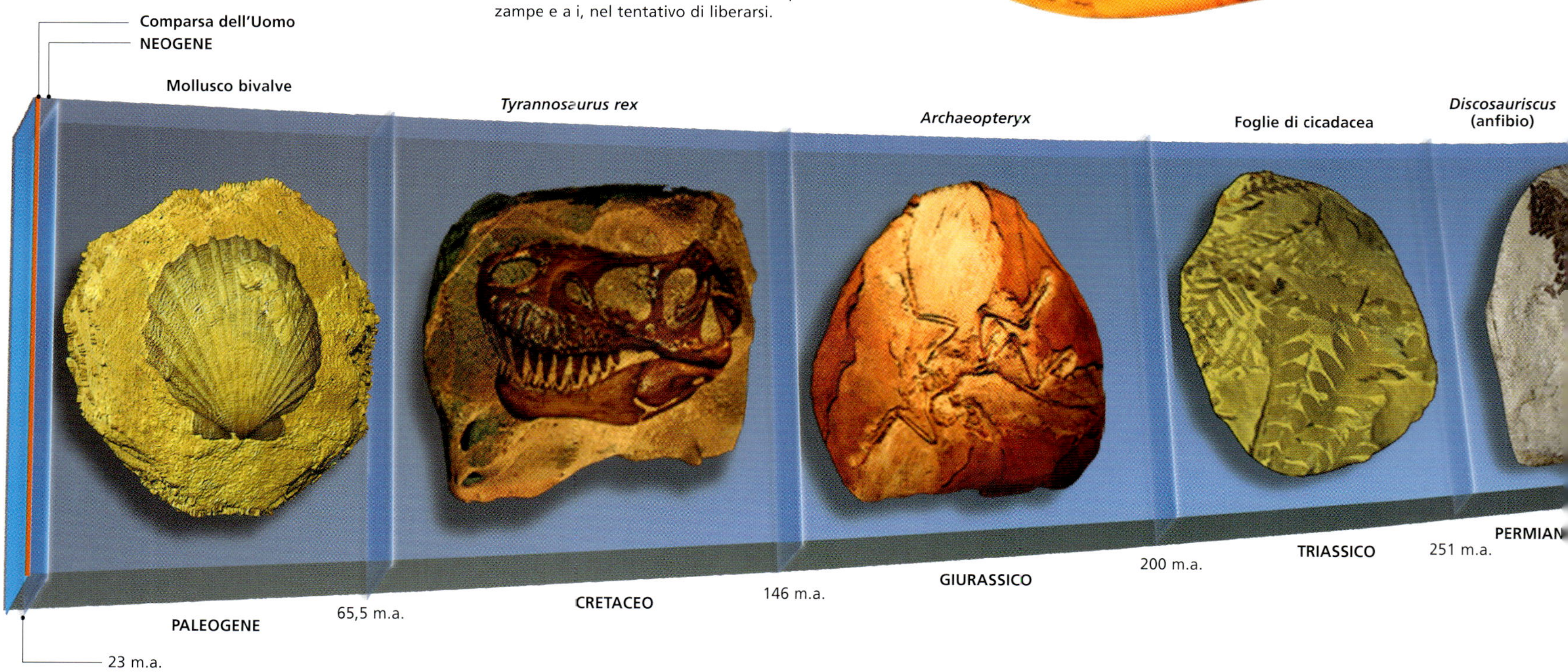

DA OSSO A PIETRA

Tutti gli organismi muoiono, ma pochi diventano fossili. I fossili si formano soltanto quando i resti duri di esseri viventi vengono sepolti e protetti dai sedimenti. Le creature a corpo molle si decompongono troppo in fretta.

AL SICURO
Un dinosauro muore. Il suo corpo sprofonda sul fondo di un lago. Le parti molli si decompongono, mentre quelle dure si conservano.

SOTTO LA SABBIA
Le parti dure del rettile restano protette e non si decompongono né vengono portate via dall'erosione.

LA CRONOLOGIA DEI FOSSILI

In questa "spirale del tempo", per ogni periodo successivo al lungo intervallo del Precambriano è indicato un fossile tipico. I fossili ci rivelano come gli organismi viventi sono cambiati nel tempo, da semplici cellule a creature complesse come gli esseri umani.

STRATI ROCCIOSI
In genere, più profondo è uno strato roccioso, più antica è la sua origine. Gli strati più antichi e profondi contengono fossili di alghe. I fossili delle piante più recenti e degli animali si trovano negli strati soprastanti.

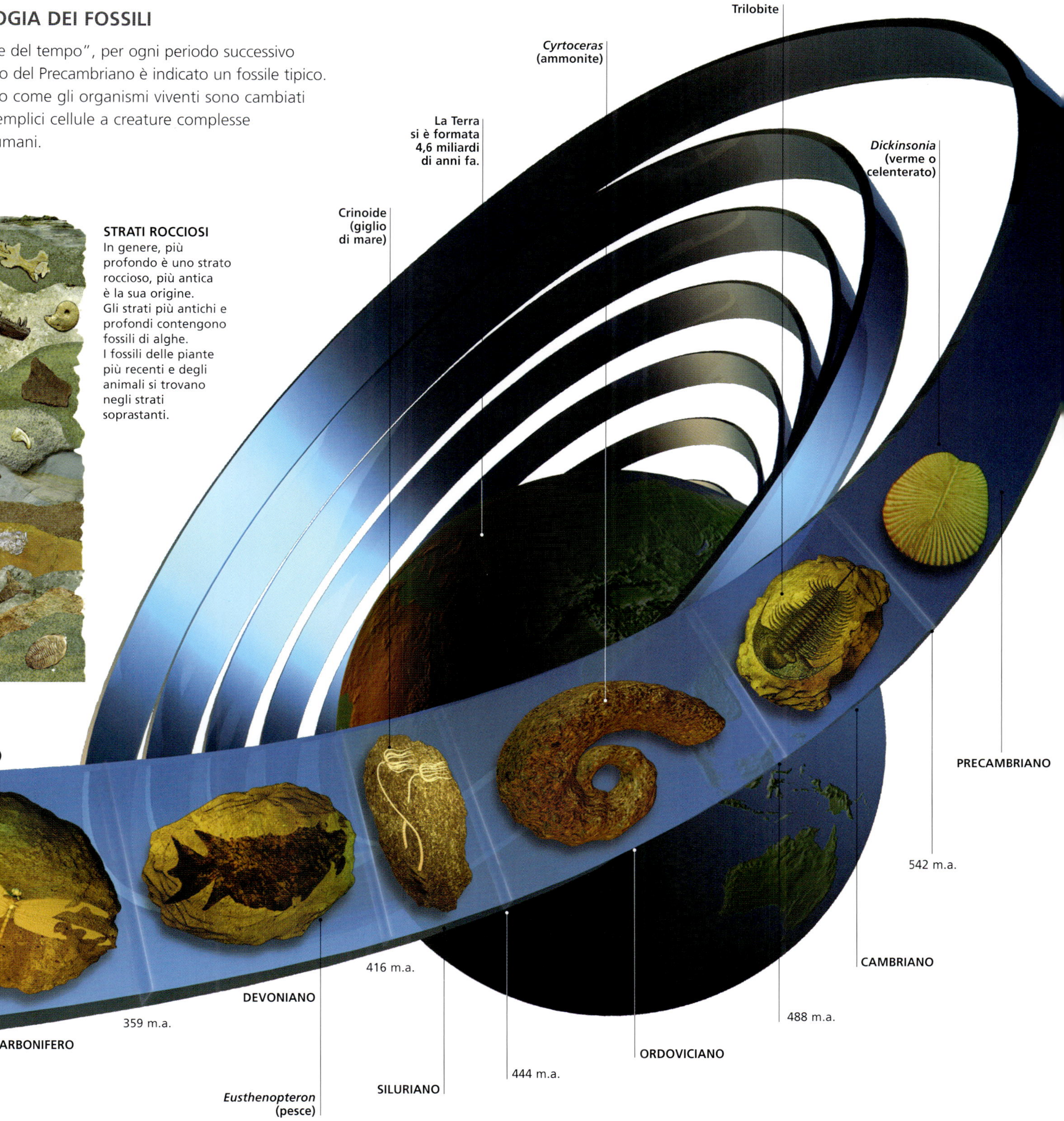

STRATI COMPATTATI
Gli strati di sedimenti si accumulano e appiattiscono lo scheletro che si indurisce trasformandosi lentamente in roccia.

SOLLEVAMENTO ED EROSIONE
Dopo milioni di anni, la roccia torna in superficie e le ossa affiorano.

Piante e invertebrati

Quando una pianta diventa fossile, si pietrifica, cioè diventa come la pietra. I delicati dettagli delle foglie possono conservarsi nella roccia, e le parti più resistenti come i tronchi o i rami possono sopravvivere a condizioni ambientali sfavorevoli, conservandosi nell'arenaria o nelle ceneri vulcaniche. Tra gli invertebrati – animali privi di colonna vertebrale – quelli provvisti di parti dure come gusci o spine sono più comuni tra i fossili rispetto ai loro parenti a corpo molle. I molluschi sono uno dei gruppi più numerosi nel regno Animale: i fossili di bivalvi, chiocciole e ammoniti sono molto diffusi. Nei calcari si possono trovare anche fossili di coralli.

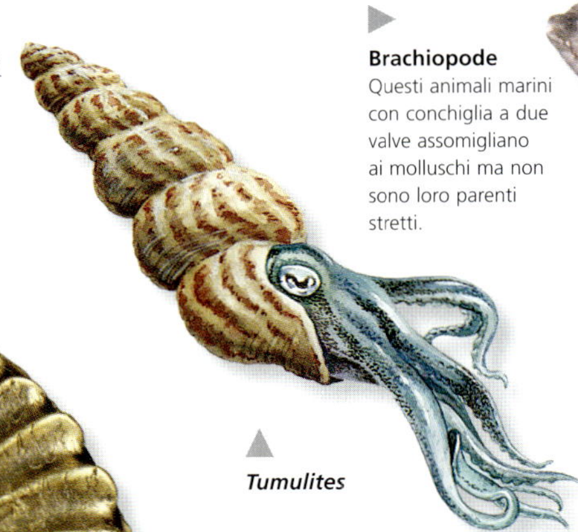

Tumulites

Brachiopode
Questi animali marini con conchiglia a due valve assomigliano ai molluschi ma non sono loro parenti stretti.

Ammonite piritizzata
Il guscio di questa ammonite è stato completamente sostituito da una bellissima pirite dorata.

Nostoceras
Durante la crescita, nei cefalopodi come *Nostoceras*, nel guscio si formano nuove concamerazioni.

ALBERI PIETRIFICATI

A volte, intere foreste si pietrificano: succede quando l'acqua contenente silicio sostituisce i tessuti viventi degli alberi con le sostanze minerali.

Resti di una foresta pietrificata del Triassico (Arizona, Usa). In Italia, a Dunarobba (Tr) c'è una foresta fossile del Pliocene.

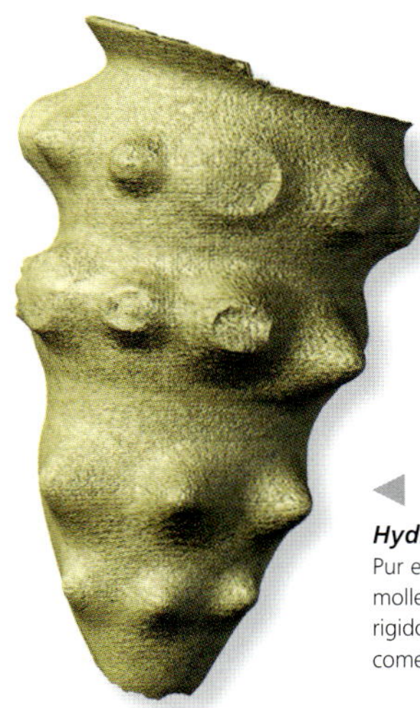

***Hydnoceras* spugna**
Pur essendo una spugna molle, ha uno scheletro rigido che può conservarsi come fossile.

Briozoo
Queste creature delicate, dalla forma a ventaglio, punteggiate da minuscoli fori, sonc conservate nelle argilliti.

Foglia di felce
Un'impronta perfetta di una foglia e delle sue venature, conservata tra gli strati rocciosi.

Gasteropode
Questo mollusco con conchiglia spiralata, ora fossilizzata nell'arenaria, un tempo viveva sul fondo del mare.

Spugna (classe Esatinellidi)
Frammento dello scheletro rigido di una spugna.

Trilobiti
I trilobiti vivevano negli oceani. Avevano un corpo suddiviso in sezioni ben delimitate.

***Coeloptychium* (spugna)**

Legno di ginkgo
In questa sezione di legno fossilizzato di un antico albero di ginkgo si possono vedere gli anelli di crescita.

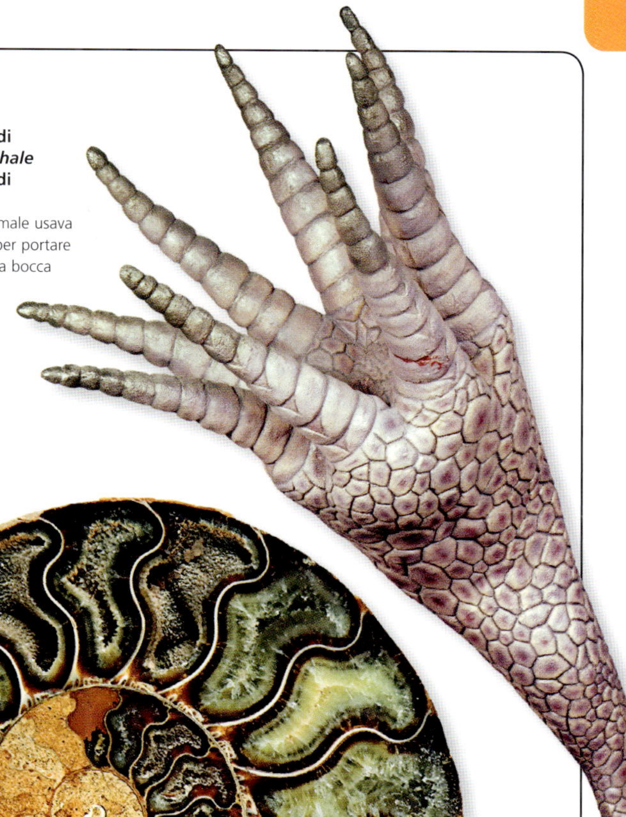

Crinoide di *Burgess shale* (argillite di Burgess)
Questo animale usava i tentacoli per portare cibo alla sua bocca centrale.

Ammonite

Riccio spinoso
Le spine dei ricci di mare di solito cadono prima che lo scheletro si fossilizzi.

Ambra
Questi moscerini, ora conservati nell'ambra, volavano nelle foreste di conifere 40 milioni di anni fa.

Mawsonites
Le meduse sono rare tra i fossili perché il loro corpo molle si decompone velocemente.

Ammonite

I crinoidi (gigli di mare) erano spinosi e vivevano attaccati sui fondali marini.

Una foglia di acero fossilizzata, in cui è chiaramente visibile la sua struttura.

I fusti e le bacche fossilizzati possono rivelarci molto su questo tiglio americano.

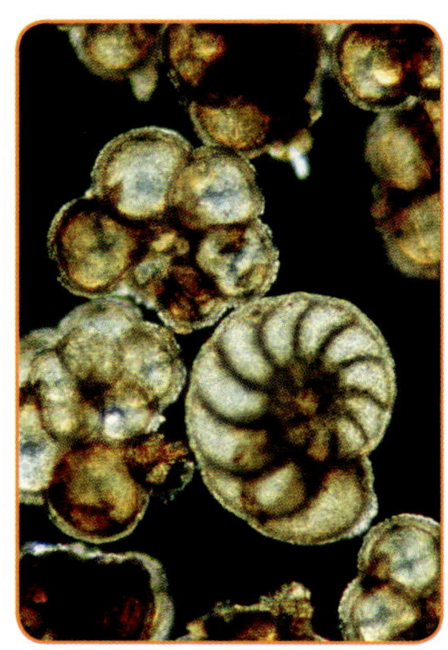

Fossili di ammoniti in cui sono ben visibili le camere di accrescimento.

I fossili dei vertebrati

I più antichi fossili conosciuti di vertebrati – animali provvisti di scheletro interno rigido – risalgono a 500 milioni di anni fa. Sono stati trovati reperti di pesci, anfibi, rettili, dinosauri, uccelli e mammiferi, tra cui esseri umani. I fossili dei vertebrati, in particolare gli esemplari completi, non sono comuni come quelli delle piante o degli invertebrati, perché i loro resti vengono spesso mangiati dagli animali spazzini subito dopo la morte, e le ossa vengono sparpagliate.

Archaeopteryx, un piccolo dinosauro piumato, visse durante il Giurassico. Come i suoi attuali discendenti, gli uccelli, aveva ossa cave e leggere che gli conferivano velocità e agilità.

Un roditore, simile a uno scoiattolo. Mammifero primitivo, si nutriva di semi e foglie come gli scoiattoli attuali.

Una rana di 49 milioni di anni fa. Il fossile è stato rinvenuto nella cava di Grube Messel, in Germania.

Il fossile di questo antico pitone mostra notevoli somiglianze con i pitoni odierni.

Homo sapiens
Cranio di un essere umano moderno, *Homo sapiens* ("uomo sapiente").

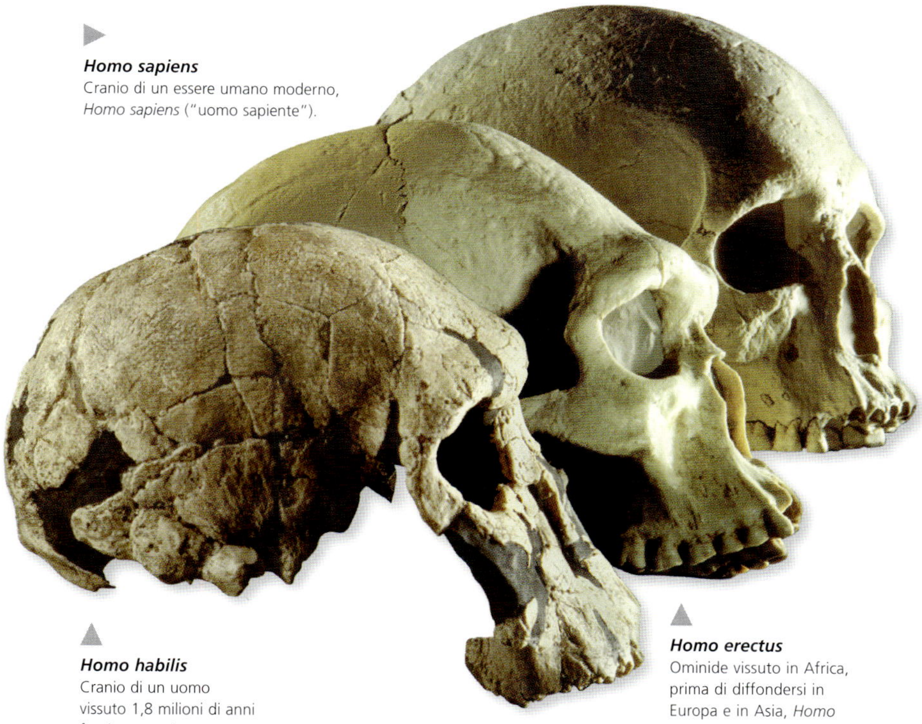

Homo habilis
Cranio di un uomo vissuto 1,8 milioni di anni fa, rinvenuto in Kenya.

Homo erectus
Ominide vissuto in Africa, prima di diffondersi in Europa e in Asia, *Homo erectus* prende il nome dalla postura eretta

Tyrannosaurus rex
Questo dinosauro carnivoro di grandi dimensioni visse in America settentrionale più di 65 milioni di anni fa. La lunghezza del suo cranio poteva arrivare a 1,2 metri.

Pesci giurassici
La presenza di tanti fossili indica di solito un evento improvviso. In questo caso forse i pesci sono morti per un'eruzione vulcanica, o per il prosciugamento del lago in cui vivevano.

CONGELATI NEL TEMPO

Nel ghiaccio possono conservarsi animali interi, se il congelamento è rapido e duraturo. In Siberia sono stati trovati mammut lanosi, rinoceronti e bisonti vissuti 10.000 anni fa, con i resti dei loro ultimi pasti ancora nello stomaco.

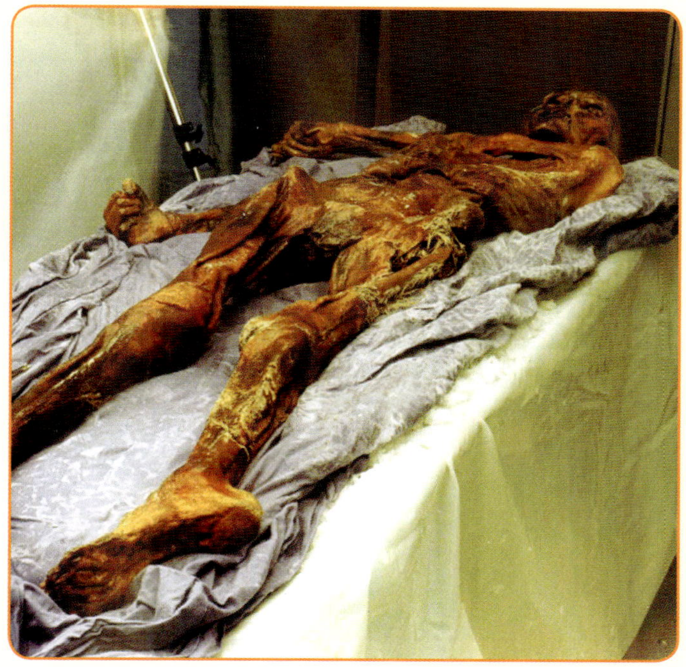

L'uomo di Similaun Il corpo congelato di un uomo di 45 anni fu ritrovato sul ghiacciaio dell'Ötztal nel 1991 (da cui il soprannome di Ötzi). Vissuto circa 5300 anni fa, morì in combattimento. È conservato al Museo Archeologico di Bolzano.

Un piccolo Inuit Questo bambino, morto 500 anni fa, fu deposto in una grotta ghiacciata della Groenlandia. Il suo corpo e i vestiti si sono perfettamente conservati grazie all'aria secca e fredda presente nella grotta.

Ricostruire i fossili

Ricreare l'aspetto di un animale partendo dai suoi resti fossili è come ricomporre un gigantesco puzzle e richiede molta pazienza. I vertebrati possono avere più di 200 ossa e i fossili possono essere sparpagliati su grandi aree per cui ogni pezzo deve essere numerato, e occorre segnare il punto del suo ritrovamento prima di estrarlo dalla roccia. I fossili più delicati devono essere protetti con rivestimenti di gesso prima di essere rimossi. In laboratorio servono poi molte ore di lavoro per pulire e preparare i fossili e soltanto alla fine di queste operazioni i pezzi del puzzle possono essere assemblati e si possono inserire le parti mancanti, per ricostruire finalmente l'animale originario.

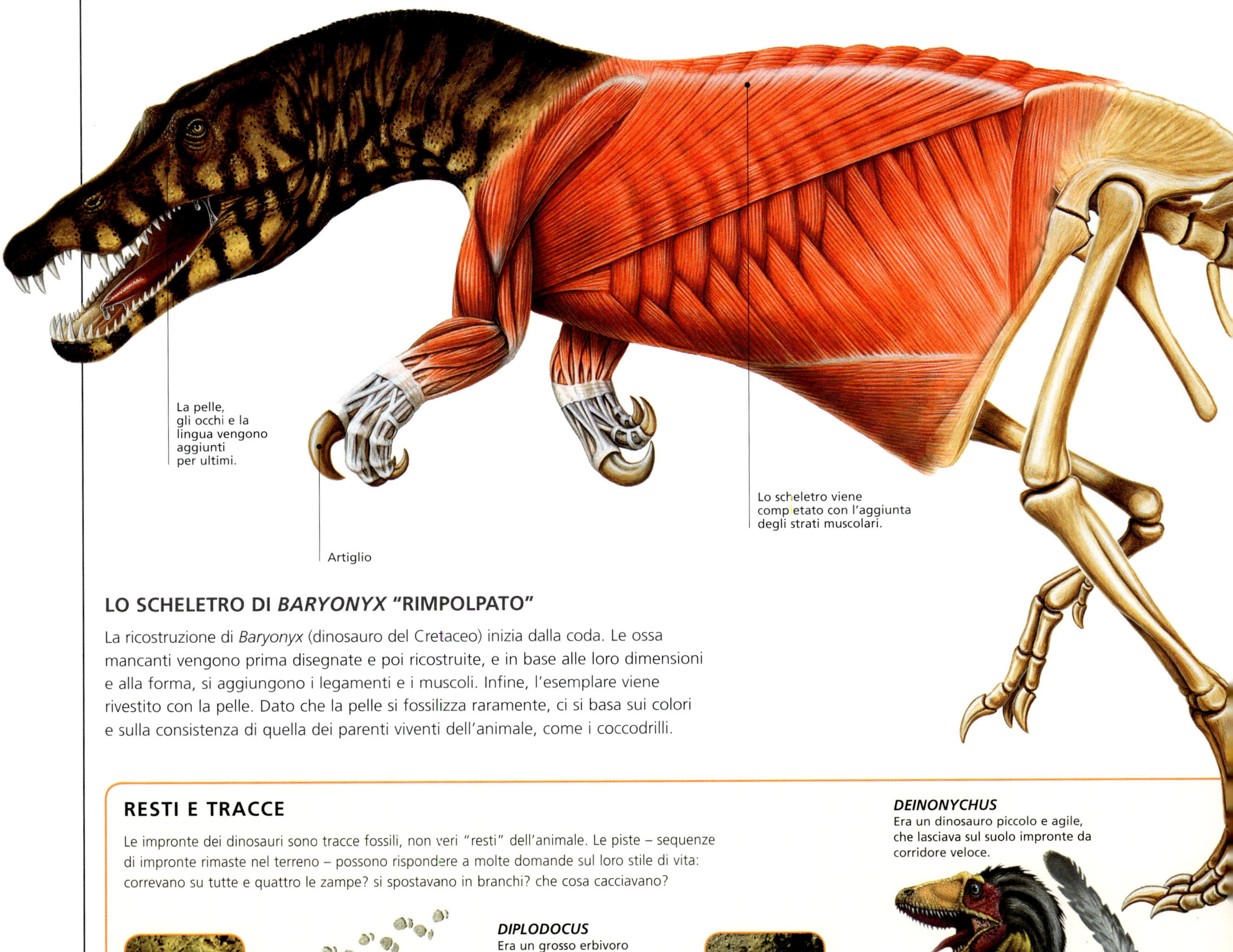

LO SCHELETRO DI *BARYONYX* "RIMPOLPATO"

La ricostruzione di *Baryonyx* (dinosauro del Cretaceo) inizia dalla coda. Le ossa mancanti vengono prima disegnate e poi ricostruite, e in base alle loro dimensioni e alla forma, si aggiungono i legamenti e i muscoli. Infine, l'esemplare viene rivestito con la pelle. Dato che la pelle si fossilizza raramente, ci si basa sui colori e sulla consistenza di quella dei parenti viventi dell'animale, come i coccodrilli.

RESTI E TRACCE

Le impronte dei dinosauri sono tracce fossili, non veri "resti" dell'animale. Le piste – sequenze di impronte rimaste nel terreno – possono rispondere a molte domande sul loro stile di vita: correvano su tutte e quattro le zampe? si spostavano in branchi? che cosa cacciavano?

Impronte che rivelano l'appoggio sulle dita.

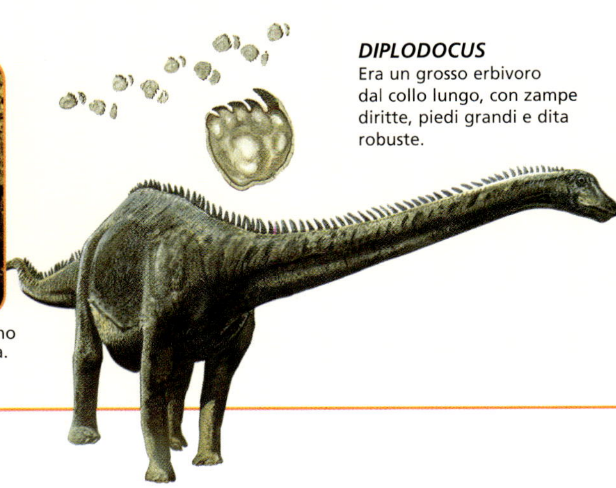

DIPLODOCUS
Era un grosso erbivoro dal collo lungo, con zampe diritte, piedi grandi e dita robuste.

Tracce di corsa sulle zampe posteriori.

DEINONYCHUS
Era un dinosauro piccolo e agile, che lasciava sul suolo impronte da corridore veloce.

UN LAVORO DA DETECTIVE

Parasaurolophus era un dinosauro erbivoro vissuto nel tardo Cretaceo (83-65 milioni di anni fa), un periodo pericoloso, in cui vivevano anche enormi predatori come il *Tyrannosaurus*. I *Parasaurolophus* probabilmente vivevano in branco per difendersi.

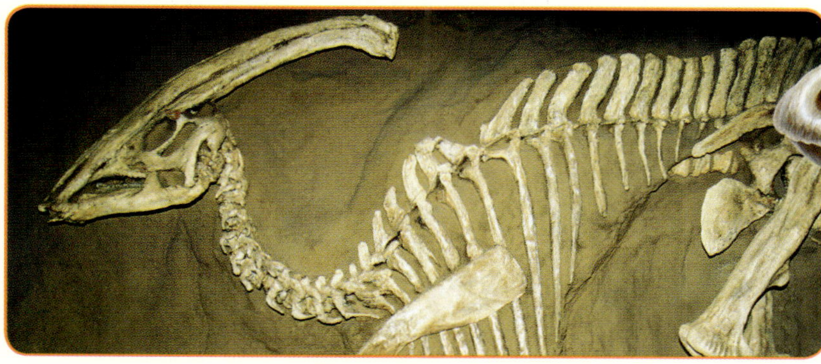

Il primo scheletro fossile di *Parasaurolophus* fu scoperto nel 1921 in Canada. È uno dei più completi fossili di dinosauro mai ritrovati, ed è stato attentamente conservato.

Gli scienziati hanno studiato lo scheletro fossile di *Parasaurolophus* per cercare di capire a che cosa servisse la strana cresta ossea sul capo, e hanno concluso che doveva funzionare come una specie di tromba, per avvertire i compagni dell'arrivo di un predatore.

IL SITO FOSSILIFERO
Le ossa di *Baryonyx* sono state estratte da una cava di argilla nel Sud dell'Inghilterra. Erano deposte in modo ordinato e questo ha permesso di ricostruire i pezzi mancanti.

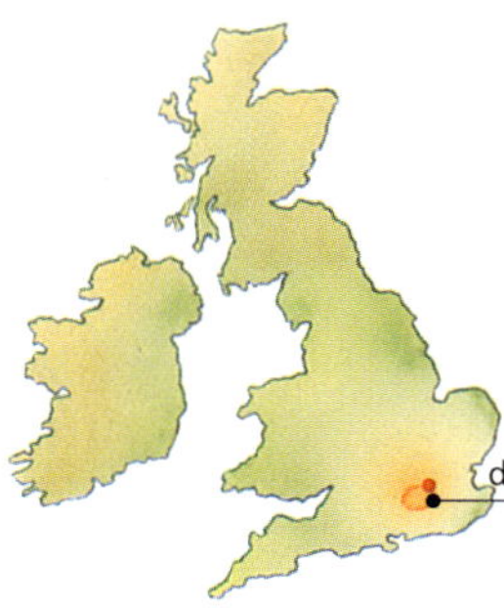

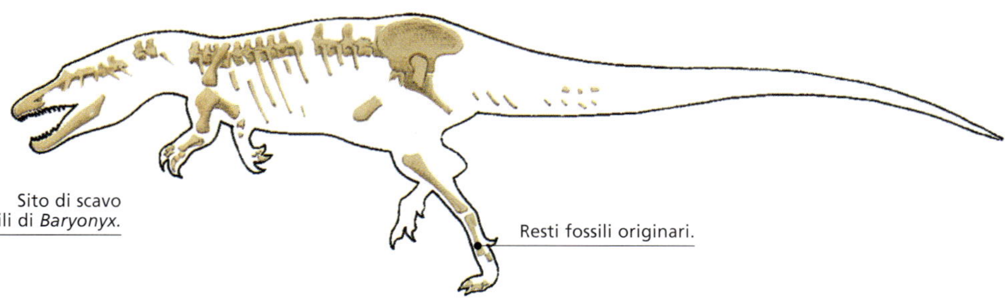

CHASMOSAURUS
Era un dinosauro erbivoro massiccio, munito di corna e corazza protettiva sulla testa.

Tracce tipiche di un pesante quadrupede.

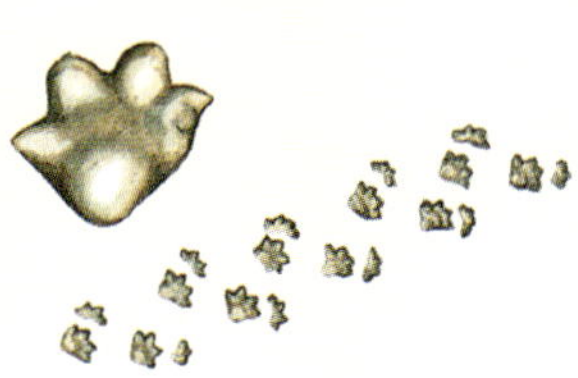

Impronta di animale bipede con tre dita.

ALLOSAURUS
Era un predatore grande ma agile, dotato di lunghe zampe muscolose adatte alla corsa veloce.

La Terra in movimento

I vulcani

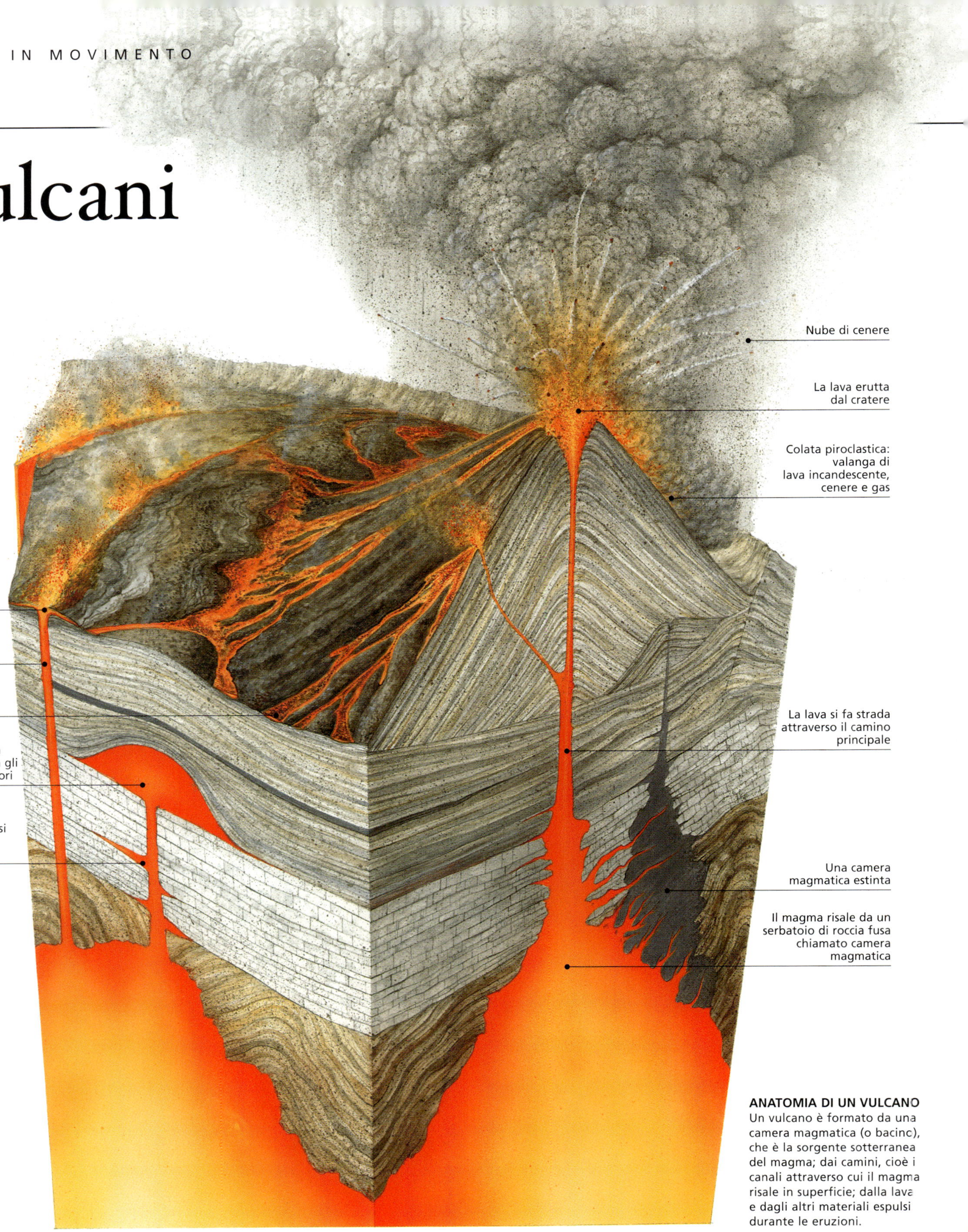

ANATOMIA DI UN VULCANO
Un vulcano è formato da una camera magmatica (o bacino), che è la sorgente sotterranea del magma; dai camini, cioè i canali attraverso cui il magma risale in superficie; dalla lava e dagli altri materiali espulsi durante le eruzioni.

I vulcani si formano dove il magma – caldissima roccia fusa – affiora dal mantello per raccogliersi in un serbatoio sotto la crosta. Mentre si riempie, la pressione interna del serbatoio aumenta sempre più finché il magma risale attraverso le fessure rocciose e fuoriesce in un'eruzione. Quando raggiunge la superficie, il magma diventa lava e la sua composizione determina il tipo di eruzione: la lava densa e ricca di gas dà luogo a eruzioni esplosive, con espulsioni di ceneri e nubi ardenti; se è più fluida e con pochi gas, tende a scorrere lungo le pendici. Se il magma entra in contatto con l'acqua sotterranea, il vulcano esplode in modo violento.

I TIPI DI VULCANO

Un vulcano lineare nasce da una frattura della crosta terrestre da cui fuoriesce la lava. Nei vulcani a scudo, il materiale eruttato si deposita su colline a lieve pendenza. L'accumulo di cenere e polveri eruttate da un camino centrale forma un cono di ceneri. Un vulcano composto consiste di strati sovrapposti di lava, cenere e materiali erosi lungo le pendici.

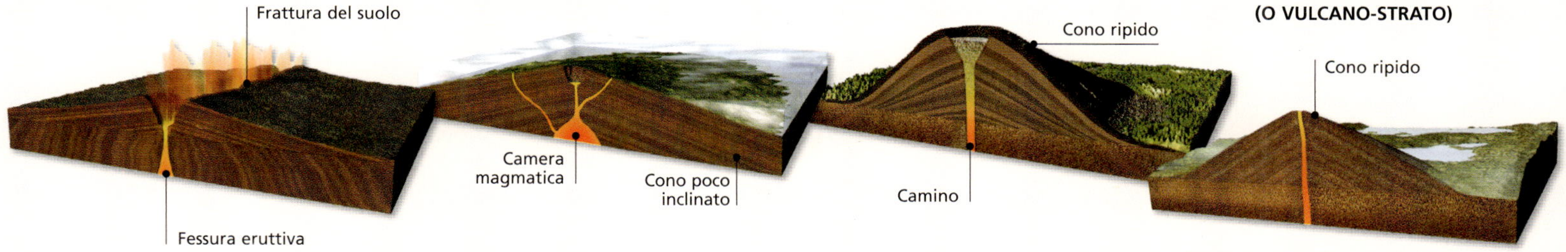

COME SI FORMA UN TUNNEL DI LAVA
La lava, a contatto con l'aria, si indurisce, ma continua a scorrere in tunnel al di sotto della superficie. Quando il flusso si ferma, lungo il percorso rimangono gallerie tubulari di lava, larghe fino a 30 metri e alte anche 15 metri.

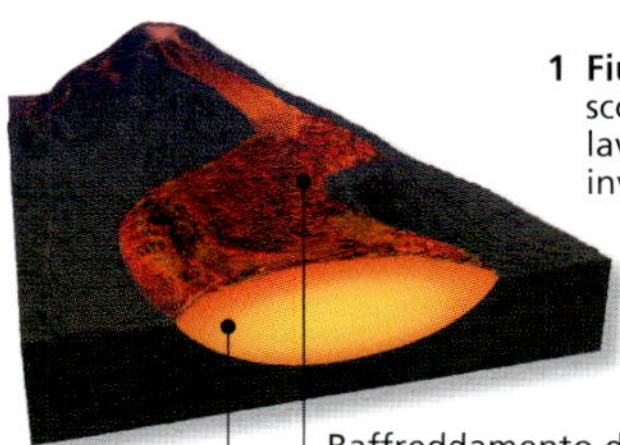

1 Fiumi di lava Mentre scorrono, le colate laviche sviluppano un involucro rigido.

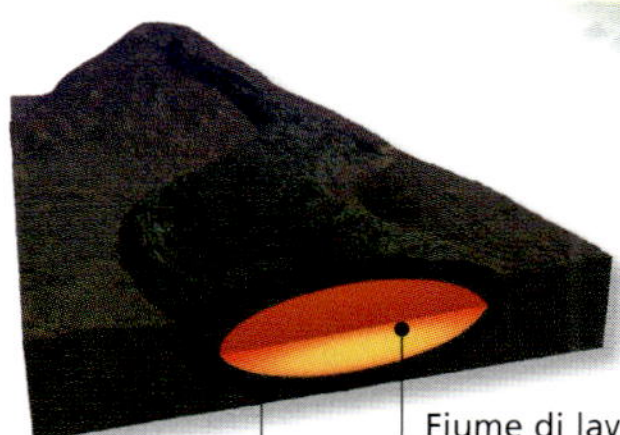

2 Guscio solido
La parte esterna si indurisce sempre più e crea un condotto, dentro il quale la lava continua a scorrere.

3 Tubo cavo
Quando la lava non scorre più, rimane un tunnel.

LE COLATE LAVICHE

Il magma è molto caldo. Quando arriva in superficie ha una temperatura di circa 1200 °C e questo spiega il suo aspetto rosso e ardente. La lava che cola dai pendii di un vulcano e attraversa i territori circostanti è una miscela di roccia fusa e blocchi di roccia solida. Mentre la lava si raffredda, i gas che contiene formano delle bolle.

Pahoehoe
Si chiamano così le colate di lava che, raffreddandosi, formano una superficie liscia.

Aa
Questo nome hawaiano indica una lava che si solidifica formando blocchi irregolari.

I punti caldi

Sotto la crosta terrestre, lontano dai margini delle placche tettoniche, ci sono zone note come *hot spot* o punti caldi, in cui i caldissimi materiali del mantello risalgono in superficie. La roccia del mantello è talmente calda che fonde la roccia solida sovrastante e crea una camera magmatica, finché il magma erutta in superficie, formando un vulcano. Le placche si muovono, ma i punti caldi restano fissi, così lo spostamento di una placca su un punto caldo può formare una catena di vulcani o, nel caso di un punto caldo oceanico, una schiera di isole vulcaniche. I vulcani più vicini al punto caldo sono attivi, mentre quelli più distanti sono estinti.

IL CICLO DEI PUNTI CALDI

Il disegno illustra la nascita, lo sviluppo e la morte dei vulcani originati dai punti caldi. In primo piano si vede un vulcano attivo, in eruzione sopra al punto caldo. Dietro si trovano i vulcani più vecchi, logorati dall'erosione. Quelli circondati da una scogliera corallina sono chiamati atolli; quelli che si trovano sott'acqua sono detti *seamounts* (monti sottomarini).

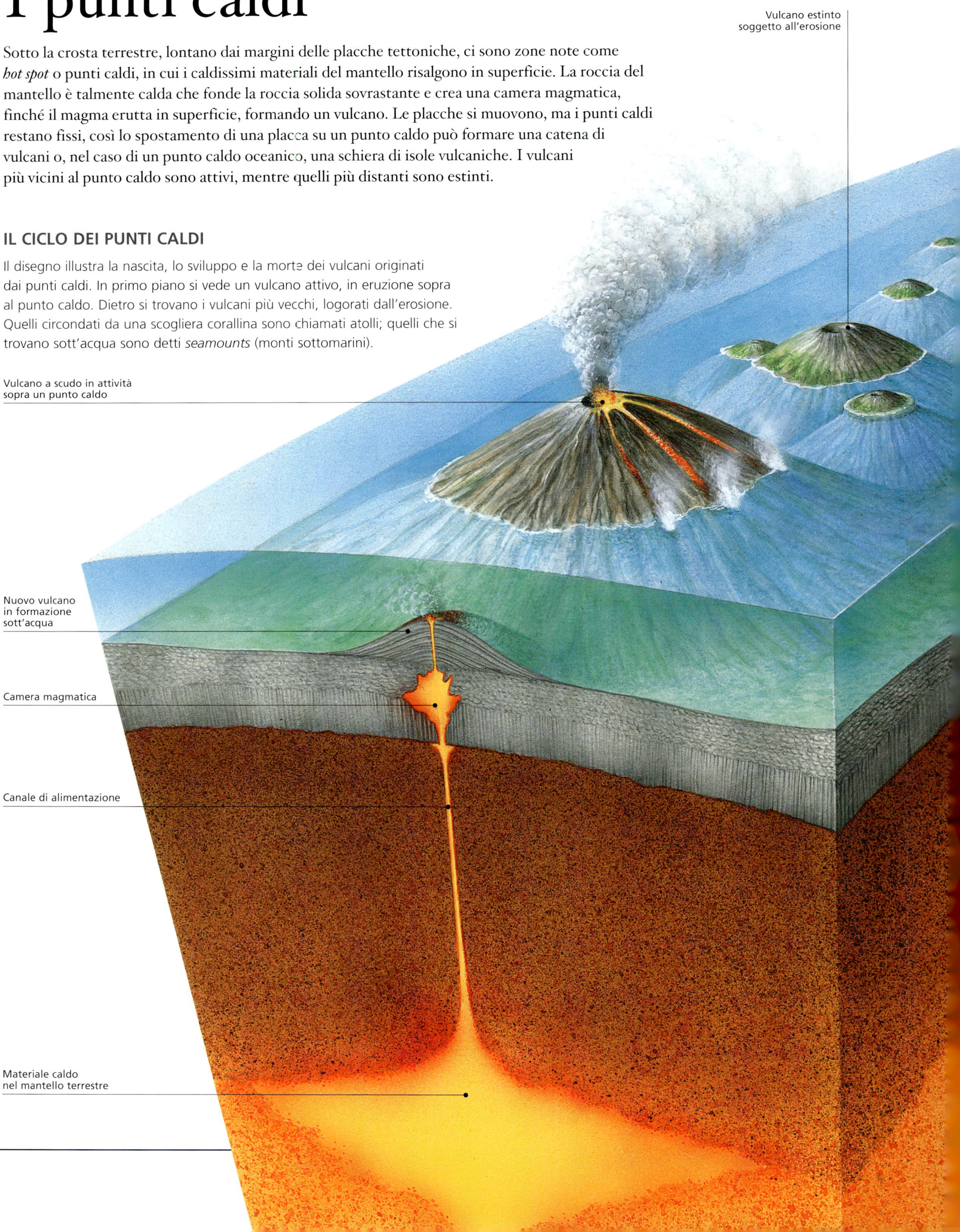

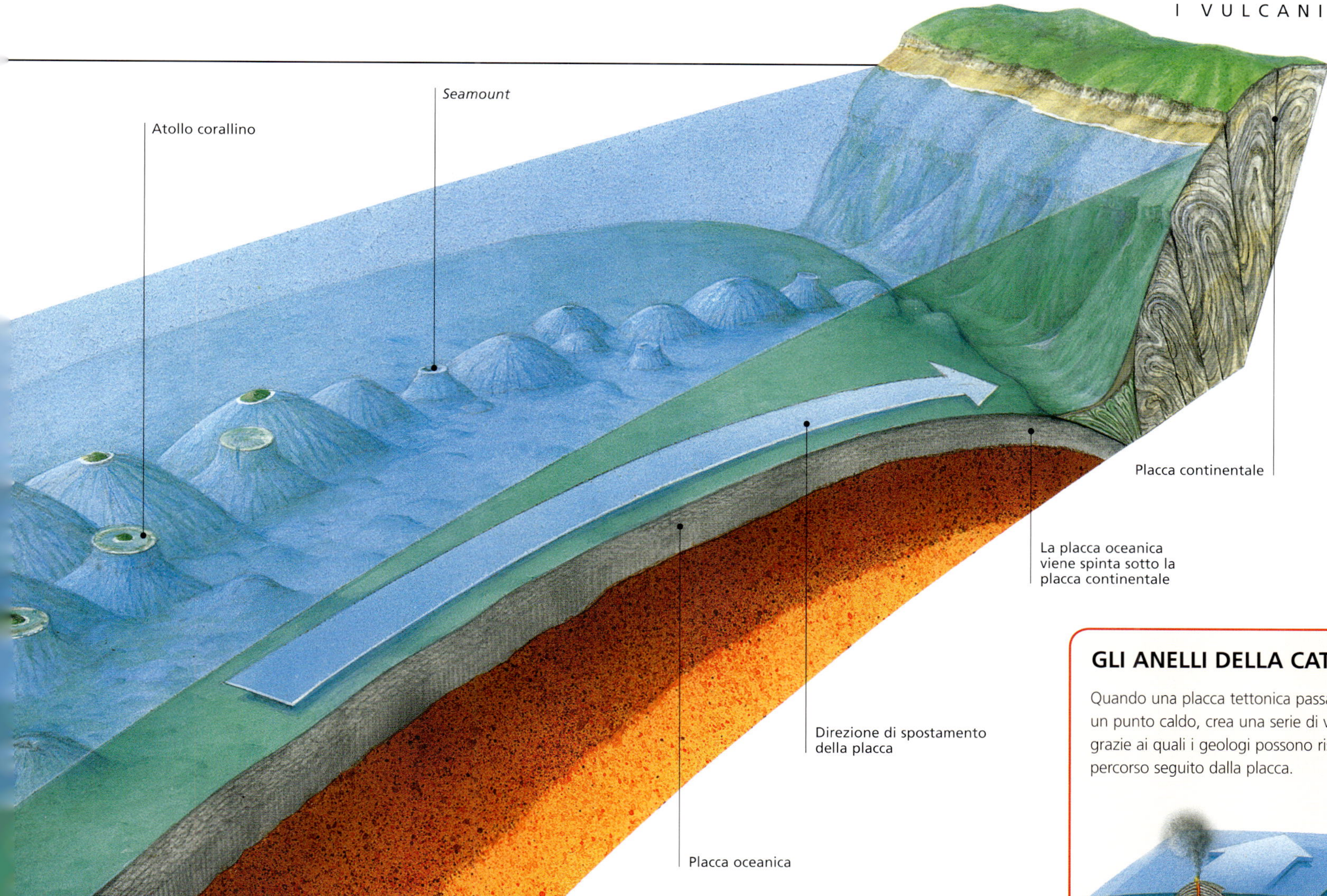

GLI ANELLI DELLA CATENA

Quando una placca tettonica passa sopra un punto caldo, crea una serie di vulcani, grazie ai quali i geologi possono risalire al percorso seguito dalla placca.

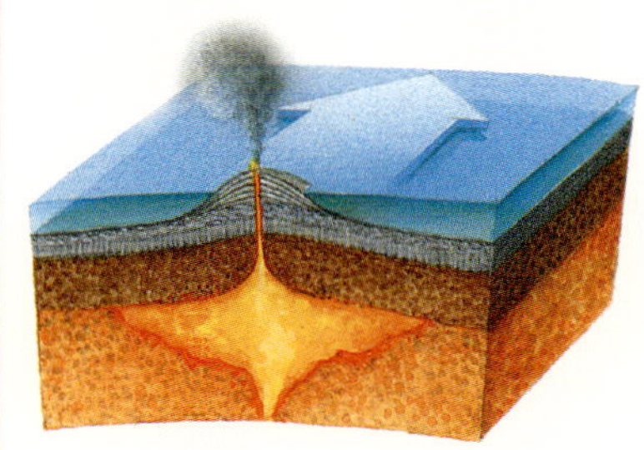

Il magma che risale da un *hot spot* genera un vulcano in superficie o sotto il mare.

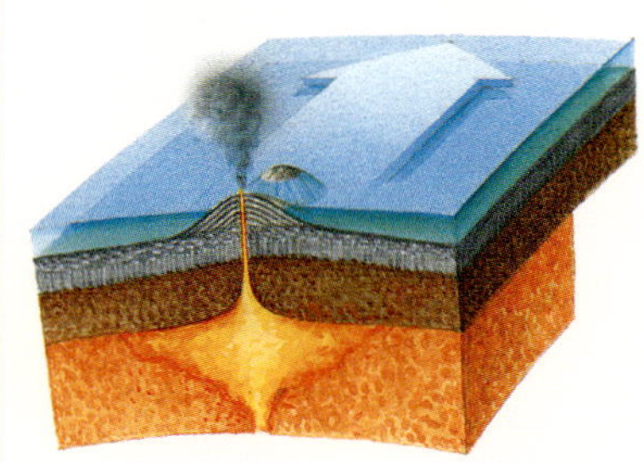

La placca che scorre sull'*hot spot*, fisso, crea nuovi vulcani; quelli vecchi si estinguono.

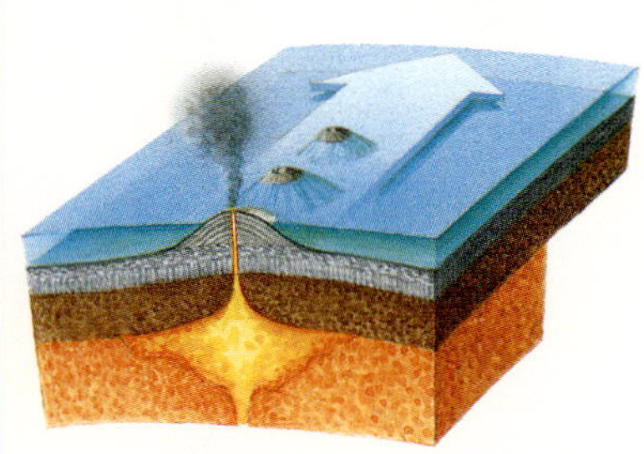

Una catena di vulcani, o di isole vulcaniche, segna il passaggio della placca sull'*hot spot*.

I PUNTI CALDI NEL MONDO
Nel mondo ci sono molti punti caldi. Tra i più evidenti ci sono quelli del Parco Nazionale di Yellowstone e delle Isole Hawaii (Usa), dell'Islanda, delle Isole Galápagos e delle Azzorre.

LEGENDA
● Punto caldo

Un tunnel di lava alle Hawaii, una catena di isole vulcaniche nate da un punto caldo. La breccia nel tunnel rivela la fornace sottostante.

L'Islanda si è formata sopra un punto caldo. Il paesaggio è cosparso di ribollenti pozze di fango, crateri fumanti e vulcani estinti.

Kilauea

Kilauea, nella Grande Isola di Hawaii, è uno dei vulcani più attivi del mondo. La sua attività è iniziata, probabilmente, 600.000 anni fa e dal 1983 è in costante eruzione; le sue fontane di lava arrivano anche a 600 metri di altezza. Kilauea occupa più del 13% dell'area dell'isola e il suo serbatoio magmatico si spinge in profondità fino a 60 chilometri. A causa delle continue eruzioni, è un vulcano ancora in crescita, ma allo stesso tempo si sta disgregando, perché le frane trascinano enormi quantità di detriti dal centro del vulcano verso il mare. Secondo una leggenda hawaiana, Kilauea è la dimora di Pele, la dea dei vulcani.

LA GRANDE ISOLA DI HAWAII

Kilauea è uno dei cinque vulcani della Grande Isola di Hawaii. Non è il più grande – questo primato spetta a Mauna Loa – ma è il più attivo. Kilauea è anche il vulcano che nel mondo attira il maggior numero di turisti.

Fontane di lava in eruzione da uno dei tanti crateri e camini di Kilauea. Le eruzioni del vulcano continuano ininterrottamente da più di 25 anni.

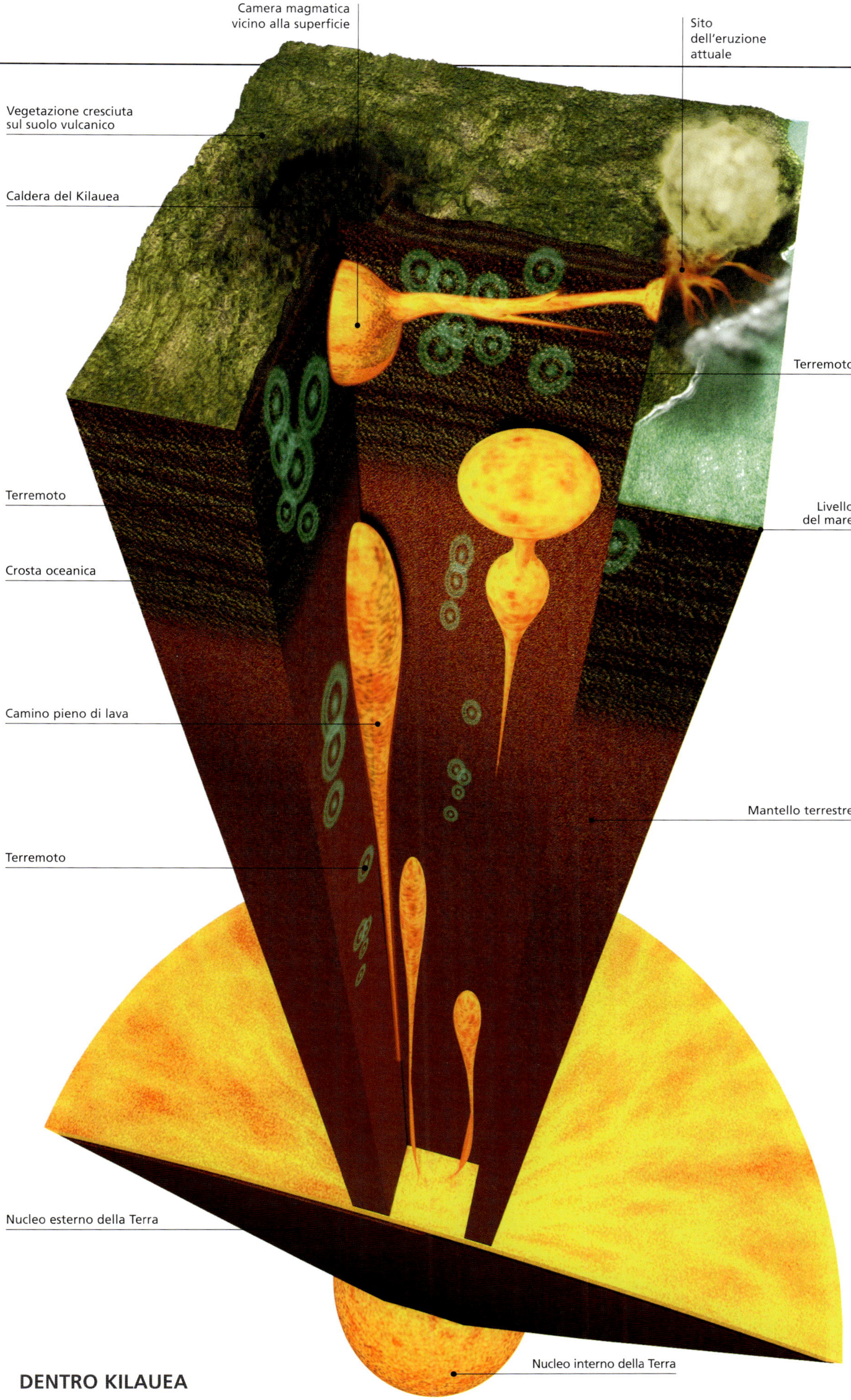

DENTRO KILAUEA

Kilauea è un vulcano di tipo hawaiano, o a scudo. La velocità della lava emessa durante le sue eruzioni, pressoché continue, può raggiungere i 10 chilometri orari.

TIPI DI ERUZIONE

Esistono cinque tipi principali di eruzione vulcanica, così descritti dagli scienziati.

Hawaiana Eruzione di grandi quantità di lava fluida che dà origine a vulcani bassi e larghi.

Peleana Fuoriuscita di blocchi di lava densa e viscosa, seguiti da nubi ardenti di cenere e gas.

Stromboliana L'eruzione scaglia frammenti di lava viscosa, pietre, cenere, gas e lapilli.

Vulcaniana Violente esplosioni scagliano lava molto densa e grandi bombe vulcaniche.

Pliniana Ceneri, gas e lapilli si proiettano a grande distanza, alti nel cielo.

I vulcani del mondo

La maggior parte dei vulcani sorge ai margini delle placche tettoniche. Quando una placca oceanica si scontra con una continentale, si verifica il fenomeno della "subduzione" e quella oceanica, più densa, sprofonda sotto l'altra. Allo stesso tempo, il magma che risale in superficie rigenera la crosta e allontana le placche oceaniche. Entrambi i tipi di interazione fra placche danno origine a vulcani e terremoti. Tutti i margini della placca pacifica sono molto attivi e formano una schiera pressoché continua di rilievi vulcanici, che si estendono a ferro di cavallo per 40.000 chilometri. Questo insieme di vulcani che circonda l'oceano viene spesso chiamato "cintura di fuoco"; ne fanno parte molti vulcani famosi, come il Fuji (Giappone), il Pinatubo (Filippine), il Tambora e il Krakatoa (Indonesia) e il monte Saint Helens (Usa).

1902: PELÉE (MARTINICA)
L'8 maggio del 1902, un'eruzione distrusse la città di Saint-Pierre uccidendo più di 26.000 persone.

ZONE PERICOLOSE

I tre quarti dei vulcani attivi del mondo, compresi alcuni dei più violenti, si trovano intorno all oceano Pacifico, nella cosiddetta "cintura di fuoco". Lo spostamento verso nord della placca africana verso la placca eurasiatica ha dato origine ai vulcani dell'Europa meridionale (tra cui l'Etna e il Vesuvio, in Italia). Nel 1963, un vulcano della dorsale medio-atlantica diede origine all'isola di Surtsey, in Islanda.

POLVERE E CENERE
Talvolta, le nubi di gas, polvere e cenere sollevate dalle eruzioni più violente salgono oltre la troposfera e raggiungono la stratosfera, dove possono rimanere anche per mesi. In questo modo ostruiscono il passaggio della luce solare verso la Terra, causando un raffreddamento generale del clima.

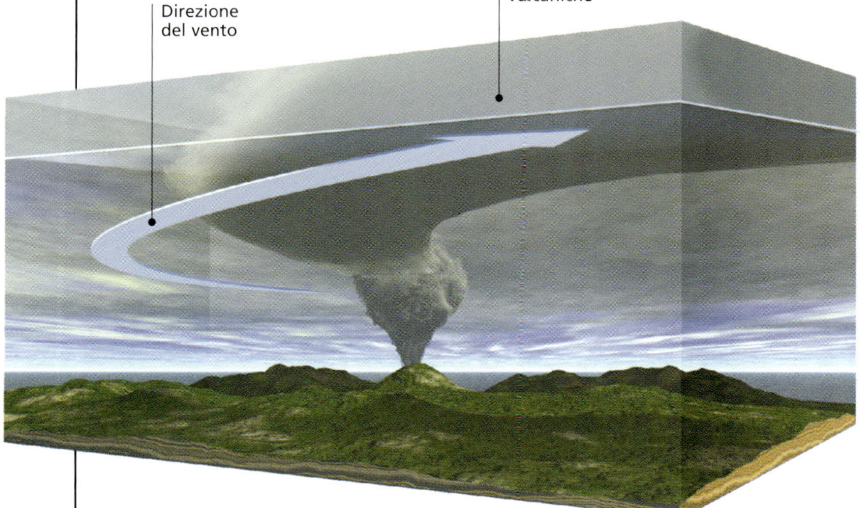

1984: MAUNA LOA (HAWAII, USA)
È il più grande vulcano del mondo ed è in attività da migliaia di anni. L'eruzione più recente, che risale al periodo fra il 24 marzo e il 15 aprile del 1984, non provocò vittime. Le precedenti eruzioni distrussero interi villaggi.

1991: PINATUBO (FILIPPINE)
L'eruzione di questo vulcano fu esplosiva e ne distrusse la sommità, riducendola di quasi 150 metri. Polveri e gas, scagliati a 40 km di altezza, nel corso dei due anni successivi ridussero la temperatura globale di 0,4-0,7 °C.

1982: GALUNGGUNG (INDONESIA)
L'eruzione iniziò nell'aprile del 1982 e durò fino al gennaio del 1983, provocando la morte di 68 persone. Due aerei, dopo aver attraversato la nube di ceneri che si produsse, subirono un guasto al motore che rischiò di distruggerli.

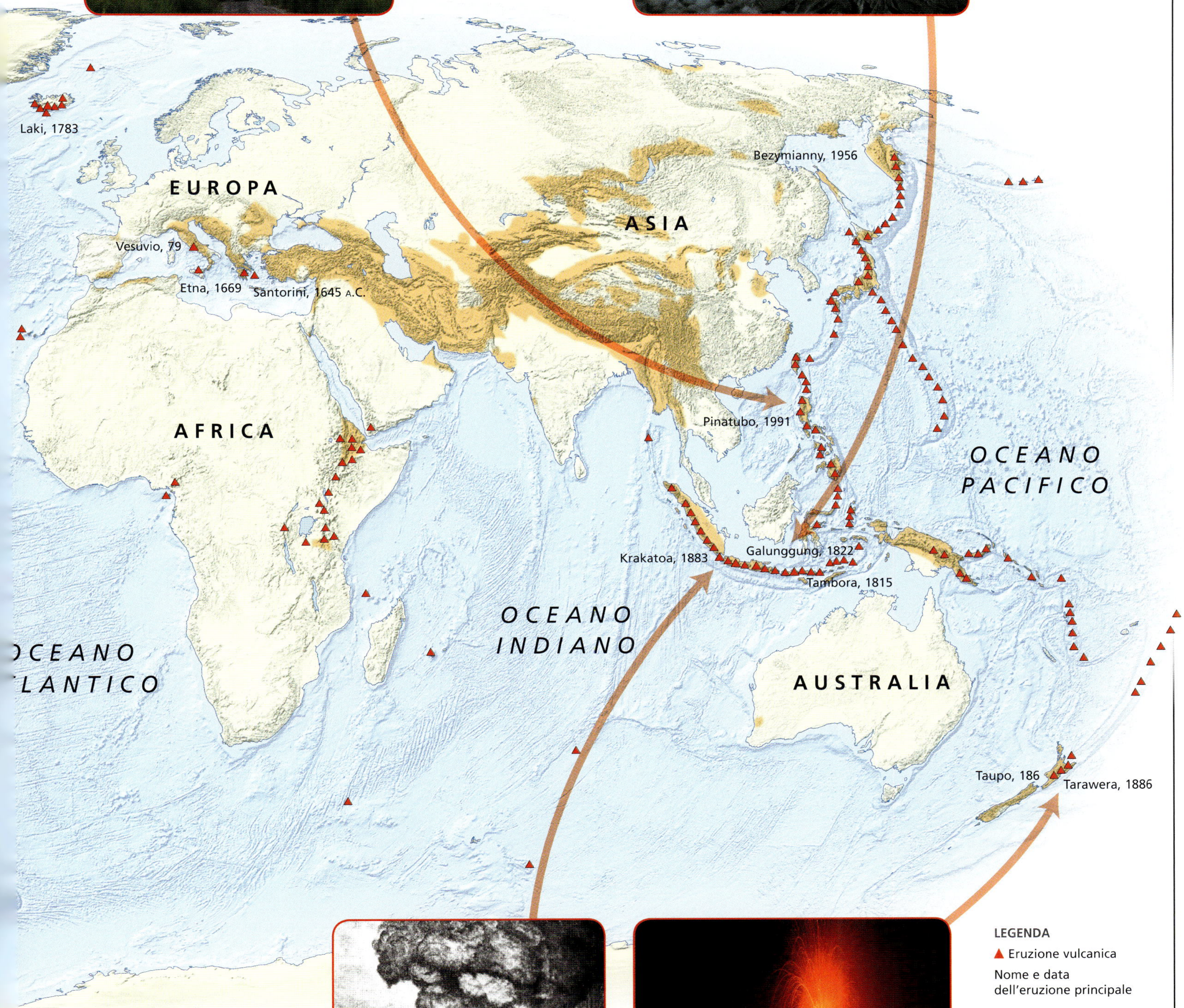

LEGENDA
▲ Eruzione vulcanica
Nome e data dell'eruzione principale

1883: KRAKATOA (INDONESIA)
Il Krakatoa eruttò con una serie di esplosioni di crescente intensità, che si udirono fino a Perth, in Australia, a 3100 km di distanza. Sollevò circa 25 km cubi di particelle solide, scagliandole a più di 30 km di altezza.

1886: TARAWERA (NUOVA ZELANDA)
Nel 1886 il vulcano Tarawera eruttò dai suoi tre crateri e sollevò nell'aria imponenti colonne di fumo e ceneri. Ci furono circa 120 vittime.

Paesaggi vulcanici

Durante le eruzioni vulcaniche, la roccia fusa che ricade al suolo rimodella il paesaggio circostante. L'altopiano del Deccan, in India, è formato da uno strato di basalto vulcanico dello spessore di oltre 1,6 chilometri, esteso su più di 500.000 chilometri quadrati. Si è formato nell'arco di un milione di anni, quando la lava di un vulcano *hot spot* ricoprì circa un terzo dell'India; solidificandosi, la lava formò uno spesso strato di basalto. I vulcani erosi creano paesaggi particolarmente spettacolari; in Gran Bretagna non ci sono vulcani attivi, ma l'Arthur's Seat – "il trono di Artù" – che domina Edimburgo, in Scozia, è un vulcano estinto. Quando un vulcano sprofonda sulla propria camera magmatica vuota, si formano le caldere, che spesso si riempiono d'acqua, creando laghi molto caratteristici. In Italia ne è un esempio il lago di Bolsena, nel Lazio, che si è formato in seguito al crollo di un antico vulcano.

Un paesaggio indonesiano interamente vulcanico. In lontananza si vede il vulcano attivo Gunung Semeru, la vetta più alta dell'isola di Giava; in primo piano, la caldera fumante del Gunung Bromo.

LEGGERE GLI INDIZI

L'attività vulcanica del passato lascia tracce nel paesaggio. L'erosione delle rocce più tenere espone basalti vulcanici, tappi di lava solidificata e dicchi di magma indurito. I filoni-strato sono piccole lastre di lava, il cui spessore può arrivare fino a 30 metri. Presso le caldere si possono trovare piccoli coni di cenere o crateri, residui delle eruzioni più recenti. Quando una caldera si allaga, il suo cono di cenere diventa un'isola.

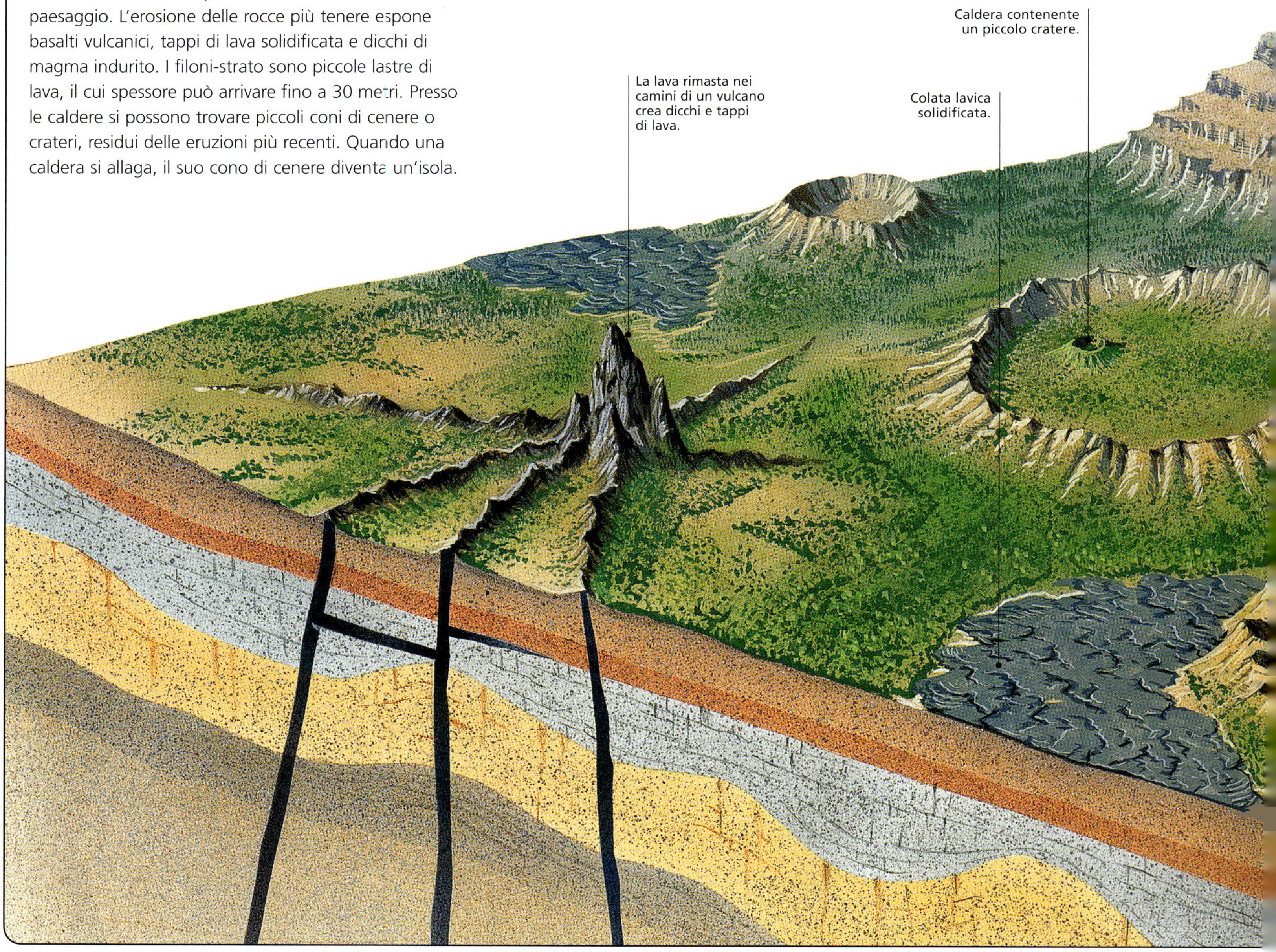

IL "SELCIATO DEL GIGANTE" E SHIP ROCK

LA FORMAZIONE DEL "SELCIATO DEL GIGANTE"

Il raffreddamento
La lava si raffredda, a partire dalla superficie. Indurendosi, riduce il suo volume.

Brecce verticali
Si creano delle brecce, che si avvicinano tra loro e si estendono in profondità.

Si formano le colonne
Quando le brecce si congiungono l'una con l'altra, si formano le colonne.

Il "Selciato del Gigante" nell'Irlanda del Nord è formato da colonne basaltiche.

LA FORMAZIONE DI SHIP ROCK

Il vulcano attivo
All'interno del vulcano, il magma risale lungo il camino.

La fine dell'eruzione
Quando la camera magmatica si è svuotata, il magma rimasto nel camino si solidifica.

Il tappo di lava
L'erosione rimuove gli strati più esterni del vulcano, rendendo visibile il tappo di lava che si è formato.

Ship Rock (New Mexico, Usa) è un tappo di lava che si trovava dentro un vulcano.

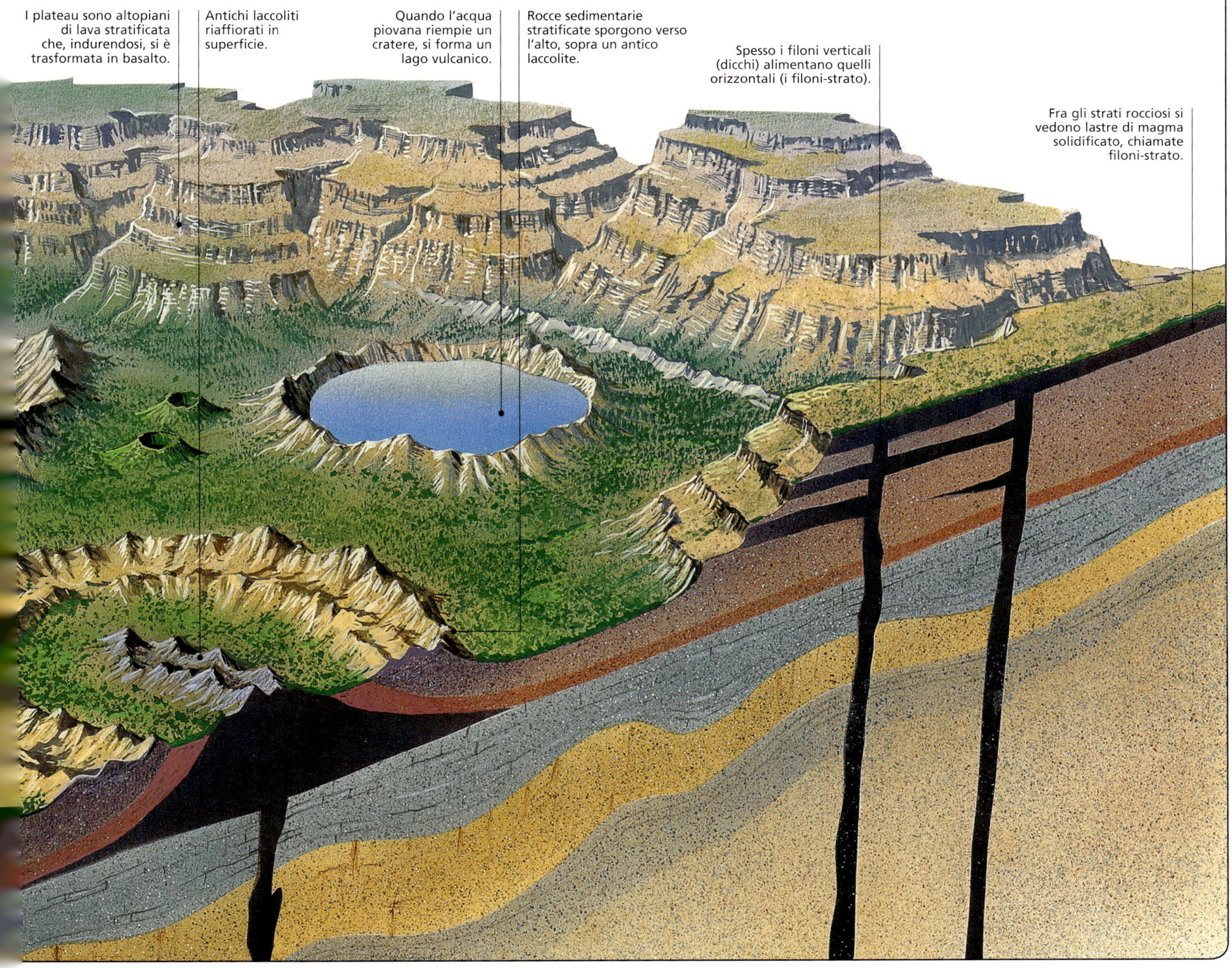

Crateri e caldere

I crateri sono le cavità a forma di imbuto che si formano nelle aperture, o camini, dei vulcani. I crateri del tipo più semplice si formano in cima ai camini e il loro diametro può misurare fino a un chilometro. A volte il magma fonde alcune delle rocce che circondano la bocca del vulcano e le trascina via, dando origine a un cratere laterale. Quando un'eruzione svuota la camera magmatica, tanto che la sua volta non è più in grado di sorreggere il peso del vulcano, si forma una caldera. Successivamente il vulcano può tornare in attività ed eruttare attraverso lo stesso camino, formando un cono di cenere all'interno della caldera.

Il monte Aso si eleva per 1592 metri sul livello del mare ed è il più grande vulcano attivo del Giappone. La sua caldera ha una circonferenza di 114 chilometri.

La caldera di Hare Shetan (Etiopia) ospita un lago. La foto aerea ne rivela la forma circolare e i bordi ripidi.

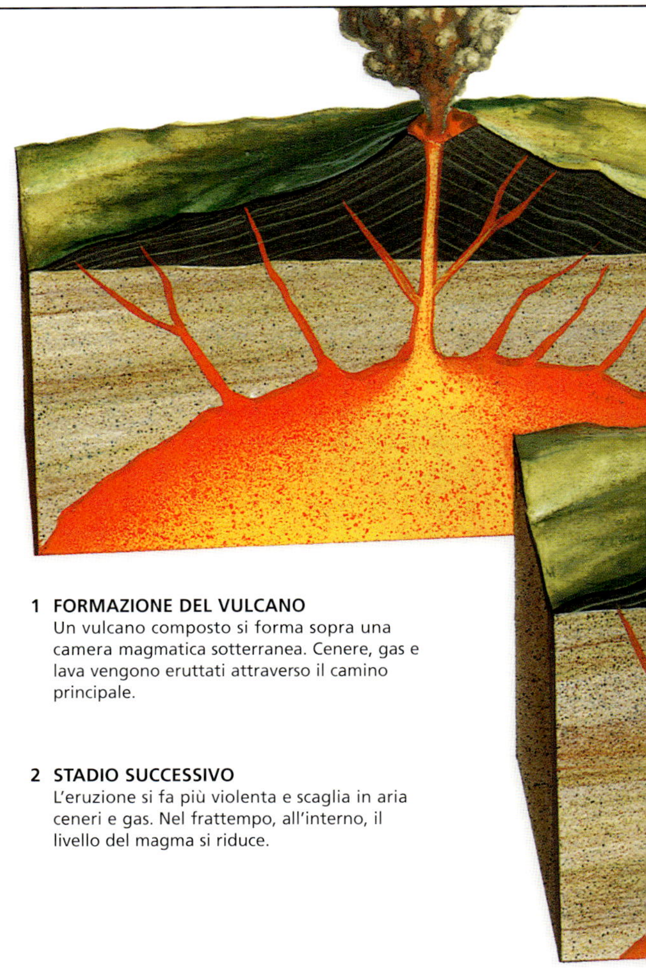

1 FORMAZIONE DEL VULCANO
Un vulcano composto si forma sopra una camera magmatica sotterranea. Cenere, gas e lava vengono eruttati attraverso il camino principale.

2 STADIO SUCCESSIVO
L'eruzione si fa più violenta e scaglia in aria ceneri e gas. Nel frattempo, all'interno, il livello del magma si riduce.

COME SI FORMA UNA CALDERA

Le caldere sono enormi crateri formati da violente eruzioni vulcaniche. Spesso hanno un diametro superiore ai 5 chilometri. La più grande del mondo – quella del monte Aso, in Giappone – è lunga 27 km e larga 16 km.

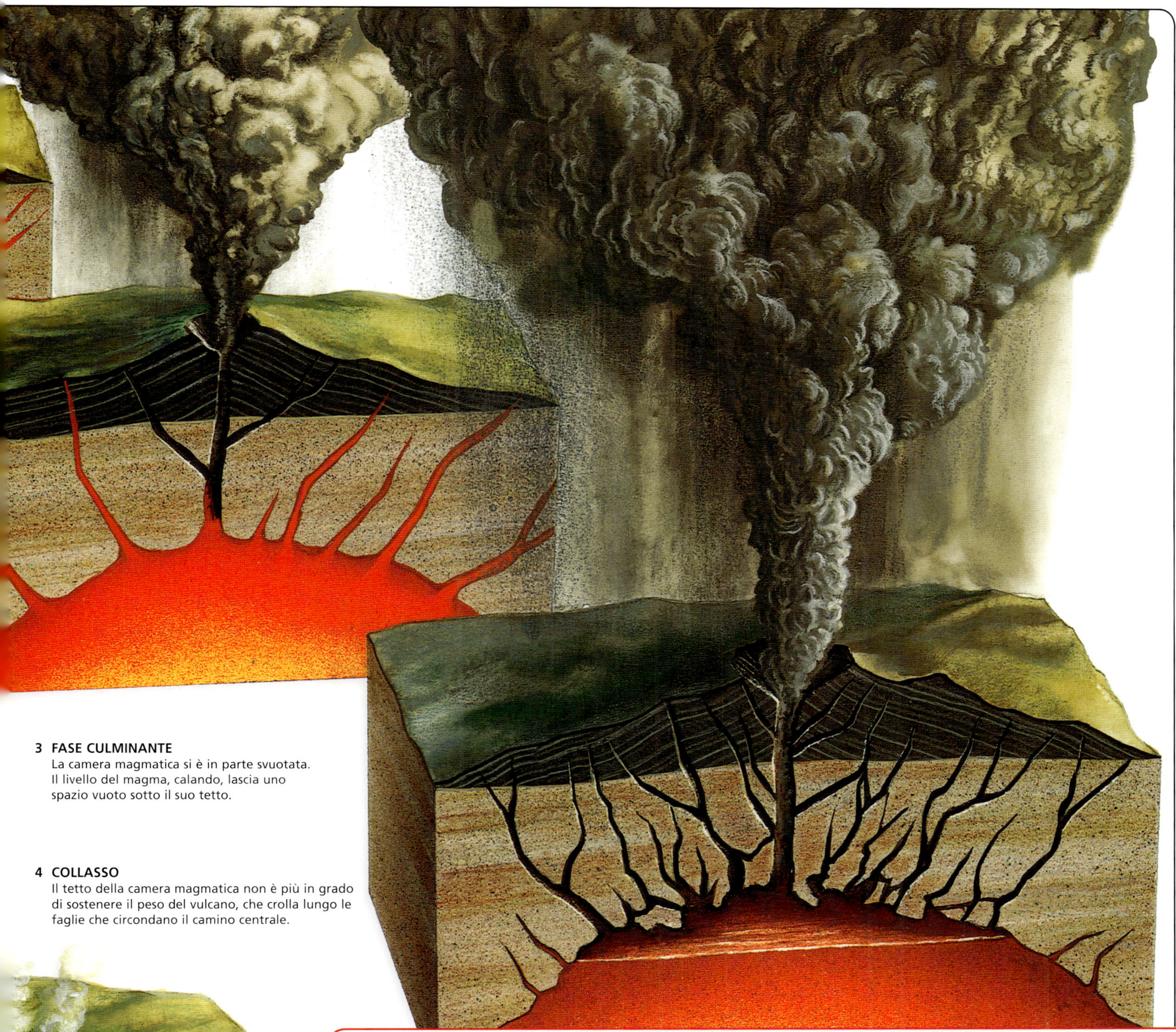

3 FASE CULMINANTE
La camera magmatica si è in parte svuotata. Il livello del magma, calando, lascia uno spazio vuoto sotto il suo tetto.

4 COLLASSO
Il tetto della camera magmatica non è più in grado di sostenere il peso del vulcano, che crolla lungo le faglie che circondano il camino centrale.

I VULCANI SUGLI ALTRI PIANETI

Le sonde spaziali hanno trovato nove vulcani su Marte, cinque su Venere, quattro su Io, satellite di Giove, e molti su Tritone, satellite di Nettuno. Non tutti assomigliano ai vulcani terrestri; alcuni eruttano zolfo, mentre quelli su Tritone eruttano azoto liquido o metano.

Il monte Olimpo, su Marte, è il più grande vulcano conosciuto nel sistema solare. È quattro volte più grande del Mauna Loa (Hawaii).

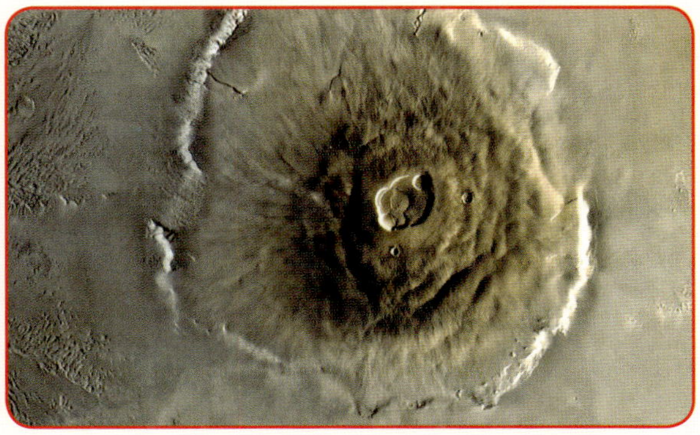

Il monte Olimpo copre un'area di 500 chilometri, con una caldera larga 80 chilometri. Dall'alto si nota l'estensione delle colate laviche.

I terremoti

Un terremoto è un violento rilascio di energia all'interno della crosta terrestre. Quando grandi masse rocciose si muovono all'improvviso lungo le faglie sotterranee, il loro movimento scuote la terra sovrastante. Molti terremoti avvengono quando il movimento delle placche tettoniche spinge le rocce in due direzioni opposte; un'altra causa di terremoti è l'attività vulcanica. Il punto nella crosta in cui ha origine il terremoto è chiamato ipocentro, mentre il punto in superficie, sulla verticale dell'ipocentro, è l'epicentro. Un terremoto si dice poco profondo quando l'ipocentro si trova a meno di 70 km di profondità, di media intensità quando l'ipocentro è situato fra i 70 e i 300 km, profondo quando la frattura iniziale ha origine al di sotto dei 300 km.

A Izmit, in Turchia, la gente scava tra le macerie in cerca delle proprie cose dopo il terremoto del 1999. Il sisma uccise più di 17.000 persone.

MISURARE I TERREMOTI

Per misurare l'intensità (o magnitudo) di un terremoto, si utilizza in genere la scala Richter, che si basa sulla quantità di energia liberata. In alternativa si ricorre alla scala Mercalli, messa a punto nel 1897 dal sismologo Giuseppe Mercalli. Questa scala suddivide i terremoti in 12 categorie in base all'entità degli effetti provocati.

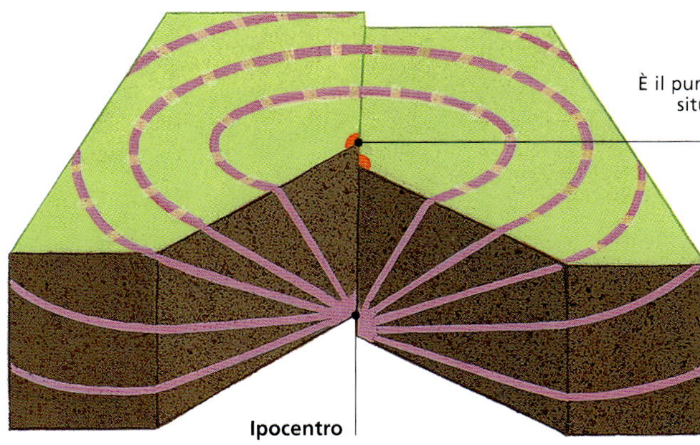

Epicentro
È il punto della superficie situato sulla verticale dell'ipocentro.

I PUNTI FOCALI
L'ipocentro di un terremoto può trovarsi molto in profondità. Allontanandosi dall'epicentro l'intensità delle onde sismiche diminuisce.

- **I** Le persone non percepiscono alcun movimento.
- **II** Ai piani superiori degli edifici si avverte un lieve movimento.
- **III** Gli oggetti appesi dondolano. Tutti si accorgono della scossa.
- **IV** Le finestre e le porte tremano. Le auto parcheggiate oscillano.
- **V** Chi dorme si risveglia; le porte tremano e i piatti si rompono.
- **VI** Si fa fatica a camminare, gli alberi si scuotono e gli edifici subiscono lievi danni.
- **VII** È difficile reggersi in piedi; gli edifici non antisismici vengono danneggiati.
- **VIII** I camini crollano e i rami degli alberi si spezzano. I mobili nelle case si ribaltano.
- **IX** In gran parte degli edifici si verificano danni strutturali. Il terreno si spacca.
- **X** Si creano frane e brecce nel terreno; moltissimi edifici subiscono danni.
- **XI** Gli edifici crollano e le tubazioni sotterranee si rompono.
- **XII** Il terreno ondeggia. La distruzione è pressoché totale.

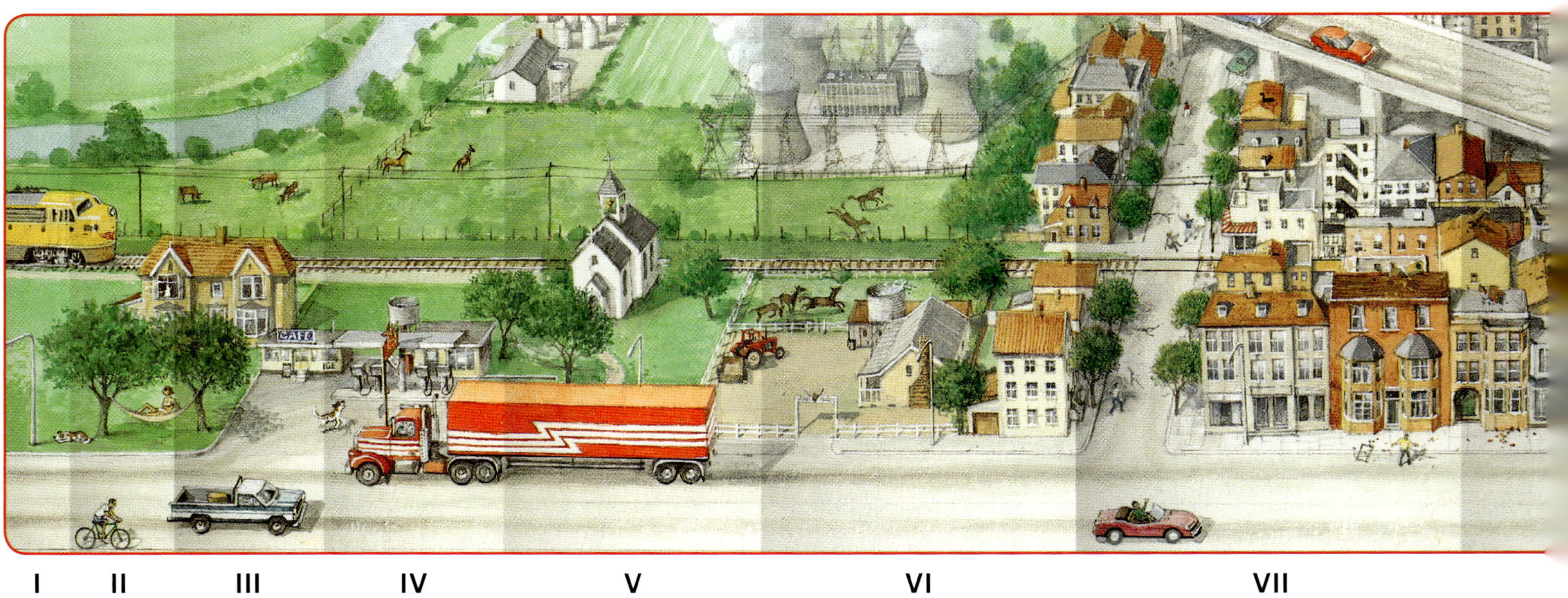

LA SCALA RICHTER
Il sismologo statunitense Charles Richter ideò questa scala nel 1935. Ogni grado Richter equivale all'aumento di un fattore dieci dell'intensità del sisma. Un terremoto di magnitudo 7 è quindi 10 volte più potente di uno di magnitudo 6 e 100 volte più intenso di uno di magnitudo 5.

I TERREMOTI IN GIAPPONE

Sotto le isole del Giappone ci sono ben tre placche tettoniche che interagiscono fra loro. A sudest, la placca delle Filippine sprofonda al di sotto della placca eurasiatica; a est, la placca del Pacifico affonda sia sotto la placca eurasiatica, sia sotto quella delle Filippine. È questa la causa dei periodici terremoti che colpiscono il Giappone.

Una leggenda giapponese attribuiva i terremoti al pescegatto Namazu. Ogni volta che il dio Kashima – il suo custode – si distraeva, Namazu si dimenava scuotendo la terra.

Il violento terremoto che devastò la città di Kobe, nel 1995, distrusse un tratto di superstrada.

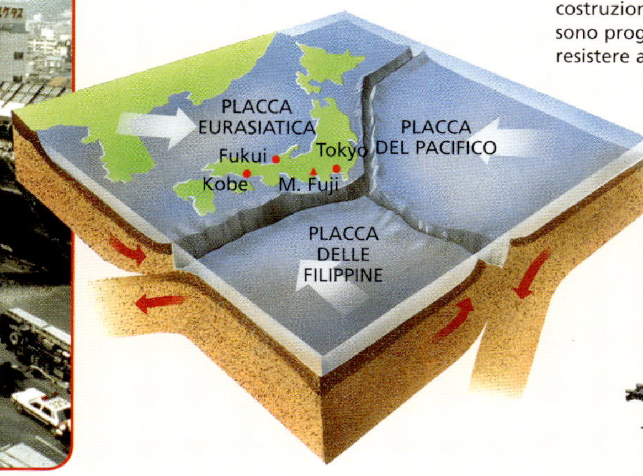

Le pagode, tradizionali costruzioni giapponesi, sono progettate per resistere ai terremoti.

LE ONDE SISMICHE
Esistono diversi tipi di onde sismiche. Le più pericolose sono le onde superficiali.

Le onde P (primarie)
Le prime onde che sopraggiungono sono dette onde P (o longitudinali); mentre si propagano comprimono e dilatano le rocce del suolo.

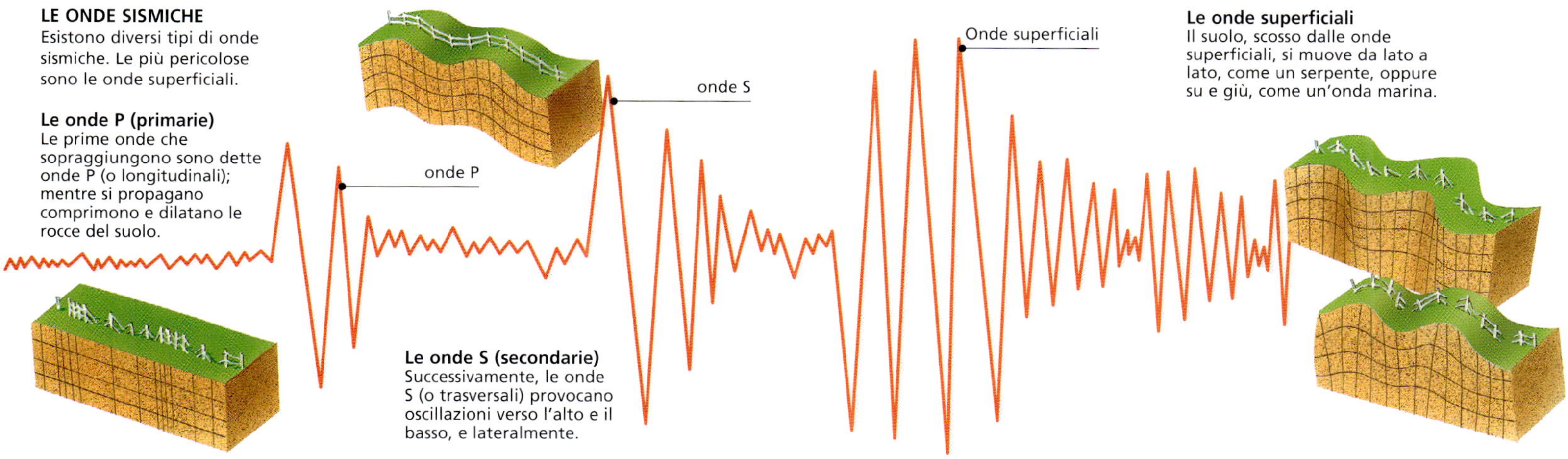

Le onde S (secondarie)
Successivamente, le onde S (o trasversali) provocano oscillazioni verso l'alto e il basso, e lateralmente.

Le onde superficiali
Il suolo, scosso dalle onde superficiali, si muove da lato a lato, come un serpente, oppure su e giù, come un'onda marina.

I IX X XI XII

Gli tsunami

Uno tsunami – in giapponese "onda del porto" – nasce sul fondo dell'oceano, in seguito a un terremoto o a una grande frana sottomarina. Le onde d'urto prodotte attraversano l'acqua a più di 600 chilometri all'ora, ma non sono molto alte (circa 90 cm) e passano spesso inosservate. Quando raggiungono le acque più basse, l'attrito con il fondale le rallenta a circa 50 chilometri orari; le onde che continuano ad arrivare si spingono quindi l'una contro l'altra, aumentando l'altezza dell'onda principale. Spesso il ventre dell'onda giunge a riva per primo; il mare, allora, si ritrae, seguito da un rapido innalzamento dell'acqua che scorre all'interno e, via via, da altre onde. Altre volte, lo tsunami si presenta come un muro d'acqua che si infrange all'improvviso sulla costa.

COME COLPISCE UNO TSUNAMI

Uno tsunami assomiglia più a un moto di marea che a un cavallone; per questo, una volta, era chiamato "onda di marea", pur non avendo nulla a che fare con le maree. L'arrivo di uno tsunami è spesso annunciato da appositi sistemi di allarme e, talvolta, da alcuni indizi naturali. Chiunque li riconosca deve rifugiarsi immediatamente su un'altura.

L'acqua del mare avanza molto più del solito verso riva e resta ferma per parecchi minuti.

L'acqua si ritira in modo anomalo dalla costa, come risucchiata. È il primo ventre dell'onda di tsunami.

Una linea bianca all'orizzonte delinea la cresta dell'onda di tsunami, che sopraggiunge molto velocemente.

Lo tsunami che colpì l'Indonesia il 26 dicembre 2004 uccise oltre 280.000 persone. A provocarlo fu un terremoto di magnitudo 9,3 (Richter).

UN'ONDA ASSASSINA

La vista di uno tsunami che si innalza imponente è spaventosa. Non appena l'onda giunge a riva, ricade su se stessa, colpendo con furia gli edifici costieri e scagliando a terra le imbarcazioni. Spesso gli tsunami sono molto più distruttivi dei terremoti da cui hanno origine.

I terremoti nel mondo

I terremoti possono verificarsi quasi ovunque. Nella maggior parte del mondo si limitano a far tremare le finestre, ma in alcune regioni sono molto più violenti. Le zone più "tremolanti" del nostro pianeta si trovano lungo i margini delle placche tettoniche; quella maggiormente attiva è nota come "cintura di fuoco" e circonda l'oceano Pacifico. L'avanzamento a nord della placca indiana verso la placca eurasiatica è responsabile di un'altra zona sismica, che interessa l'Asia centrale, la Malesia e l'Indonesia. Una terza regione è compresa fra l'Africa e l'Europa meridionale e segue i confini di quattro placche tettoniche.

1964: ALASKA (USA)
Con una magnitudo di 9,2 è il terzo terremoto più violento mai registrato. Colpì il canale Prince William Sound e durò circa 4 minuti. Le vittime, incredibilmente, furono solo 131.

I SOCCORSI

In occasione dei terremoti più violenti, i governi inviano provviste alimentari e squadre di medici, vigili del fuoco e soccorritori. Per trovare le persone intrappolate sotto le macerie, i soccorritori si avvalgono spesso di cani addestrati e di speciali dispositivi sensibili al calore. Per rimuovere macerie e rovine si usano apposite macchine per il sollevamento di carichi pesanti.

1985: CITTÀ DEL MESSICO (MESSICO)
Questo terremoto, di magnitudo 8,1, durò circa 4 minuti e fu seguito da una scossa secondaria di magnitudo 7,5. Provocò 9000 vittime, più di 30.000 feriti e lasciò 100.000 persone senza tetto.

KASHMIR, 2005
Questo terremoto si è verificato nell'area in cui la placca eurasiatica si scontra con quella indiana; ha provocato più di 75.000 vittime.

TANGSHAN (CINA), 1976
A questo terremoto, di magnitudo 7,8, fece seguito una scossa secondaria di magnitudo 7,1 a 15 ore di distanza. Nella città di Tangshan, di circa un milione di abitanti, più di 240.000 persone rimasero uccise.

1960: VALDIVIA (CILE)
Resta tuttora il più forte terremoto mai registrato, con una magnitudo di 9,5, e fu avvertito fino in Alaska (Usa). Generò uno tsunami che devastò la città di Hilo, nelle Hawaii, e uccise circa 5700 persone.

I GRANDI TERREMOTI

In questa mappa sono localizzati alcuni dei maggiori terremoti mai registrati. Le zone più a rischio si trovano intorno alla placca del Pacifico, dove la placca americana si scontra con quella asiatica, nell'Europa meridionale e nell'Asia centrale, dove le placche africana, araba e indiana si scontrano con la placca eurasiatica e con quella dell'Anatolia.

Geyser e sorgenti calde

La Grand Prismatic Spring, nel Parco Nazionale di Yellowstone, è la più grande sorgente calda del Nord America. I colori vivaci ai margini sono dovuti alla presenza di strati di batteri.

Anche migliaia di anni dopo l'ultima eruzione, il sottosuolo di un vulcano può essere ancora caldo. In queste regioni, dette geotermiche, il calore che risale da antiche camere magmatiche riscalda l'acqua che penetra nel terreno. In profondità, l'acqua è due volte più calda della normale acqua bollente, ma la pressione dell'acqua fredda sovrastante le impedisce di bollire. Quando l'acqua affiora in superficie, la pressione cala all'improvviso e l'acqua più profonda diventa vapore, esplodendo verso l'alto. In base alla pressione, acqua e vapore possono dar luogo a un enorme getto, cioè un geyser, oppure ribollire dolcemente in una sorgente calda.

Quando l'acqua di una sorgente calda si mischia con il suolo e con i minerali disciolti, si forma un lago di fango bollente.

Due macachi giapponesi si godono il tepore di una sorgente calda sull'isola Honshu (Giappone), sfuggendo così alle rigide temperature invernali, che possono scendere fino a -15 °C.

In Islanda anche in inverno si fa il bagno nelle sorgenti calde, per curare i muscoli infiammati e sfruttare gli effetti benefici dei minerali presenti nell'acqua.

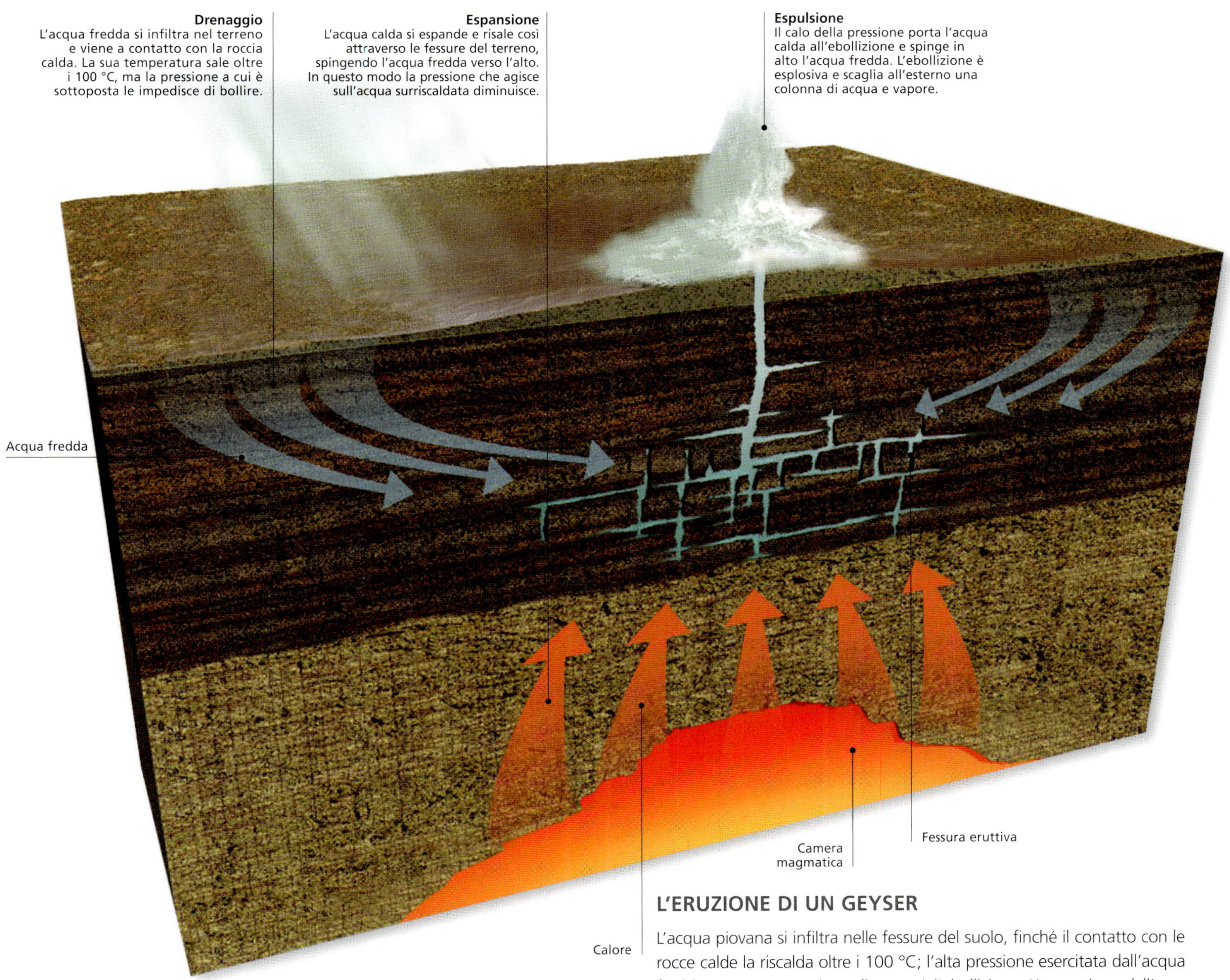

L'ERUZIONE DI UN GEYSER

L'acqua piovana si infiltra nelle fessure del suolo, finché il contatto con le rocce calde la riscalda oltre i 100 °C; l'alta pressione esercitata dall'acqua fredda sovrastante ne impedisce però l'ebollizione. L'espansione dell'acqua calda spinge in alto l'acqua fredda; il brusco calo di pressione provoca l'immediata ebollizione e la violenta espulsione di un getto di acqua e vapore.

Ghiacciai e calotte glaciali

La calotta glaciale antartica è la più grande del mondo. Contiene circa il 70% dell'acqua dolce del pianeta. Se si sciogliesse, il livello del mare si innalzerebbe di oltre 55 metri.

Un ghiacciaio è un enorme blocco di ghiaccio formato dall'accumulo di neve. La neve che cade ogni anno dove la temperatura supera raramente, o non supera mai, il punto di congelamento, si comprime creando strati di ghiaccio; la pressione della neve fresca agisce su quella già caduta e la trasforma in ghiaccio solido. Contando gli strati annuali, si può stabilire l'età del ghiaccio. Spinti dal loro peso, i ghiacciai scivolano lentamente a valle; i ghiacciai racchiusi fra le pareti di una valle sono detti vallivi. Le calotte glaciali sono ghiacciai a forma di cupola che si formano quando la neve che cade in inverno supera quella che si scioglie nei mesi più caldi.

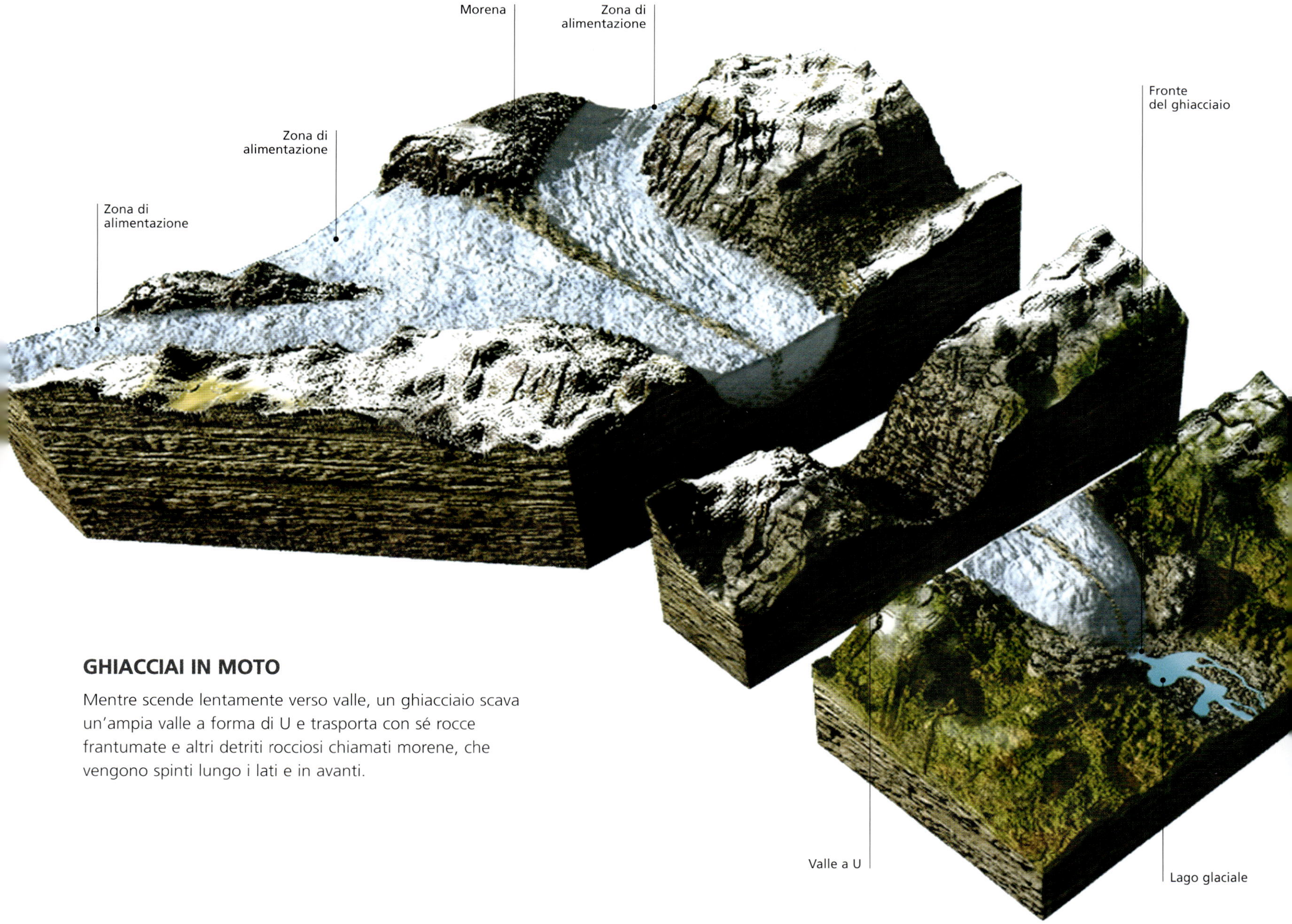

GHIACCIAI IN MOTO

Mentre scende lentamente verso valle, un ghiacciaio scava un'ampia valle a forma di U e trasporta con sé rocce frantumate e altri detriti rocciosi chiamati morene, che vengono spinti lungo i lati e in avanti.

IL PAESAGGIO RIMODELLATO

Durante il loro avanzamento, i ghiacciai spazzano via il suolo e scavano la roccia sottostante dandole forme riconoscibili anche migliaia di anni dopo la scomparsa del ghiaccio. I ghiacciai scolpiscono valli a U, spesso circondate ai lati da cascate; sul loro cammino lasciano morene e frammenti rocciosi, trascinati per lunghe distanze.

Fra un'era glaciale e un'altra, il clima è mite e le montagne sono ricoperte dalla vegetazione. Le valli sono a forma di V, con ripidi pendii; i rilievi sono accidentati.

Durante un'era glaciale, il clima è troppo rigido per le piante, che scompaiono. Solo le vette dei monti emergono dalle calotte glaciali. Il ghiaccio scorre lungo le valli.

Quando il ghiaccio si ritira, le valli che rimangono sono a forma di U. Questo succede perché sono state scavate dal lento movimento del ghiacciaio.

Frane e valanghe

Una valanga rotola giù dal Shispar Peak, nella regione pakistana di Huza. I pendii della montagna sono troppo ripidi per consentire una profonda stratificazione della neve.

I pendii delle montagne e i fianchi collinari non sono sempre stabili; se la roccia, il suolo o il fango iniziano a scivolare a valle, può verificarsi una frana, mentre quando è la neve a slittare lungo un pendio o uno strapiombo, si forma una valanga. La discesa del materiale può essere lenta o rapida. La gravità, che spinge un corpo in verticale verso il basso, ha anche una componente diretta lungo la pendice; se quest'ultima vince la resistenza opposta dal corpo, si ha una frana o una valanga. La parete rocciosa di un precipizio è stabile, ma il materiale che non vi è solidamente ancorato può muoversi, soprattutto se l'acqua rende scivolosa la superficie. Frane, cadute di massi, colate di fango e valanghe possono causare danni terrificanti, demolire edifici e seppellire interi paesi.

LE COLATE DI FANGO

DOPO L'ERUZIONE

Nel novembre del 1985, l'eruzione del Nevado del Ruiz in Colombia sciolse ghiaccio e neve, provocando una devastante colata di fango. La città di Armero, a 50 chilometri di distanza, fu sommersa da un'ondata di fango e cenere alta 40 metri, che uccise più di 23.000 persone.

La degradazione meteorica

L'azione dei granelli di sabbia, scagliati dal vento contro il Colorado Plateau (Usa), ne ha rivelato gli strati, erodendo la roccia più tenera più rapidamente di quella dura.

Le rocce esposte all'atmosfera vengono lentamente consumate dal vento, dalla pioggia e dal ghiaccio. Questo processo, la degradazione meteorica, frantuma la roccia in particelle e granuli di sabbia e può trasformare una catena montuosa in pianura. Un altro tipo di degradazione fisica delle rocce è quella provocata dall'estrema pressione e dal calore nelle profondità del sottosuolo. I minerali del suolo e il substrato roccioso possono subire anche una degradazione chimica, a contatto con le acque acide. L'acqua piovana reagisce chimicamente con il granito – costituito principalmente da feldspato, mica e quarzo – e trasforma la mica e il feldspato in argilla, lasciando il quarzo inalterato. L'erosione è la rimozione dei prodotti della degradazione da parte del vento o dell'acqua.

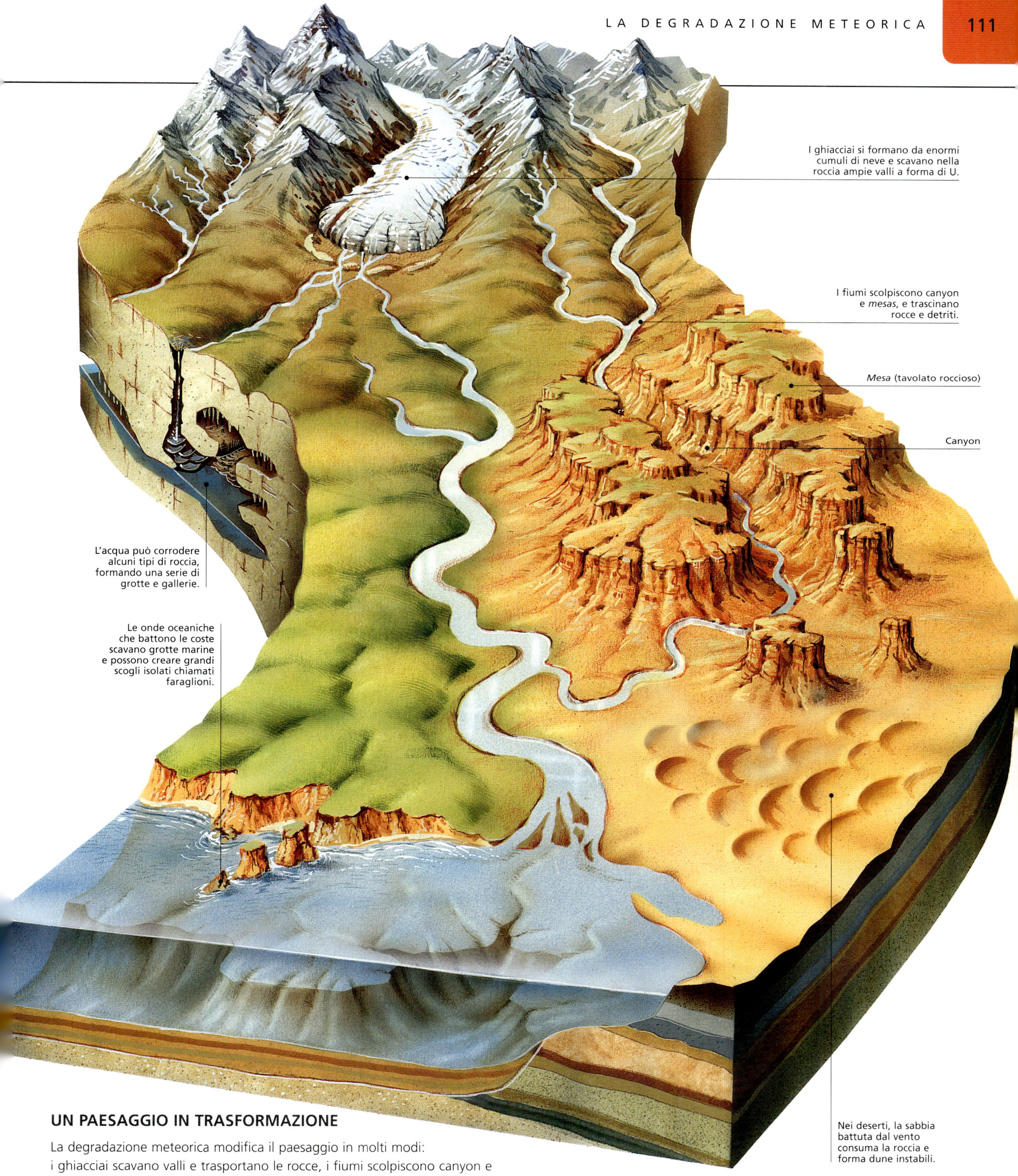

UN PAESAGGIO IN TRASFORMAZIONE

La degradazione meteorica modifica il paesaggio in molti modi: i ghiacciai scavano valli e trasportano le rocce, i fiumi scolpiscono canyon e trascinano detriti e frammenti rocciosi, le acque acide corrodono il calcare creando grotte e gallerie. La sabbia, prodotto della degradazione meteorica, può formare dune ed essere trasportata dal vento. Le onde del mare causano l'erosione delle colline costiere.

Paesaggi di erosione

La degradazione meteorica e l'erosione modellano i paesaggi. Il più rapido processo di erosione al mondo si sta verificando sulla più alta catena montuosa esistente, quella dell'Himalaya. Qui è tuttora in atto un sollevamento, a causa dell'avanzamento dell'India verso l'Eurasia, ma al tempo stesso le montagne si consumano e, nel corso di centinaia di milioni di anni, sono destinate a lasciare il posto a una pianura. Anche il Canada settentrionale, che oggi è una vasta pianura con pochi e bassi rilievi, una volta era una zona montuosa. Sulle coste, le onde del mare scolpiscono scogliere, grotte e faraglioni, mentre nei deserti l'erosione eolica crea strane forme e l'azione del sale dà alle rocce aspetti bizzarri.

DENTRO UNA GROTTA CALCAREA

LA FORMAZIONE DI UNA GROTTA
L'acidità dell'acqua piovana dissolve il carbonato di calcio del calcare e lo trascina via; al suo posto rimane uno spazio vuoto che, al procedere dell'erosione da parte dell'acqua, si trasformerà in una grotta. In Italia, le famose grotte di Frasassi (An) e Castellana (Ba) sono esempi di cavità naturali in rocce calcaree.

STALATTITI E STALAGMITI
Nell'acqua che gocciola dalla volta di una grotta è disciolto carbonato di calcio che, durante l'evaporazione di parte dell'acqua, forma appuntite stalattiti pendenti. L'acqua che continua a gocciolare crea un deposito di carbonato di calcio sul pavimento, da cui – goccia dopo goccia – si innalza una stalagmite.

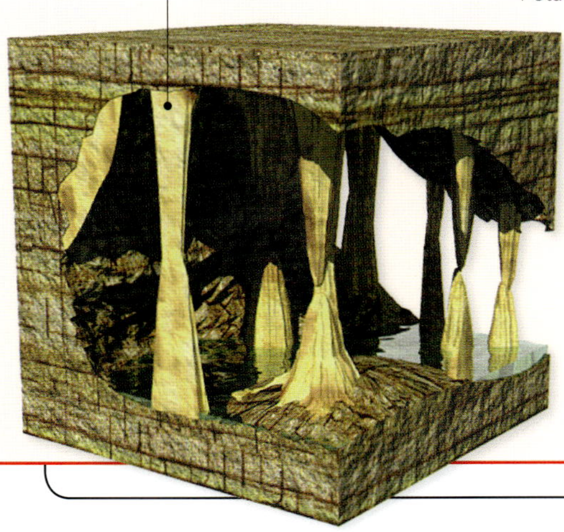

COLONNE
Le stalattiti e le stalagmiti crescono di circa 2 centimetri e mezzo ogni 1000 anni. Alla fine di questo lentissimo processo si incontrano e, con il tempo, si ispessiscono fino a trasformarsi in colonne.

I PINNACOLI

Nel deserto le piogge sono rare, ma quando cadono sono spesso massicce e violente. L'erosione rimuove il materiale superficiale, ma in alcuni luoghi uno strato di materiale più duro protegge la roccia sottostante, che resiste formando delle colonne.

L'acqua piovana apre nella roccia sottili fratture, che si intersecano fra loro.

I CANYON

La forza dell'acqua dei fiumi è in grado di scavare canyon nel terreno, talvolta molto rapidamente. Il canyon più profondo del mondo è quello di Yarlung Zangbo, in Tibet, che si addentra nel suolo per 5,3 chilometri.

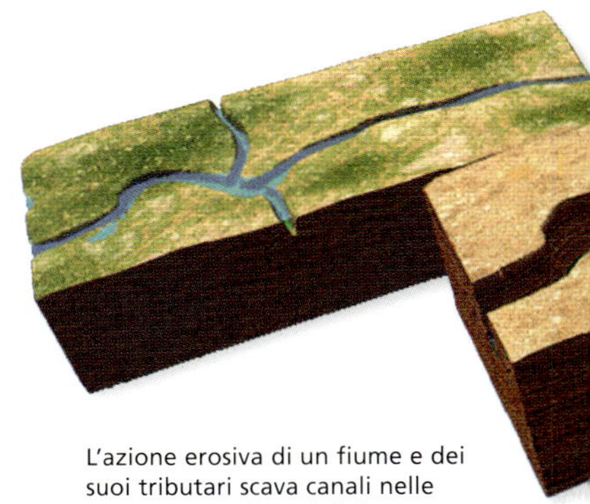

L'azione erosiva di un fiume e dei suoi tributari scava canali nelle parti meno resistenti delle rocce sedimentarie.

I FARAGLIONI

Quando le scogliere presentano fratture o faglie verticali, le onde marine possono intaccarle, creando dapprima un promontorio per poi scavarvi grotte al livello del mare, per erosione. Nella roccia si forma così un arco, che può crollare e dare origine a un faraglione.

L'erosione crea un promontorio, che si protende verso il mare.

IL CARSISMO

Il carsismo (che prende il nome dalla regione prealpina del Carso) interessa zone di rocce carbonatiche, in cui l'erosione dell'acqua acida altera il paesaggio, formando rilievi accidentati, ampie grotte e gallerie sotterranee, laghi e fiumi.

L'acqua piovana dissolve il calcare superficiale e lo trascina via.

a sommità della roccia si spacca in più parti
l'erosione allarga le fratture.

L'erosione rimuove il materiale presente
fra i pinnacoli, assottigliandoli.

I pinnacoli della Monument Valley, negli Stati Uniti, sono formati da strati di argillite e arenaria; la loro altezza varia tra i 120 e i 300 metri.

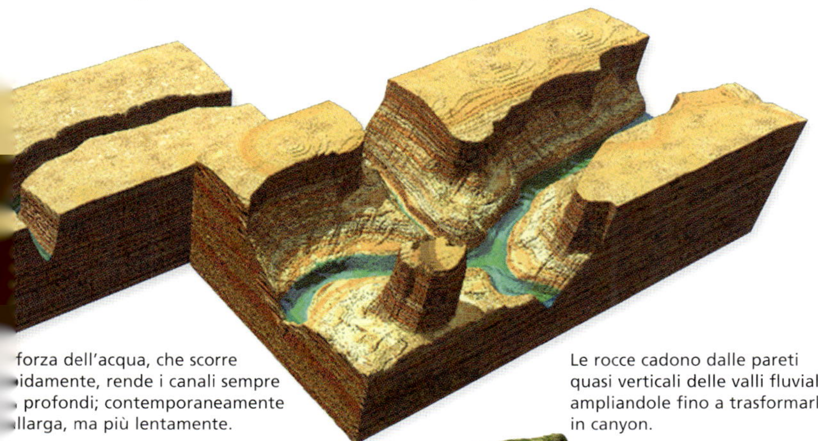

forza dell'acqua, che scorre
idamente, rende i canali sempre
profondi; contemporaneamente
llarga, ma più lentamente.

Le rocce cadono dalle pareti quasi verticali delle valli fluviali, ampliandole fino a trasformarle in canyon.

Il letto del fiume Rio Grande, in Texas (Usa), è talmente profondo che il suo livello è quasi pari a quello del territorio al di là del canyon.

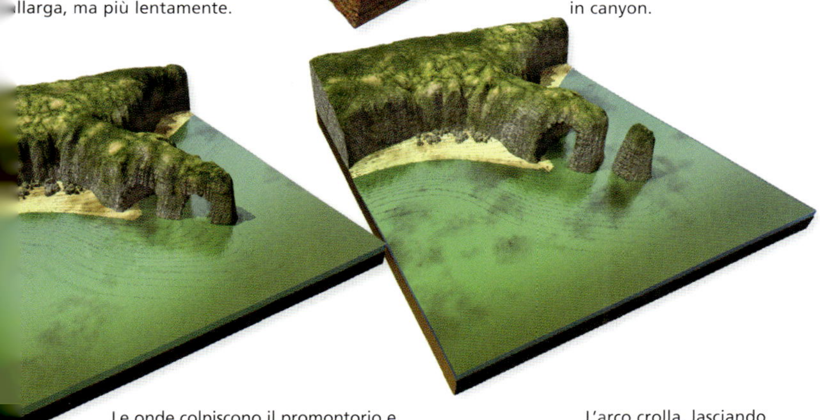

Le onde colpiscono il promontorio e scavano grotte consecutive in ciascun lato, che si incontrano formando un arco.

L'arco crolla, lasciando un faraglione isolato dal promontorio.

Dei Dodici Apostoli, i faraglioni di Victoria (Australia), soltanto otto sono scampati ai crolli. In Italia sono molto noti i faraglioni dell'isola di Capri.

L'erosione prosegue e modella i tipici rilievi carsici, amplia i canali trasformandoli in valli e crea una rete di gallerie e corsi d'acqua sotterranei.

Il paesaggio di Guanxi, in Cina, è caratterizzato da ripide colline carsiche. Il suolo superficiale è sottile e gran parte dell'acqua scorre in fiumi sotterranei.

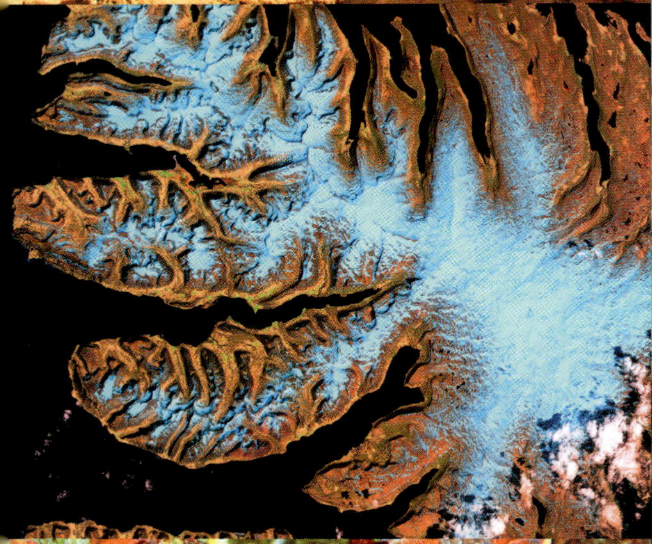

Gli oceani

Oceani del mondo

Gli oceani e i mari coprono il 71% della superficie terrestre. Gli oceani hanno una profondità media di circa 3730 metri e nel loro insieme contengono circa 1370 milioni di chilometri cubi d'acqua. I continenti si estendono per una media di 72 km oltre le coste, come piattaforme continentali sommerse con lieve pendenza. Ai margini delle piattaforme continentali, l'acqua ha una profondità media di circa 152 metri. Oltre questo limite, il fondale oceanico inizia a scendere più ripidamente. Il punto più profondo si trova nella fossa delle Marianne, circa 11 km sotto la superficie dell'oceano Pacifico.

L'ACQUA SULLA TERRA
Gli oceani contengono il 97,5% dell'acqua terrestre. Del restante 2,5%, il 79% è imprigionato nelle calotte glaciali e nei ghiacciai, il 20% è nel sottosuolo e soltanto l'1% – cioè lo 0,00025% dell'acqua totale – è acqua dolce.

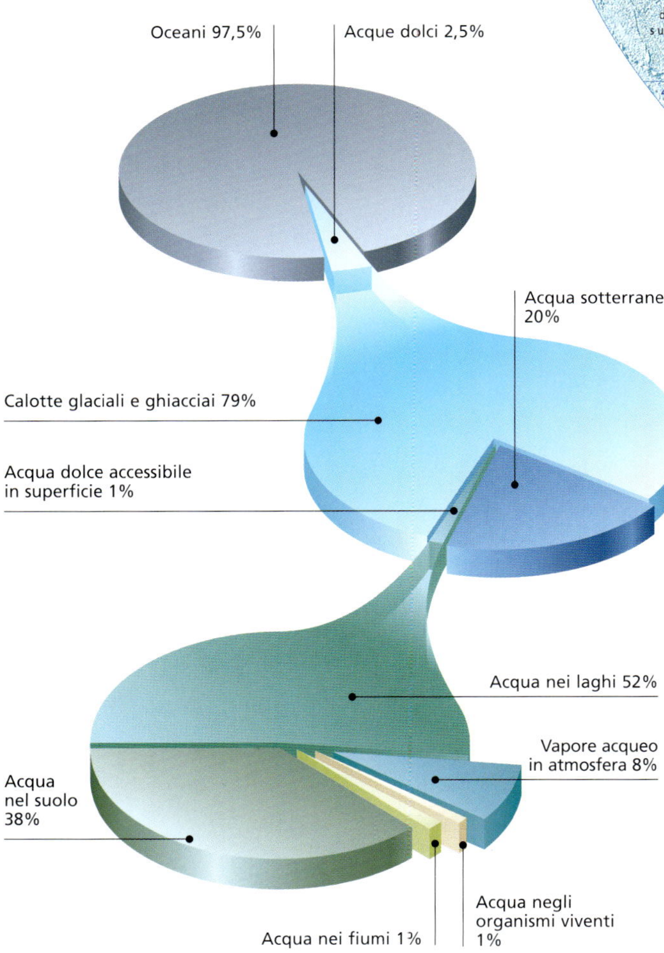

LE DIMENSIONI DEGLI OCEANI
Il Pacifico è di gran lunga l'oceano più vasto: copre da solo il 46% di tutta la superficie oceanica. L'oceano Atlantico e l'oceano Indiano raggiungono insieme quasi la stessa estensione, mentre l'oceano Meridionale (o Antartico) e il mar Glaciale Artico sono molto più piccoli.

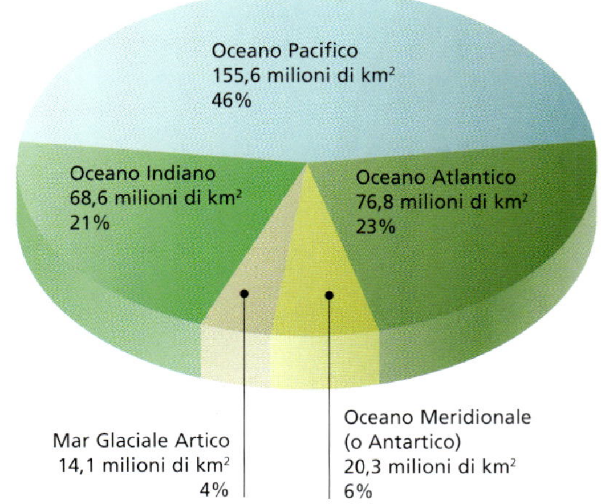

GLI EMISFERI

L'acqua non è distribuita in modo omogeneo sulla Terra, perché i movimenti delle placche tettoniche hanno portato i continenti verso nord, nell'emisfero settentrionale. Più dei due terzi delle terre emerse si trovano in questo emisfero, mentre nell'emisfero meridionale quasi l'80% della superficie è occupato dagli oceani. Attualmente, l'Atlantico si sta allargando mentre il Pacifico si sta restringendo.

EMISFERO SETTENTRIONALE

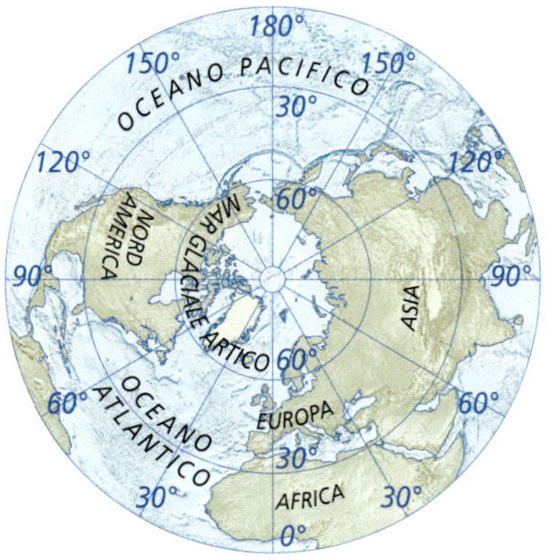

EMISFERO MERIDIONALE

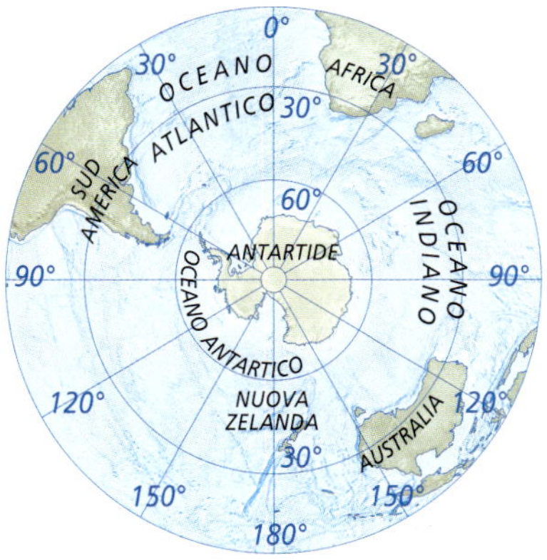

L'oceano Pacifico

L'oceano più grande del mondo si estende dalle isole Aleutine, a nord, fino al confine dell'oceano Antartico, a 60° di latitudine sud. Oltre ad avere l'area maggiore, pari a circa un terzo della superficie terrestre, il Pacifico è anche l'oceano più profondo, più freddo – con una temperatura media di 3,4 °C – e meno salato, con un contenuto medio di sale di 34,7 parti per mille. Grazie alla sua grande estensione e alla sua profondità, comprende molti habitat naturali. L'intensa attività delle placche tettoniche intorno al Pacifico ha dato origine a molte isole vulcaniche.

LE RISORSE NATURALI DEL PACIFICO

L'acqua ricca di nutrienti che risale in superficie al largo del Perù alimenta una delle maggiori zone di pesca del mondo. Anche a nord ci sono importanti zone di pesca, di merluzzi, spigole, salmoni e tonni. Sulle piattaforme continentali ci sono riserve di minerali, petrolio e gas.

Le iguane marine sono sauri che vivono soltanto sulle isole Galápagos.

DATI SULL'OCEANO PACIFICO

Superficie	155,6 milioni di km²
Profondità media	4001 m
Profondità massima	10.920 m
Larghezza massima	18.000 km
Lunghezza massima	13.900 km
Lunghezza delle coste	135.663 km

Il pesce scorpione è un predatore che vive tra i coralli (nella foto, in Indonesia).

Il pesce chirurgo giallo è un pesce erbivoro che vive sulle scogliere in acque poco profonde.

Le sule dai piedi azzurri si nutrono esclusivamente di pesce e si riproducono sulle isole al largo del Sud America.

L'oceano Atlantico

Il secondo oceano per estensione, che copre circa un quinto della superficie terrestre, è il più caldo – con una temperatura media di 3,7 °C – e il più salato, con 34,9 parti per mille di sale. Il suo punto più profondo si trova a 8605 m sotto la superficie, nell'abisso di Milwaukee, fossa di Puerto Rico. Lungo il fondale dell'Atlantico, dall'Islanda fino a circa 58° di latitudine sud, si estende una grande catena montuosa sottomarina, la dorsale medio-oceanica, che divide l'oceano in due sezioni, ciascuna formata da diversi bacini. L'Atlantico si sta allargando di circa 2,5 cm all'anno, grazie all'espansione che avviene in corrispondenza della dorsale.

LE RISORSE NATURALI DELL'ATLANTICO

Nell'Atlantico si trovano alcune delle più ricche zone di pesca di acque poco profonde, anche se molte di esse sono state eccessivamente sfruttate. Al largo delle coste africane, dei Caraibi e del Golfo del Messico ci sono riserve di petrolio e gas, mentre riserve di minerali, pietre preziose incluse, si trovano al largo delle Americhe e dell'Africa.

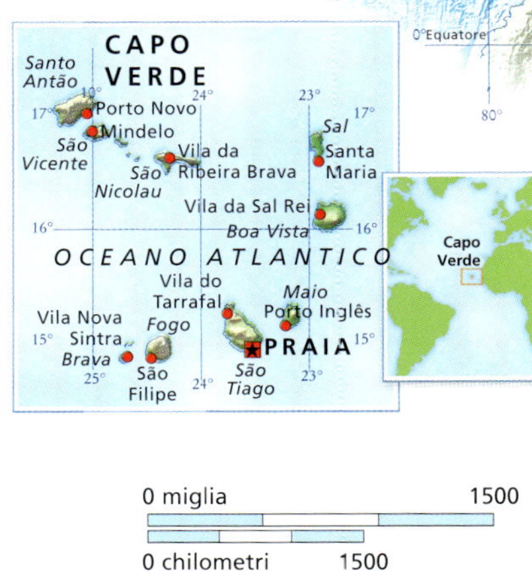

I trichechi mangiano soprattutto molluschi. Vivono nel Canada orientale e nelle zone artiche settentrionali.

Le stenelle maculate atlantiche sono delfini dell'Atlantico tropicale e subtropicale, che vivono in gruppi sociali detti "pod".

Le tartarughe embricate vivono negli oceani tropicali e subtropicali, compreso l'Atlantico occidentale e le acque dei Caraibi.

DATI SULL'OCEANO ATLANTICO

Superficie	76,8 milioni di km^2
Profondità media	3605 m
Profondità massima	8605 m
Larghezza massima	7900 km
Lunghezza massima	14.120 km
Lunghezza delle coste	111.866 km

Le piattaforme petrolifere trivellano i fondali oceanici in profondità. Gli operai accedono agli impianti tramite navi o elicotteri.

Le Azzorre, nell'Atlantico settentrionale, sono un arcipelago portoghese.

I capodogli vivono in tutti gli oceani. Questi due esemplari, fotografati vicino alle Azzorre, stanno per immergersi.

L'oceano Indiano

L'oceano Indiano è il terzo per ampiezza e occupa il 21% della superficie totale degli oceani. È limitato a ovest dal continente africano, a nord dal mare Arabico e dal golfo del Bengala, a est dall'Indonesia e dall'Australia e a sud dall'oceano Antartico. L'oceano Indiano è diviso dall'Atlantico a 20° di longitudine est, e dal Pacifico a 147 ° di longitudine est. A nord dell'Equatore, il clima dell'oceano Indiano è dominato dai monsoni, nel golfo del Bengala possono invece svilupparsi dei cicloni tropicali (uragani).

LE RISORSE NATURALI DELL'OCEANO INDIANO

Le acque calde limitano la crescita delle alghe di cui si nutrono i pesci. Nell'oceano Indiano, pertanto, le attività di pesca sono ridotte, a parte quelle dei tonni e dei gamberetti. In mare aperto ci sono grandi giacimenti di petrolio e gas, e le sabbie delle spiagge contengono minerali, sfruttati da molti Paesi.

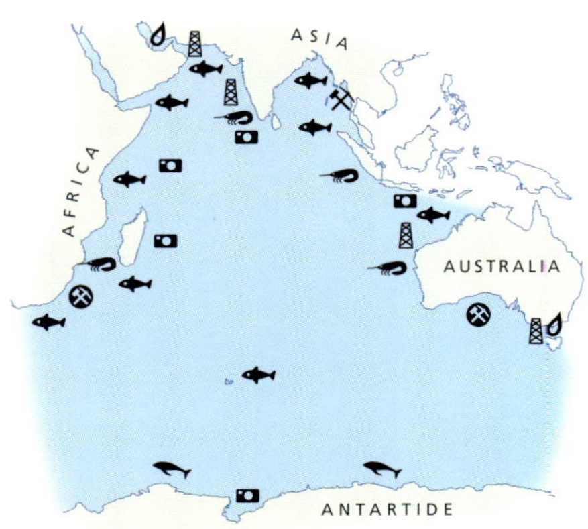

Le testuggini giganti delle Seychelles, un tempo credute estinte, vivono solo in cattività.

DATI SULL'OCEANO INDIANO

Superficie	68,6 milioni di km²
Profondità media	3854 m
Profondità massima	7455 m
Larghezza massima	10.200 km
Lunghezza massima	9400 km
Lunghezza delle coste	66.526 km

Due pesci pagliaccio si affacciano dal loro rifugio tra i tentacoli urticanti di un'attinia.

Un granchio rosso di Christmas Island, diffuso sull'isola omonima e sulle isole Cocos.

Piton de la Fournaise, sull'isola di Réunion, è uno dei vulcani più attivi del mondo.

Il mar Glaciale Artico

Il mar Glaciale Artico è il più piccolo e il meno profondo degli oceani terrestri. Quasi completamente racchiuso tra le terre emerse del Nord America e dell'Eurasia, è collegato al Pacifico attraverso lo stretto di Bering e all'Atlantico attraverso i mari di Groenlandia e del Labrador. È un oceano quasi circolare, diviso da una dorsale medio-oceanica in due bacini, quello euroasiatico e quello nordamericano. Per la maggior parte ricoperto di ghiaccio durante l'inverno, in alcune aree resta ghiacciato anche in estate; recentemente è stata osservata una riduzione nello spessore e nell'estensione dei suoi ghiacci marini. Il contenuto di sali nel mar Glaciale Artico varia in base alla stagione, con l'avanzare e il ritirarsi dei ghiacci.

DATI SUL MAR GLACIALE ARTICO

Superficie	14,1 milion di km²
Profondità media	1430 m
Profondità massima	5625 m
Larghezza massima	3200 km
Lunghezza massima	5000 km
Lunghezza delle coste	45.389 km

L'orso polare, il più grande tra tutti gli orsi, presenta straordinari adattamenti alle condizioni dell'Artico.

Immersione subacquea sotto al pack, nelle acque del bacino canadese.

Per costruire un igloo servono circa due ore; nella foto, un Inuit al lavoro.

Un gruppo di urie di Brünnich su una scogliera delle isole Svalbard (Norvegia).

Tipiche case colorate a Longyearbyen, sull'isola di Spitsbergen.

L'oceano Antartico

L'oceano Antartico esiste ufficialmente dal 2000, anno in cui la l'IHO (Organizzazione Idrografica Internazionale) ha stabilito formalmente i suoi confini, compresi tra i 60° di latitudine sud e il continente antartico. Noto anche come mar Glaciale Antartico, oceano Australe o oceano Meridionale, è il quarto oceano per estensione. Le sue temperature superficiali sono comprese tra -2 e 10 °C. In assenza di masse continentali che possano rallentarli e deviarli, i venti dell'oceano Antartico soffiano senza interruzione intorno al globo. La regione è nota per i suoi venti violenti e per le onde altissime. I ghiacci marini sono diffusi, e negli ultimi decenni è stato osservato un aumento nello spessore e nell'estensione del ghiaccio invernale.

I NUMERI DELL'OCEANO ANTARTICO

Superficie	20,3 milioni di km²
Profondità media	4500 m
Profondità massima	7235 m
Larghezza massima	2700 km
Lunghezza massima	21.500 km
Lunghezza delle coste	17.968 km

I pinguini reali covano le uova tenendole al caldo sulle zampe, sotto una piega di pelle e piume, dove a volte si rifugiano anche i pulcini già cresciuti.

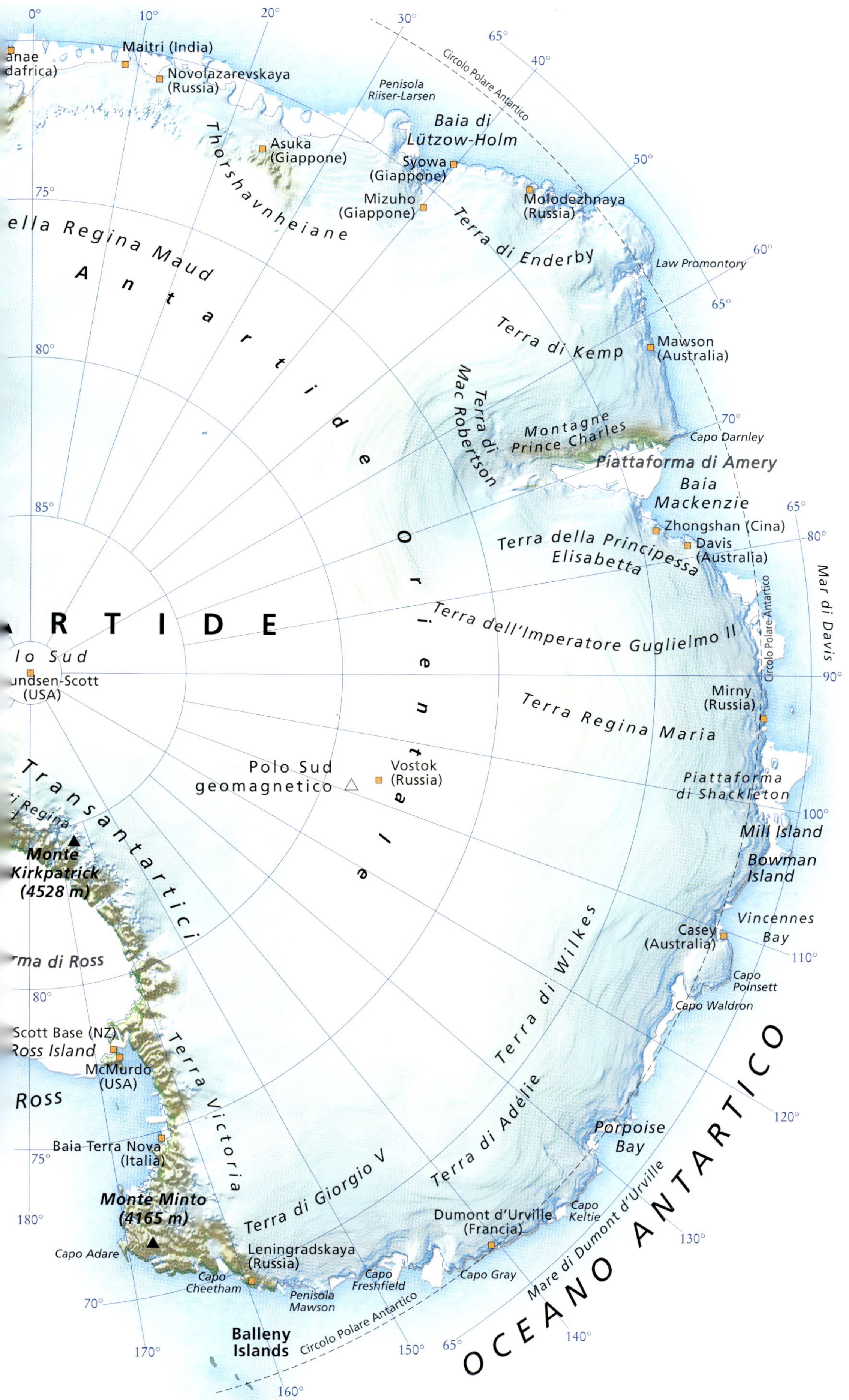

"Danza" di corteggiamento degli albatri urlatori, le cui coppie restano fedeli per tutta la vita.

Una foca si stiracchia sulla neve che ricopre Brown Bluff, sulla penisola Antartica.

La base e stazione di ricerca argentina "Esperanza" ospita in inverno circa 50 persone.

Mari in espansione

I bacini oceanici ricoprono circa il 65% della superficie terrestre. I fondali sono ricoperti da strati di sedimenti, ma al di sotto di questi la crosta oceanica è formata da rocce basaltiche. Mentre le rocce dei continenti hanno miliardi di anni, l'età della crosta oceanica non supera i 200 milioni di anni. Le dorsali medio-oceaniche segnano, in tutti gli oceani, i margini tra le placche tettoniche in allontanamento. Gli oceani si espandono perché il magma spinge attraverso la crosta in corrispondenza di questi corrugamenti; la crosta oceanica non resta intatta perché, mentre alcuni bacini si espandono, altri si restringono: nei punti di collisione, la crosta oceanica densa viene spinta al di sotto di quella continentale, più leggera, sprofondando nel mantello.

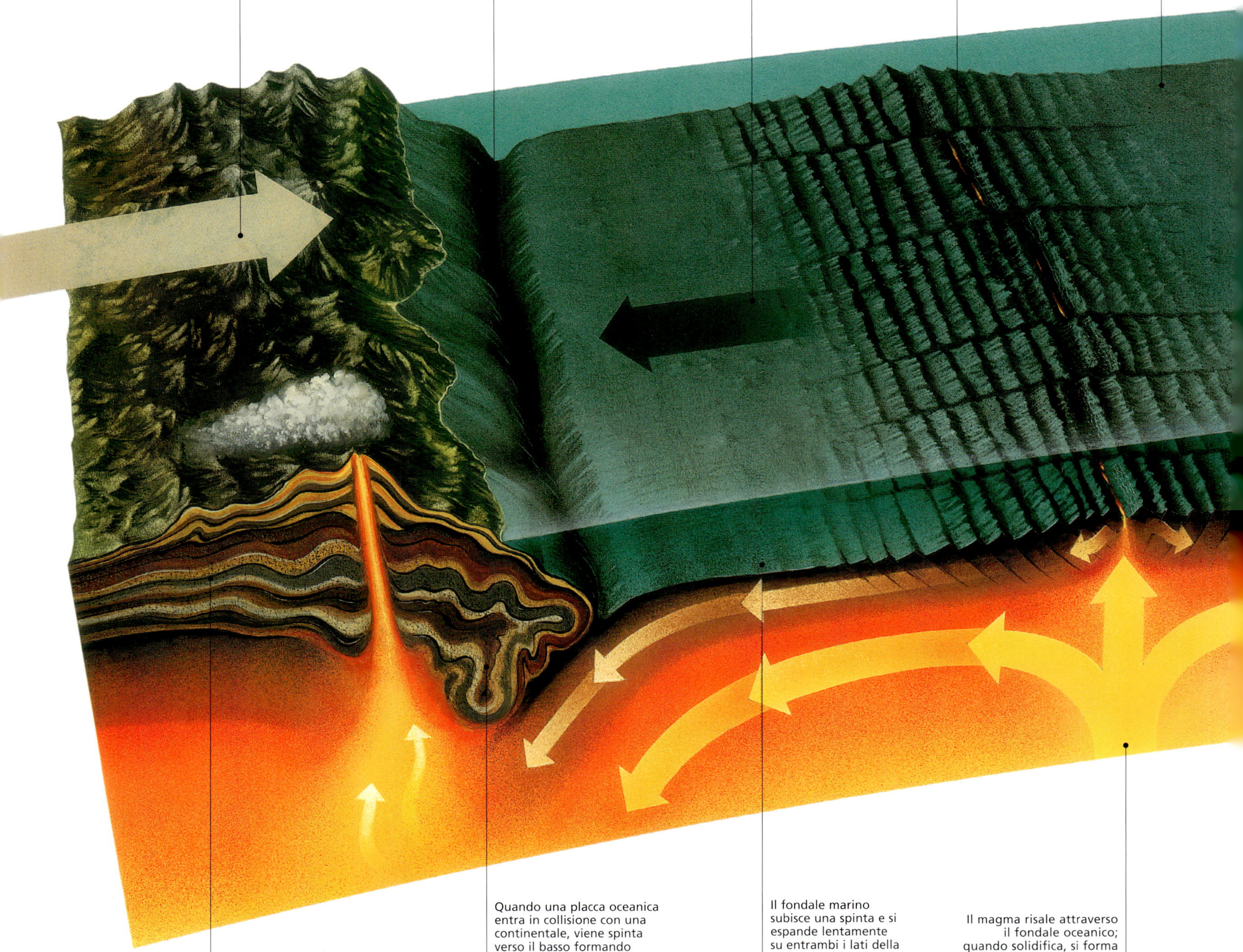

FORME CHE CAMBIANO

Gli oceani si espandono perché due placche si allontanano lungo una dorsale medio-oceanica. Il magma in risalita solidifica e forma nuova crosta sul fondo del bacino oceanico. Quando i sedimenti ricoprono il fondale e seppelliscono le montagne, si forma una piana abissale.

SUL FONDALE MARINO
Le placche tettoniche nordamericana, caraibica e sudamericana si stanno allontanando da quelle eurasiatica e africana. In questo modo, l'oceano Atlantico si allarga di circa 2,5 cm l'anno. Il confine tra le placche si trova lungo la dorsale medio-oceanica, dove il magma in risalita riempie lo spazio che si crea.

PAESAGGIO DIVISO

Un oceano inizia a formarsi quando le placche si allontanano lungo un margine al di sotto di un continente. Si origina così una fossa che viene sommersa quando la spaccatura incontra la costa, permettendo l'ingresso dell'acqua marina.

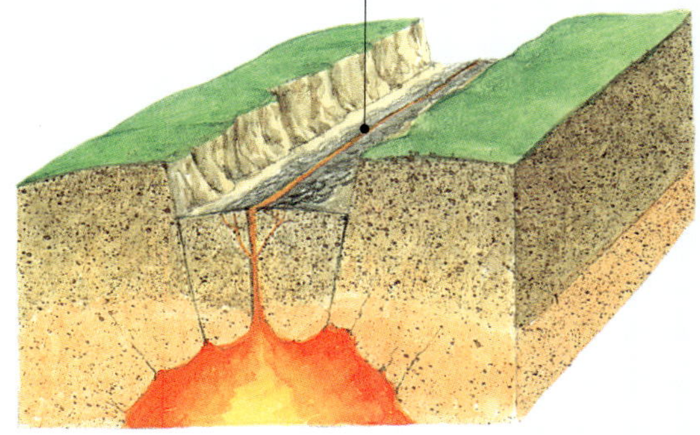

Formazione di una *rift valley* Una fossa tettonica (*rift valley*) si forma quando una sezione di crosta viene a trovarsi tra due sistemi di faglie parallele.

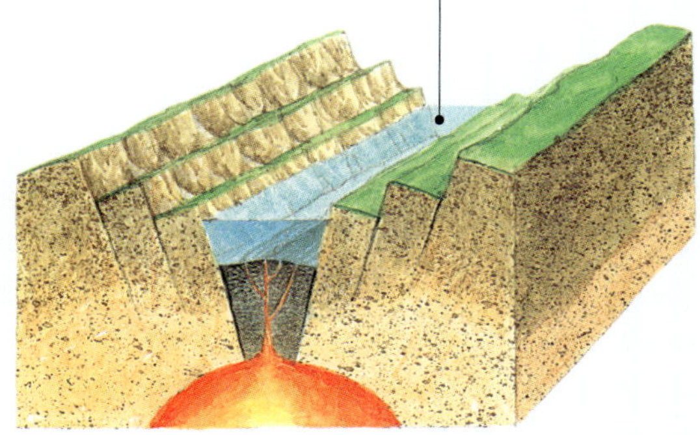

Sommersione Quando la fossa tettonica incontra la costa, viene sommersa dall'acqua. Con il movimento delle placche, la fossa si allarga; il magma che risale si indurisce e forma il fondo della *rift valley*.

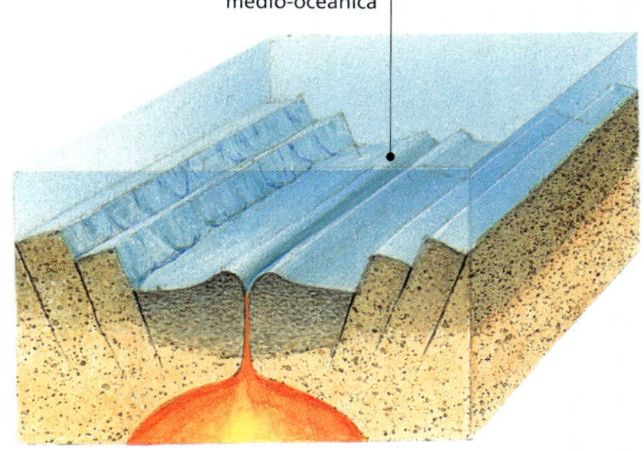

Espansione La *rift valley* inondata si allarga fino a diventare uno stretto bacino marino, come il mar Rosso. Il magma forma una dorsale centrale in quello che diventerà un oceano.

Le correnti marine

Fotografia satellitare di Cape Hatteras (Carolina del Nord, Usa) in direzione sud, dove la corrente del Golfo inizia a ruotare verso est.

L'aria calda risale sopra all'Equatore e scende sulle zone più fredde verso nord e verso sud. Il calore che si allontana dall'Equatore dà quindi origine ai sistemi dei venti, e i venti superficiali generano le correnti oceaniche. Le correnti si formano vicino all'Equatore e scorrono da est a ovest in entrambi gli emisferi; quando si avvicinano ai continenti, deviano e continuano a girare, formando dei circuiti nel Pacifico, nell'Atlantico e nell'oceano Indiano. Nel mar Glaciale Artico e nell'oceano Antartico, il ghiaccio marino rende l'acqua più fredda e più salata, facendola sprofondare sotto quella meno densa che forma correnti profonde.

LE CORRENTI SUPERFICIALI

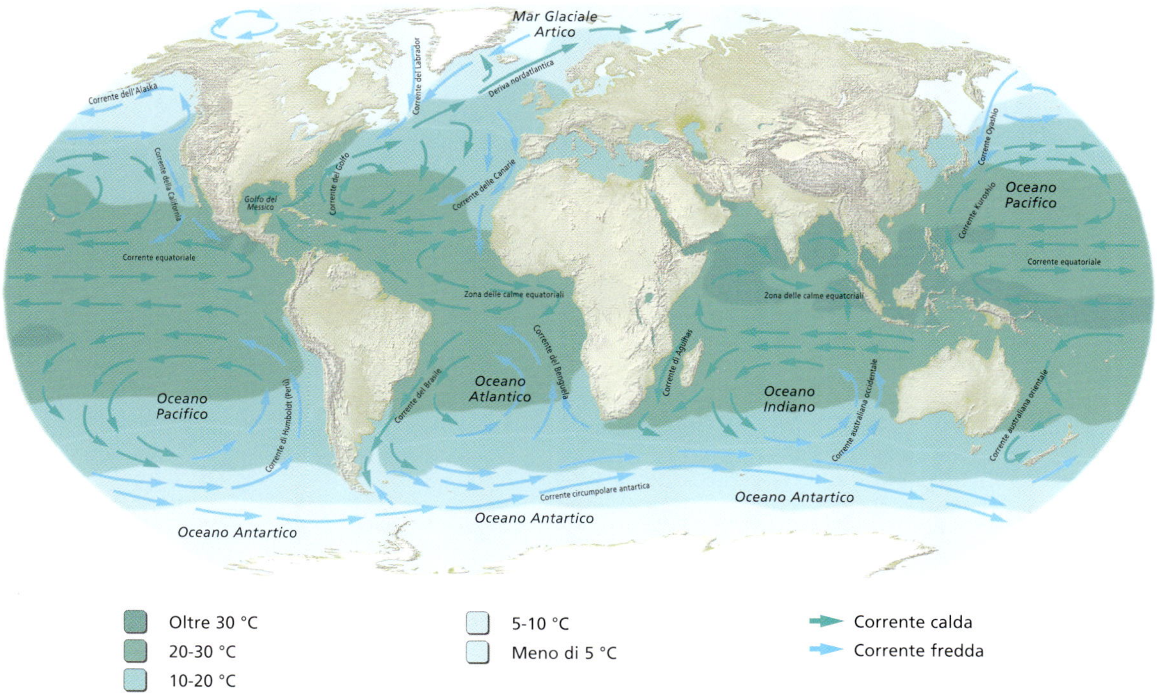

LE CORRENTI PROFONDE

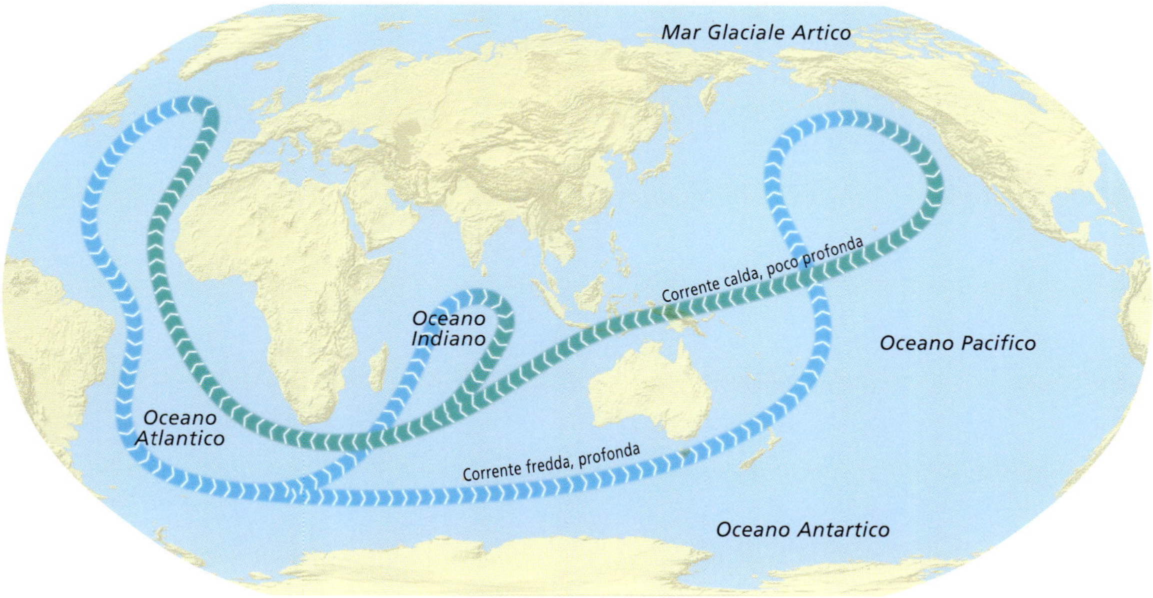

L'acqua di mare raggiunge la sua maggior densità quando la temperatura è di poco superiore al punto di congelamento. Quando congela, il sale si libera dal ghiaccio e l'acqua vicina diventa più salata e più densa rispetto a quella lontana, sprofondando e dando origine alla "grande corrente marina globale".

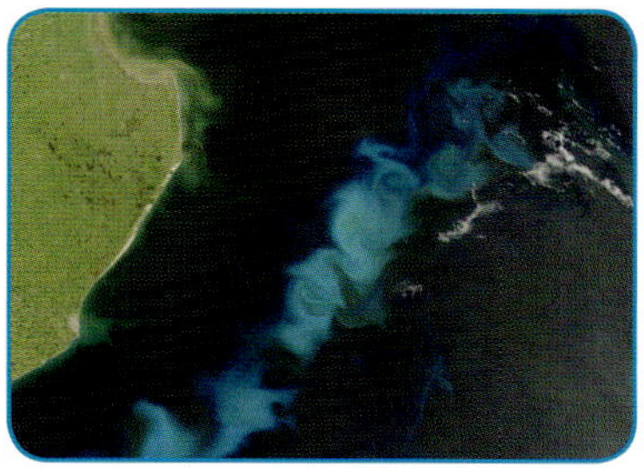

Una corrente diretta a sud lungo la costa argentina si insinua in un'altra diretta a nord.

Nubi in formazione sulla corrente dell'Alaska, che fa incontrare acqua calda e aria fredda.

La calda corrente australiana orientale (in rosa) scorre dal mar dei Coralli verso sud.

LA CORRENTE DEL GOLFO

La corrente del Golfo è una corrente calda che scorre nel mare lungo la costa orientale del Nord America, prima di deviare verso l'Atlantico e l'Europa. Scorre in mare come un fiume largo 80-145 km, formando nel suo percorso meandri e anelli.

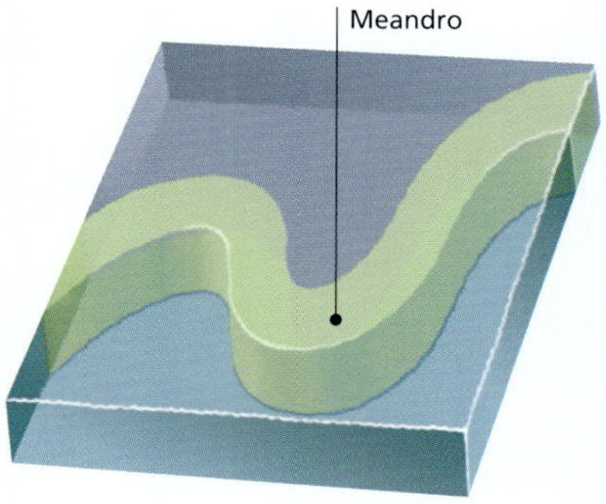

Nel percorso curvilineo della corrente possono formarsi dei meandri.

Il meandro continua a curvarsi, fino a circondare un bacino di acqua calda o fredda.

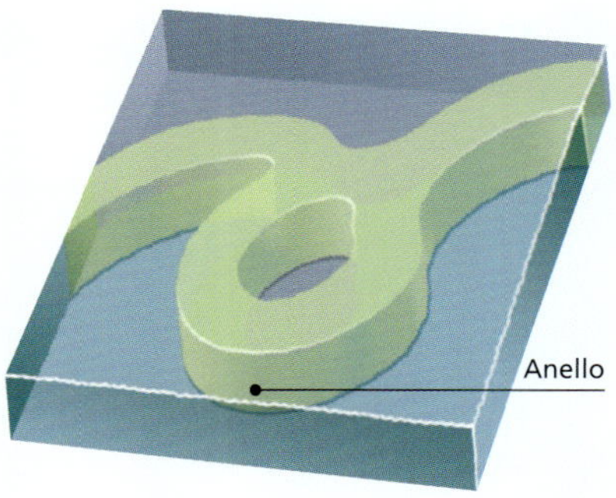

Quando il meandro si chiude, esclude una parte della corrente e forma un anello.

Gli anelli di acqua calda ruotano in senso orario, quelli di acqua fredda in senso opposto.

Le onde e le maree

L'acqua nella parte superiore di un'onda può muoversi più velocemente rispetto all'acqua delle parti inferiori. L'acqua in alto ricade e l'onda forma un "ricciolo", infrangendosi.

La forza di gravità esercitata dalla Luna contrasta quella terrestre dando origine a due rigonfiamenti delle masse d'acqua – le maree – che si muovono intorno al globo, uno posto sulla parte della Terra rivolta alla Luna, l'altro sul lato opposto. Le maree, che seguono l'orbita lunare, alzano e abbassano la superficie degli oceani. La Luna impiega 24 ore e 50 minuti per completare un'orbita, perciò le alte e le basse maree si verificano ogni 12 ore e 25 minuti; l'ampiezza (o altezza) di una marea lungo una costa può variare. Le maree influenzano le onde in profondità, mentre le onde superficiali sono provocate dai venti.

LE MAREE

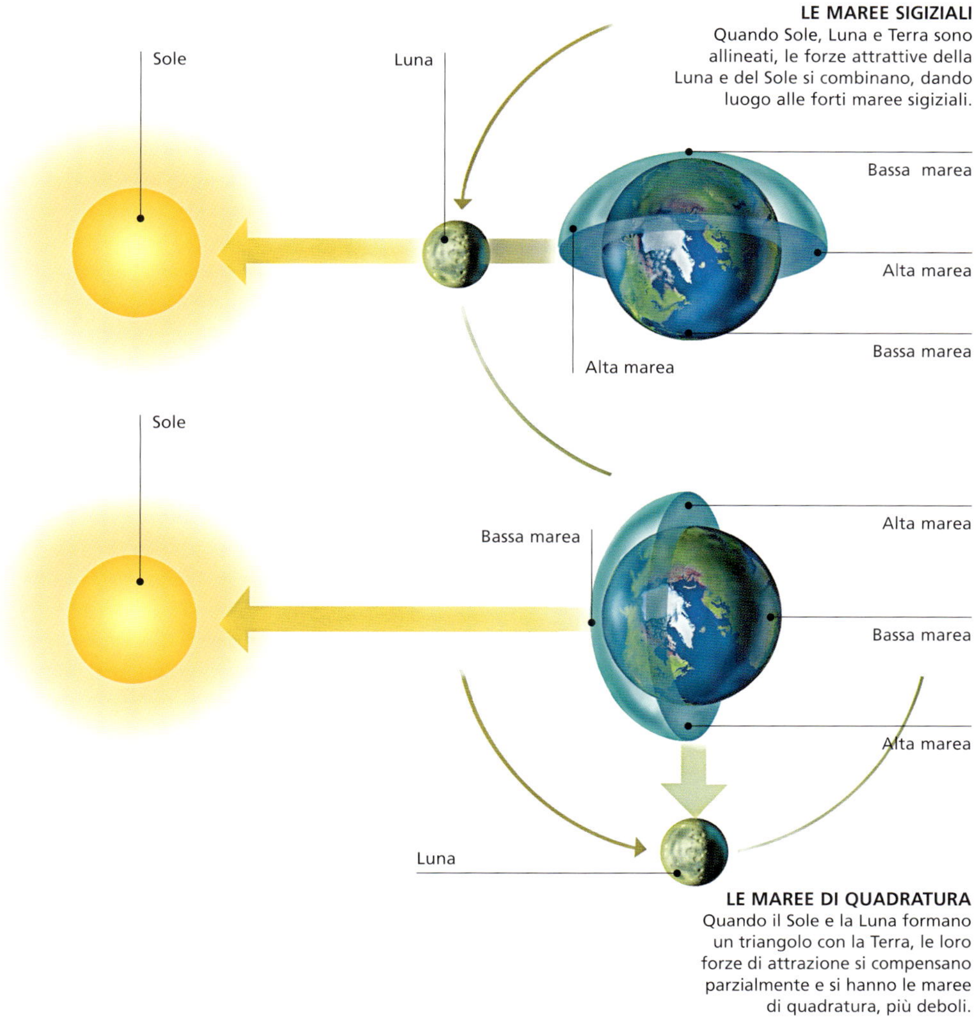

La Baia di Fundy, in Canada, presenta la più grande escursione di marea del mondo. Con la bassa marea, è possibile camminare sul fondale e sulle rocce.

Con l'alta marea, l'acqua si infrange sulle rocce e sul fondale.

LA FORMAZIONE DELLE ONDE

Le maree e i movimenti lungo il termoclino producono onde profonde, mentre le onde di superficie sono causate dai venti che spingono l'acqua in avanti. Le dimensioni delle onde dipendono dalla forza del vento e dall'estensione della zona su cui esso soffia.

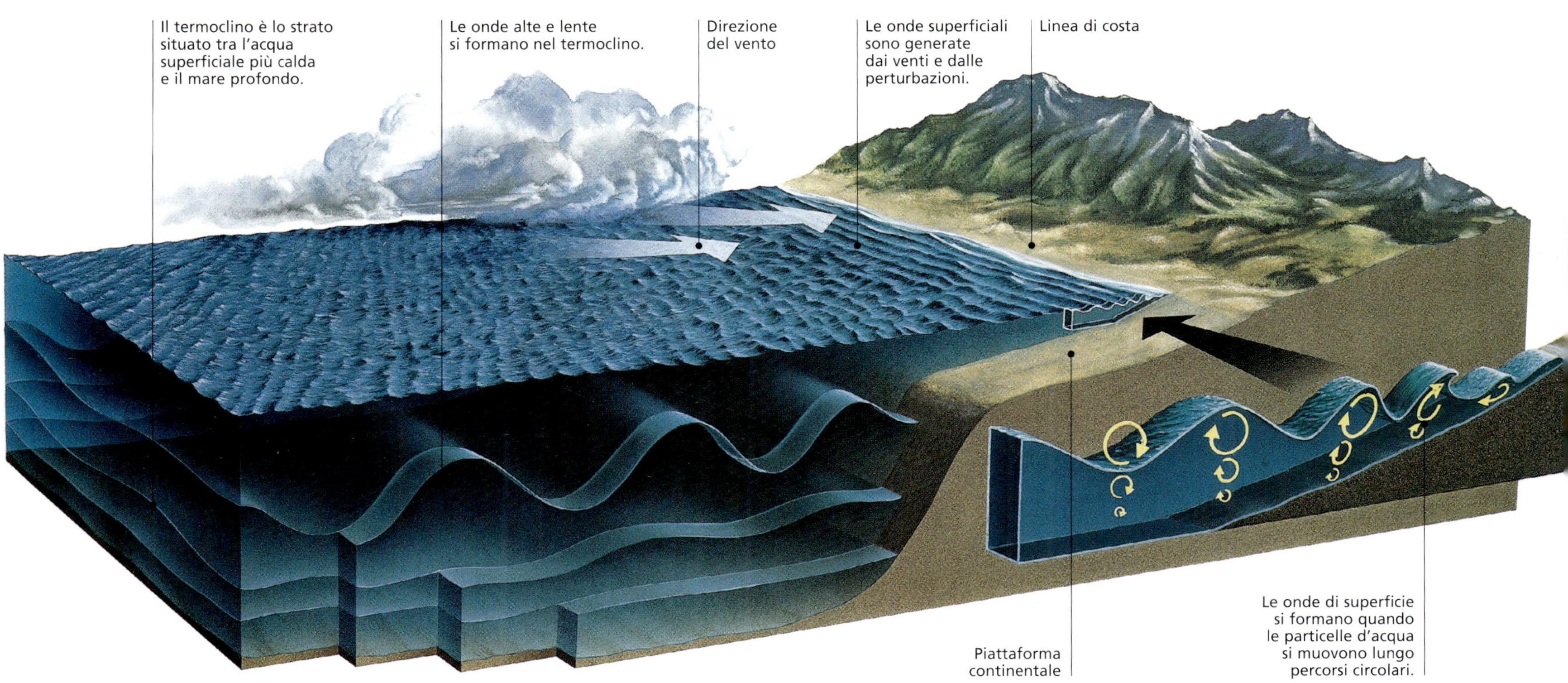

Le zone e gli habitat oceanici

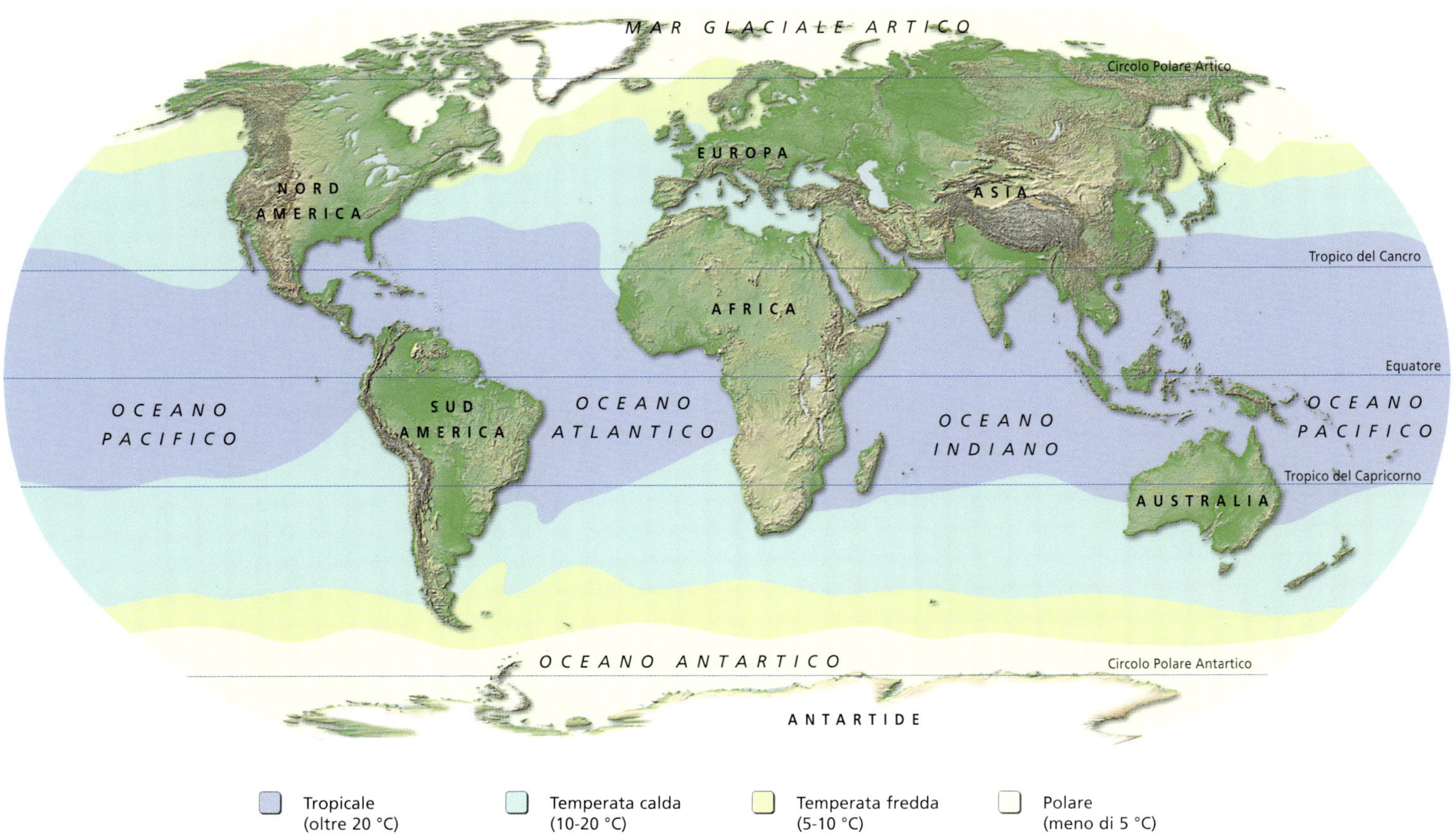

Le zone oceaniche possono essere definite in base alla temperatura dell'acqua. Le correnti calde e fredde possono influenzarne i confini, ma generalmente esse variano con la latitudine.

Gli oceani sono tutti collegati tra loro come in un "oceano globale" che ospita moltissimi organismi viventi, alcuni ampiamente diffusi, altri presenti solo in certi habitat. Gli oceani possono essere divisi in zone in base alla temperatura dell'acqua, o alla profondità e alla quantità di luce e di nutrienti, e ognuna di queste comprende habitat adatti a piante e animali. Tuttavia, in alcuni punti dei fondali in cui dalla crosta sgorga acqua calda ricca di minerali, possono vivere solo organismi con particolari adattamenti.

I mari tropicali danno nutrimento alle barriere coralline che ospitano un gran numero di alghe, pesci e invertebrati.

Nei mari temperati, non lontano dalle coste, ci sono foreste di alghe dove vivono anche i cavallucci marini.

I mari polari sono freddi ma ricchi di vita. Tra i loro abitanti vi sono mammiferi marini come i cetacei, tra cui i beluga (foto).

SOTTO IL MARE

PAESAGGI SOMMERSI

Scendendo oltre la costa, il fondale digrada dolcemente lungo la piattaforma continentale, fino a circa 150 metri di profondità. La pendenza si fa più ripida sulla scarpata continentale. In fondo si trova la piana abissale, una vasta distesa di fondale oceanico, situata a oltre 2000 metri di profondità. Il fondale comprende zone di frattura, colline isolate dette *seamount*, rilievi montuosi in corrispondenza delle dorsali e fosse profonde.

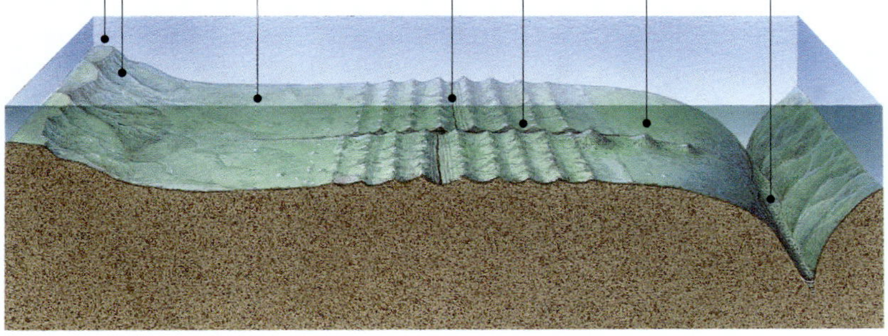

VERSO IL BUIO TOTALE

La luce è formata dai colori dello spettro, ognuno dei quali ha una diversa lunghezza d'onda. L'acqua assorbe velocemente le lunghezze d'onda del rosso, che sono le più lunghe, e a seguire le altre. Il verde e il blu raggiungono le profondità maggiori, ma negli abissi la luce è del tutto assente.

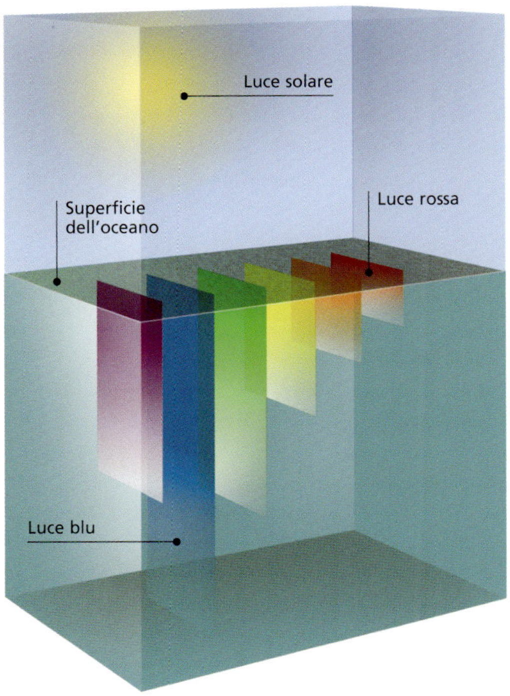

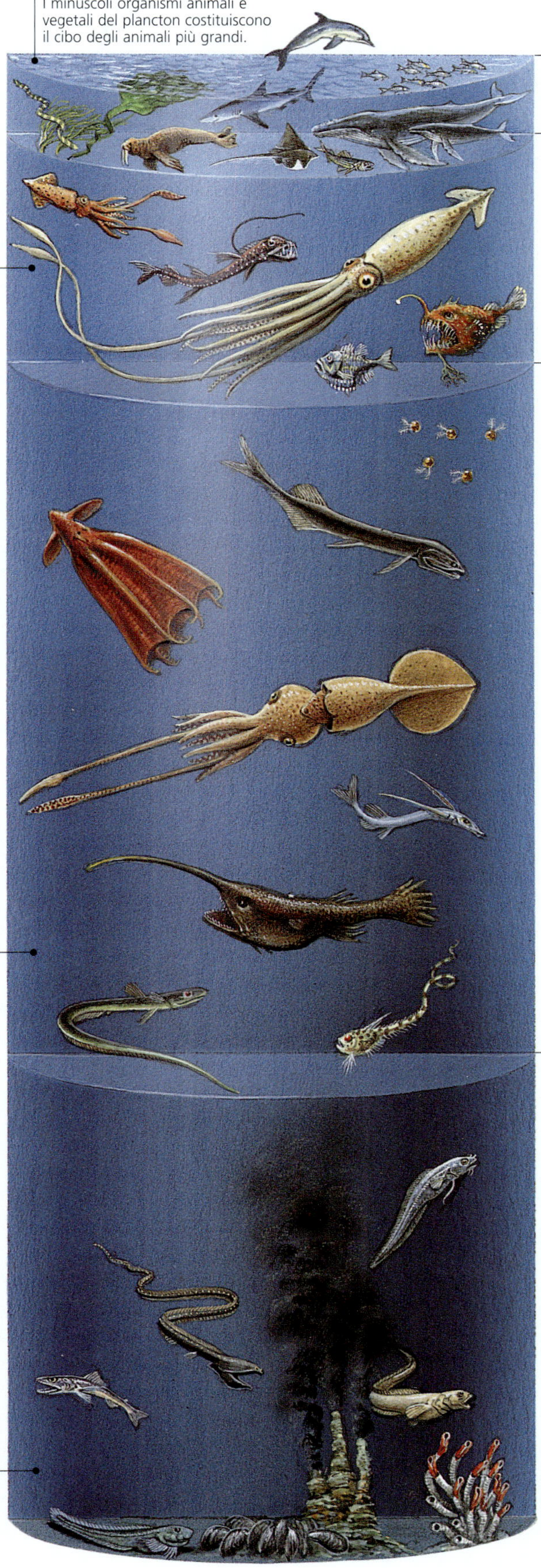

Le barriere coralline

Le barriere coralline coprono un'area di 600.000 km^2, nei mari tropicali e subtropicali. Per crescere adeguatamente i coralli hanno bisogno di acque limpide, con molta luce e una temperatura di 23-25 °C. I polipi dei coralli sono piccoli animali a corpo molle, che producono uno scheletro protettivo esterno; le barriere si formano quando gli scheletri dei polipi che vivono vicini si fondono. Una volta morti i singoli polipi, altri esemplari si insediano sopra ai coralli abbandonati e la struttura si accresce, diventando una barriera corallina. Sulla parte esterna dei coralli crescono le alghe, che insieme ai prodotti di rifiuto dei polipi formano la base di uno degli ecosistemi più ricchi del mondo. Oggi, molte barriere coralline sono habitat in pericolo.

La barriera di Almond Point, vicino a Bequia sulle isole di Saint Vincent e Grenadine, nei Caraibi, pullula di vita. Sui lati e sulla base dei coralli crescono le gorgonie.

LE BARRIERE CORALLINE DEL MONDO

Le barriere coralline necessitano di acque trasparenti perché le alghe che vivono sui coralli, e forniscono cibo ai polipi, hanno bisogno di luce. Le barriere si trovano raramente oltre i 60 metri di profondità. I coralli sono sensibili alla temperatura, e crescono solo in acque tropicali e subtropicali.

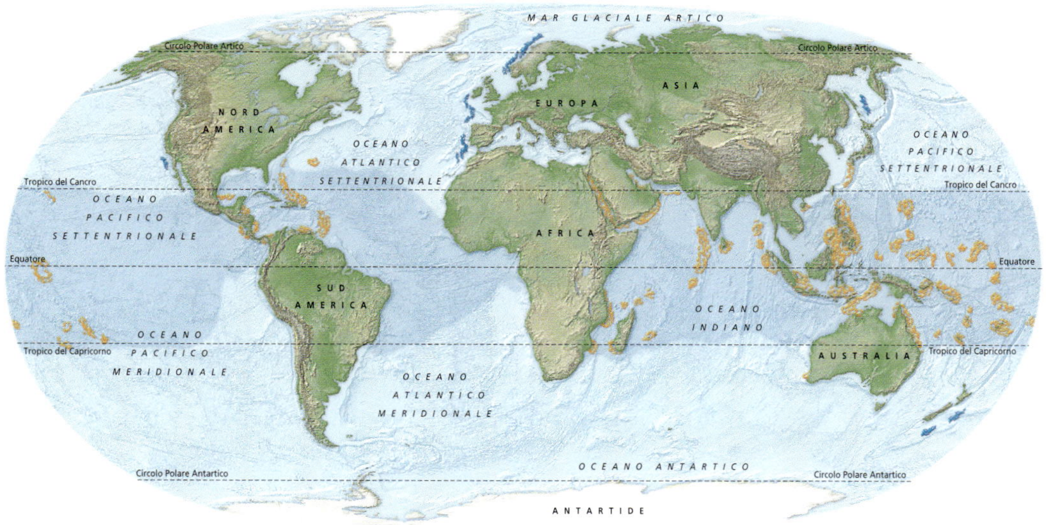

Oceani caldi — Barriere di acque profonde — Barriere di acque calde

OCCHIO ALL'HABITAT

La stella "corona di spine" si nutre di polipi di corallo. Attacca le barriere di tutto il mondo e ha già causato seri danni alla Grande Barriera Australiana. Un altro problema delle barriere è lo sbiancamento, dovuto alla scomparsa delle alghe causata dall'inquinamento.

DENTRO UN POLIPO DI CORALLO
Un polipo è formato da una cavità digestiva attaccata, alla sua base, a un disco. La bocca si trova in alto, circondata dai tentacoli utilizzati per catturare il cibo. Le zooxantelle sono organismi unicellulari che vivono e si nutrono all'interno della cavità digestiva del polipo.

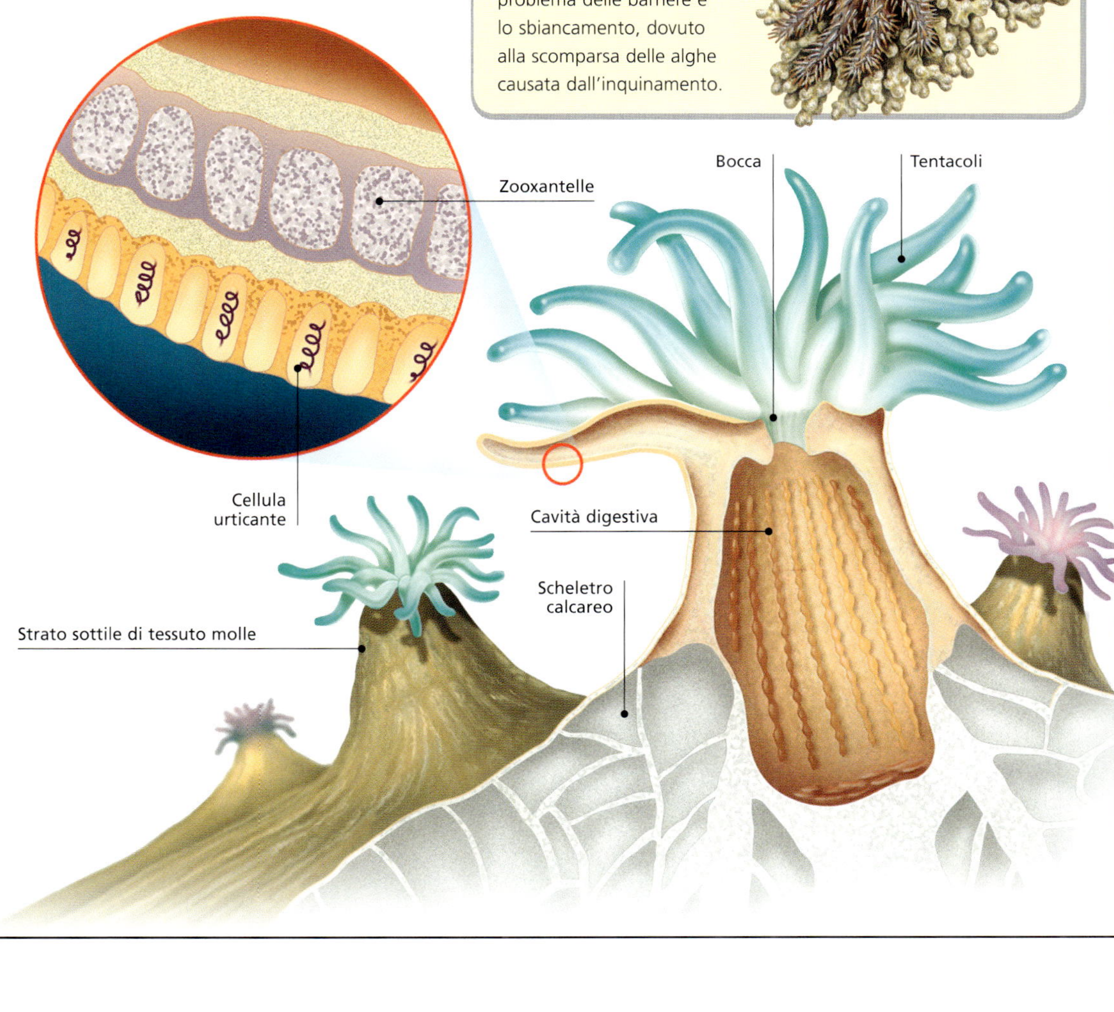

CORALLI DI TANTI TIPI

Le colonie di coralli a bolle assomigliano a grappoli d'uva bianca. Le "bolle" sono piene d'acqua.

I "coralli cervello", chiamati così per la loro forma, vivono in acque calde e poco profonde.

I tentacoli di questo corallo molle assomigliano a petali di fiori, e le bocche sembrano steli.

Questo corallo viola è una specie costiera che vive occasionalmente in acque fredde.

OCCHIO ALL'HABITAT

Hong Kong è sovrappopolata, perciò le autorità hanno deciso di interrare la baia per potervi costruire. L'espansione ha già coperto circa 31 km² e continuerà ad aumentare, purtroppo con conseguente distruzione dell'habitat originario.

Le coste

Si chiama costa la zona in cui terra e mare si incontrano e interagiscono, e la sua conformazione dipende dall'energia delle onde che vi si infrangono e dalla resistenza del terreno. Le tempeste marine vi scagliano l'acqua con grande forza: le onde, in grado di erodere anche le rocce più dure, scavano i rilievi fino a creare le scogliere. Se la costa è protetta da un promontorio o da un cordone sabbioso, la forza esercitata dalle onde è minore, e piante e animali si insediano nelle pozze costiere. Le maree possono sia erodere sia costruire spiagge sabbiose; i venti trasportano la sabbia nelle zone interne, formando sistemi di dune costiere.

UNA SPIAGGIA SABBIOSA

Una spiaggia è formata da zone distinte. Il cordone sabbioso è una collina di sedimenti accumulati dall'azione delle onde. A volte anche le correnti svolgono un'azione di accumulo, creando banchi di sabbia. Nella maggior parte dei casi, i granelli di sabbia sono formati da quarzo eroso; la sabbia bianca è formata da conchiglie finemente sminuzzate.

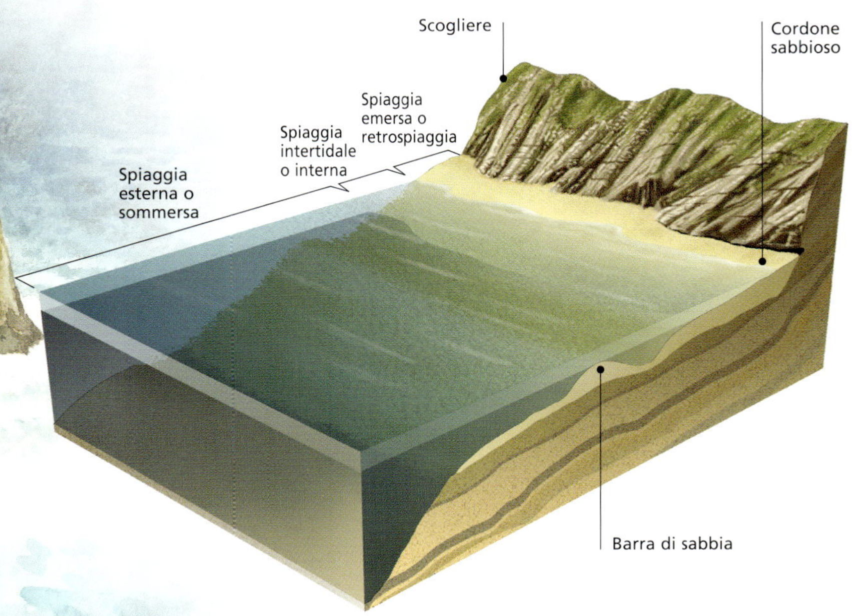

LA VITA AI MARGINI

Gli uccelli marini sostano e nidificano sulle sporgenze delle scogliere vicine all'acqua, dove trovano nutrimento. Il *pulcinella dai ciuffi* nidifica nelle cavità lungo le spiagge a nord del Pacifico settentrionale.

TRA LE MAREE

LA VITA IN UNA POZZA DI MAREA

Le piante e gli animali che vivono lungo le coste devono resistere sia ai periodi di secca sia all'esposizione all'acqua salata e alle piogge. Le pozze di marea – piccole raccolte d'acqua che si formano tra gli scogli – vengono sommerse ogni volta che l'acqua del mare sale, con l'alta marea. In questi particolari ambienti costieri crescono le alghe, insieme a molti animali che vi vivono stabilmente, come anemoni di mare, granchi eremiti, mitili e diversi tipi di pesci.

LA VITA LUNGO UNA COSTA ROCCIOSA

Sulle coste rocciose, gli habitat vengono suddivisi in zone, spesso contrassegnate da alghe di diverso colore. Le onde sommergono gli organismi che vivono nella zona sopratidale. La zona intertidale è quella che risulta esposta tra le fasi di alta marea. Gli organismi della zona subtidale restano invece sempre sott'acqua.

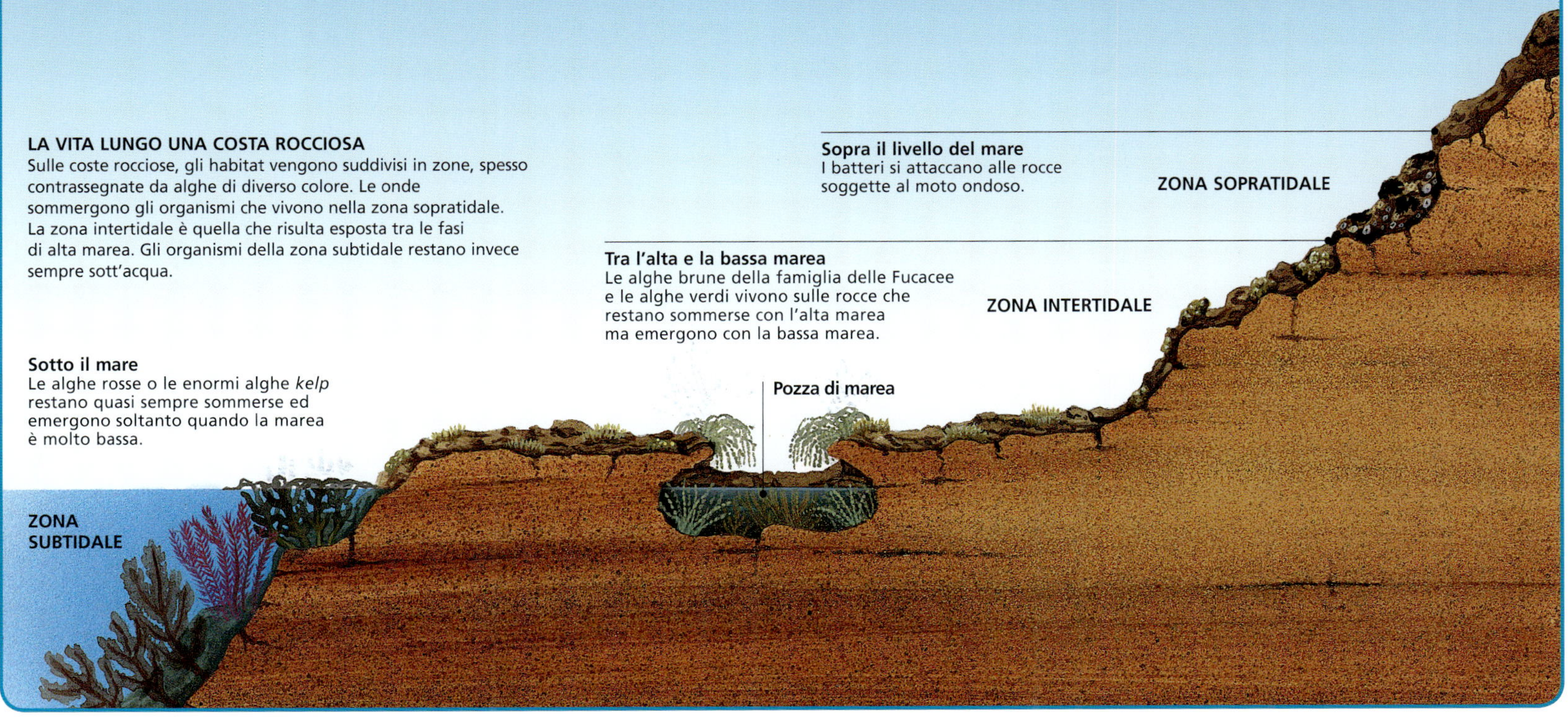

Blu profondo

Man mano che si scende in profondità, l'oceano diventa più scuro e più freddo, e la pressione aumenta. Queste variazioni permettono di individuare diverse zone. Nello strato superiore, le forme di vita sono abbondanti perché c'è luce sufficiente per la produzione di zuccheri da parte delle alghe: è la zona fotica (luminosa), situata sopra la piattaforma continentale fino a 200 metri di profondità. Molti dei pesci che vivono nella zona buia, al di sotto della zona fotica, hanno macchie luminose sul corpo: la loro vita dipende dalle particelle di cibo che cadono dallo strato superiore e il loro corpo deve poter resistere a enormi pressioni. Questi pesci non sopravvivono se vengono portati in superficie.

STUDIARE GLI ABISSI

Gli scienziati che studiano gli abissi marini e i loro abitanti utilizzano particolari sommergibili, dotati di luci e di "braccia" e "mani" meccaniche per raccogliere campioni. L'*Alvin*, americano, può arrivare a quasi 4575 metri di profondità, mentre il *Mir*, russo, raggiunge i 6100 metri.

Il giapponese *Shinkai* è il sommergibile che raggiunge la profondità massima: 6527 metri.

OCCHIO ALL'HABITAT

Le flotte da pesca hanno catturato un numero così elevato di pesci nelle zone più superficiali degli oceani, che le riserve sono state gravemente intaccate. Il tonno rosso del Sud è addirittura in pericolo di estinzione.

Tonno rosso del Sud

1 Le *alghe* crescono soltanto dove c'è luce, quindi sono rare sotto i 30 metri.

2 I *pesci farfalla* si nutrono dei polipi dei coralli in acque basse.

3 Le *alici* vivono fino ai 300 m.

4 Le *sarde* sono nuotatrici veloci; vivono fino ai 200 m.

5 I velocissimi *marlin* (simili ai pesci spada) vivono in oceano aperto fino a 915 m.

6 Le *meduse* galleggiano negli strati superficiali, nutrendosi di minuscoli organismi vegetali e animali.

7 Gli *squali* della famiglia dei Carcarinidi sono predatori di pesci e tartarughe e arrivano fino ai 350 metri.

8 I *delfini* cacciano piccoli pesci, calamari e crostacei. Vivono fino ai 180 metri.

9 I *polpi* sono predatori furtivi che vivono soprattutto in acque basse costiere.

10 I *capodogli* possono immergersi fino a 3000 metri per catturare i calamari degli abissi.

11 Scendendo in profondità gli animali diminuiscono. Nel disegno, l'ampiezza del "cono" è proporzionale al numero di organismi.

12 I *pesci lanterna* vivono tra i 300 e i 1200 metri di giorno, mentre migrano verso l'alto di notte, per nutrirsi.

13 I *calamari* vivono sia in superficie sia in profondità.

14 I *pesci accetta* vivono fino a 1525 metri di profondità; di notte si nutrono di zooplancton in superficie.

15 Il *pesce luna* ha una forma caratteristica e può raggiungere i 3 metri di lunghezza.

16 Le *razze* che vivono in profondità si nutrono sui fondali, mangiando molluschi, vermi e crostacei.

17 I *pesci lanterna* hanno occhi sensibili e organi luminosi sulla parte inferiore. Vivono a 1000 metri di profondità ma si spostano verso l'alto per cibarsi.

18 La *vipera di mare* è un pesce che vive entro i 4400 metri. È un predatore d'agguato.

19 La *rana pescatrice* ha una spina lunga e sottile con un'estremità rigonfia e luminescente.

20 I *pesci nastro* sono lunghi fino a 2,5 metri, si nutrono di pesci più piccoli e calamari e vivono vicino al fondale.

21 Le *spugne* e i *coralli molli*, organismi filtratori, si trovano dai margini marini fino a 6000 metri.

22 I *pesci granatiere* si nutrono di materia organica viva e morta. Vivono tra i 200 e i 2000 metri.

23 Le *anguille abissali* sono predatori attivi e animali spazzini, che vivono fino a 3500 metri.

24 I *calamari giganti* sono i più grandi invertebrati del mondo. Possono arrivare a 20 metri di lunghezza.

25 Le *rane pescatrici* fanno penzolare un'esca attaccata a una lunga "lenza". Le prede vengono intrappolate nella loro enorme bocca provvista di denti aguzzi.

26 Le *mante* sono parenti degli squali. Possono essere larghe fino a 7 metri e sono i più grandi pesci raiformi (batoidei) del mondo.

27 Gli *ipnopidi* sono pesci che vivono tra i 250 e i 5700 metri.

28 Gli *isopodi* marini sono crostacei che vivono a tutte le profondità. Il maggior numero di specie si osserva negli abissi, tra i 1000 e i 5000 metri.

I fondali oceanici

Un tempo, gli scienziati credevano che la pianura abissale fosse quasi priva di vita, ma la scoperta dei camini idrotermali e delle sorgenti fredde ha cambiato le cose. I camini idrotermali si trovano in corrispondenza o nei pressi delle dorsali medio-oceaniche, dove l'acqua riscaldata dal magma risale dal fondale. L'acqua, alla temperatura di circa 300 °C, è ricca di minerali disciolti, specialmente solfuri. Nelle vicinanze, dove la temperatura è di circa 38 °C, questi minerali permettono la vita di diversi organismi. Le sorgenti fredde sono strutture simili, ma l'acqua è fredda e ricca di metano disciolto o di una miscela di idrocarburi.

LE FUMAROLE NERE

I composti dello zolfo che risalgono da un camino idrotermale anneriscono l'acqua, creando "fumarole nere". I minerali si depositano formando intorno alla fumarola un "camino", alto fino a 10 metri, che attira animali vermiformi, mitili, molluschi giganti e granchi.

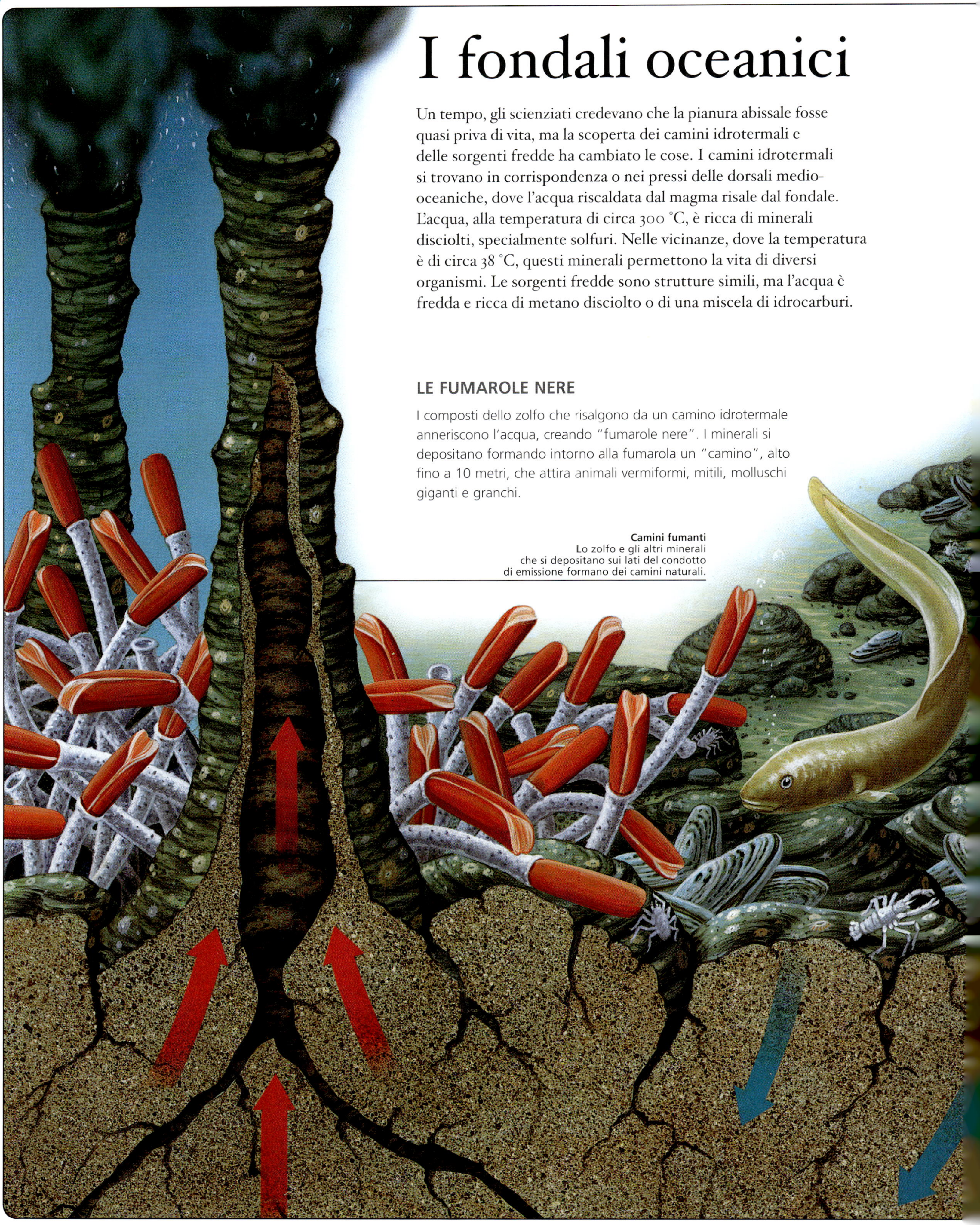

Camini fumanti
Lo zolfo e gli altri minerali che si depositano sui lati del condotto di emissione formano dei camini naturali.

Sistema di circolazione Le frecce blu indicano il flusso dell'acqua fredda verso il basso, attraverso la dorsale. Il magma la riscalda fino all'incredibile temperatura di 300 °C e l'acqua risale nuovamente attraverso il condotto.

DENTRO UN CAMINO IDROTERMALE

L'acqua riscaldata dal contatto con il magma, ricca di solfuri, risale dal fondale oceanico. I solfuri anneriscono l'acqua in risalita. I depositi dei minerali formano un camino intorno al condotto centrale.

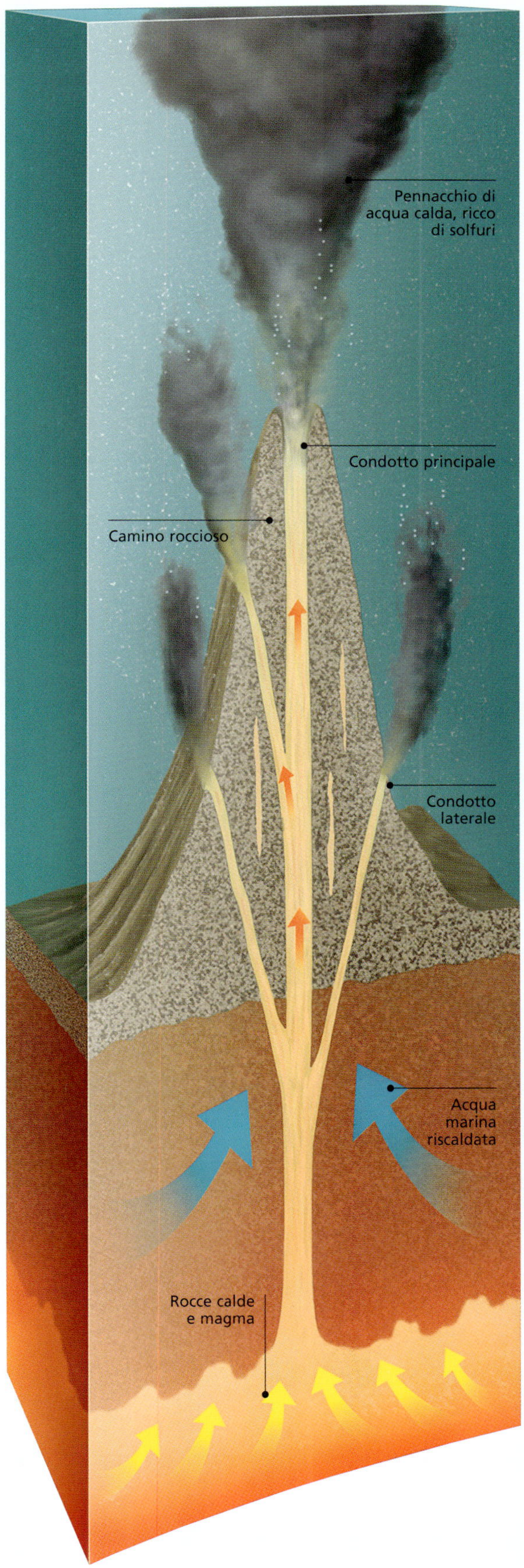

LA RETE ALIMENTARE DELL'OCEANO

UNA RETE DI VITA MARINA

A parte l'area intorno ai camini idrotermali, tutta la vita marina – anche nel buio degli abissi – dipende dalla fotosintesi, il processo con cui i minuscoli organismi vegetali del fitoplancton trasformano i raggi del Sole in nutrimento. I minuscoli organismi animali dello zooplancton si nutrono di fitoplancton, e gli animali più grandi si nutrono di tutti e due i tipi di plancton. La rete alimentare dell'oceano collega tra loro tutti gli organismi marini e anche gli uccelli e i mammiferi che vivono in parte sulla terraferma.

Le spugne sono ammassi di cellule specializzate che si nutrono di particelle filtrate dall'acqua.

Il becco del *pulcinella di mare* ha un bordo seghettato per poter trattenere i pesci e trasportarli ai piccoli nel nido.

I pesci piccoli si nutrono di zooplancton.
Le orche catturano pesci di grandi dimensioni e foche.
I pesci grandi mangiano i pesci piccoli.
Le foche si nutrono di pesci grandi.

Le terre emerse

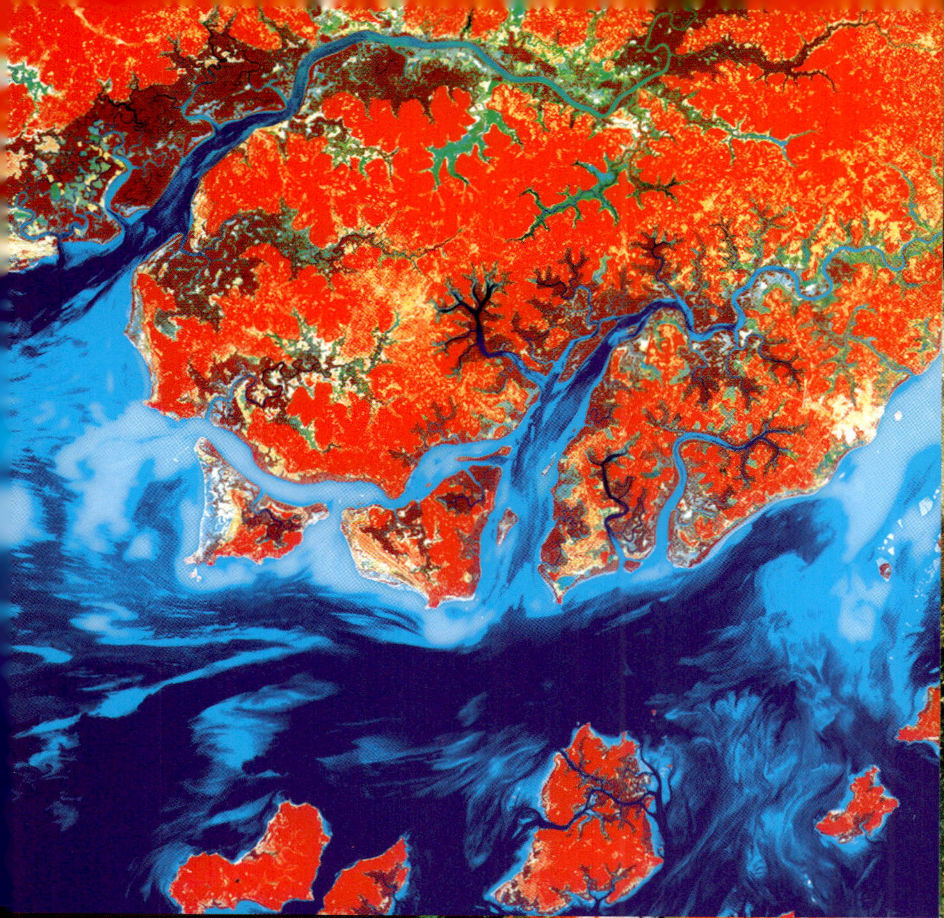

La cartografia della Terra

DATI SULLA TERRA

CIRCONFERENZA DELLA TERRA ALL'EQUATORE
40.067 km

SUPERFICIE RICOPERTA DAL MARE
362.033.000 km²

SUPERFICIE DELLE TERRE EMERSE
148.021.000 km²

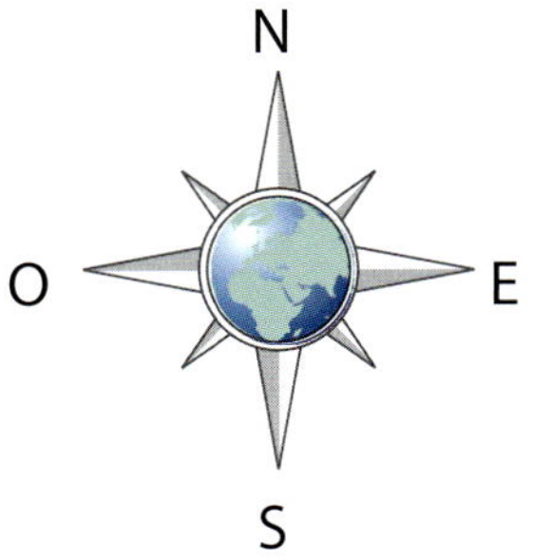

GLI OCEANI E I MARI
Gli oceani e i mari ricoprono gran parte della superficie terrestre. La loro profondità media è di circa 3730 metri. Sui fondali marini si trovano montagne e valli al cui confronto ogni cosa sulle terre emerse appare piccola.

I CONTINENTI
Sul nostro pianeta sono presenti sette principali blocchi di terre, i continenti. L'Europa e l'Asia, sebbene siano due continenti distinti, formano un unico blocco, l'Eurasia.

EMISFERO SETTENTRIONALE

EMISFERO MERIDIONALE

E REGIONI POLARI

Ielle regioni polari della Terra le temperature sono stremamente basse. Al Polo Sud si trova il gelido ontinente dell'Antartide, mentre a nord si estende il nar Glaciale Artico, disseminato di ghiacci.

GLI EMISFERI

Un emisfero – letteralmente "metà di una sfera" – identifica ciascuna delle due metà della superficie di un pianeta rispetto all'Equatore. Nel nostro pianeta, oltre due terzi delle terre emerse si trovano nell'emisfero settentrionale.

I continenti

Oceani e mari dominano il globo terrestre, ricoprendone il 71% della superficie. Le terre emerse tra queste grandi masse d'acqua sono suddivise in sette blocchi o continenti: Europa, Asia, Nord America, Sud America, Africa, Australia e Antartide. Europa e Asia formano un blocco unico, l'Eurasia, ma sono considerate continenti distinti per le differenze della loro storia e delle loro popolazioni. L'Australia sarebbe un continente a sé stante ma è solitamente considerata parte dell'Oceania, insieme ad altre isole del Pacifico sudoccidentale.

Nord America

SUPERFICIE: 24.244.000 KM²
POPOLAZIONE: 513.350.000

Il Nord America si estende dalla punta meridionale del Polo Nord fino a nord dell'Equatore. Comprende quasi ogni tipo di ambiente, dalle calotte glaciali alle foreste, passando per montagne, deserti e giungle. A ovest, dall'Alaska fino al Costa Rica, si estende una catena pressoché ininterrotta di montagne, tra cui le Montagne Rocciose. Dei 23 Paesi del Nord America, gli Usa e il Canada sono i più vasti.

RECORD MONDIALI

LA GOLA PIÙ GRANDE
Grand Canyon, Stati Uniti, lungo 446 km, largo 16 km, profondo 1,6 km

IL LAGO D'ACQUA DOLCE PIÙ GRANDE
Lago Superiore, tra Stati Uniti e Canada, 82.350 km²

IL SISTEMA DI GROTTE PIÙ LUNGO
Mammoth Caves, Stati Uniti, 565 km

IL VULCANO ATTIVO PIÙ GRANDE
Mauna Loa, isole Hawaii (Stati Uniti), alto 4170 m, lungo 120 km, largo 50 km

IL CONFINE PIÙ LUNGO
Confine fra Canada e Stati Uniti, 6416 km

IL GEYSER ATTIVO PIÙ ALTO
Geyser Steamboat ("battello a vapore") nel Parco Nazionale di Yellowstone (Stati Uniti), 115 m

LE MONTAGNE E I FIUMI DEL NORD AMERICA

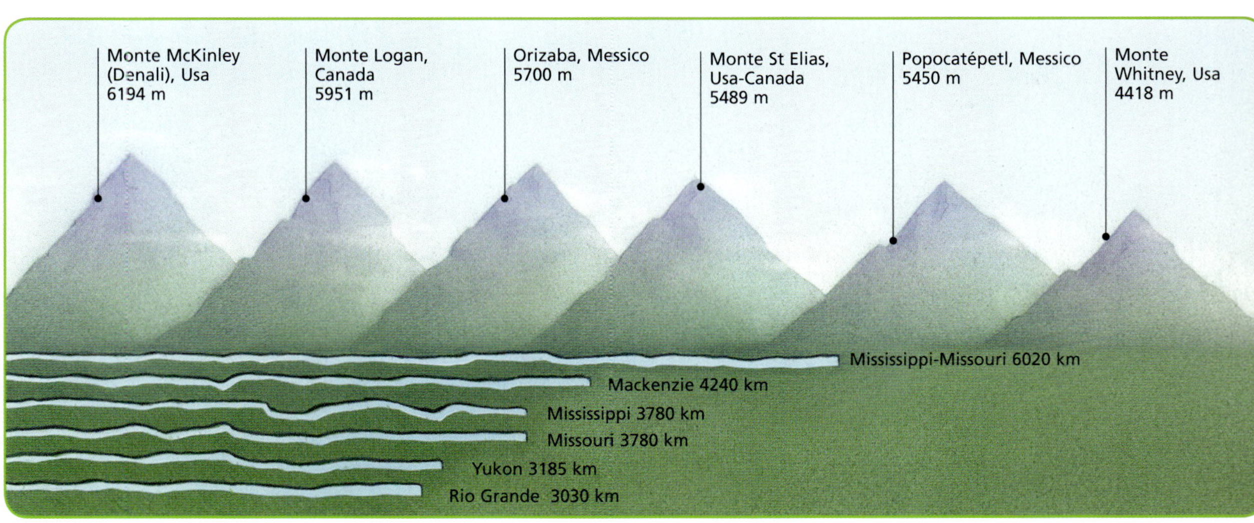

Sud America

SUPERFICIE: 17.818.505 KM²
POPOLAZIONE: 375.441.000

Il Sud America si allunga per 7240 km, dai Tropici della zona più a nord fino alla fredda e tempestosa penisola di Capo Horn, a 1000 km dall'Antartide. La costa occidentale del continente è interamente percorsa dalle Ande; a nord il Rio delle Amazzoni (il secondo fiume più lungo al mondo) serpeggia verso est, dalle Ande all'oceano Atlantico, attraversando le vaste foreste pluviali che un tempo ricoprivano oltre un terzo del continente.

Nel deserto di Atacama piove soltanto una o due volte ogni secolo; in alcune zone del deserto non si sono mai registrate piogge.

CURIOSITÀ

Lo spagnolo è la lingua ufficiale di gran parte dei Paesi sudamericani, ma quella più parlata dalla popolazione è il portoghese, lingua ufficiale del Brasile che è lo Stato più vasto del continente.

LE MONTAGNE E I FIUMI DEL SUD AMERICA

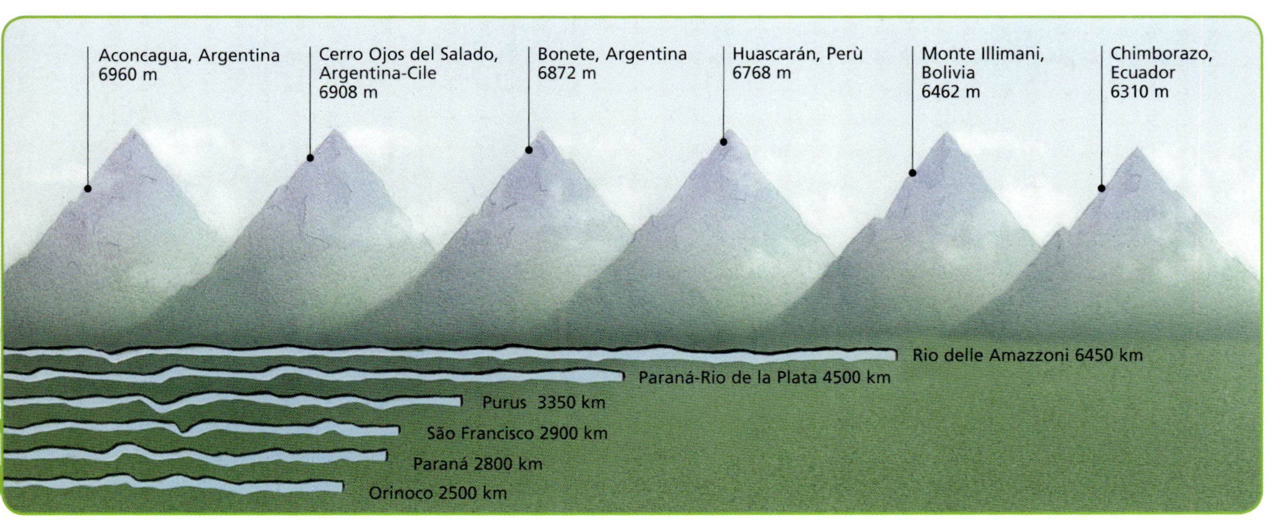

RECORD MONDIALI

LA CATENA MONTUOSA PIÙ LUNGA
Ande, a occidente del Sud America, 7600 km

IL LUOGO PIÙ ARIDO
Deserto di Atacama, in Cile. Media annuale delle piogge inferiore a 1,3 mm

LE CASCATE PIÙ ALTE
Salto Angel, 985 m

LA CAPITALE PIÙ ELEVATA
La Paz, Bolivia, 3631 m s.l.m.

IL BACINO LACUSTRE NAVIGABILE PIÙ ELEVATO
Lago Titicaca, Perù-Bolivia, 3810 m s.l.m.

IL FIUME CON LA PORTATA MAGGIORE
Rio delle Amazzoni, Perù-Brasile. Riversa 200.000 metri cubi d'acqua al secondo nell'oceano Atlantico

IL BACINO FLUVIALE PIÙ GRANDE
Il bacino del Rio delle Amazzoni nella parte settentrionale del Sud America, 7.045.000 km²

LA LAGUNA PIÙ GRANDE
Laguna dos Patos, Brasile, 9850 km²

Europa

SUPERFICIE: 10.354.636 KM²
POPOLAZIONE: 689.546.932

L'Europa non è un blocco continentale a se stante, ma è la parte occidentale dell'Eurasia. I suoi confini sono: l'oceano Atlantico a ovest; la catena degli Urali a est; il mar Glaciale Artico a nord; il mar Mediterraneo a sud. Nell'Europa meridionale, gli inverni sono miti e le estati calde e secche, mentre a nord il clima è temperato, con stagioni ben distinte.

Dal XV secolo, il Corpo della Guardia Svizzera è responsabile della protezione della Città del Vaticano.

RECORD MONDIALI

LA NAZIONE PIÙ PICCOLA
Città del Vaticano
0,44 km²

LA STALAGMITE PIÙ ALTA
Grotta Krásnohorská, Slovacchia,
32 m

LE MONTAGNE E I FIUMI DELL'EUROPA

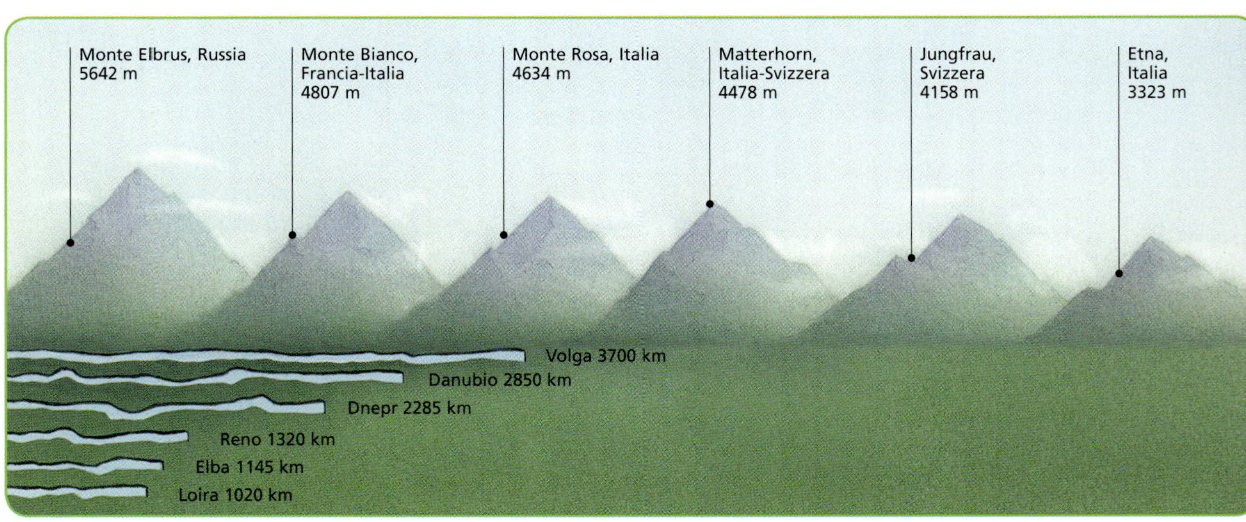

Africa

SUPERFICIE: 30.354.852 KM²
POPOLAZIONE: 909.154.000

Il secondo continente più grande del mondo si estende dalle sponde meridionali del mar Mediterraneo fino a Capo Agulhas. L'Africa comprende 53 Stati indipendenti, di cui il più grande è il Sudan. Il più piccolo Stato continentale è il Gambia, mentre il più piccolo in assoluto è rappresentato dalle Seychelles, un arcipelago di isole affacciato sulla costa orientale. In Africa si trova anche il più grande deserto del mondo, il Sahara. A nord, gli arabi costituiscono la maggioranza della popolazione, mentre gli abitanti del Sud, principalmente di etnia nera, appartengono a centinaia di tribù native.

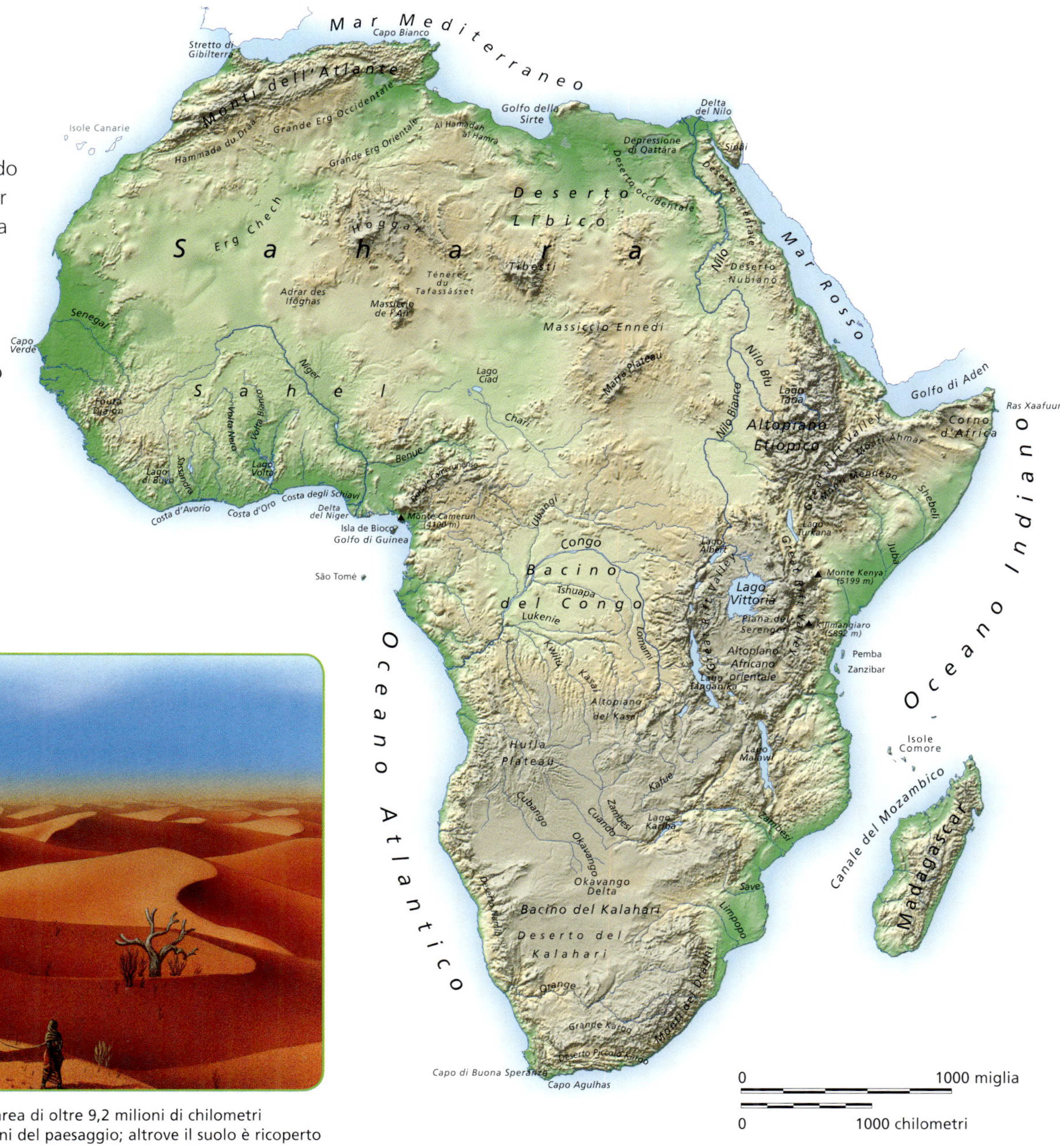

Il Sahara, il più grande deserto al mondo, occupa un'area di oltre 9,2 milioni di chilometri quadrati. Vaste distese di sabbia colmano le depressioni del paesaggio; altrove il suolo è ricoperto di rocce o ghiaia.

LE MONTAGNE E I FIUMI DELL'AFRICA

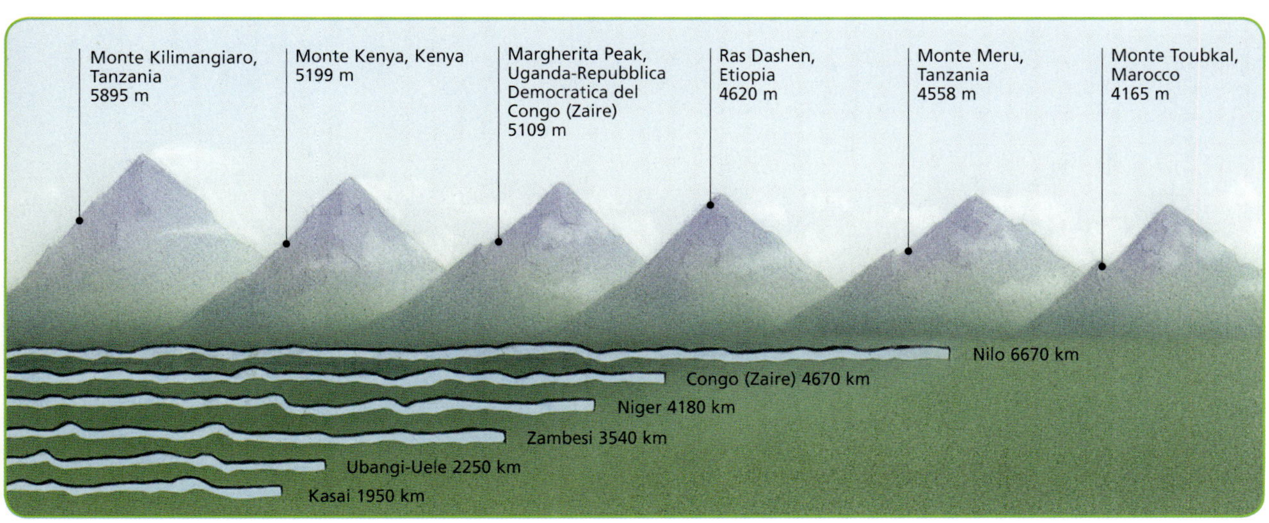

RECORD MONDIALI

IL DESERTO PIÙ GRANDE
Sahara, Africa settentrionale, 9.270.000 km²

IL FIUME PIÙ LUNGO
Nilo, Africa settentrionale
6670 km

IL LAGO ARTIFICIALE PIÙ GRANDE
Lago Volta, Ghana, 8482 km²

LA TEMPERATURA PIÙ ALTA
El Azizia, Libia. Il 13 settembre 1922 vi è stata registrata una temperatura di 57,3 °C all'ombra

Asia

SUPERFICIE: 44.391.162 KM²
POPOLAZIONE: 3.986.105.000

Il più grande continente del mondo occupa il 29,4% dell'area emersa terrestre e ospita più del 60% della popolazione mondiale. Da ovest verso est, l'Asia si estende dalla catena degli Urali e dal canale di Suez fino all'oceano Pacifico, dove lo stretto di Bering divide la Siberia dall'Alaska. A nord e a sud è delimitata, rispettivamente, dal mar Glaciale Artico e dall'oceano Indiano.

L'Himalaya comprende il monte Everest, la più alta cima del mondo. Nel 1953 una spedizione di scalatori raggiunse la sua vetta per la prima volta.

RECORD MONDIALI

LA MONTAGNA PIÙ ALTA
Monte Everest, Cina-Nepal, 8850 m

IL PUNTO PIÙ BASSO DELLE TERRE EMERSE
Mar Morto, Israele-Giordania, 411 m sotto il livello del mare

IL LAGO PIÙ ESTESO
Mar Caspio, Asia occidentale, 371.800 km²

IL LAGO PIÙ ANTICO, PROFONDO E PIÙ GRANDE (PER VOLUME)
Lago Bajkal, Russia, risalente a 25 milioni di anni fa; profondo 1637 m; contiene 23.000 km cubi di acqua

LO STATO PIÙ ESTESO
Russia, 17.075.383 km²

LO STATO PIÙ POPOLATO
Cina, 1.313.974.000 abitanti

LA CITTÀ PIÙ POPOLATA
Tokyo, Giappone, 35.197.000 abitanti

LE MURA PIÙ LUNGHE
La Grande Muraglia Cinese, 3460 km

LA LINEA FERROVIARIA PIÙ LUNGA
Ferrovia transiberiana, Russia, 9297 km

LE MONTAGNE E I FIUMI DELL'ASIA

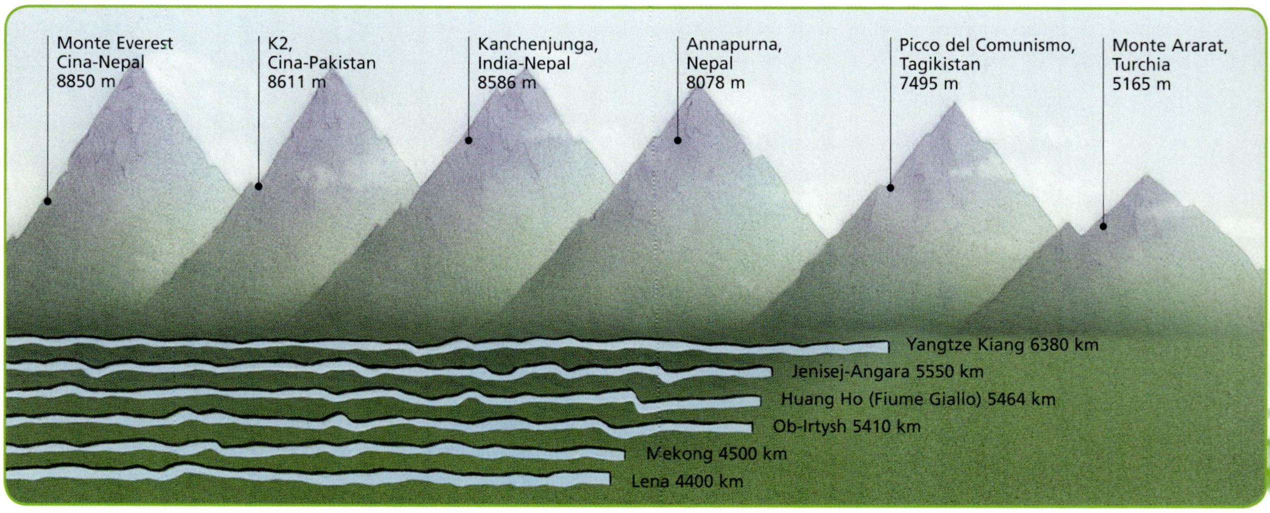

Oceania

SUPERFICIE: 8.941.601 KM²
POPOLAZIONE: 32.289.000

L'Oceania è una regione del Pacifico meridionale e comprende: Australia, Nuova Zelanda, Nuova Guinea e isole di Melanesia (Fiji, Papua Nuova Guinea, Vanuatu e Indonesia), Micronesia e Polinesia. Le terre dell'Oceania ricoprono una superficie di circa 9 milioni di chilometri quadrati. Australia, Nuova Zelanda e le isole Christmas, Norfolk e Cocos formano l'Australasia.

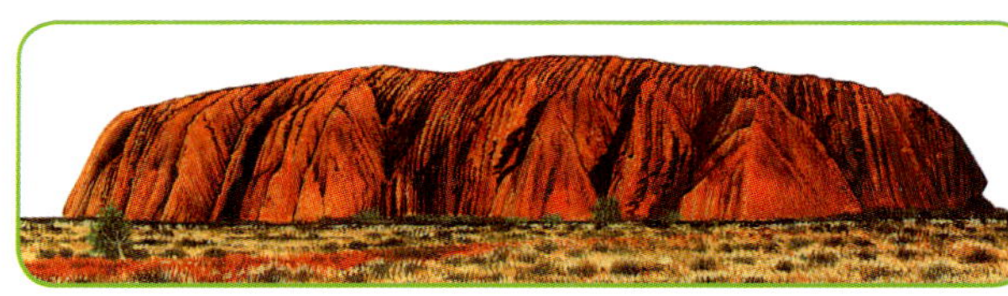

Uluru (Australia, Northern Territory) è la roccia più grande del mondo. Per gli aborigeni australiani è un luogo sacro.

LE MONTAGNE E I FIUMI DELL'OCEANIA

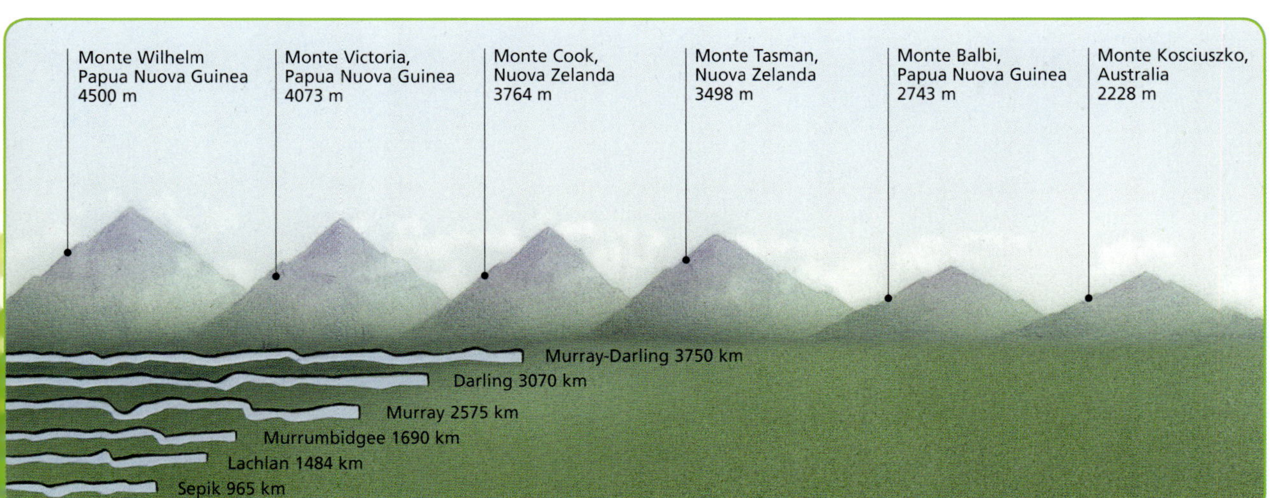

RECORD MONDIALI

LA BARRIERA CORALLINA PIÙ LUNGA
La Grande Barriera Corallina, Australia, 2025 km

LA ROCCIA PIÙ GRANDE
Uluru, Australia
alta 348 m, lunga 2,5 km
larga 1,6 km

L'ISOLA SABBIOSA PIÙ GRANDE
Fraser Island, Australia
lunga 120 km

Le isole

L'Irlanda è un'isola continentale affacciata sulle coste europee. Le sue verdi colline rigogliose sono il risultato del clima temperato e dell'aria umida proveniente dall'oceano Atlantico.

Le isole sono porzioni di terra completamente circondate dall'acqua. Ce ne sono in ogni mare e oceano, enormi come la Groenlandia ma anche così piccole da risultare dei puntini sulle mappe. Le isole sono dette continentali quando emergono oltre il livello del mare da una piattaforma continentale; i vulcani attivi o estinti che emergono dal fondale oceanico formano invece le isole oceaniche. Isolate dalle altre terre emerse, le isole sono veri e propri "laboratori della vita", dove piante e animali manifestano adattamenti unici e particolari.

COME SI FORMANO LE ISOLE CONTINENTALI

Quando il livello del mare sale, l'acqua sommerge le basse pianure costiere. Se tra le pianure e il mare ci sono dei terreni elevati, parte del territorio può affiorare dall'acqua formando un'isola sulla piattaforma continentale.

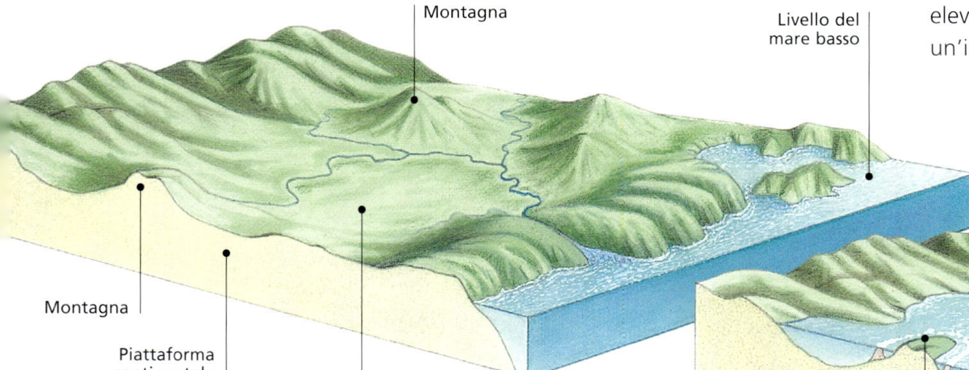

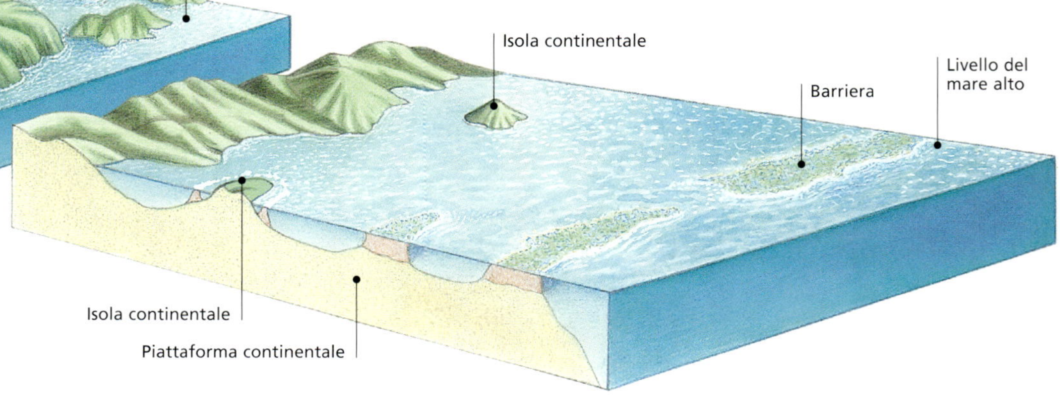

LE CINQUE ISOLE PIÙ GRANDI DEL MONDO

GROENLANDIA
Geograficamente, l'isola più grande del mondo fa parte del Nord America, ma storicamente è legata alla Scandinavia. È un territorio danese indipendente.

2.175.600 km²

Uno spettacolare arco di ghiaccio formato da un iceberg emerge dall'acqua del mare al largo della calotta di ghiaccio centrale della Groenlandia.

NUOVA GUINEA
Quest'isola continentale si è separata dall'Australia quando l'innalzamento del livello dei mari ha formato lo Stretto di Torres, circa 5000 anni fa. La sua fauna selvatica è simile a quella dell'Australia.

808.510 km²

In Nuova Guinea gli edifici sono costruiti con le risorse locali; dalle palme si ricavano legname e paglia per i tetti.

BORNEO
Nel Borneo (Asia) sono presenti circa 15.000 specie di piante con fiori, 221 di mammiferi e 420 di uccelli; molte di queste specie vivono solo qui.

745.561 km²

Sulle alte montagne e lungo le coste coralline del Borneo vivono più di 30 gruppi etnici.

MADAGASCAR
In Madagascar ci sono altopiani a est, montagne vulcaniche a nord, pianure a ovest. A sudovest si innalza un altopiano in parte desertico.

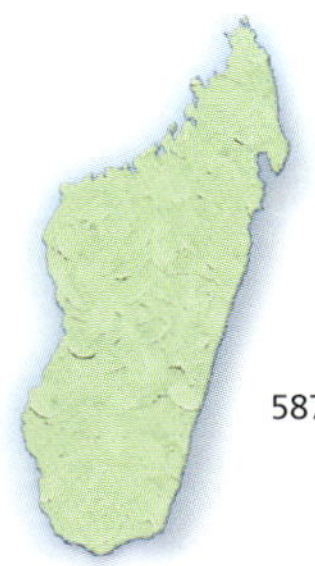

587.040 km²

I lemuri vivono solo in Madagascar e fanno parte della fauna esclusiva di quest'isola.

ISOLA DI BAFFIN
Una calotta glaciale ricopre la parte centrale di quest'isola dell'Artico canadese; il resto del territorio è montuoso. Gli antichi popoli nordici chiamavano l'isola *Helluland*.

507.451 km²

Il Circolo Polare Artico attraversa l'isola di Baffin. In piena estate ci sono 24 ore di luce; in inverno è sempre buio.

L'isola oceanica di Mauritius era un antico vulcano nato da un *hot spot*. Sorge nell'oceano Indiano, a est del Madagascar.

OCCHIO ALL'HABITAT

Nelle isole, alcune specie dipendono talmente tanto dall'ambiente che non possono tollerare alcun disturbo. Il dodo visse a Mauritius fino a quando l'isola africana fu scoperta, nel 1507. Uccello non volatore, rappresentava una facile preda, e così la caccia ne causò l'estinzione intorno al 1680.

Dodo

Gli atolli

Un atollo è una barriera corallina, in genere circolare, che racchiude interamente o in parte una porzione di mare, chiamata laguna, che può contenere a sua volta delle isole. La formazione di un atollo inizia quando un vulcano sommerso emerge in superficie e i coralli formano una scogliera marginale lungo i suoi fianchi. Quando le rocce al di sotto del vulcano si raffreddano e si contraggono, il vulcano sprofonda, ma i coralli continuano a svilupparsi verso l'alto con la stessa velocità. Quando il vulcano è quasi completamente sommerso, si forma la laguna.

OCCHIO ALL'HABITAT

Gli atolli corallini e le isole delle Maldive, nell'oceano Indiano, sono il luogo più pianeggiante del mondo; il più alto punto naturale si trova infatti a soli 2,3 metri sul livello del mare. Per questo motivo, le Maldive sono aree ad alto rischio in caso di innalzamenti, anche minimi, del livello del mare.

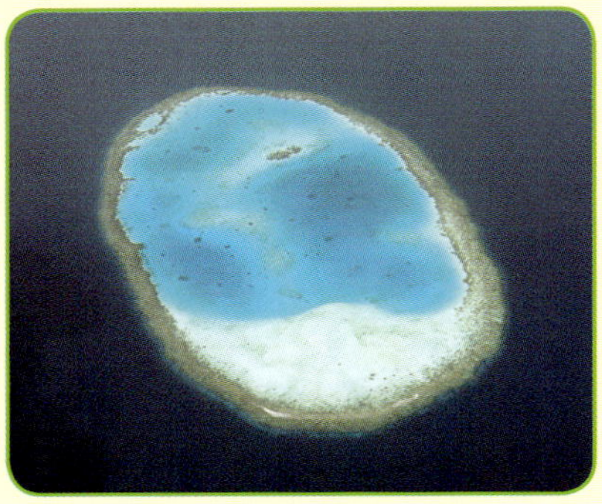

Bora Bora (Polinesia) è un atollo vulcanico circondato da una laguna e una barriera corallina.

Le isole Cocos (Keeling) comprendono due atolli principali e molte isole più piccole.

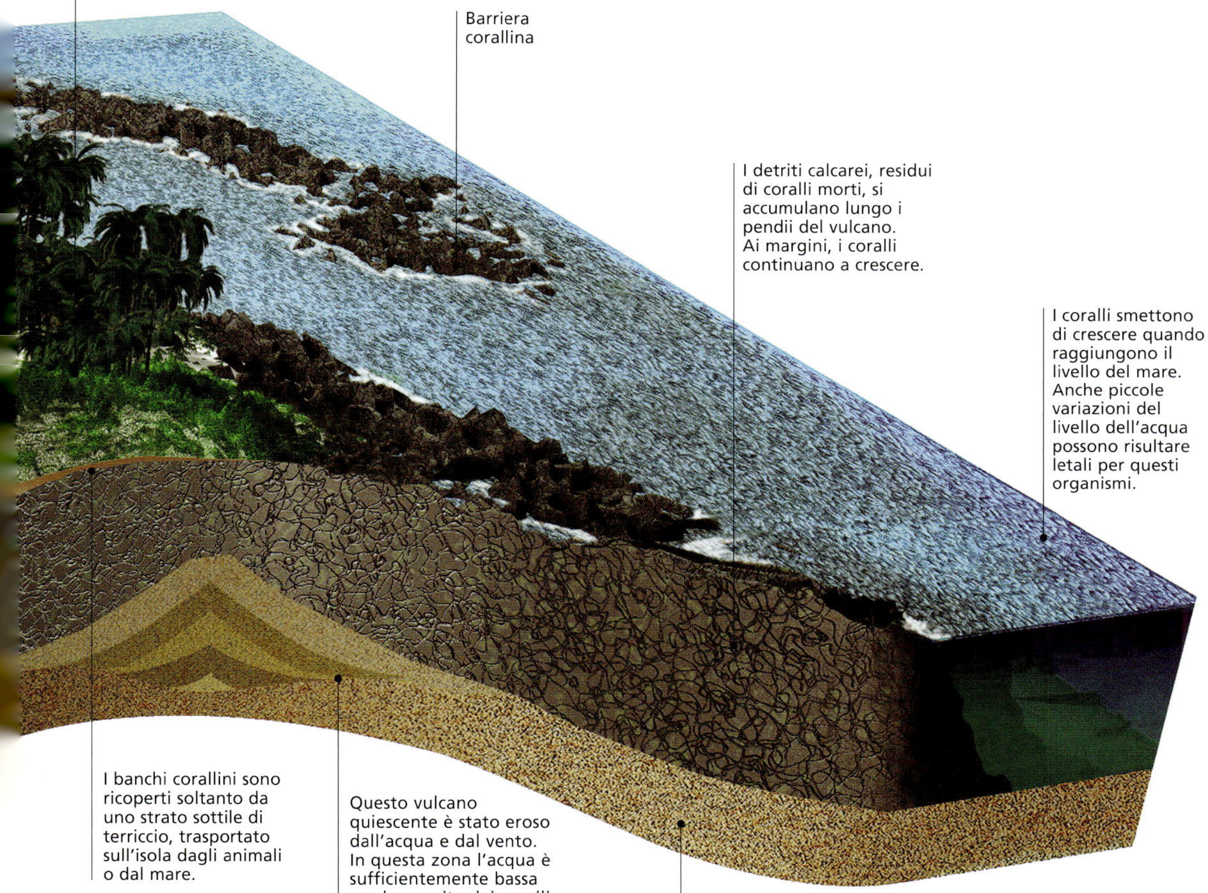

LA SEZIONE DI UN ATOLLO

Quando un vulcano estinto sprofonda, i coralli lungo i suoi fianchi crescono verso l'alto. Gli uccelli lasciano cadere semi che germinano sul corallo, contribuendo a formare il suolo superficiale.

COME SI FORMA UN ATOLLO

Un atollo è una barriera corallina che si sviluppa intorno a un vulcano estinto. Mentre il vulcano sprofonda, il corallo cresce creando una laguna.

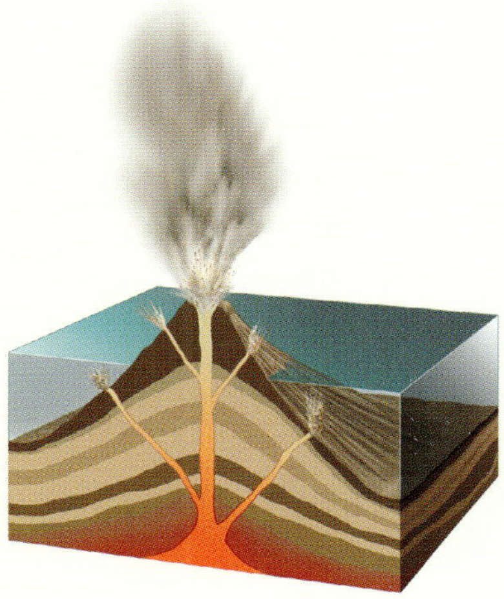

Il vulcano attivo Il vulcano emerge dalla superficie del mare, alimentato dal magma che risale dal fondale oceanico.

La scogliera marginale La barriera si forma quando i coralli crescono sui fianchi del vulcano, appena sotto il livello del mare.

La laguna Il vulcano sprofonda e viene eroso; rimane una laguna circondata dalla barriera.

Gli ecosistemi

Il nostro pianeta è quasi interamente abitato da una sorprendente varietà di organismi: si stima che nella biosfera, formata dalle terre emerse, dagli oceani e dall'atmosfera, vivano dai 10 ai 100 milioni di specie di animali e piante. All'interno della biosfera si osservano molti ambienti diversi. Nel corso di milioni di anni, gli organismi si sono gradualmente modificati, nell'aspetto e nel comportamento, per potersi adeguare alle caratteristiche dei vari ambienti, in un lento processo di adattamento. Un ambiente e gli esseri viventi che vi abitano, che dipendono gli uni dagli altri per il cibo e le risorse, formano un ecosistema.

IL MONDO VIVENTE

Ognuno degli ambienti della Terra è abitato da una particolare comunità di piante e animali. Nell'illustrazione si può osservare la varietà degli ecosistemi, dalle foreste pluviali tropicali (a sinistra) alle calotte glaciali polari (a destra).

GLI OCEANI
L'acqua ricopre quasi il 71% della superficie terrestre. Gli ambienti marini variano in base alla latitudine e alla profondità e gli animali vi compiono grandi spostamenti.

LE FORESTE TROPICALI
Le foreste tropicali hanno bisogno di caldo costante e piogge abbondanti. Dove piove tutto l'anno crescono le foreste pluviali, mentre dove c'è una stagione asciutta si trovano le foreste stagionali.

LE PRATERIE SUBTROPICALI
Le piante erbacee tollerano i climi troppo secchi per la crescita delle foreste. Le praterie subtropicali, o savane, si trovano ai margini delle foreste tropicali e presentano alternanza di stagioni secche e umide.

I DESERTI
I deserti sono presenti dove la quantità di acqua che evapora supera quella che cade con le piogge. Si trovano nelle zone subtropicali, sulle coste occidentali e nell'interno dei continenti.

GLI ECOSISTEMI DELLA TERRA

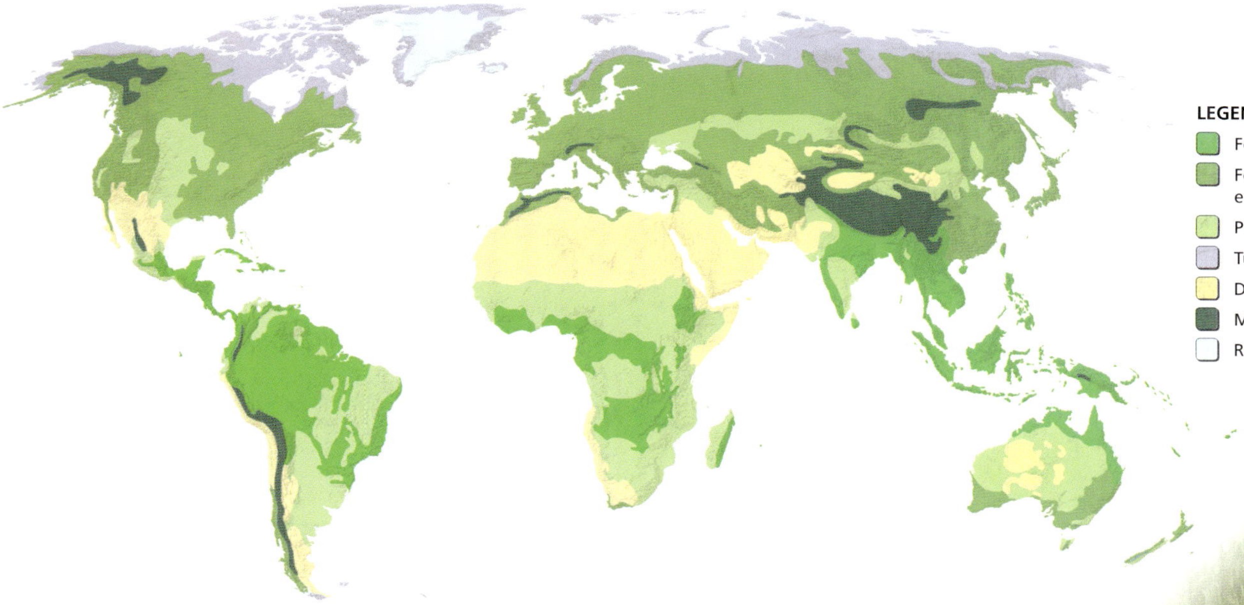

LE MONTAGNE
Salendo in quota, la vegetazione si fa via via più rada, la temperatura si abbassa e soffiano venti più forti. Molti animali di montagna hanno folte pellicce che li tengono al caldo.

LA TUNDRA E LE REGIONI POLARI
Sulle calotte glaciali, dove ci sono ghiaccio e neve tutto l'anno, le piante non riescono a vivere. La vegetazione della tundra è presente nelle zone dove c'è un disgelo estivo.

E PRATERIE TEMPERATE
rateria, pampa, steppa e *veld* (grandi ianure aperte del Sudafrica) si rovano dove gli inverni sono freschi le precipitazioni deboli. Vi crescono ruppi di cespugli sparsi e alberi.

LE FORESTE TEMPERATE
Le zone umide temperate sono ambienti adatti alla crescita degli alberi. Dove gli inverni sono freddi, molti alberi sono decidui. Alcuni animali migrano in questa stagione.

LE FORESTE DI CONIFERE
Le foreste di conifere si estendono come una vasta cintura intorno all'emisfero settentrionale, nelle zone con inverni lunghi e suoli gelati.

Le foreste tropicali

Intorno all'Equatore, le regioni pianeggianti situate lungo le valli fluviali e lungo le coste hanno un clima caldo e umido, con piogge quasi costanti per tutto l'anno. È questo il clima che permette la crescita delle foreste pluviali tropicali, giungle di vapore dove l'aria è sempre umida. Le piante crescono fitte, gli alberi sono alti e ricoperti di rampicanti e di piante più piccole – le epifite – sui tronchi e sui rami. Le foreste pluviali tropicali ospitano un numero di specie superiore a quello di qualunque altro ambiente. In molte zone tropicali si alternano una stagione secca e una umida: qui le foreste sono più aperte e ci sono più alberi decidui.

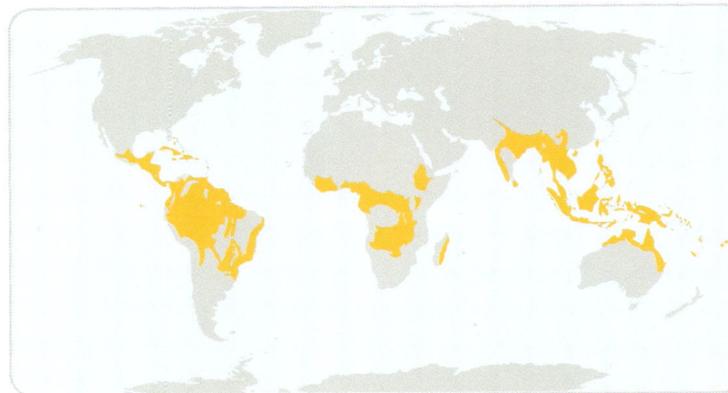

Foreste tropicali

GLI ABITANTI DELLE BROMELIACEE

La bromeliacea *Neoregelia* cresce sugli alberi, nella parte alta delle foreste pluviali, e nelle sue foglie produce sostanze nutrienti. Nelle foglie si raccoglie anche l'acqua, che attira diversi animali, i quali a loro volta depositano escrementi che nutrono la pianta.

RADICI POCO PROFONDE

I tronchi di alcuni alberi delle foreste pluviali sono sostenuti da grandi strutture "a contrafforte", che dalla base possono estendersi in altezza fino a 10 metri e compensano la scarsa profondità delle radici.

FORESTA SUDAMERICANA
Nel disegno si possono osservare molte caratteristiche della foresta pluviale: alberi alti con tronchi diritti e alte chiome; radici a contrafforte, rampicanti e liane; bromeliacee e altre epifite; funghi del sottobosco; diverse specie di animali.

Le foreste tropicali

Le foreste pluviali tropicali sono fitte e ricche di vita animale. Grazie al clima umido e caldo durante tutto l'anno, non si verifica alcun rallentamento stagionale nella crescita delle piante, e il materiale organico sul terreno si decompone rapidamente. Gli alberi più alti competono per la luce solare e in alcuni casi superano i 30 metri. Al di sotto, ci sono tre strati di alberi e arbusti che crescono ad altezze differenti. Sul suolo fresco, umido e scuro vivono piante più piccole e molti animali.

La Foresta Impenetrabile di Bwindi è un'antica foresta pluviale dell'Uganda (Africa orientale). Tra i suoi alberi vive la metà della popolazione mondiale dei gorilla di montagna.

NEL SOTTOBOSCO DELLE FORESTE

Quando un albero perde un ramo o cade a terra, inizia a decomporsi. I funghi e i coleotteri si nutrono del legno marcescente e i batteri mangiano i loro prodotti di scarto. Muschi, felci e piccole piante crescono sul ramo o sul tronco caduto e le loro radici ricavano le sostanze nutrienti da piccole quantità di terreno rimasto in crepe e cavità.

OCCHIO ALL'HABITAT

Il bacino dell'Amazzonia ospita le foreste pluviali tropicali più grandi del mondo. Ogni anno, ne vengono distrutti 23.310 km^2 ma si sta cercando da più parti di ridurre questa deforestazione.

Foreste pluviali originarie

Foreste pluviali attuali

LO SFRUTTAMENTO DELLE FORESTE TROPICALI

La trasformazione delle foreste in terreni agricoli permette di dare sostentamento a un maggior numero di persone. Inoltre, da molti alberi si ricavano legnami pregiati e i varchi creati dai tagli illegali forniscono altre occasioni di sfruttamento.

NUOVI PASCOLI DAL FUOCO
Con la tecnica *"slash and burn"* (taglio e incendio) si bruciavano le foreste con lo scopo di far posto a pascoli e coltivazioni, per poi lasciar crescere nuovamente gli alberi.

Il margine forestale
Ai limiti della foresta, verso il terreno aperto, vivono specie diverse rispetto alla parte interna. Il disboscamento fa aumentare la zona del margine forestale.

Agricoltura
Con il disboscamento, più del 90% della superficie viene trasformato in terreno agricolo.

Le termiti mangiano grandi quantità di materiale vegetale, in particolare corteccia e legno.

Le foreste temperate e di conifere

Le foreste del Canada o della Russia sono diverse da quelle che si trovano in Francia, India, Indonesia o Australia. I tipi di alberi presenti in una foresta dipendono dal clima e dal suolo, e gli alberi stessi determinano a loro volta le condizioni del terreno su cui crescono. Alle fredde latitudini settentrionali, nelle foreste boreali – chiamate così da Boreas, dio greco del vento del Nord – crescono le conifere sempreverdi, ma nel sottobosco ci sono poche piante; nelle regioni temperate invece, nelle foreste decidue in cui le piante perdono le foglie in autunno, in primavera il sottobosco si arricchisce di fiori. In alcune parti del mondo ci sono foreste miste, formate da diversi tipi di conifere e piante da fiore.

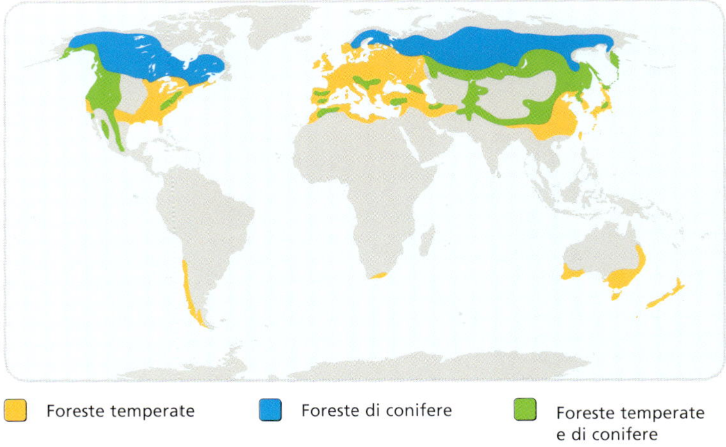

LA VITA NELLE FORESTE

Nelle foreste, molte specie di animali trovano spazi adatti per nidi e tane e cibo, come semi, nocciole, frutti, foglie e piante erbacee nelle radure. Gli erbivori sono predati dai carnivori.

COLORI FIAMMEGGIANTI
In autunno, le foreste miste si colorano di tinte fiammeggianti, aggiungendo al verde dei sempreverdi il marrone, il giallo, l'arancione e il rosso delle foglie degli alberi decidui.

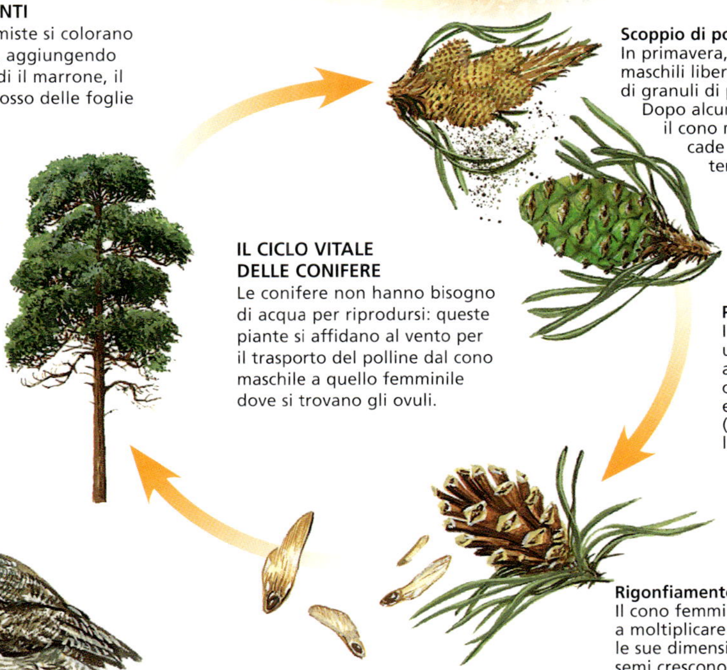

IL CICLO VITALE DELLE CONIFERE
Le conifere non hanno bisogno di acqua per riprodursi: queste piante si affidano al vento per il trasporto del polline dal cono maschile a quello femminile dove si trovano gli ovuli.

Scoppio di polvere gialla
In primavera, i coni maschili liberano milioni di granuli di polline. Dopo alcuni giorni, il cono maschile cade a terra: ha terminato il suo lavoro.

Pigna appiccicosa
Il polline atterra su un cono femminile appiccicoso. Inizia a crescere il tubetto pollinico e dopo molto tempo (anche un anno) avviene la fecondazione.

Rigonfiamento
Il cono femminile cresce fino a moltiplicare di quattro volte le sue dimensioni, mentre i semi crescono al suo interno. Due anni dopo, quando sono maturi, il cono si apre e li libera.

Dispersione dei semi
Ogni seme è "alato" e può decollare nel vento. All'interno del rivestimento esterno duro, il seme contiene anche il nutrimento.

Germinazione
Se il seme trova un sito sufficientemente caldo, umido e luminoso, germina e dà origine a una nuova conifera.

OCCHIO ALL'HABITAT

Circa 8000 anni fa, le foreste coprivano il 70% dell'Europa. Molte furono tagliate per ricavare combustibile, legname per le costruzioni, e per farne nuovi terreni agricoli. Oggi i governi e le industrie private stanno attuando una riforestazione, e la superficie delle foreste aumenta di circa lo 0,1% ogni anno.

Copertura forestale originaria

Copertura forestale attuale

Le praterie

Le praterie caratterizzano le zone dove piove di più rispetto ai deserti ma meno rispetto alle foreste. Gli alberi sono scarsi o assenti, perché le erbe sono più resistenti e, quando soffiano i venti secchi, perdono meno acqua rispetto alle piante più alte. Le praterie hanno nomi diversi nelle varie zone del mondo. La *prateria* nordamericana un tempo era estesa su gran parte del continente. Ai tempi dei primi esploratori spagnoli, le erbe della *pampa* sudamericana erano così alte che gli uomini dovevano salire sui cavalli per vedere oltre. Le praterie dell'Europa, o *steppe*, si estendono dall'Ungheria alla Cina; quelle tropicali, o *savane*, si trovano in tutti i continenti, ma le più note sono in Africa, e ospitano elefani, giraffe, zebre e leoni.

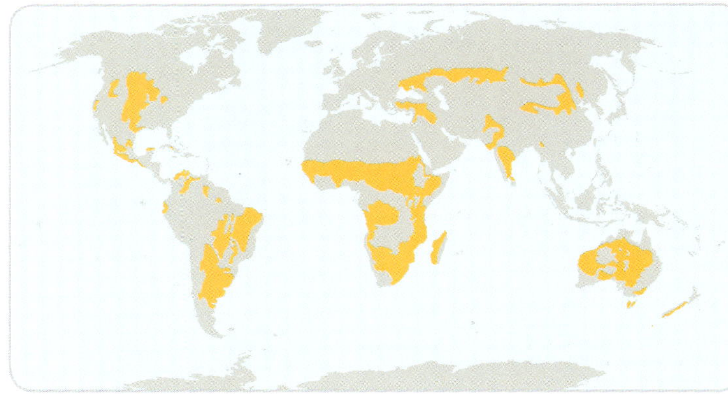

Praterie

OCCHIO ALL'HABITAT

Nel XIX secolo, e all'inizio del XX, gran parte della prateria nordamericana fu trasformata in campi di cereali. Oggi alcune zone stanno tornando alle condizioni di prateria originaria.

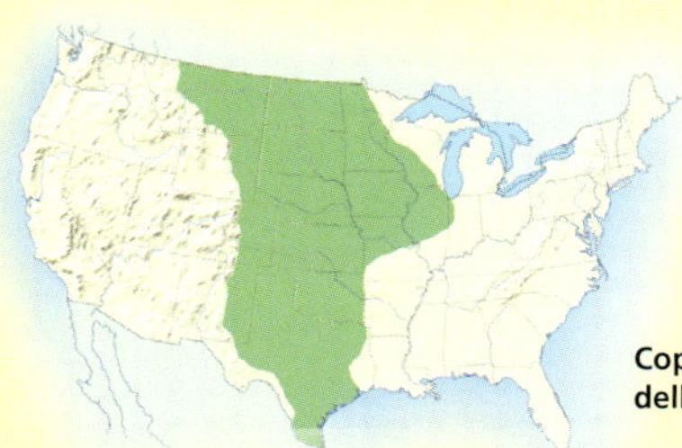

Copertura originaria della prateria

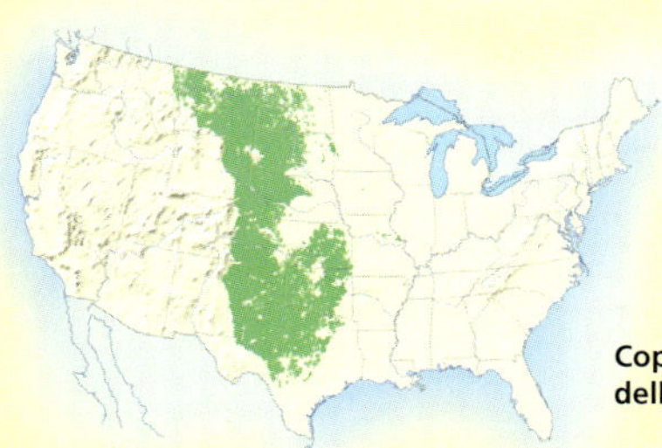

Copertura attuale della prateria

La caccia ha quasi portato all'estinzione i bisonti, bovini originari del Nord America. Oggi le loro popolazioni si stanno riprendendo. Nella foto, un branco nel Grand Teton National Park (Wyoming).

LE PRATERIE DEL MONDO

Le erbe sono le piante principali in tutte le praterie, ma in ogni continente se ne osservano specie diverse, come pure delle altre piante presenti. Le erbe costituiscono un cibo abbondante per gli erbivori. La maggior parte delle praterie temperate sono utilizzate per allevamenti o coltivazioni: la savana africana non è invece adatta all'agricoltura.

Un branco di antilopi al pascolo sotto un cielo minaccioso, nella savana africana.

La steppa del Kazakistan colorata da piante fiorite, sotto un cielo blu e limpido.

Gran parte della pampa argentina è sfruttata per il pascolo di ovini e bovini.

I canguri grigi vivono nelle praterie occidentali e meridionali dell'Australia.

LA SAVANA AFRICANA

La prateria tropicale aperta, con alberi spinosi sparsi, dà sostentamento a branchi di erbivori e ai predatori che li cacciano, oltre che a uccelli e rettili. Gran parte della savana è oggi protetta, ma il bracconaggio è ancora un problema.

La tundra

Oltre il limite delle foreste di conifere, dove fa troppo freddo e i venti sono troppo secchi per gli alberi delle foreste, si estende la tundra. Poco al di sotto della superficie, uno strato di suolo – il permafrost – resta sempre ghiacciato; le radici degli alberi non riescono a penetrarlo, e gli unici alberi presenti, come le betulle e i ginepri, non superano i 90 cm di altezza. In estate, con il disgelo superficiale, nelle pozze e nelle aree paludose spuntano i carici, tra le rocce crescono licheni e muschi e le zone più secche si coprono di erbe: ovunque la tundra fiorisce, per produrre i semi prima che ritorni il ghiaccio.

Tundra

Le piante da fiore spuntate al momento del disgelo, sulle pendici del monte Marathon in Alaska (Usa), stanno producendo i semi che germineranno nell'estate successiva.

OCCHIO ALL'HABITAT

Gli orsi polari vivono nella tundra artica e cacciano le foche sui banchi di ghiaccio del pack. L'aumento delle temperature sta facendo espandere le foreste di conifere verso la tundra, e i ghiacci iniziano a sciogliersi, riducendo lo spazio vitale degli orsi.

Il ritiro dei ghiacciai dalla tundra, sull'isola di South Georgia al largo di Capo Horn (Cile).

LA TUNDRA ARTICA

Al limite della vegetazione arborea, gli alberi sono "nudi" sul lato battuto dal vento. Le piante basse, le erbe, i muschi e i licheni sopravvivono meglio al livello del suolo, dove la temperatura è più alta e i venti sono meno gelidi. In estate, l'acqua e il calore permettono una breve stagione di crescita.

STRATEGIE ANTIFREDDO

Il ranuncolo dei ghiacciai si è adattato al freddo e alla breve stagione di crescita.

I deserti

I deserti coprono un settimo della superficie delle terre emerse. Sono regioni aride, dove cadono in media meno di 100 mm di pioggia all'anno. Non essendoci copertura nuvolosa, di giorno fa molto caldo, ma dopo il tramonto le temperature scendono rapidamente e le notti possono essere gelide. Soltanto un quarto dei deserti sono sabbiosi: gli altri sono paesaggi rocciosi e accidentati. I principali deserti subtropicali dell'emisfero nord sono il Sahara, il deserto arabico, il deserto di Thar e quelli degli Stati Uniti sudoccidentali e del Messico. Nell'emisfero sud, i deserti principali sono il Namib e il Kalahari in Africa, l'Atacama in Sud America e i deserti dell'Australia centrale.

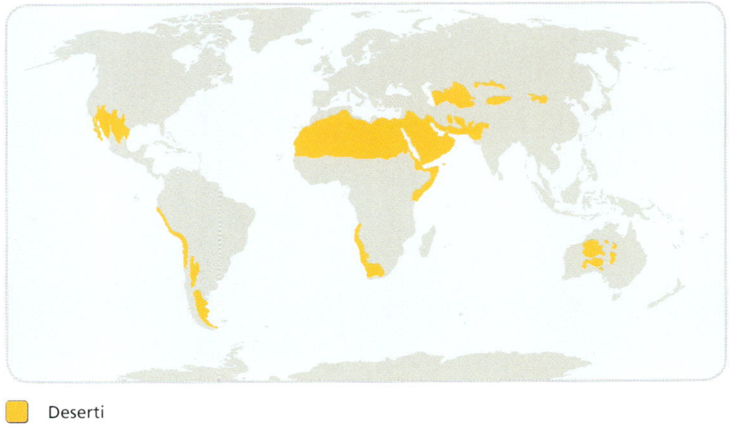

Le dune sabbiose del Sahara coprono un'area così vasta da essere chiamate "mari di sabbia". Come le onde dell'oceanc, le dune si spostano continuamente.

OCCHIO ALL'HABITAT

La siccità prolungata può ampliare i deserti, ma quando tornano le piogge, le piante fanno la loro comparsa e il terreno riprende vita. Il "sovrappascolo", che avviene quando le mandrie sono costrette a cibarsi in aree ristrette, danneggia la vegetazione (desertificazione). Nella mappa sono indicate le aree africane a rischio.

Il mostro di Gila è un rettile velenoso. Nella foto, si riscalda al sole nel deserto dell'Arizona (Usa).

DESERTO ASIATICO
Il deserto di Thar (India nordoccidentale e Pakistan) è coperto da dune sabbiose, punteggiate da affioramenti rocciosi.

DESERTO AUSTRALIANO
Il deserto dei Pinnacles (Australia occidentale) è coperto da formazioni calcaree, che sono resti erosi di accumuli di antiche conchiglie.

DESERTO NORDAMERICANO
I cactus saguaro crescono nel deserto di Sonora (Usa). Sono piante a crescita lenta, che immagazzinano le sostanze nutritive nei loro fusti alti e verdi.

CALDO E FREDDO

Le rocce e la sabbia assorbono velocemente il calore e di giorno possono diventare bollenti. A partire dal tardo pomeriggio, quando il Sole inizia a tramontare, la superficie del deserto perde calore più velocemente di quanto lo assorba, e le notti sono fredde.

Di giorno, il terreno si riscalda velocemente e a mezzogiorno fa molto caldo.

Di notte, la superficie perde il calore assorbito e le temperature scendono.

PERCHÉ I DESERTI SONO ARIDI

L'aria fresca e umida si avvicina a una catena montuosa e cade sulla montagna sotto forma di pioggia. L'aria che arriva sull'altro versante è secca e precipita sul terreno, dove si riscalda, risale e diventa ancora più secca.

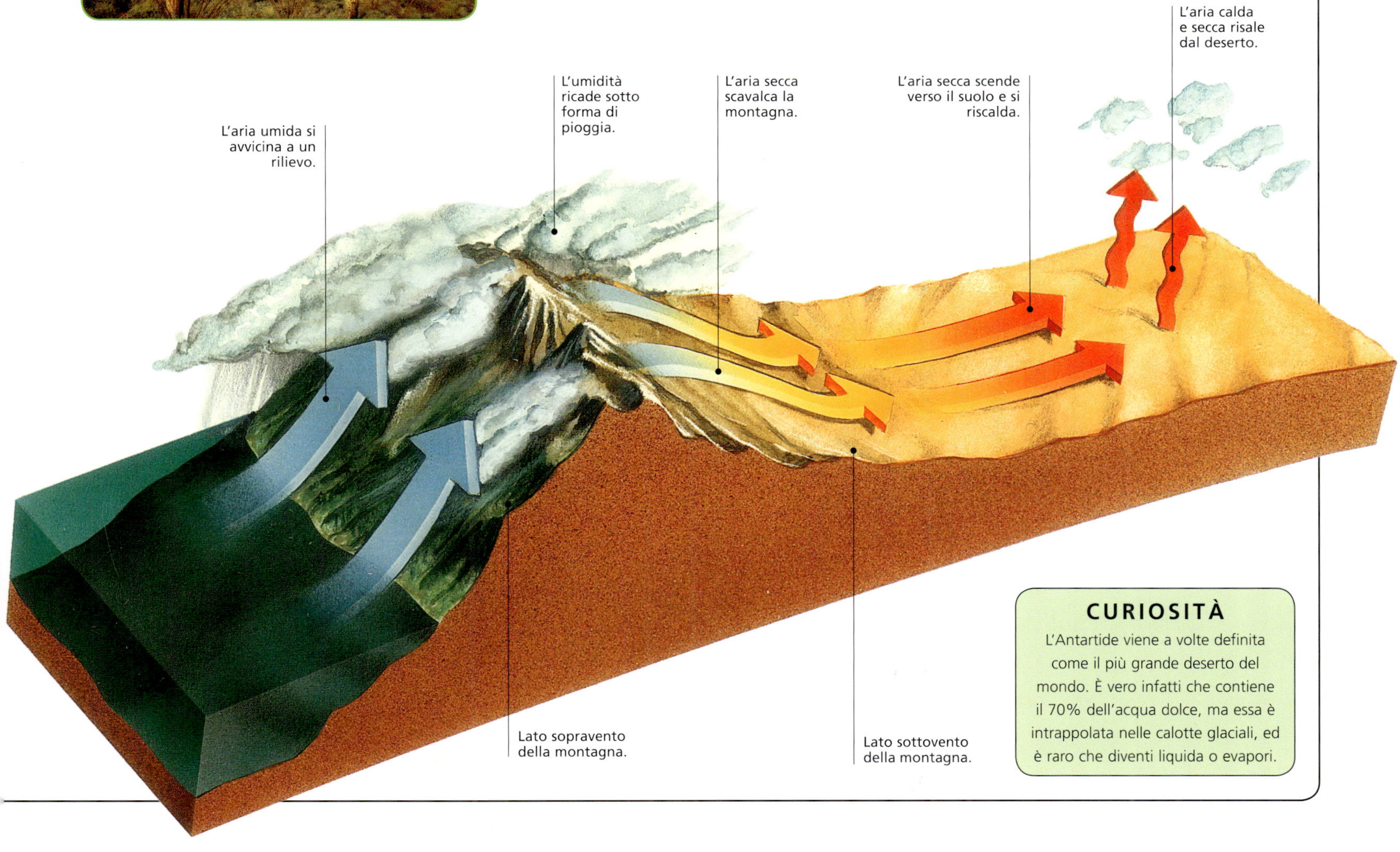

CURIOSITÀ

L'Antartide viene a volte definita come il più grande deserto del mondo. È vero infatti che contiene il 70% dell'acqua dolce, ma essa è intrappolata nelle calotte glaciali, ed è raro che diventi liquida o evapori.

I deserti

Alcuni deserti possono restare senza piogge per molti anni, poi, improvvisamente, arriva un temporale che causa precipitazioni violente, per poche ore. L'assenza di umidità nell'aria fa sì che che le nubi siano rare e che per la maggior parte dell'anno il cielo sia limpido. Quando il terreno viene riscaldato dal Sole, le temperature diurne possono raggiungere i 40 °C. Le piante e gli animali sopravvivono soltanto se hanno adattamenti al caldo e alla siccità, riuscendo a ricavare il massimo dalla poca acqua che cade. Tuttavia, benché secchi e ventosi, non tutti i deserti sono caldi: i venti freddi che soffiano attraverso il deserto del Gobi, in Asia centrale, determinano condizioni di gelo, ma la scarsità di piogge fa sì che la zona venga ugualmente considerata desertica.

SCATTI DI CRESCITA
I cactus saguaro crescono molto lentamente, con scatti di crescita durante la stagione piovosa estiva. Fioriscono e fanno i frutti dopo circa 30 anni, e possono vivere fino a 150-200 anni.

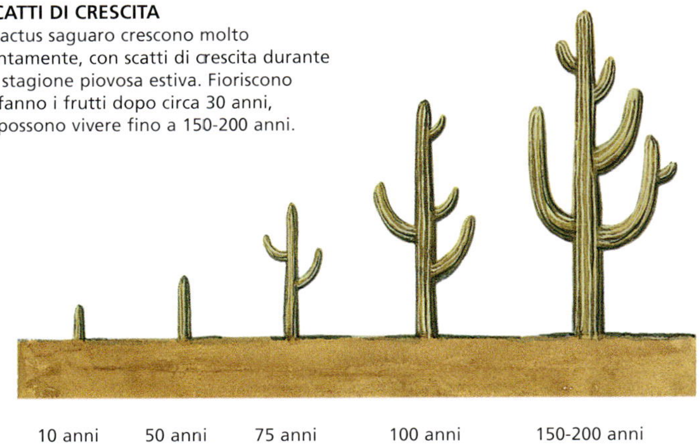

RISERVE D'ACQUA
Le foglie succulente e la fibra tenera all'interno del tronco degli "alberi faretra" (una specie di *Aloe*) servono a immagazzinare l'acqua. I rami bianchi e il tronco di colore chiaro riflettono i raggi solari e impediscono il riscaldamento.

La *tortora alibianche* si nutre dei fiori e del frutto maturo del saguaro, ricco di umidità e di nutrimento.

LA VITA TRA GLI *SPINIFEX*

Gli *spinifex* sono erbe cespugliose e spinose, diffuse nelle aree desertiche dell'Australia. Ogni pianta è formata da una parte centrale di foglie morte e intricate, e una parte esterna di foglie verdi. Alti fino a 90 cm, danno sostentamento a molte specie.

Il *Diplodactylus elderi* è un geco che si nutre delle termiti che vivono tra gli *spinifex*.

Piccoli scarafaggi trovano cibo e riparo negli *spinifex*.

La *sassicola australiana ventrerosso* ispeziona queste erbe in cerca di scarafaggi.

Le lucertole senza zampe (*Pygopodidae*) predano piccole lucertole e gechi.

Lo *scinco del deserto* si nutre di termiti e di altri piccoli animali.

I *ninguai* sono minuscoli marsupiali che frequentano gli *spinifex* in cerca di insetti.

LA NOTTE NEL DESERTO

Il cactus saguaro produce fiori, frutti e semi che attirano gli animali. Gli uccelli vi trovano anche un luogo per nidificare. I suoi fiori si aprono prevalentemente di notte.

Le montagne

Le zone montuose costituiscono più o meno un quinto della superficie delle terre emerse e ospitano circa un decimo della popolazione umana. Nella maggior parte dei casi, le montagne fanno parte di catene montuose, che possono unirsi tra loro formando una cordigliera (dallo spagnolo "piccola corda"), che a sua volta può far parte di un sistema montuoso globale. Esistono due sistemi montuosi principali. Il primo si estende lungo il Pacifico e comprende le Ande sudamericane, le montagne dell'America occidentale, le vette ghiacciate dell'Alaska e le montagne di Indonesia, Giappone, Nuova Guinea e Nuova Zelanda. Il secondo sistema comprende le Alpi europee e le montagne dell'Himalaya, in Asia.

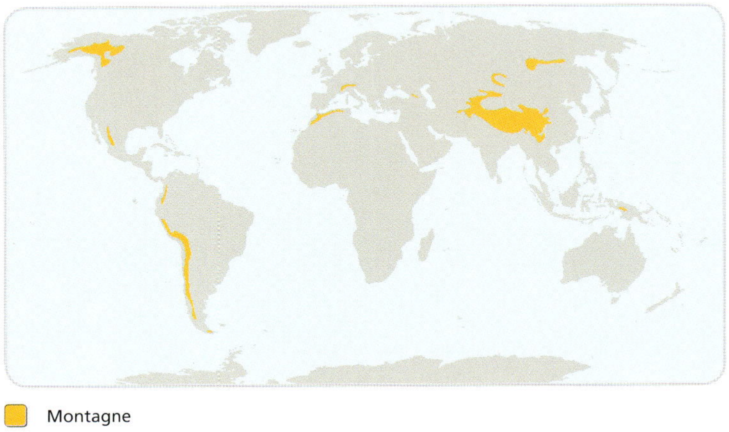

Il Matterhorn è una delle più alte montagne europee e ha una caratteristica forma conica, con i fianchi ripidi. Il suo nome deriva dai termini tedeschi *matt* (valle) e *horn* (vetta).

OCCHIO ALL'HABITAT

L'Everest è una vetta che attira molti scalatori. Alcuni di essi non hanno riportato a valle i contenitori e i materiali usati, lasciando grandi quantità di rifiuti. Mentre i volontari sono impegnati a ripulire la montagna, il governo nepalese ha deciso di limitare gli accessi.

Le montagne dell'Himalaya si stanno tuttora sollevando, a causa del movimento verso nord della placca tettonica indiana. Sono le montagne più alte del mondo, e crescono di circa 0,5 cm ogni anno.

LE MONTAGNE DELL'HIMALAYA

Circa 71 milioni di anni fa, l'India si è staccata dal supercontinente di Gondwana, iniziando a muoversi verso nord. La placca indiana è entrata in contatto con quella eurasiatica circa 30 milioni di anni fa, e le montagne hanno iniziato a sollevarsi. Il principale episodio di orogenesi (formazione delle montagne) risale a 20 milioni di anni fa.

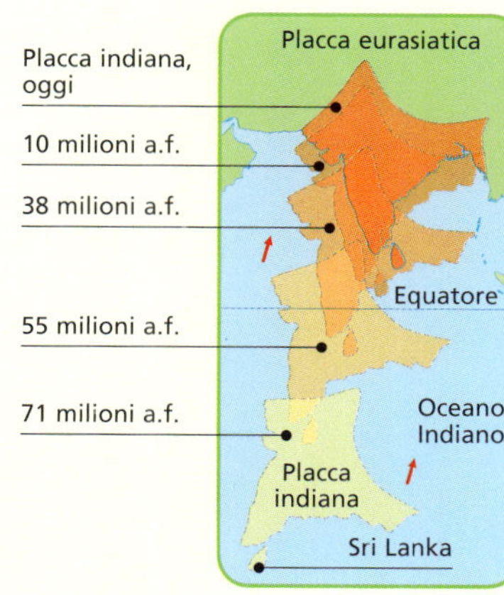

a.f. = anni fa

COME SI È FORMATO L'HIMALAYA

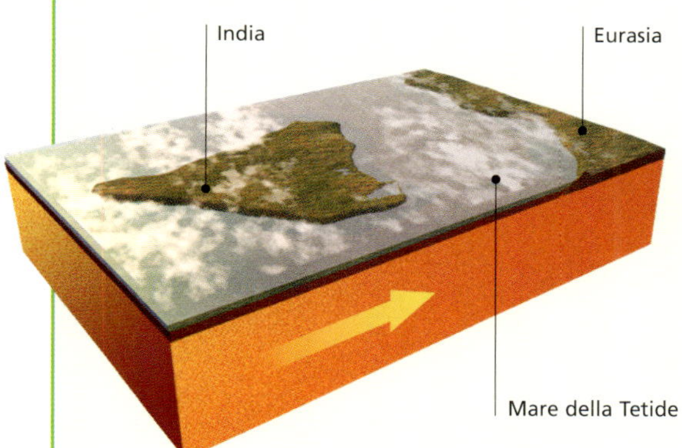

1 L'INDIA INIZIA IL SUO VIAGGIO
La placca tettonica indiana si stacca dal Gondwana e si sposta verso nord, in direzione dell'Eurasia. Il mare della Tetide inizia a chiudersi.

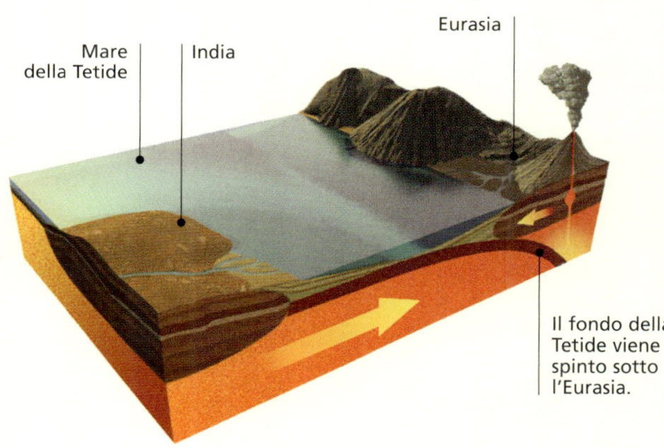

2 IN MOVIMENTO
Mentre il continente indiano si sposta, il fondo della Tetide viene spinto sotto la placca eurasiatica, "grattando via" le rocce sedimentarie.

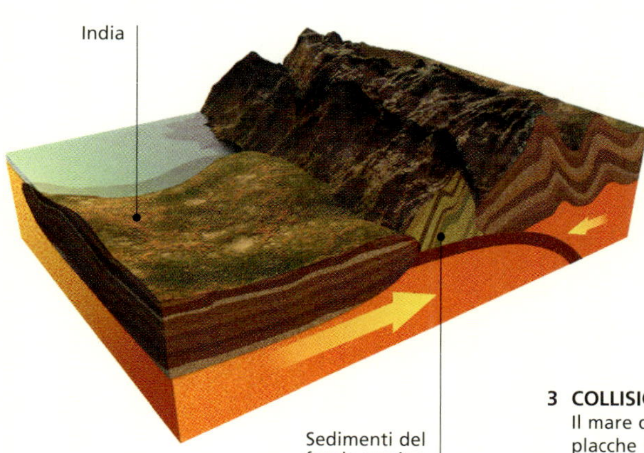

3 COLLISIONE
Il mare della Tetide scompare e le placche indiana ed eurasiatica entrano in collisione, facendo "accartocciare" le rocce.

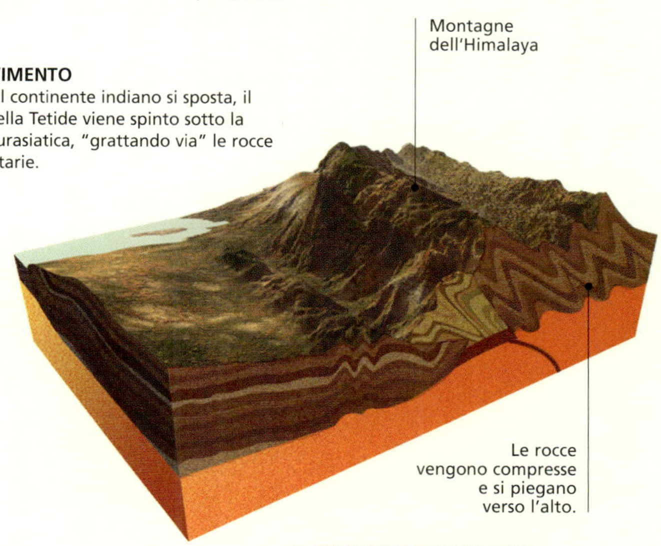

4 PIEGHE E SOLLEVAMENTI
Lo scontro tra le placche fa subire una compressione alle rocce, che vengono piegate e spinte verso l'alto.

Le montagne

Il terreno accidentato, i versanti ripidi, i climi rigidi rendono le regioni montuose luoghi ostili per gli insediamenti permanenti, e ci sono vaste zone in cui è raro che gli uomini riescano ad arrivare. Le montagne sono luoghi selvaggi, dove sopravvivono soltanto piante e animali con speciali adattamenti. Oltre il limite della vegetazione arborea, il suolo sottile e i forti venti limitano la crescita delle piante e di conseguenza riducono il cibo disponibile per gli animali. Sui pascoli montani non possono cibarsi gruppi numerosi, ma trovano sostentamento solo pochi animali di specie diverse, che si dividono le risorse.

Le Montagne Rocciose I *pica nordamericani* vivono sulle Montagne Rocciose, parte di una catena montuosa che si estende dal Nuovo Messico alla British Columbia.

Le Ande Si estendono per tutta la lunghezza del Sud America. Tra i loro abitanti ci sono le cavie selvatiche e i lama (famiglia dei Camelidi), nella foto.

Le Alpi Le Alpi occupano una vasta area dell'Europa centrale; gli habitat naturali di queste montagne sono accessibili a erbivori come i camosci.

L'Atlante È una catena ricoperta di foreste, con vette innevate, estesa in Africa nordoccidentale per 2400 km, parallelamente alla costa del Mediterraneo.

Le montagne del Tien Shan Situate in Asia, tra la Russia e la Cina, queste montagne hanno vette innevate che superano i 6100 metri di altezza.

Le montagne transantartiche Estese per 4827 km attraverso l'Antartide, hanno vette rocciose che si elevano al di sopra della calotta glaciale.

Le alpi meridionali neozelandesi Con vette alte più di 3660 metri, questa catena occupa la parte centrale dell'isola meridionale della Nuova Zelanda.

GLI ANIMALI DELLE MONTAGNE

Molti animali di montagna sono strettamente imparentati con specie di pianura, altri, come gli ungulati, vivono soltanto tra le ripide pareti e i crepacci dove i rapaci e i felini selvatici non riescono a raggiungerli.

ABITANTI DELLE MONTAGNE

1 Procavia (o irace) delle rocce
2 Aquila reale
3 Capra delle nevi americana
4 Puma
5 Rana freccia-avvelenata
6 Cavalletta
7 Jackrabbit dalla coda bianca

I fiumi

I fiumi trasportano acqua dolce sulla terraferma e nei mari. Molti di essi iniziano il loro viaggio ad alta quota, come piccoli torrenti che scorrono sopra le rocce, ingrossandosi quando si uniscono ad altri corsi d'acqua; quando raggiungono la pianura, questi torrenti possono essere già piuttosto grandi. Altri fiumi si formano a quote inferiori, sgorgando nei punti dove la falda freatica è in superficie. Scorrendo attraverso valli e pianure, i fiumi rallentano e si allargano, formando spesso dei meandri laterali. L'acqua che si immette nei fiumi dai territori circostanti trasporta sostanze nutritive che permettono la crescita delle piante acquatiche; le piante a loro volta costituiscono il cibo di insetti e pesci, che vengono cacciati da pesci più grandi e uccelli.

OCCHIO ALL'HABITAT

Il fiume sacro Bagmati di Kathmandu (Nepal) è minacciato dai rifiuti, dagli escrementi e dai liquami. L'inquinamento dovuto alle attività umane è il problema maggiore per i fiumi. Ma il recupero è possibile: il Tamigi, a Londra, è stato recentemente ripulito.

Sui terreni pianeggianti, i fiumi rallentano, si allargano e formano dei meandri che avanzano lentamente, man mano che l'acqua erode una sponda e deposita materiali sull'altra.

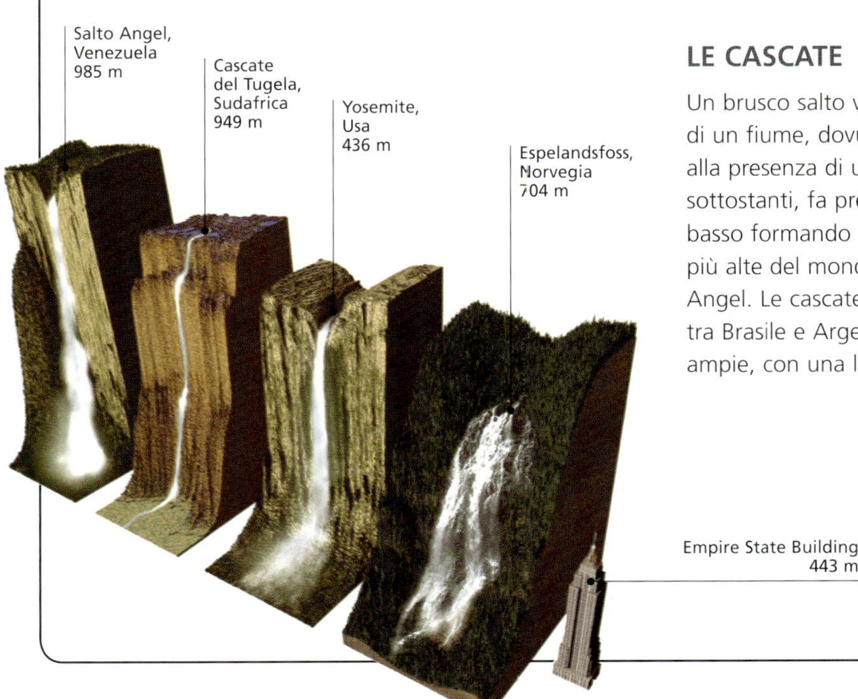

LE CASCATE

Un brusco salto verticale nel corso di un fiume, dovuto generalmente alla presenza di una faglia nelle rocce sottostanti, fa precipitare l'acqua verso il basso formando una cascata. Le cascate più alte del mondo sono quelle del Salto Angel. Le cascate di Iguazú, sul confine tra Brasile e Argentina, sono invece le più ampie, con una larghezza di 2,7 km.

A Iguazú si contano 270 cascate distinte, disposte a ferro di cavallo intorno alla "Gola del Diavolo".

I DELTA

DAL FIUME AL MARE

Quando un fiume di grandi dimensioni attraversa una pianura prima di raggiungere la costa, perde velocità, quindi si divide per superare gli ostacoli, depositando i sedimenti che formano a loro volta nuove barriere. Alla fine si forma una rete complessa di canali, spesso a forma di ventaglio, chiamata "delta".

LA CRESCITA DI UN DELTA
Entrando in mare, il fiume rallenta e i suoi sedimenti si depositano. Nuovi sedimenti vengono continuamente deposti sopra quelli precedenti, estendendo il delta verso il mare aperto. In Italia, il delta del Po si estende su una superficie di circa 400 km^2.

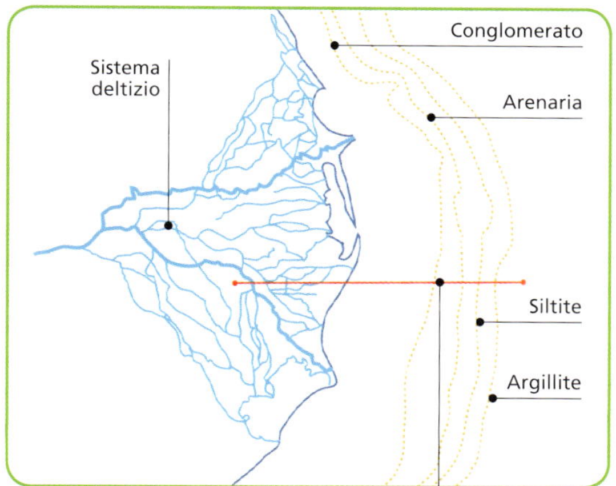

Quello del Nilo è probabilmente il delta più famoso. Inizia a formarsi presso Il Cairo, in Egitto. Lungo circa 160 km, sulla costa ha un'ampiezza di 240 km.

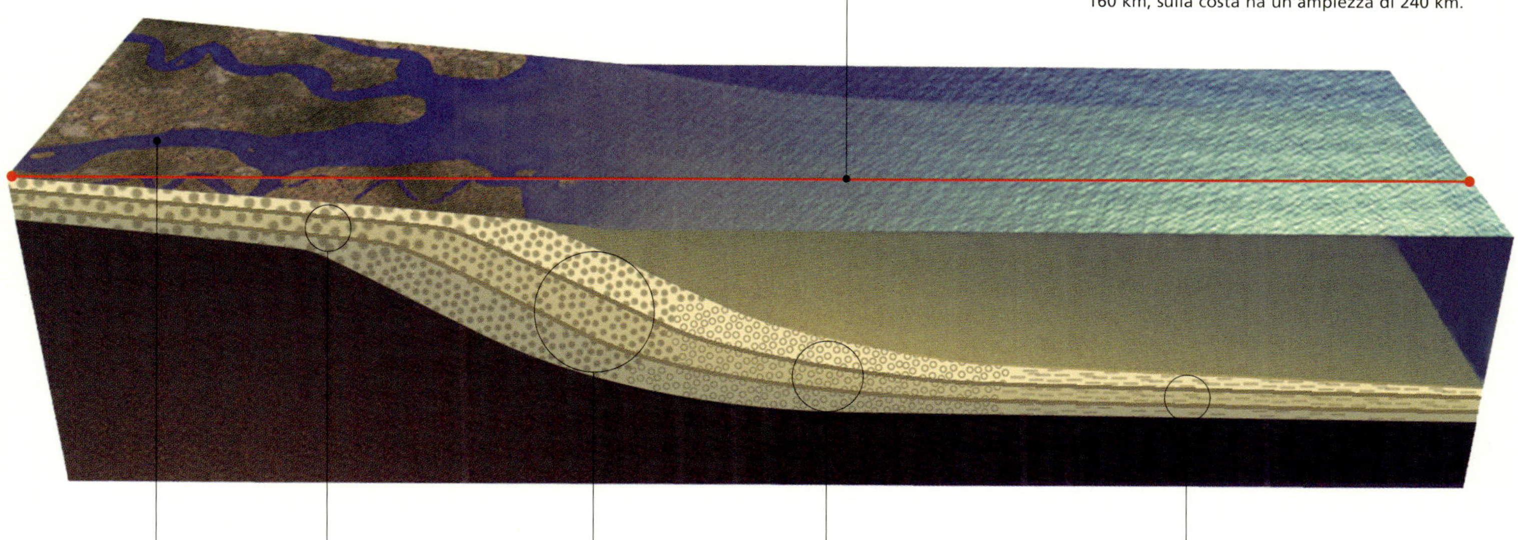

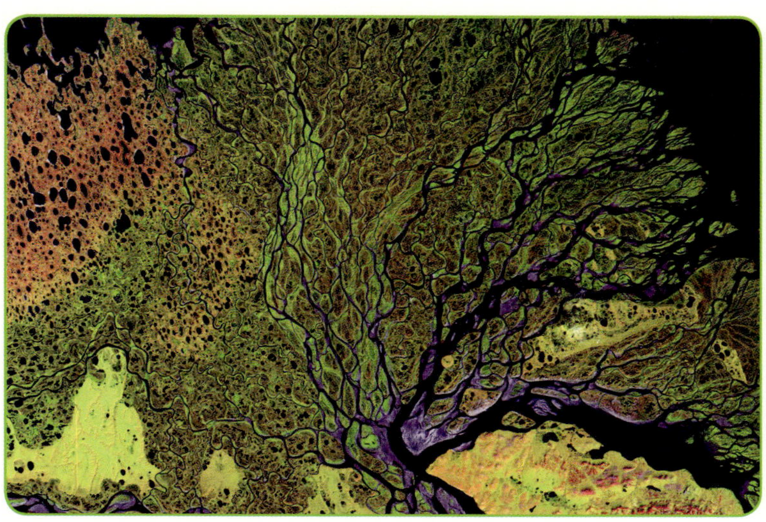

Delta a canali intrecciati Se i sedimenti trasportati sono molto grossolani, i canali restano bloccati dal loro deposito. L'acqua scorre intorno agli ostacoli, formando degli "intrecci".

Delta a canali meandriformi Se il fiume trasporta sabbie fini e argilla, ma pochi sedimenti di grandi dimensioni, i canali non si bloccano ma formano meandri in lento movimento.

Gli estuari

Un estuario si forma dove le acque dolci di un fiume incontrano l'acqua salata del mare. Il fiume che entra in mare rallenta, finché non riesce più a trasportare i sedimenti raccolti lungo il suo corso: la sabbia e i materiali grossolani si depositano, formando delle barre sabbiose. L'incontro tra acqua dolce e acqua salata fa aggregare e depositare le particelle fini, creando delle piane di fango. Molti estuari sono soggetti alle maree: quando la marea è ampia, possono formarsi canali separati e paralleli di acqua dolce e salata; quando l'escursione di marea è ridotta, l'acqua salata può scorrere al di sotto di quella dolce. Le condizioni sempre mutevoli degli estuari attirano diverse forme di organismi viventi.

OCCHIO ALL'HABITAT

Gli allevamenti di gamberetti sono un'importante attività economica in Asia, ma distruggono mangrovieti che sono già ecosistemi in pericolo. Nella sola Malesia, tra il 1980 e il 1990, per far posto a questi allevamenti di gamberetti e a campi coltivati, sono scomparsi 2350 km² di mangrovieti.

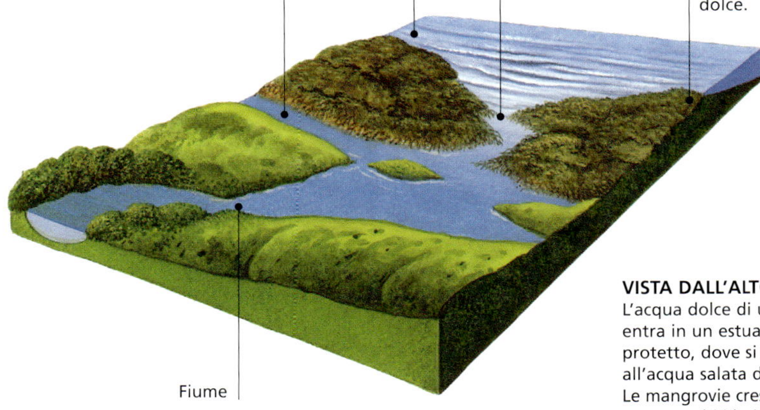

VISTA DALL'ALTO
L'acqua dolce di un fiume entra in un estuario protetto, dove si mescola all'acqua salata del mare. Le mangrovie crescono su entrambi i lati di questo estuario, lasciando nel mezzo soltanto uno stretto canale.

LA VITA IN UN ESTUARIO

Negli ambienti di estuario ci sono abbondanti fonti di nutrimento per uccelli acquatici, insetti, vermi, molluschi, granchi, pesci e piante.

Le barre mobili di sabbia sono ben visibili nell'estuario del fiume Maroochy, nella regione del Queensland, in Australia.

QUATTRO TIPI DI ESTUARIO

Anche se c'è un fiume che vi si immette, un estuario in realtà è un'insenatura marina. Le insenature possono formarsi in quattro modi.

Valle fluviale inondata Si forma in seguito a un innalzamento del livello del mare.

Fiordo Valle profonda, dai versanti ripidi, scavata da un ghiacciaio ormai disciolto e solcata da un piccolo fiume.

Estuario di sbarramento I sedimenti fluviali creano una barra sabbiosa all'imboccatura dell'estuario, mentre dietro si forma una laguna.

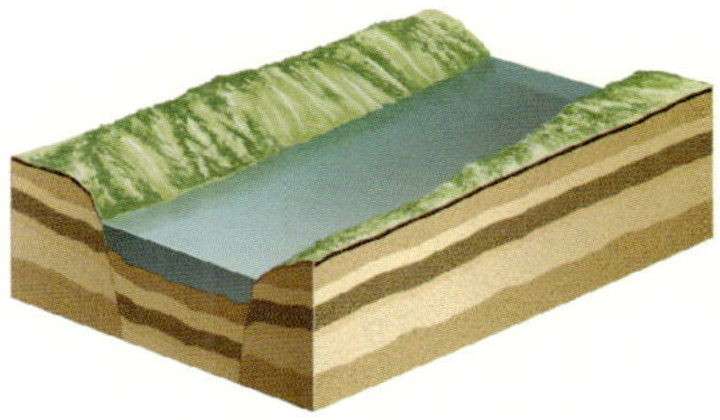

Estuario di origine tettonica Si forma quando un sistema di faglie fa sprofondare una parte di costa al di sotto del livello del mare.

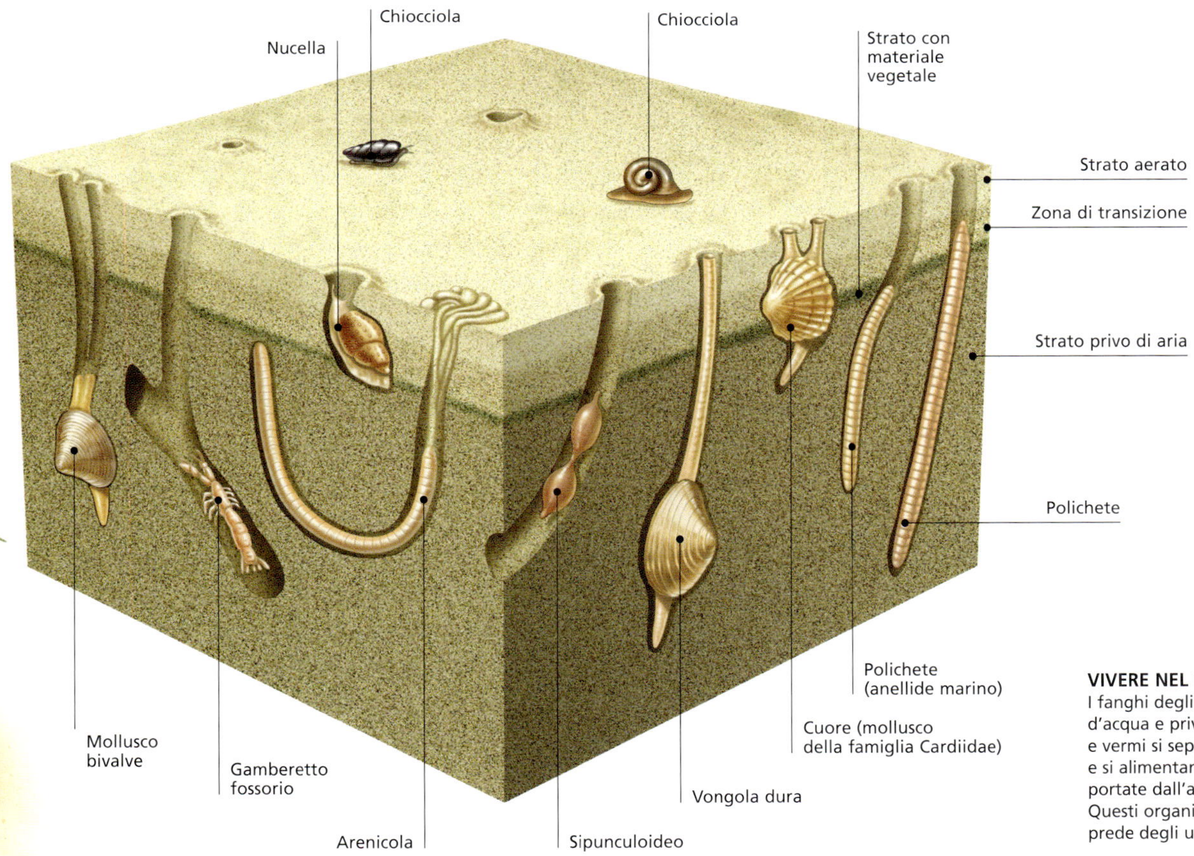

VIVERE NEL FANGO
I fanghi degli estuari sono saturi d'acqua e privi d'aria. Chiocciole, bivalvi e vermi si seppelliscono nel fango e si alimentano filtrando le particelle portate dall'acqua con l'alta marea. Questi organismi sono a loro volta prede degli uccelli delle zone umide.

Le zone umide

Sono zone umide gli ambienti totalmente o parzialmente ricoperti da acque poco profonde, dolci o salate. Paludi, torbiere, acquitrini, fiumi ed estuari sono zone umide, dove trovano il loro habitat le piante e gli animali che non possono vivere né in acque profonde né all'asciutto. Ricche di cibo (pesci, piante e insetti) e di canneti dove nidificare, per gli uccelli queste zone sono dei veri paradisi naturali. Il deposito dei sedimenti fluviali e la crescita delle piante trasforma continuamente questi ambienti, molti dei quali, tuttavia, sono in pericolo, perché possono venir prosciugati per far spazio a terreni agricoli, foreste, edifici, oppure per tenere sotto controllo gli insetti infestanti come le zanzare.

OCCHIO ALL'HABITAT

Il Pantanal, in Brasile, è la zona umida più grande del mondo. In estate, i fiumi straripano formando paludi e marcite che ospitano migliaia di piante e di animali. Tuttavia, il 99% del Pantanal è proprietà privata di allevatori di bovini, che con le loro attività ne minacciano il delicato ecosistema.

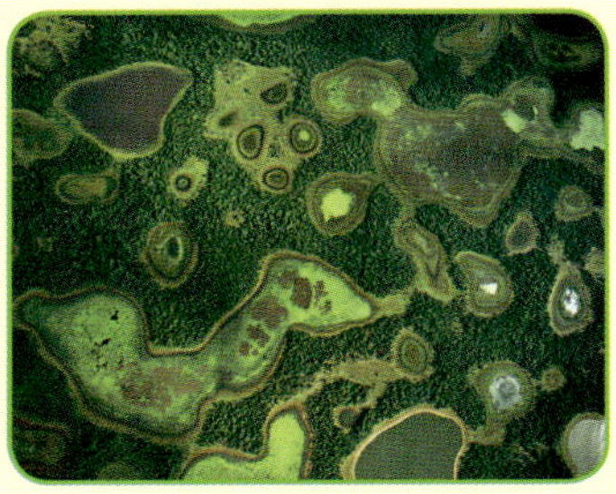

L'alligatore americano vive nelle zone paludose, nei laghi e nei fiumi degli Stati Uniti sudorientali. Nelle Everglades, in Florida, ce ne sono circa 1 milione di esemplari.

DA LAGO A PALUDE
Quando i sedimenti si accumulano in un lago, il suo fondale si innalza e l'acqua diventa meno profonda. Le piante mettono radici nel fango e invadono lentamente le rive, fino a far scomparire il lago.

Lago Un lago è una massa d'acqua interna, caratterizzato dalla crescita di piante lungo i margini poco profondi.

Stagno I sedimenti si accumulano, e le piante si fanno strada nel lago, creando una zona paludosa ai margini.

Palude Il lago scompare. Le piante ricoprono quasi tutta l'area, formando una palude, a volte coperta da boschi.

LA VITA NELLE ZONE UMIDE

Le canne e i giunchi che crescono alti nei pressi dei laghi formano zone protette dove gli uccelli acquatici possono nidificare e trovare cibo. Gli uccelli tuffatori nuotano nelle acque aperte.

Le regioni artiche

Lungo le coste del mar Glaciale Artico, all'estremo nord dell'America settentrionale e dell'Europa, c'è una breve stagione estiva, quando la neve si scioglie e le erbe fioriscono. Questo è l'ambiente della tundra, a nord del quale si trovano i ghiacci perenni che dalle coste si estendono ricoprendo il mare, in parte durante l'estate e totalmente in inverno; è l'Artico estremo, dove vivono gli orsi polari che si nutrono soprattutto di foche, catturandole quando emergono per respirare. Le foche si nutrono di pesci, che a loro volta mangiano i minuscoli animaletti del krill. A nord del Circolo Polare Artico, ogni anno c'è almeno un giorno in inverno in cui il Sole non sale sopra all'orizzonte, e almeno una notte in cui non tramonta: è il fenomeno del Sole di mezzanotte.

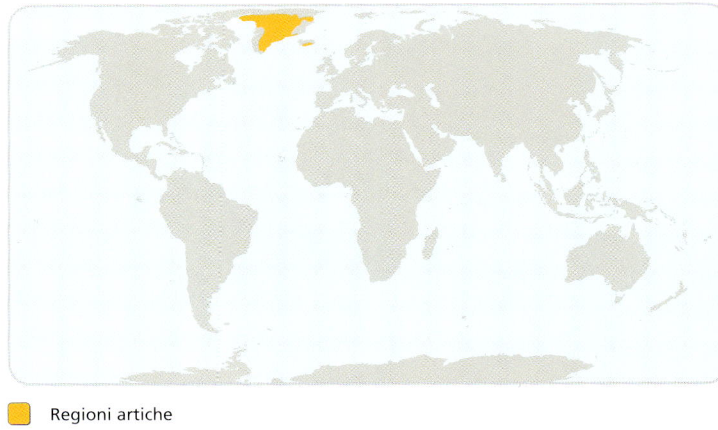

Le cime innevate e i ghiacciai di Spitzbergen, isola a nord della Norvegia. Il nome Spitzbergen venne dato all'isola da un esploratore olandese, e significa "cime aguzze".

OCCHIO ALL'HABITAT

Per chi si occupa del cambiamento climatico, l'Artico è un sistema di allarme precoce. L'innalzamento delle temperature degli oceani sta già riducendo il ghiaccio del pack in estate. Gli Inuit della Groenlandia e del Canada, che sul ghiaccio vanno a caccia, potrebbero essere costretti a cambiare il proprio stile di vita.

Una fotografia a scatti multipli in una notte d'estate mostra il "Sole di mezzanotte" che si sposta sull'orizzonte. Il Sole non tramonta mai, ma resta basso nel cielo.

I CACCIATORI INUIT
Gli Inuit un tempo erano un popolo nomade che si spostava su slitte trainate da cani. Oggi preferiscono utilizzare le motoslitte e vivono in città.

RICERCATORI NELL'ARTICO
Per studiare l'Artico, gli scienziati viaggiano su navi rompighiaccio, progettate per spostarsi attraverso i mari ghiacciati.

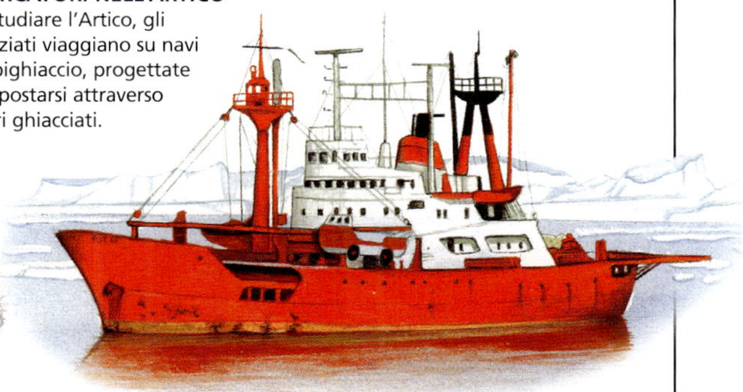

ADATTAMENTI ANTIGELO

Gli animali dell'Artico sono ben protetti dal freddo intenso. Per prepararsi all'inverno, i mammiferi terrestri si ricoprono di uno spesso strato di grasso, che li isola dal freddo e funziona da riserva energetica. Le loro pellicce impermeabili intrappolano uno strato di aria calda vicino alla pelle, riducendo la perdita di calore corporeo.

CARIBÙ
Il caribù (renna nordamericana) ha una fitta pelliccia e uno spesso strato di grasso corporeo che mantengono il calore.

STERNA ARTICA
Nota anche come sterna codalunga, trascorre l'estate nell'Artico e l'inverno in Antartide.

CUCCIOLI DI ORSO POLARE
I cuccioli nascono nel mezzo dell'inverno, ma restano in una tana nella neve, con la madre, fino all'arrivo della primavera.

TRICHECO
Il tricheco usa le sue due lunghe zanne per ancorarsi al ghiaccio, o per mantenere aperti i fori di pesca nel ghiaccio.

FOCA DELLA GROENLANDIA
Come tutte le foche, ha uno spesso strato di grasso sottocutaneo che in inverno fa da isolante termico.

Le regioni antartiche

Isolata dagli altri continenti dal tempestoso oceano Antartico, l'Antartide è il luogo più freddo della Terra. Nelle sue aride valli sopravvivono solo muschi e licheni e poche specie di insetti e di altri animaletti, perché per gli animali di grandi dimensioni non c'è cibo a disposizione. Gli uccelli sono di passaggio e i pinguini si riproducono sui ghiacci, ma vanno a cacciare in mare, dove il cibo abbonda. Le alghe che crescono sul lato inferiore del ghiaccio galleggiante costituiscono il cibo dei piccoli crostacei del krill. Pesci, foche e balene mangiano il krill, i pinguini mangiano i pesci, le foche leopardo cacciano i pinguini e le foche più piccole. Il suolo è sempre coperto di ghiaccio e neve, che in estate si sciolgono solo nelle fasce costiere; in inverno, il mare è sempre gelato.

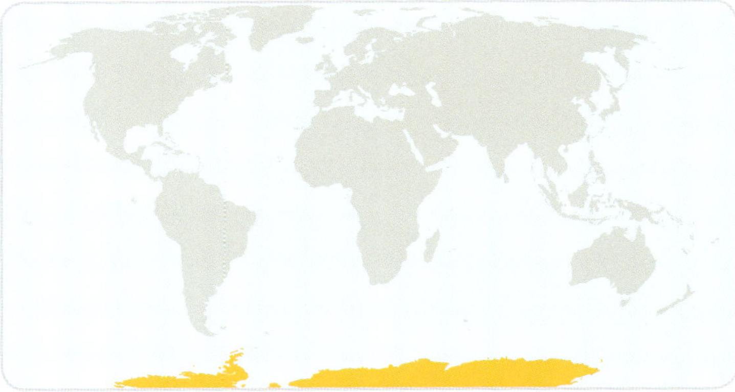

Regioni antartiche

I pinguini imperatore, i più famosi abitanti del continente, sono goffi e sgraziati sulla terraferma. Non appena si tuffano in acqua, si muovono invece senza sforzo.

GHIACCIO NASCOSTO

Il ghiaccio galleggia perché l'acqua allo stato solido è meno densa di quella liquida. Negli iceberg galleggianti, circa l'85% del volume si trova al di sotto della superficie dell'acqua.

VIAGGI IN ANTARTIDE

L'Antartide è una meta turistica. I turisti sbarcano sulla Penisola Antartica, così possono dire di "aver messo piede sul continente", ma non possono viaggiare nell'interno: gli accessi sono limitati per proteggere l'ambiente.

Ogni anno, più di 15.000 turisti arrivano in Antartide, attratti dalla sua natura.

OCCHIO ALL'HABITAT

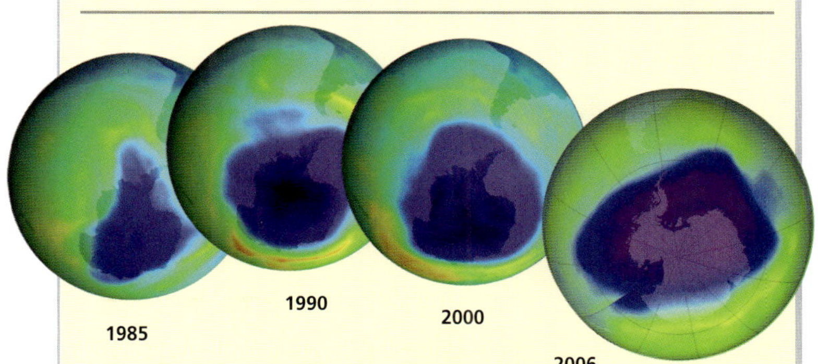

Lo strato di ozono assorbe i raggi UV della luce solare. Sopra l'Antartide, in primavera l'ozono si assottiglia naturalmente, ma nel 1985 vi è stato osservato un "buco" causato dai gas usati nelle bombolette spray, i CFC. Nel 2006 il buco nell'ozono ha raggiunto il suo massimo.

TIPI DI ICEBERG

Tabulari Sono frammenti delle calotte glaciali, ampi, piatti e di colore bianco o blu.

Dry dock Si chiamano così gli iceberg con questa forma, con il centro sotto la linea dell'acqua.

A pinnacolo Questi iceberg hanno punte aguzze che si stagliano alte sul mare.

Le aree agricole

Le prime coltivazioni di segale, realizzate nel Sudest asiatico, risalgono a circa 13.000 anni fa, quando ebbe inizio uno dei più importanti cambiamenti nella storia umana, il passaggio dall'attività di caccia e raccolta all'agricoltura e all'allevamento degli animali. Gli agricoltori tagliarono le piante presenti, dissodarono il terreno per distruggere le erbacce e piantarono i semi: si trattava del cambiamento più radicale mai apportato dall'uomo all'ambiente naturale. In Europa le foreste furono sostituite da campi e pascoli; nel Nord America vennero tagliate le praterie per far posto ai campi di cereali, un intervento meno drastico visto che anche i cereali sono piante erbacee. Oggi, le foreste tropicali vengono tagliate quasi sempre per far posto a terreni agricoli.

OCCHIO ALL'HABITAT

Molti agricoltori usano i fertilizzanti, sostanze nutritive che aumentano la produzione ma possono essere trasportate dall'acqua e inquinare fiumi e mari. Distruggendo le piante acquatiche, i fertilizzanti riducono l'ossigeno e finiscono per uccidere anche i pesci.

A differenza delle prime aziende agricole, quelle moderne sono di grandi dimensioni e usano mezzi meccanici. I trattori servono per il traino dei macchinari pesanti per la mietitura.

I TERRAZZAMENTI

In Asia, gli agricoltori hanno imparato molto tempo fa che il modo migliore per coltivare un pendio collinare è ararlo in senso circolare (e non verso l'alto e verso il basso), costruendo campi terrazzati. Purtroppo, il disboscamento dei versanti può accelerare l'erosione del suolo.

Le praterie americane sono molto estese e necessitano di irrigazione. Nella foto, un impianto di irrigazione automatico con spruzzi circolari, che seguono l'andamento dei campi.

Le zone agricole europee, come questa in Inghilterra, sono spesso formate da tanti piccoli campi circondati da siepi. La zona della foto un tempo era boscosa.

Le aree urbane

Quando gli esseri umani iniziarono a coltivare i terreni, nacquero i primi insediamenti stabili, villaggi che si trasformarono in paesi e poi in città. Nelle città, dal momento che non tutti dovevano occuparsi della produzione del cibo, fu possibile lo sviluppo di altre attività. Artigiani, insegnanti, preti, artisti, musicisti, inventori, studenti: sempre più persone iniziarono a spostarsi verso i centri urbani in cerca di lavoro e di servizi per la salute e l'educazione. Oggi, più di metà dell'intera popolazione vive in città. In molti Paesi in via di sviluppo, tuttavia, queste stanno crescendo così rapidamente che non si riesce a fornire i servizi di base, come acqua potabile ed elettricità, e milioni di persone vivono in condizioni malsane e di estrema povertà.

OCCHIO ALL'HABITAT

Gli abitanti delle città bruciano combustibili e gettano grandi quantità di rifiuti, generando sostanze inquinanti. In molti centri, l'inquinamento atmosferico dovuto al traffico è una minaccia per la salute. La gestione dei rifiuti può essere semplificata dalla raccolta differenziata e dal riciclaggio.

LE CITTÀ MODERNE

I grattacieli di New York (Usa) permettono a più di 8 milioni di persone di vivere in una piccola area.

Kolkata, in India, ha 4,6 milioni di abitanti, un terzo dei quali vive in condizioni di povertà.

ÇATALHÜYÜK

Intorno al 6000 a.C., a Çatalhüyük, uno dei primi villaggi dell'attuale Turchia, vivevano migliaia di persone. Le case erano così ammassate che gli abitanti dovevano entrarvi da porte che si aprivano sui tetti.

UN MONDO AFFOLLATO

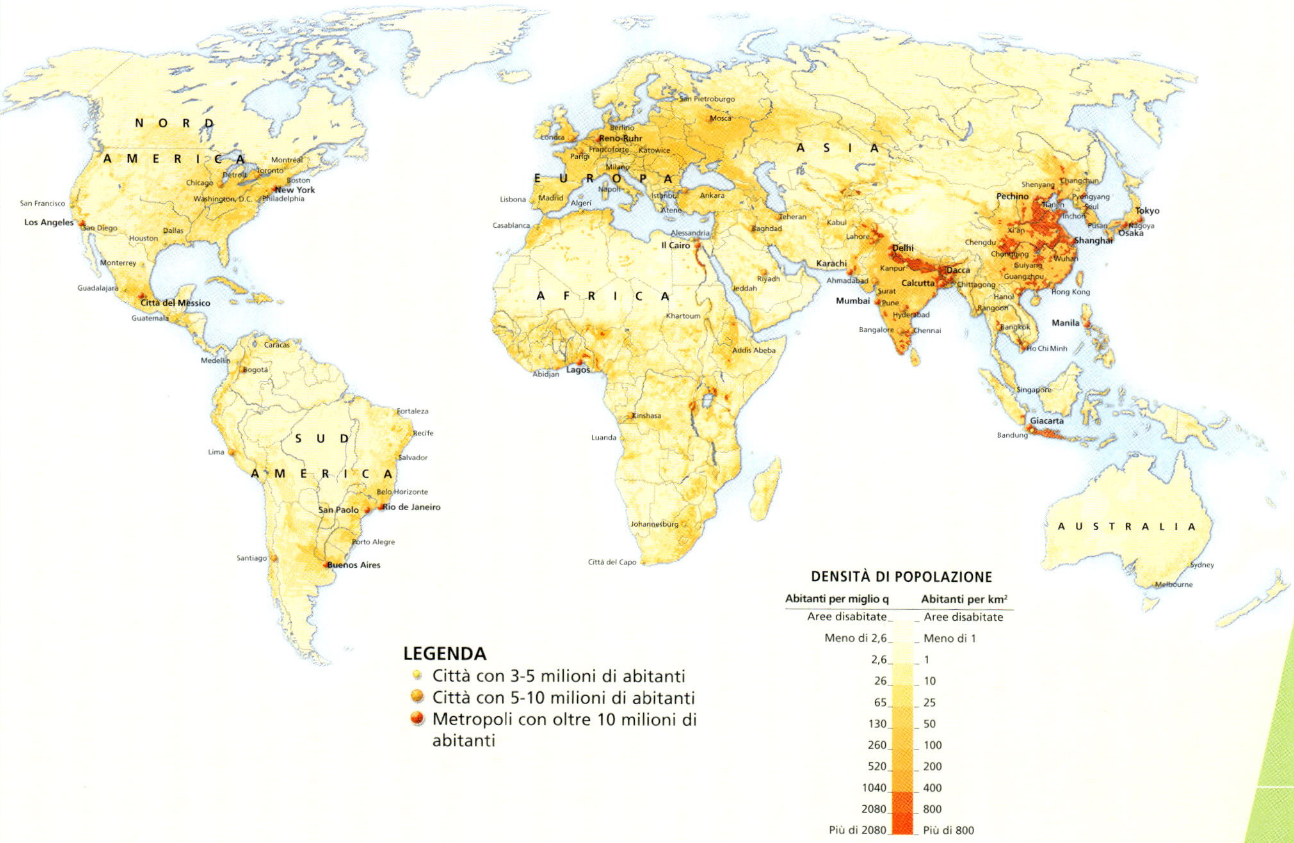

I PAESI PIÙ POPOLATI

Cina	1.313.974.000
India	1.095.352.000
Stati Uniti	299.398.000
Indonesia	245.453.000
Brasile	188.078.000
Pakistan	165.804.000
Bangladesh	147.365.000
Russia	142.894.000
Nigeria	131.860.000
Giappone	127.464.000
Messico	107.450.000
Filippine	89.469.000

CIFRE IN AUMENTO

Il traguardo del miliardo di persone è stato raggiunto dopo molto tempo dall'inizio della storia dell'umanità, intorno al 1800. Da allora, la crescita della popolazione ha subito un'accelerazione, e in meno di due secoli si è arrivati a 6 miliardi di abitanti. Si pensa che intorno al 2200 la popolazione mondiale avrà raggiunto i 10 miliardi. Il 95% circa di questa crescita avviene nei Paesi in via di sviluppo, cioè i Paesi poveri con ridotta industrializzazione. In Asia vive il 60% della popolazione mondiale, mentre in Africa si osserva la crescita più veloce.

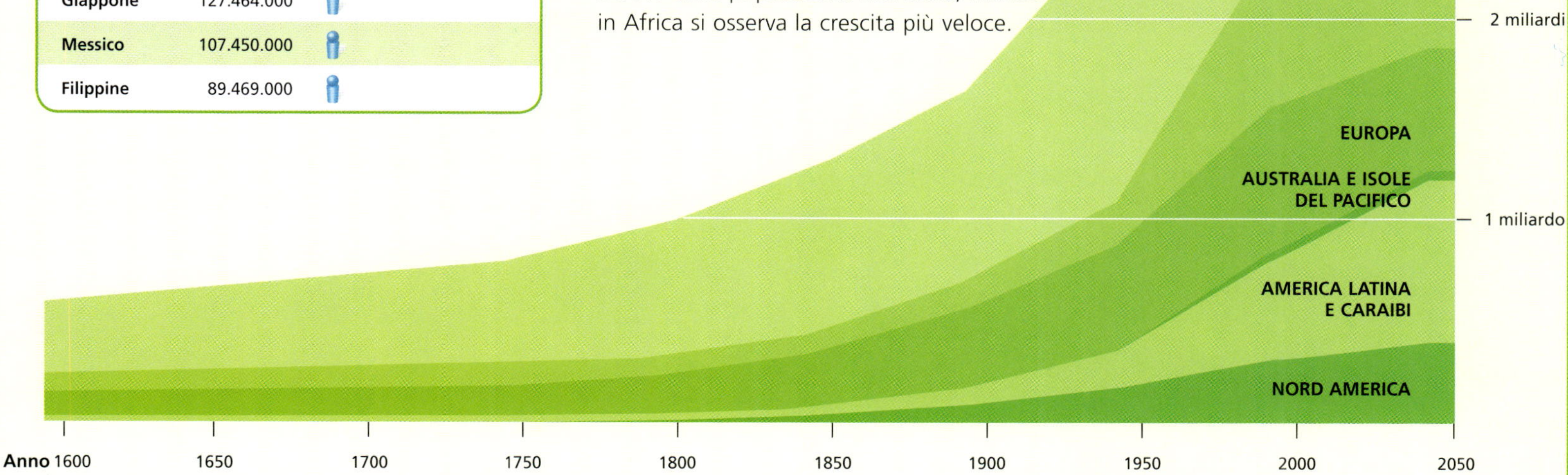

La biodiversità

La foresta di Daintree (Australia) è una delle più antiche foreste pluviali. Al largo della stessa costa c'è la Grande Barriera Corallina, la più grande struttura prodotta da esseri viventi.

Quando si parla di biodiversità, o "diversità biologica", ci si riferisce all'incredibile varietà di forme viventi presenti sulla Terra, ai luoghi in cui vivono e alle loro interazioni. La biodiversità non indica solo quante specie vivono in una data area, ma anche la variabilità delle singole specie e la complessità degli ecosistemi o delle comunità. L'inquinamento rende la vita difficile ad alcune specie animali o vegetali, e riduce la loro biodiversità; anche le alterazioni nell'uso del suolo, come la deforestazione, possono ridurla o aumentarla a seconda dei casi. La conservazione della biodiversità, secondo gli scienziati, deve diventare una priorità per tutti.

PANORAMICA MONDIALE DELLA BIODIVERSITÀ

La mappa illustra la biodiversità nei diversi Paesi, in base ai dati raccolti dai singoli governi. La biodiversità è maggiore nei Paesi a clima caldo rispetto a quelli a clima freddo, ed è minima negli habitat estremi, come i deserti e le regioni polari.

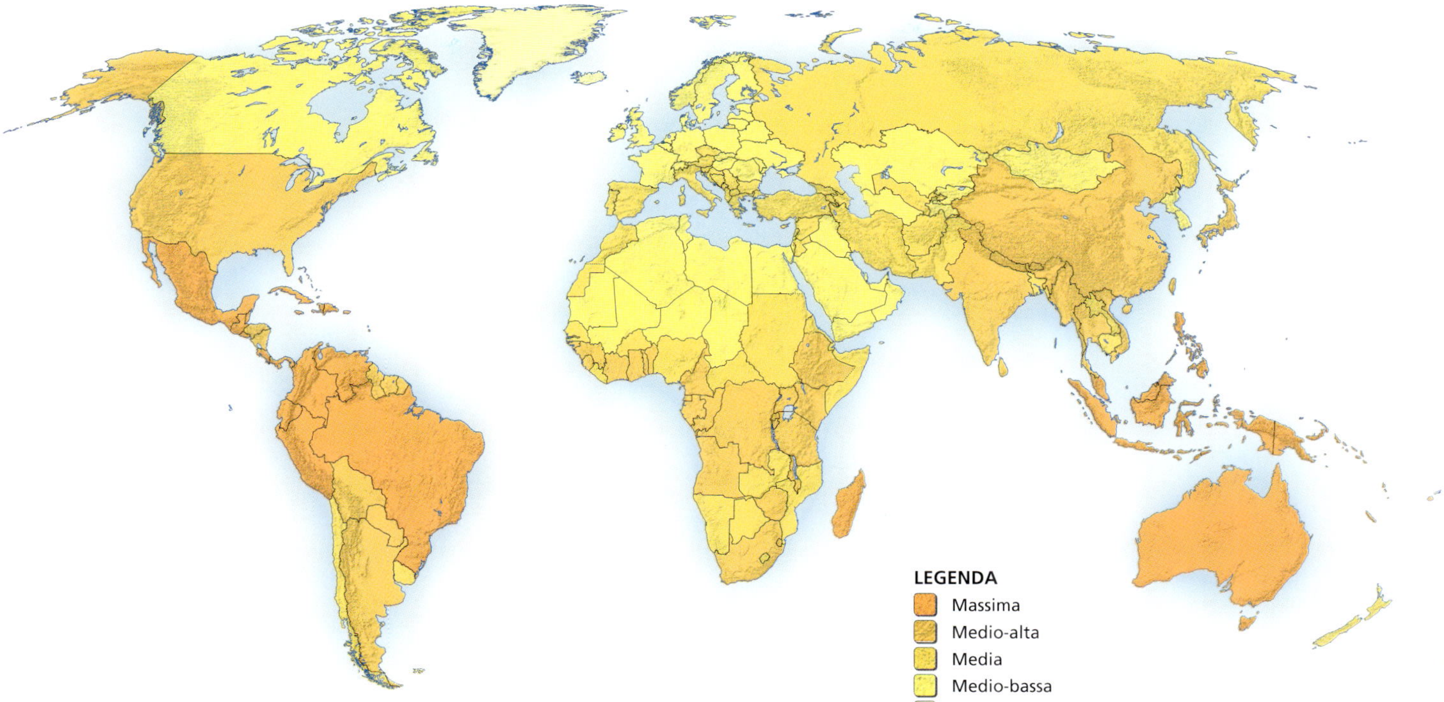

LEGENDA
- Massima
- Medio-alta
- Media
- Medio-bassa
- Minima

VITA IN PERICOLO

La World Conservation Union pubblica la Lista Rossa degli animali e delle piante in pericolo. Attualmente la lista comprende oltre 16.000 specie.

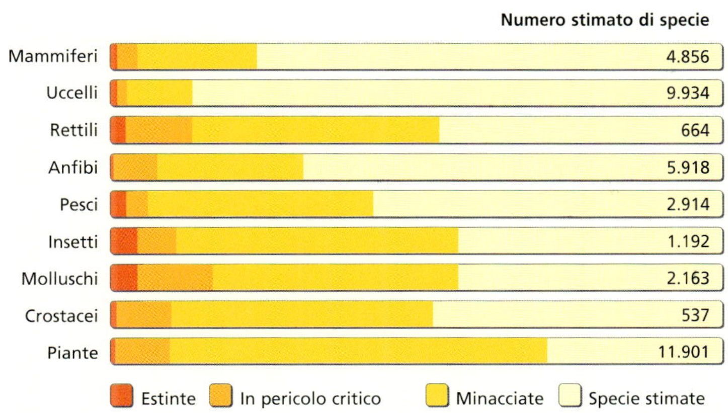

ORANGHI
Gli oranghi sono minacciati dalla deforestazione e dalla caccia. Vivono soltanto in piccole aree delle foreste pluviali indonesiane.

PANDA GIGANTE
Il panda gigante vive soltanto sulle montagne della Cina. In natura ne sopravvivono non più di 1600 esemplari.

ALBATROS URLATORE
È un uccello marino che si nutre in mare aperto, soprattutto di notte. Molti esemplari sono stati uccisi da un metodo di pesca che utilizza lunghissimi cavi (*longline fishing*).

SEQUOIA GIGANTE
È un albero presente soltanto in California (Usa). Per crescere, i suoi semi hanno bisogno di particolari condizioni, che si verificano raramente.

L'ambiente globale

Oggi, sulla Terra, noi esseri umani siamo così numerosi – e le industrie che soddisfano le nostre necessità sono così grandi – che l'impatto prodotto sull'ambiente naturale è veramente notevole, al punto che molti scienziati pensano che per questo si stia modificando il clima globale. In effetti i gas di scarico dei veicoli riducono la qualità dell'aria nelle città e molte fabbriche inquinano sia l'aria sia l'acqua; le emissioni industriali e quelle delle centrali energetiche rendono le piogge più acide, causando danni a laghi e fiumi; la scorretta gestione del suolo provoca erosione e fa avanzare i deserti. Nessuno di questi problemi è irreversibile, ma per risolverli dobbiamo avere più cura del nostro pianeta.

In Tasmania (Australia), dopo anni di taglio degli alberi, è rimasto solo il 26% delle foreste.

UN PIANETA IN PERICOLO

L'industria e lo sviluppo possono causare gravi danni all'ambiente, come l'inquinamento dell'aria, del suolo e dei mari. I problemi dei Paesi industrializzati si ripresentano oggi anche in quelli in via di sviluppo.

FRENARE I DESERTI
I deserti si espandono e si ritirano naturalmente. Un'attenta gestione delle attività agricole e di allevamento lungo i margini può creare una copertura vegetale perenne che forza gradualmente i deserti a ritirarsi.

SALVARE LE FORESTE
Le foreste temperate sono in espansione, mentre quelle tropicali stanno scomparendo. In alcuni casi questo problema si può arginare se alle popolazioni locali viene permesso di trarre profitto dalle foreste stesse.

RIDURRE L'INQUINAMENTO ATMOSFERICO
I Paesi da tempo industrializzati pongono oggi limiti severi alle emissioni inquinanti, limiti diffusi in tutto il mondo e che diventano sempre più rigidi.

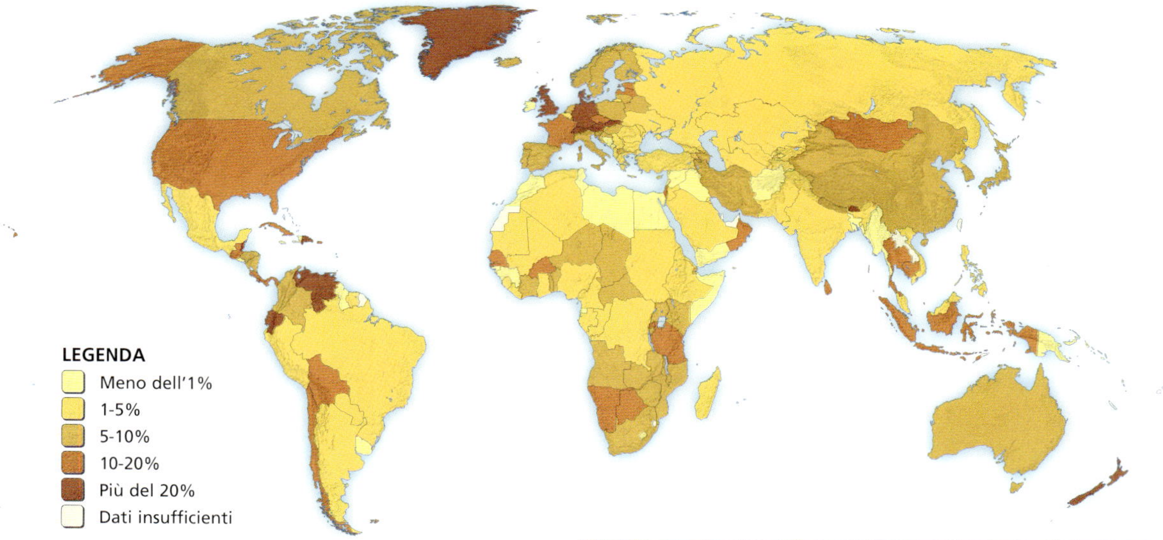

AREE PROTETTE
Nella maggior parte dei Paesi vengono create aree protette – per esempio parchi nazionali o riserve – per tutelare gli ambienti naturali. L'estensione di tali aree è molto variabile, così come sono diverse le motivazioni alla base della loro creazione. La necessità di proteggere il territorio è maggiore nelle aree più densamente popolate, come le città.

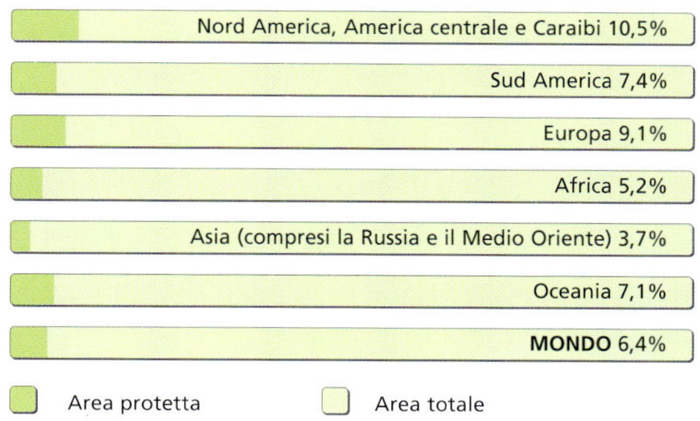

Il sovrappascolo (pascolo eccessivo) distrugge la vegetazione. In regioni come il Rajasthan (India) può portare il territorio alla desertificazione.

Il disboscamento causa l'erosione del suolo; i sedimenti che arrivano nei fiumi uccidono i pesci.

ELIMINARE LE PIOGGE ACIDE
Le piogge acide, causate da fabbriche, centrali energetiche e veicoli, sono oggi sotto controllo in molti Paesi, ma i loro effetti permangono.

PROTEGGERE LO STRATO D'OZONO
I CFC, gas usati nelle bombolette spray, possono "bucare" lo strato di ozono. Oggi i CFC sono vietati e lo strato di ozono si sta ricostituendo.

TENERE PULITA L'ACQUA
Nessun governo permette più che si gettino i rifiuti nei fiumi o in mare. Gli accordi internazionali hanno l'obiettivo di ridurre e prevenire l'inquinamento delle acque.

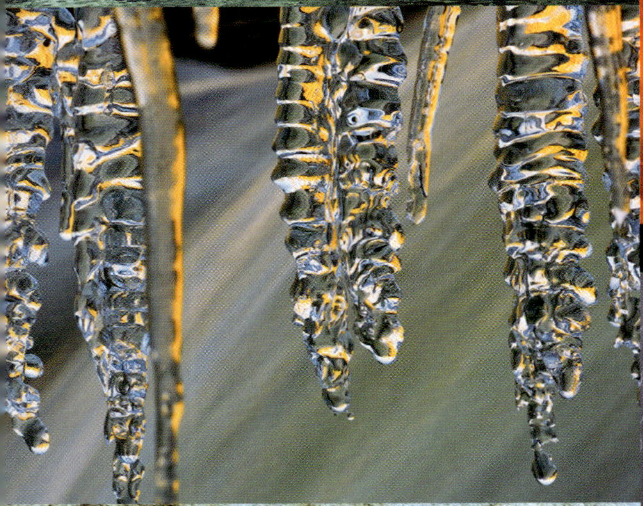

La meteorologia

Che tempo fa?

Chi di noi, indipendentemente da dove vive, non controlla ogni giorno "che tempo fa"? In base al tempo decidiamo come vestirci, scegliamo le piante da curare in giardino, e anche il nostro umore può cambiare. Ma da che cosa dipende il tempo? Il tempo atmosferico è determinato dall'aria in movimento sulla superficie terrestre, come si può osservare nelle immagini riprese dai satelliti, con le spirali d'aria sui continenti che portano venti e nubi, pioggia e neve, tempeste e uragani. Di solito, in ogni zona il tempo è simile da un anno all'altro: questo suo ciclo regolare su lunghi periodi è detto clima.

Gli uragani sono enormi perturbazioni. In questa immagine si vede chiaramente la spirale in senso antiorario dell'uragano Fran, in arrivo sulla Florida nel 1996.

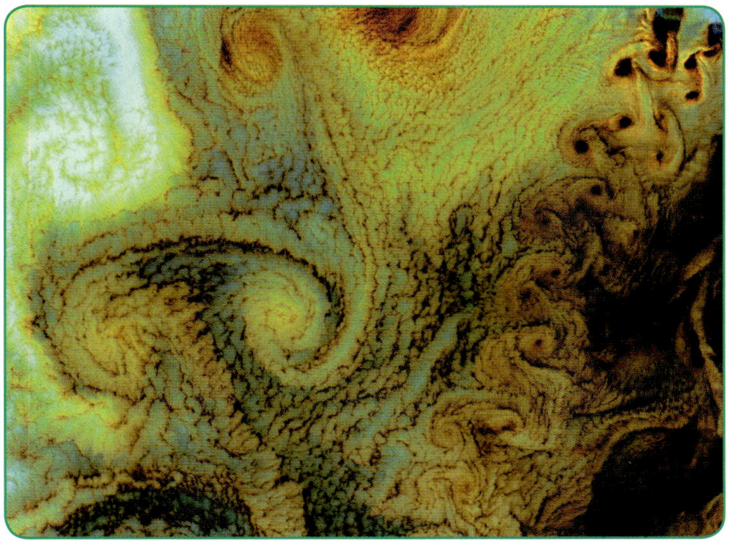

I venti non oltrepassano gli ostacoli, ma tendono ad aggirarli. In questo modo si crea un andamento complesso di spirali e vortici, visibili dall'alto nel cielo coperto da nubi.

L'aria fredda in movimento sull'Antartide e sull'oceano Antartico dà origine a vaste aree di ghiaccio e neve sul mare di Weddell e sulla zona nordoccidentale del continente.

Le zone climatiche

Le regioni della Terra hanno climi diversi, e anche le aree interne a queste regioni presentano caratteristiche climatiche distinte; tali regioni e aree sono chiamate zone climatiche. Vicino all'Equatore si trovano le zone tropicali, caratterizzate da climi caldi e umidi; all'estremo opposto vi sono i Poli, con climi molto freddi e asciutti, mentre nella fascia intermedia ci sono le zone subtropicali calde, i deserti secchi o aridi dove fa caldo di giorno e freddo di notte, le zone di montagna con inverni freddi e nevosi, e le zone temperate, dove di solito le condizioni climatiche sono sempre moderate.

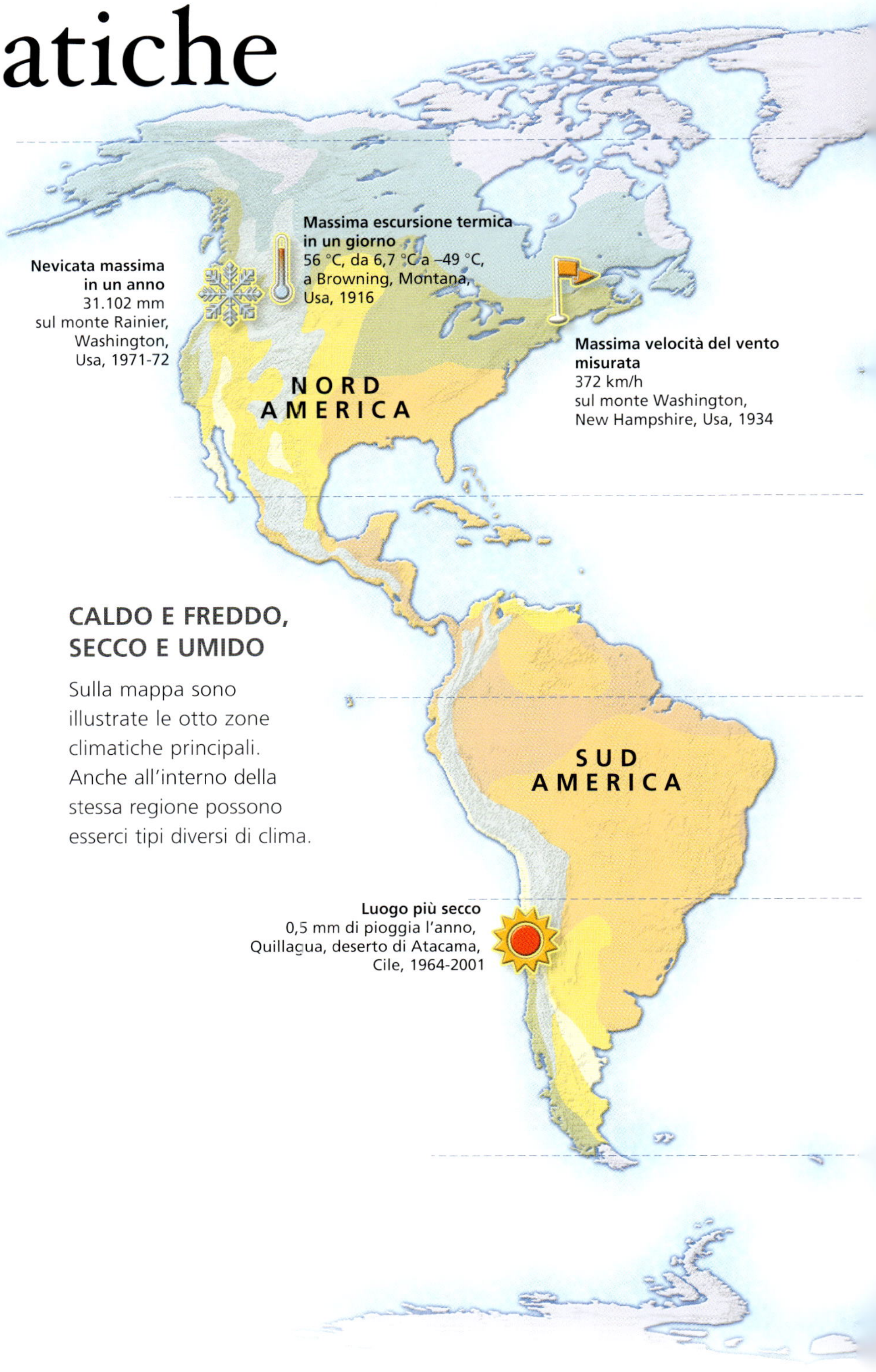

CALDO E FREDDO, SECCO E UMIDO

Sulla mappa sono illustrate le otto zone climatiche principali. Anche all'interno della stessa regione possono esserci tipi diversi di clima.

GLI ADATTAMENTI AL CLIMA

Le piante e gli animali sono presenti in gran parte della Terra, anche dove le condizioni meteorologiche sono estreme. Nel corso del tempo, gli organismi hanno infatti sviluppato adattamenti al clima della regione in cui vivono.

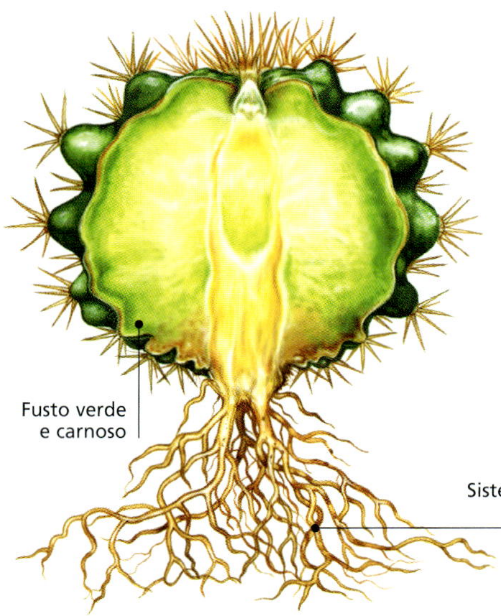

PIANTE
I cactus crescono in regioni desertiche e aride. Hanno poche foglie – o non ne hanno affatto – e radici estese. Immagazzinano la poca acqua disponibile nei loro fusti verdi e carnosi.

ANIMALI
La lepre variabile americana ha orecchie corte che trattengono il calore negli ambienti freddi. Il jackrabbit antilope, una lepre dei deserti, ha invece orecchie lunghe per disperdere il calore quando la temperatura è elevata.

Lepre variabile americana

Jackrabbit antilope

Zone di montagna: clima freddo, umido, ventoso.

Zone polari: clima freddo per tutto l'anno.

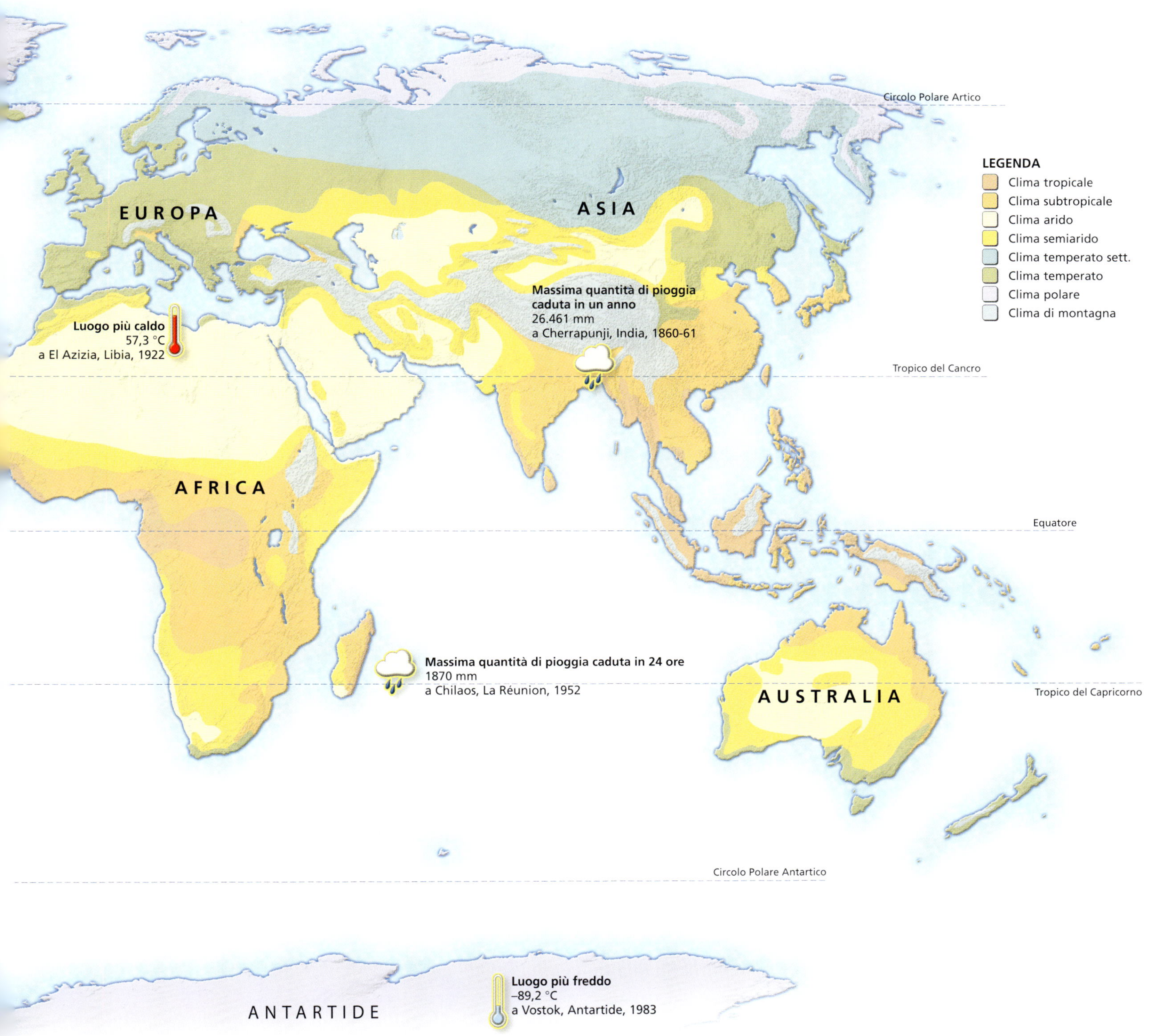

Zone temperate: inverni freddi ed estati fresche.

Zone semiaride: di solito ci sono praterie con pochi alberi.

Zone tropicali: il clima è caldo e umido per tutto l'anno.

Il "motore" del tempo

È il Sole il "motore" dei fenomeni atmosferici, i suoi raggi riscaldano la superficie terrestre, al massimo ai Tropici e in parte minima ai Poli, ma la superficie del nostro pianeta assorbe soltanto la metà dell'energia solare disponibile: l'atmosfera assorbe l'altra metà, o la riflette nuovamente verso lo spazio. La neve bianca, che riflette la maggior parte dell'energia solare, trattiene pochissimo calore, mentre le foreste tropicali, di colore verde scuro, ne assorbono molto di più. Sulle terre emerse, la temperatura è molto più variabile rispetto ai mari e queste differenze danno origine ai venti, che mettono in moto la grande circolazione atmosferica, producendo il "tempo atmosferico".

IL SOLE E LE STAGIONI

L'inclinazione dell'asse terrestre (23,5 gradi) fa sì che la quantità di energia solare che arriva sulle diverse parti del globo vari durante l'orbita che compie il nostro pianeta intorno al Sole. A queste variazioni si devono le stagioni, che sono opposte nei due emisferi.

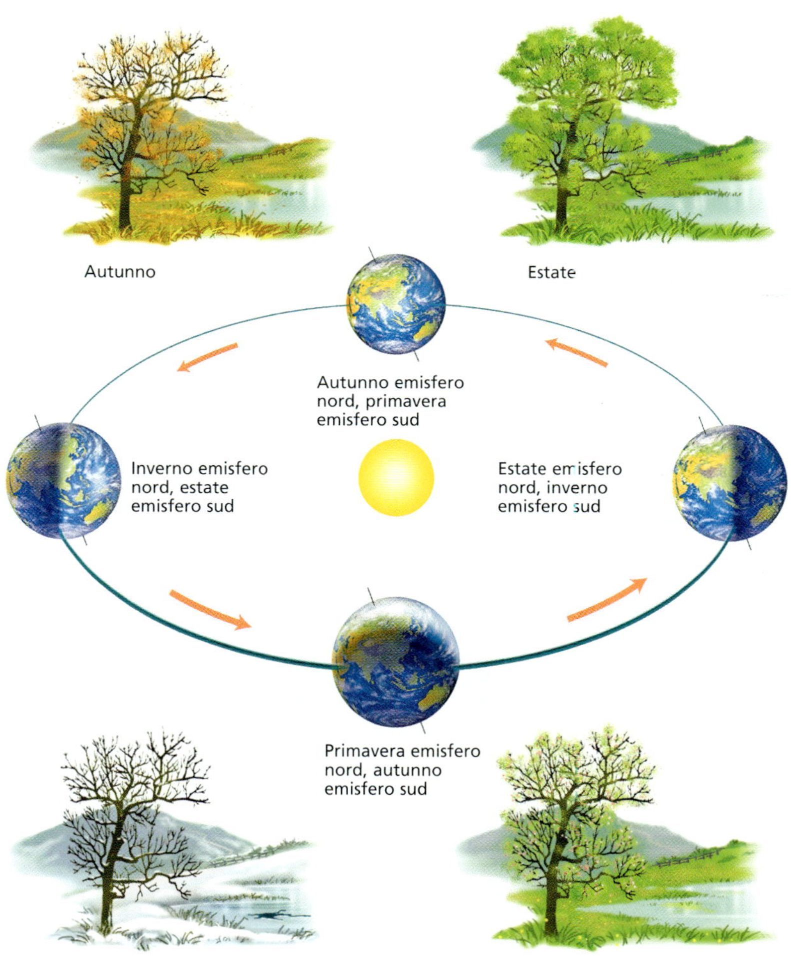

GLI STRATI DELL'ATMOSFERA

Termosfera
Oltre gli 80 km
È lo strato più esterno de l'atmosfera. I gas sono molto rarefatti.

Mesosfera
50-80 km
La mesosfera è molto più fredda della stratosfera.

Stratosfera
15-50 km
Nella stratosfera l'aria è calda e asciutta.

Troposfera
0-15 km
In questo strato, l'aria contiene molto vapore acqueo e polveri. La maggior parte dei fenomeni atmosferici sono localizzati qui.

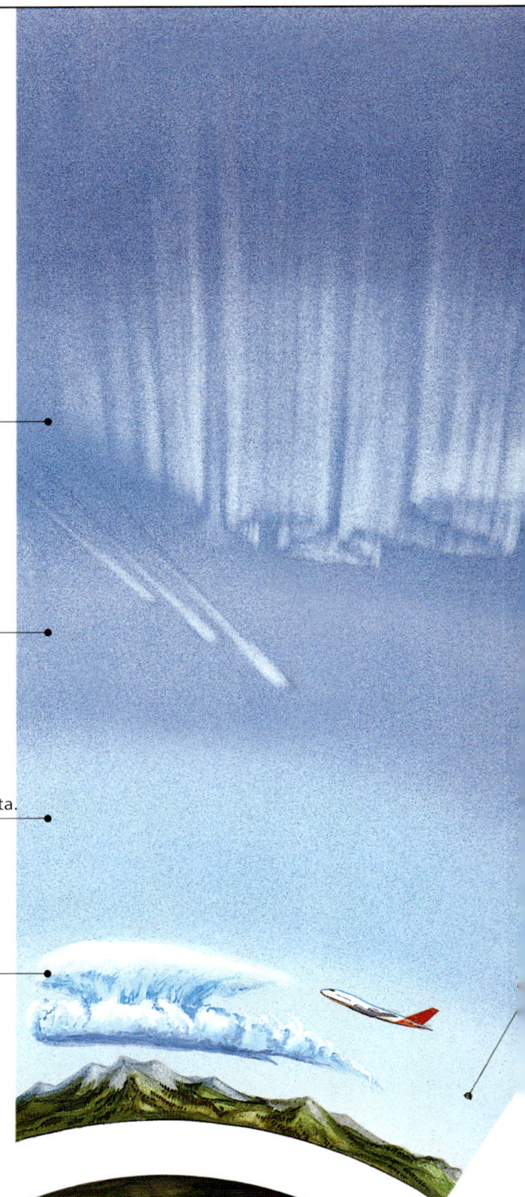

CALORE DAL SOLE

L'aria si riscalda di più all'Equatore che ai Poli. A seconda della stagione, nei pressi dell'Equatore i raggi del Sole cadono su piccole aree circolari, ai Poli, invece, i raggi solari colpiscono la Terra con una forte inclinazione e si diffondono su un'area maggiore, indebolendosi.

- Luce in viaggio verso l'Equatore
- Luce in viaggio verso i Poli

IL CLIMA DELLA TERRA

All'Equatore, i raggi solari colpiscono la Terra quasi perpendicolarmente durante tutto l'anno. Quella equatoriale è la zona più calda del nostro pianeta; allontanandosi dall'Equatore i raggi arrivano più inclinati e il clima si fa più freddo.

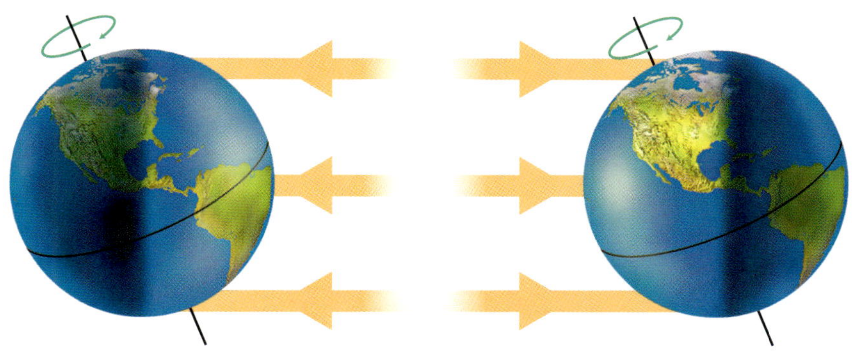

Questo disegno mostra come i raggi solari colpiscono la Terra durante l'inverno nell'emisfero settentrionale (estate in quello meridionale).

Questo disegno mostra come i raggi solari colpiscono la Terra durante l'estate nell'emisfero settentrionale (inverno in quello meridionale).

L'AVVICENDARSI DELLE STAGIONI

Il percorso apparente del Sole determina le stagioni, che modificano il paesaggio con fioriture in primavera e alberi spogli in inverno.

Primavera

Estate

Autunno

Inverno

I sistemi dei venti

Il Sole riscalda le zone tropicali durante tutto l'anno, causando una risalita dell'aria all'Equatore. L'aria risale, si espande, si raffredda e scende di nuovo in superficie nella fascia compresa tra i 30° di latitudine nord e sud. Da qui, parte dell'aria ritorna verso l'Equatore al livello del suolo, completando un percorso circolare che si chiama "cella". Celle simili si formano tra i 30° e i 60° di latitudine e tra i 60° e i Poli. Il movimento dell'aria al livello del suolo all'interno di queste celle determina i principali sistemi dei venti, i quali spostandosi a nord e a sud vengono deviati dalla rotazione terrestre: verso destra nell'emisfero settentrionale e verso sinistra in quello meridionale. È il cosiddetto effetto Coriolis.

LE CELLE DEI VENTI

Le celle più vicine all'Equatore sono note come celle di Hadley, in onore dello scienziato inglese George Hadley, che le descrisse nel 1753. Le celle di Ferrel prendono invece il nome dallo scienziato americano William Ferrel, che le notò per primo, nel 1856.

I SISTEMI DEI VENTI
Dato che l'aria calda sale e quella fredda scende, il riscaldamento disomogeneo della superficie terrestre genera una circolazione simile a quella illustrata qui sotto. I venti hanno importanti effetti sul clima.

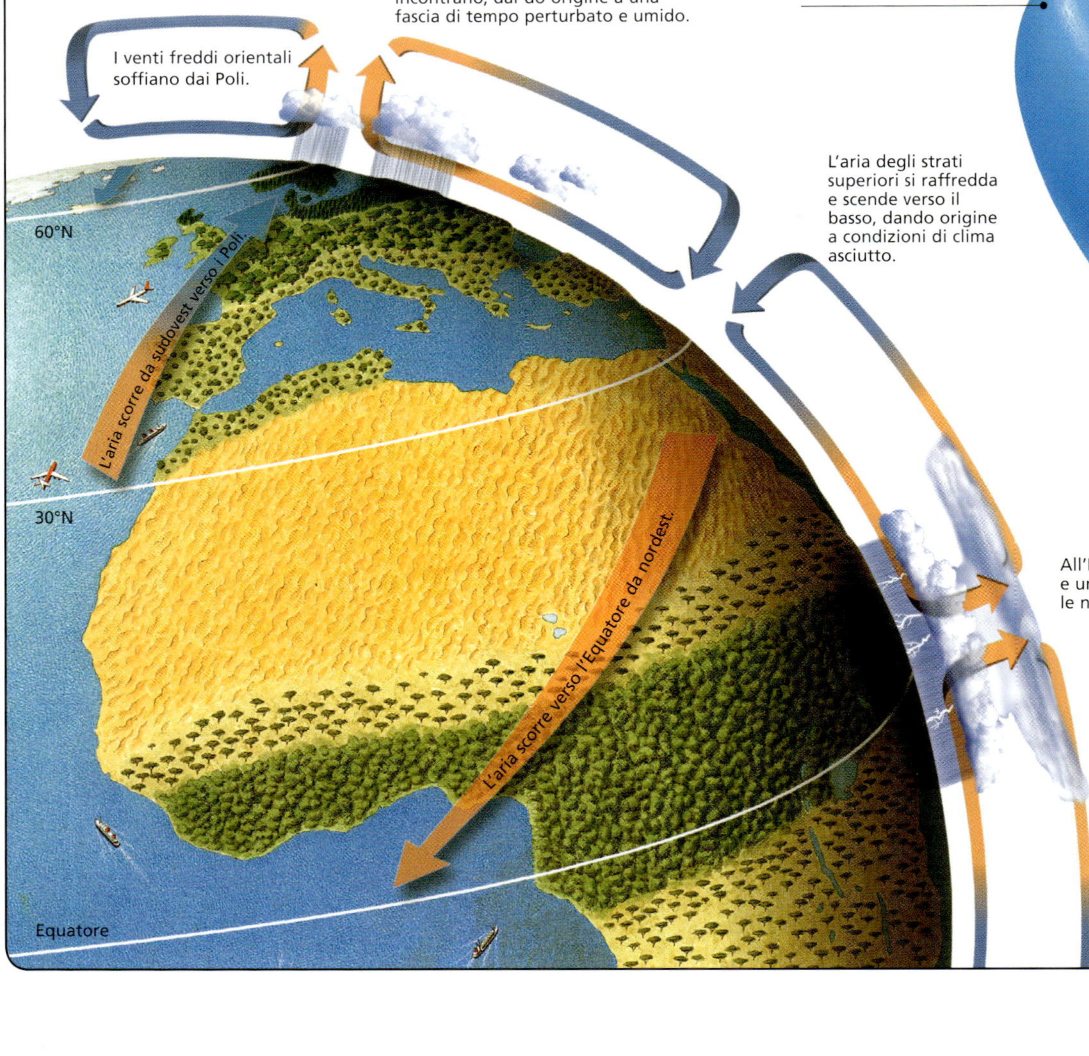

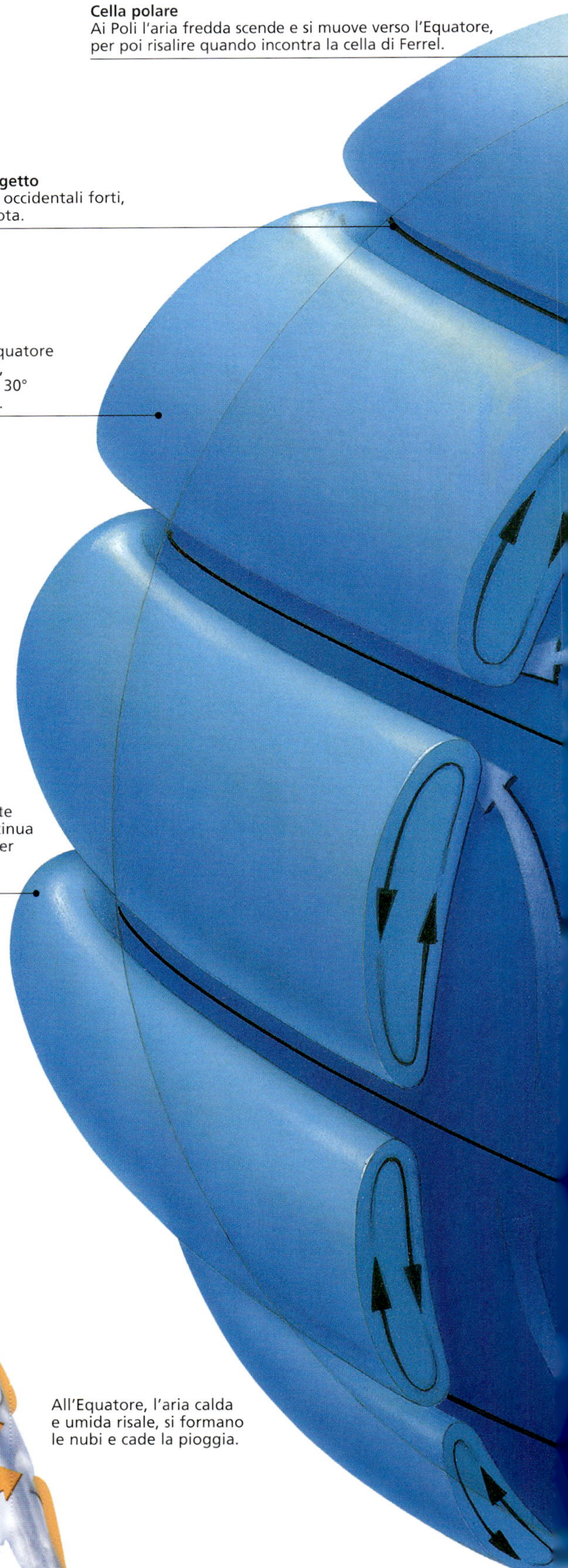

I venti polari orientali I venti freddi orientali soffiano dai Poli ai 60° di latitudine nord e sud.

Zona delle calme equatoriali Area equatoriale dove i venti sono assenti.

Alisei Sono venti orientali che soffiano verso l'Equatore.

I venti occidentali I venti caldi e umidi soffiano da ovest.

L'EFFETTO CORIOLIS
Nell'emisfero settentrionale, l'effetto Coriolis fa muovere l'aria in senso orario e verso il basso intorno ai centri di alta pressione, e in senso antiorario e verso l'alto intorno a quelli di bassa pressione. L'opposto accade nell'emisfero sud.

I MONSONI

I flussi d'aria globali esercitano il loro effetto sui venti locali come i monsoni. Questi venti stagionali portano forti piogge in molte regioni subtropicali, specialmente in India e Bangladesh.

Gli abitanti dell'India e del Bangladesh devono fare i conti con le fortissime piogge monsoniche.

Stagione secca In inverno, l'alta pressione dà origine a venti che allontanano l'aria umida dall'India e dal Bangladesh.

Stagione umida In estate, la bassa pressione sulle zone interne attira aria umida dall'oceano, provocando piogge torrenziali.

Il ciclo dell'acqua

Il passaggio dell'acqua dall'atmosfera alla terraferma e al mare crea un ciclo che determina le condizioni meteorologiche e ci garantisce un rifornimento costante di acqua dolce. Quando il Sole riscalda gli oceani, i laghi e i fiumi, parte dell'acqua si trasforma in vapore acqueo, che viene liberato in atmosfera; anche l'acqua contenuta nelle piante viene liberata, con la fotosintesi. In entrambi i casi il processo con cui si libera l'acqua si chiama evaporazione. Il vapore acqueo forma le nubi, che a loro volta producono la pioggia, di cui una parte viene assorbita dal suolo e dalle piante mentre il resto finisce di nuovo nei mari attraverso i fiumi e i canali sotterranei.

Nubi dense portano pioggia e foschia in una foresta pluviale della Colombia.

UN VIAGGIO DI ANDATA E RITORNO

L'acqua che evapora dagli oceani e da altre fonti condensa sotto forma di nubi. I venti trasportano le nubi verso l'interno, la pioggia cade sul terreno e l'acqua ritorna al mare, completando il ciclo.

La pioggia si forma quando le singole gocce cadono sulla Terra da nubi cariche d'acqua.

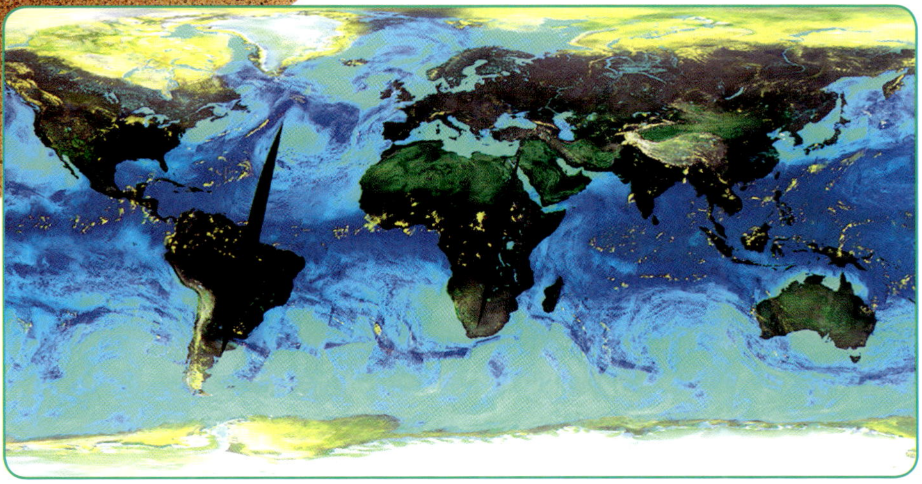

In questa foto da satellite, le aree di colore blu scuro sono le zone della Terra in cui è presente la maggior concentrazione di vapore acqueo in atmosfera. Le stesse zone sono anche quelle più piovose.

Le nubi

Le nubi sono masse formate da goccioline d'acqua e da cristalli di ghiaccio, che fluttuano nel cielo. Il processo con cui si formano ha inizio con la risalita di aria calda e umida. Quando si raffredda, l'aria non riesce a trattenere il vapore acqueo, che condensa intorno a particelle di polvere e forma minuscole goccioline d'acqua che vanno a formare le nubi. Il cielo può coprirsi di nubi quando una massa d'aria calda risale sopra ad aria più fresca facendo condensare il vapore acqueo, ma le nuvole si formano anche quando l'aria calda viene forzata a risalire sulle montagne, o quando soffia sopra una superficie più fredda, come una distesa d'acqua. Nelle giornate più calde, le nubi temporalesche fanno la loro comparsa quando l'aria calda e umida risale e si raffredda rapidamente.

I COLORI DELLE NUBI

Le goccioline d'acqua diffondono allo stesso modo tutti i colori della luce bianca; per questo le nubi ci appaiono bianche, a meno che non siano in ombra o schermino la luce.

Densi cumulonembi in procinto di causare un temporale con forti piogge sul lago Poopo in Bolivia.

COME SI FORMANO LE NUBI

Le nubi si formano solitamente quando l'aria calda risale dal suolo: quando l'aria calda incontra l'aria più fredda ad alta quota, il vapore acqueo presente nell'aria in risalita condensa, formando le nubi. Il fenomeno può avvenire in tre modi diversi: a causa di correnti convettive, sopra le montagne e attraverso la formazione di un fronte.

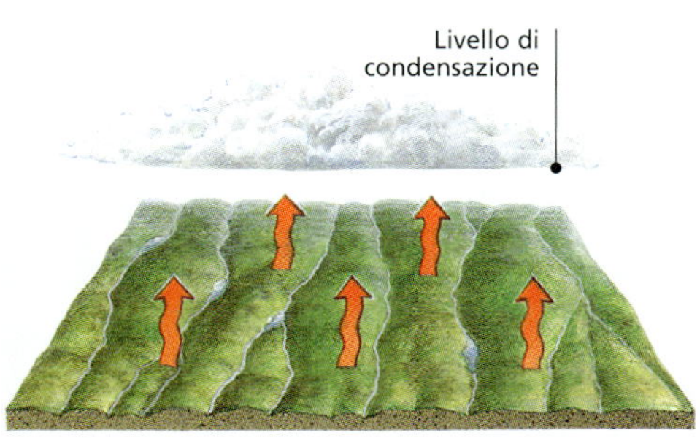

Convezione Il riscaldamento del suolo fa aumentare la temperatura dell'aria, causandone la risalita.

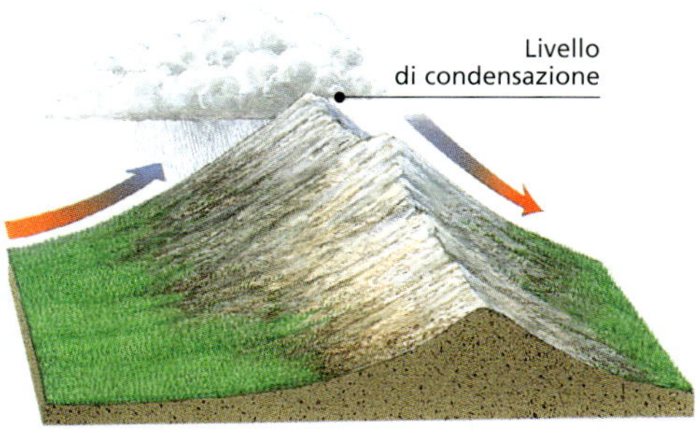

Sulle montagne Se l'aria incontra un rilievo, viene forzata verso l'alto e sulla cima si formano le nubi.

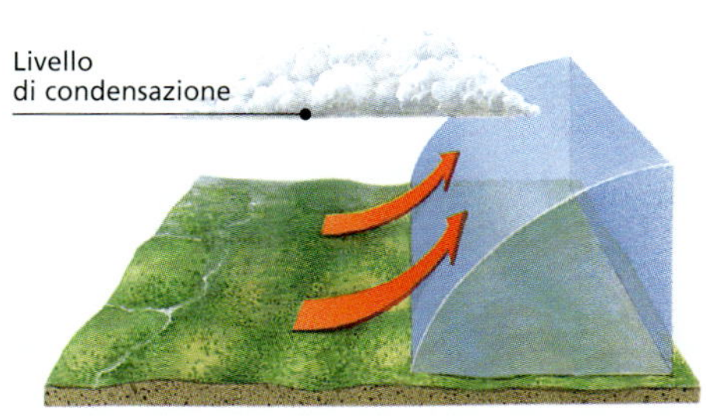

Formazione frontale Quando due masse d'aria si incontrano, l'aria più calda sale e forma le nubi.

NUBI NEL CIELO

Le nubi prendono nomi diversi a seconda della forma e dell'altezza, attraverso la combinazione dei prefissi *strato, alto* e *cirro* (rispettivamente nubi basse, medie, alte) e dei nomi *cirro* (nubi a "ciuffi"), *strato* (nubi piatte), e *cumulo* (nubi globulari). Le nubi portatrici di piogge si chiamano *nembi*, e in base alla loro forma sono distinte in nembostrati o cumulonembi.

I tipi di nubi

Le nubi vengono di solito classificate in base alla loro altezza dal suolo e, benché diverse per forma e dimensione, si possono suddividere in due gruppi. Le nubi soffici e gonfie si formano quando piccole sacche di aria calda salgono in quota, mentre le nubi stratificate si devono al movimento orizzontale dell'aria umida che scorre tra strati più freddi. Saper identificare i diversi tipi di nubi è importante perché permette di ottenere informazioni sulle condizioni del tempo atmosferico. I cumuli bianchi e soffici si osservano nelle giornate calde e soleggiate, mentre i cirri possono essere seguiti da altostrati e strati, più bassi in quota e carichi di pioggia, che coprono tutto il cielo con una spessa coltre grigia.

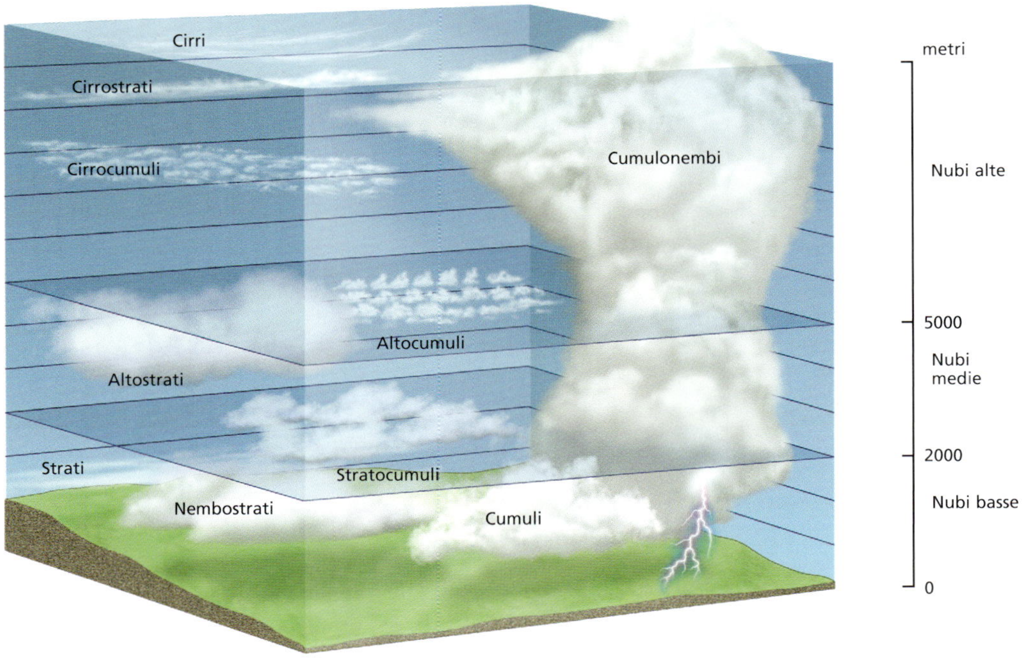

NUBI ALTE

CIRRI
I cirri sono nubi filamentose portate da forti venti, che possono segnalare l'avvicinarsi di un temporale.

CIRRI ESTESI
I cirri molto estesi si formano quando ci sono deboli venti in quota e le nubi non vengono disperse.

CIRROCUMULI
I cirrocumuli sono formati da cristalli di ghiaccio e sembrano formati da piccoli elementi globosi.

NUBI MEDIE

ALTOCUMULI
Gli altocumuli si formano in condizioni di elevata umidità e venti deboli.

ALTOSTRATI
Vicino ai Poli, il cielo può essere coperto da spessi strati di nubi che possono provocare nevicate.

NUBI BASSE

STRATOCUMULI
Nelle località costiere subtropicali, gli stratocumuli si spostano dagli oceani verso le zone interne.

STRATI
Un versante montuoso coperto da uno spesso strato di nubi, formatesi in seguito al movimento dell'aria fredda sulla zona.

CUMULI A BASSA QUOTA
I cumuli bassi e con sommità appiattita sono comuni nelle giornate di bel tempo.

I venti

L'aria inizia a muoversi quando il Sole riscalda il suolo e l'atmosfera: le sue molecole infatti si muovono più velocemente quando la temperatura aumenta, ed essa comincia così a espandersi. Come un'enorme, invisibile bolla, l'aria calda inizia a risalire, attraversando quella circostante più fredda; allo stesso tempo, l'aria più fredda e più pesante viene risucchiata verso l'interno, per rimpiazzare quella che risale. Questa circolazione d'aria si chiama convezione. La velocità del vento dipende dalla pressione atmosferica: i venti soffiano dalle aree di alta pressione a quelle di bassa pressione. Per misurare la forza del vento, i meteorologi usano la scala Beaufort, che va da zero (calma di vento) a 12 (venti forti associati agli uragani).

Le correnti a getto sono flussi d'aria in movimento veloce ad alta quota. In questa fotografia da satellite si può osservare una corrente a getto sopra l'Egitto.

LA SCALA BEAUFORT

FORZA	VELOCITÀ (ALL'ORA) MIGLIA	KM	DESCRIZIONE	EFFETTI
0	1	1	Calma di vento	Il fumo sale verticalmente
1	3	5	Bava di vento	Il fumo si piega leggermente
2	7	11	Brezza leggera	Fruscio delle foglie
3	11	18	Brezza tesa	Foglie agitate dal vento
4	19	30	Vento moderato	Si muovono i piccoli rami
5	24	39	Vento teso	Gli alberi piccoli ondeggiano
6	31	50	Vento fresco	Si muovono i rami più grandi
7	38	61	Vento forte	Gli alberi ondeggiano
8	46	74	Burrasca	Rami infranti
9	54	87	Burrasca forte	Danni ai tetti
10	63	102	Tempesta	Alberi sradicati
11	73	117	Tempesta violenta	Gravi devastazioni
12	74+	120+	Uragano	Gravissime devastazioni

BREZZE DI TERRA E BREZZE DI MARE
Durante il pomeriggio, i venti costieri soffiano dal mare dando origine a brezze marine rinfrescanti, più forti nel tardo pomeriggio. Di notte, i venti soffiano nella direzione opposta, dalla terraferma verso il mare.

POMERIGGIO

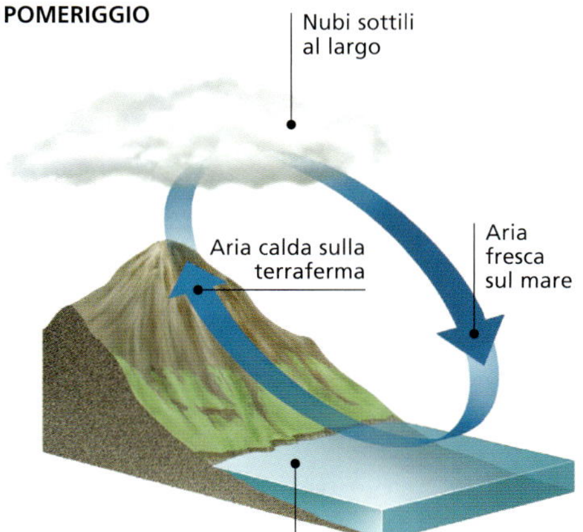

NOTTE

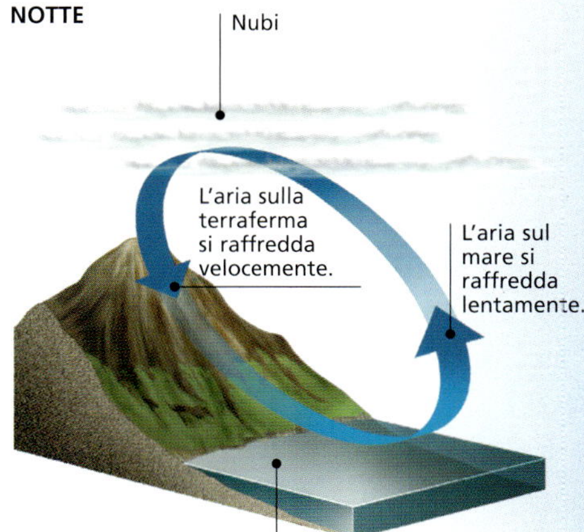

BREZZE DIURNE

Nelle giornate calde e soleggiate, sulle coste soffiano le brezze di mare, causate dalle differenze di temperatura tra la terraferma, calda, e l'acqua, più fresca.

In movimento
L'aria calda si espande ad alta quota.

I VENTI DI MONTAGNA

I venti freschi entrano nelle valli montane sia durante il giorno sia di notte, ma in modi diversi: nelle ore diurne, il vento scende verso il centro della valle, di notte compie la sua discesa scorrendo lungo i fianchi delle montagne.

Quando il Sole riscalda i versanti delle montagne, l'aria calda risale, poi si raffredda e scende nella valle rimpiazzando quella che sale.

Di notte, l'aria presente sui monti perde il suo calore e scorre verso il basso lungo i pendii, creando un vento fresco che arriva nella valle.

In salita
Durante il giorno, l'aria presente sopra la terraferma, in particolare sopra le aree urbane, si riscalda e risale in atmosfera.

Le precipitazioni

L'acqua o il ghiaccio che cadono dalle nubi costituiscono le precipitazioni, che possono avvenire sotto forma di pioggia, pioviggine, nevischio, neve o grandine. Il tipo di precipitazione dipende dalle condizioni interne della nube, e dalla temperatura esterna. Le goccioline d'acqua al suo interno possono trasformarsi in ghiaccio se la nube si trova a un'altezza "di congelamento", variabile da 300 a 5000 metri sul livello del suolo; perché cada la neve, invece, le nubi devono essere basse e molto fredde, e la temperatura dell'aria dev'essere intorno allo zero, in modo che i cristalli di ghiaccio arrivino al suolo senza sciogliersi.

FIOCCHI DI NEVE
I fiocchi di neve sono ammassi non compatti di cristalli di ghiaccio. Hanno di solito una forma esagonale (a sei lati) ma la loro forma esatta dipende dalla temperatura dell'aria.

PIOGGIA
La pioggia si forma quando le goccioline d'acqua si raccolgono intorno ai cristalli di ghiaccio fino a renderli tanto pesanti da farli cadere.

GRANDINE
La circolazione di forti correnti d'aria fa ammassare strati di ghiaccio intorno ai cristalli più piccoli, aumentandone le dimensioni e formando la grandine.

NEVE
La neve si forma nelle nubi basse, dove i cristalli di ghiaccio non si sciolgono prima di toccare il suolo.

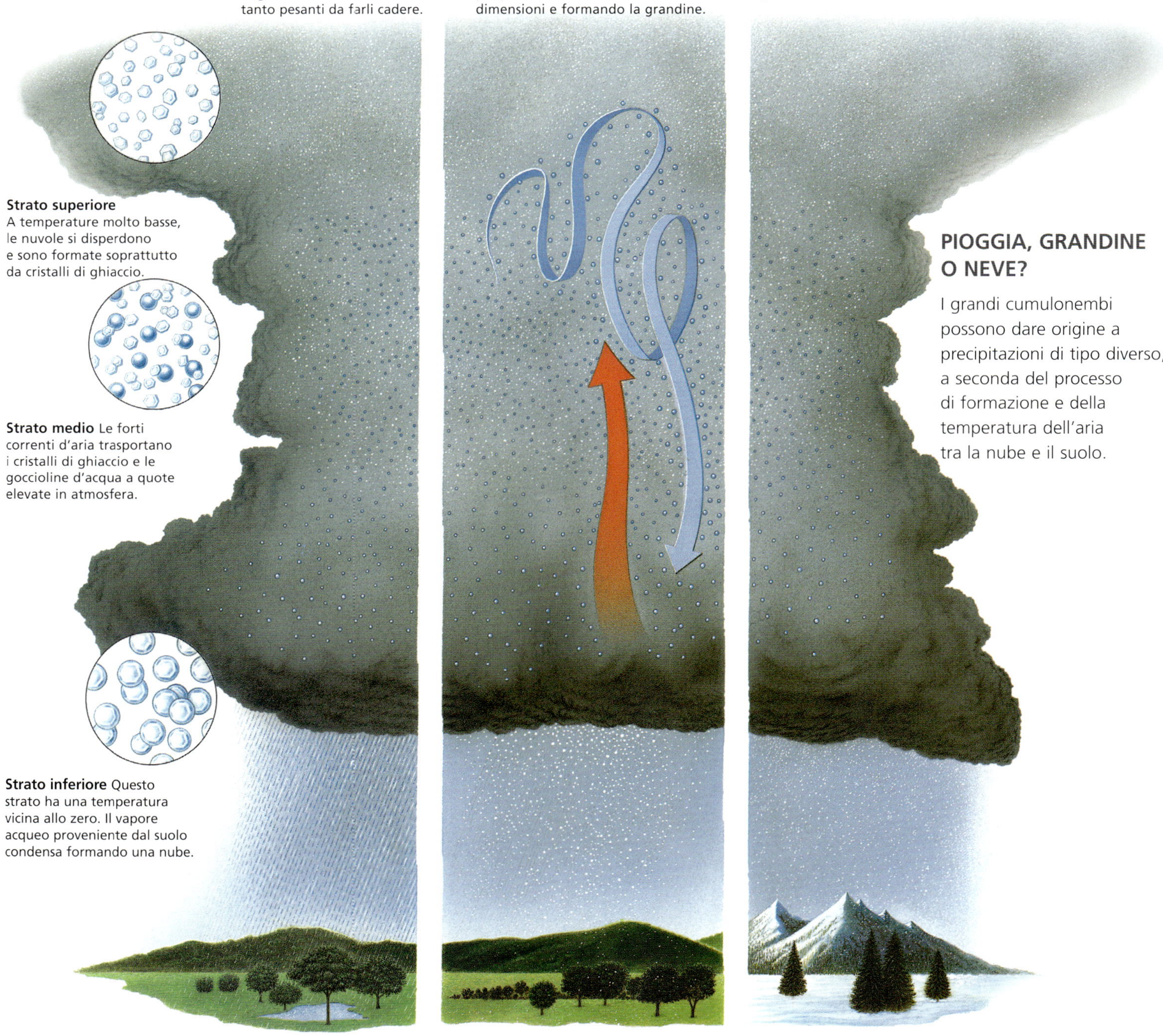

PIOGGIA, GRANDINE O NEVE?

I grandi cumulonembi possono dare origine a precipitazioni di tipo diverso, a seconda del processo di formazione e della temperatura dell'aria tra la nube e il suolo.

LE ALLUVIONI

CAUSA ED EFFETTO

I fiumi straripano quando, per un lungo periodo di tempo, cade così tanta pioggia da far superare all'acqua il livello degli argini. Nell'ottobre del 2000, in Italia, piogge torrenziali provocarono straripamenti di fiumi e una grave alluvione nelle regioni nordoccidentali, dove enormi torrenti d'acqua invasero i centri abitati e le linee ferroviarie. Le dighe progettate per trattenere le acque cedettero sotto la spinta dell'acqua, che raggiunse il massimo livello degli ultimi 30 anni.

PREVENIRE LE ALLUVIONI

Da migliaia di anni, gli esseri umani cercano di ridurre i rischi delle inondazioni costruendo strutture per bloccare e incanalare le acque.

Argini artificiali Sono sponde create lungo le rive dei fiumi con accumuli di terra. L'erosione, i terremoti o le forti piogge possono causarne il cedimento.

Barriere anti-marea Sono grandi sbarramenti, costruiti in aree poco elevate sul livello del mare, per controllare il flusso della marea e bloccare le onde.

Dighe Sono muri di cemento costruiti per fermare il corso dei fiumi. Devono essere abbastanza robuste da trattenere l'acqua che si accumula al loro interno.

IL FIUME YANGTZE IN PIENA

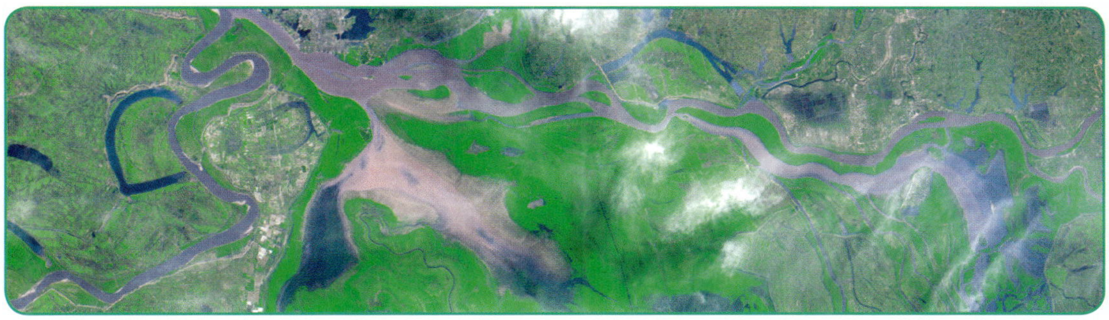

In questa immagine satellitare il fiume Yangtze (Cina) appare come un nastro di colore rosa, prima della piena dell'agosto 2002.

In questa fotografia, scattata dopo la piena, si vede chiaramente l'estensione dell'alluvione sul territorio.

Le perturbazioni

Le perturbazioni hanno origine quando correnti di aria calda in risalita e vapore acqueo si combinano con aria più fredda negli strati medi e bassi dell'atmosfera. Risalendo, l'aria umida si raffredda e il vapore acqueo forma le nubi, che continuano a ingrandirsi finché – se le correnti ascendenti calde e forti incontrano aria fredda ai livelli medi e alti – si formano i cumulonembi, o nubi temporalesche. L'aria fredda nella parte superiore della nube temporalesca inizia allora a scendere, creando correnti discendenti; la combinazione tra correnti ascendenti e discendenti fa aumentare le dimensioni delle goccioline d'acqua e dei cristalli di ghiaccio, formando pioggia e grandine, oltre alle cariche elettriche che causano i fulmini.

TEMPO VARIABILE

Nel disegno è illustrato un sistema di bassa pressione sopra l'Europa settentrionale: la sua localizzazione precisa si può vedere nella cartina in alto a destra. Il fronte freddo determina condizioni perturbate sopra l'Europa occidentale; più a est, un fronte caldo apporta deboli piogge su gran parte della Polonia. Nel loro movimento verso est, i fronti possono indebolirsi o rafforzarsi.

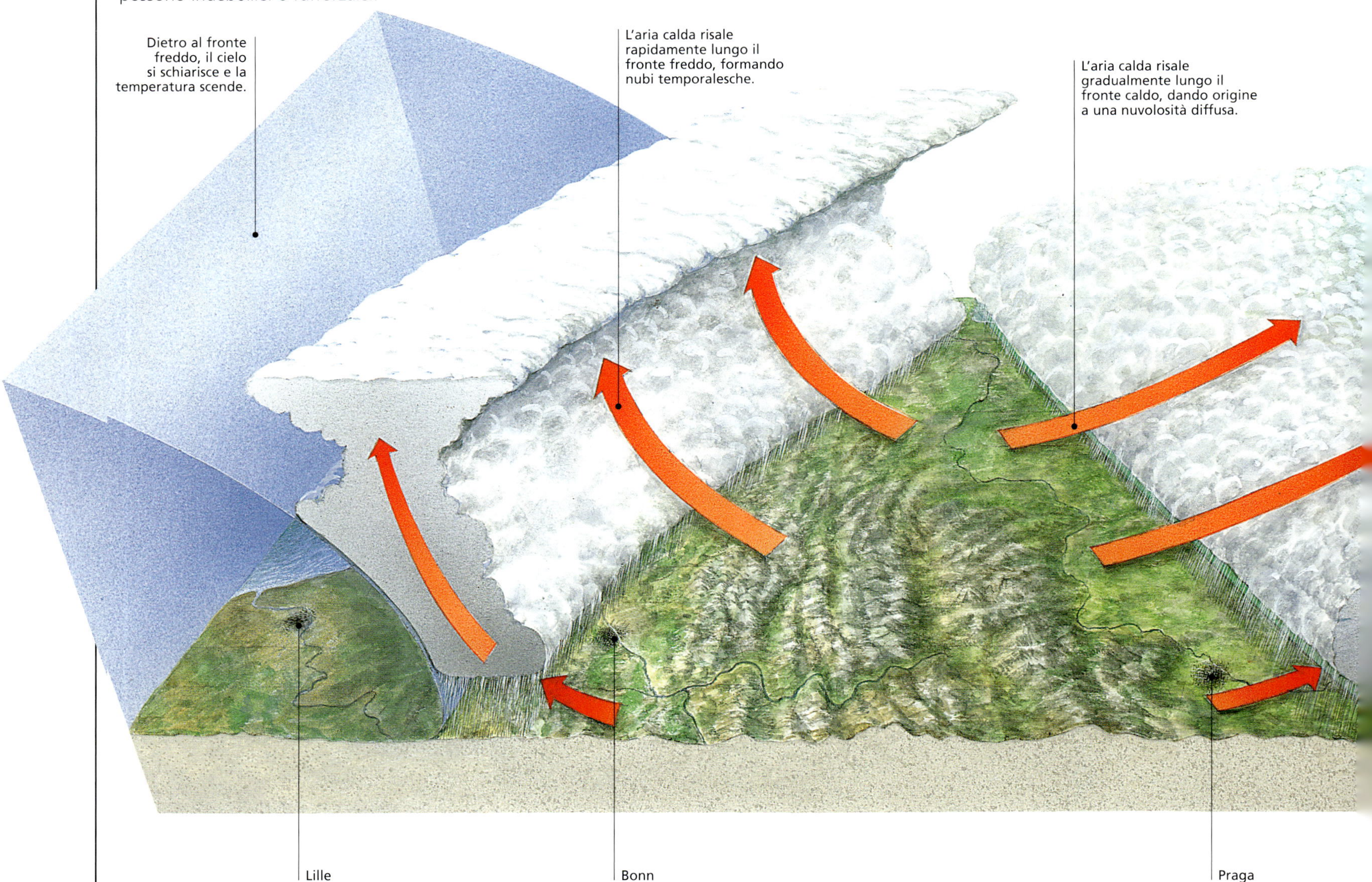

LA FORMAZIONE DI UN TEMPORALE

Generalmente si osservano tre stadi principali nell'evoluzione di un temporale. Prima di tutto si formano nubi cumuliformi, quindi si creano le correnti d'aria ascendenti e discendenti. Il ciclo si completa in un tempo variabile, da una quindicina di minuti fino a diverse ore.

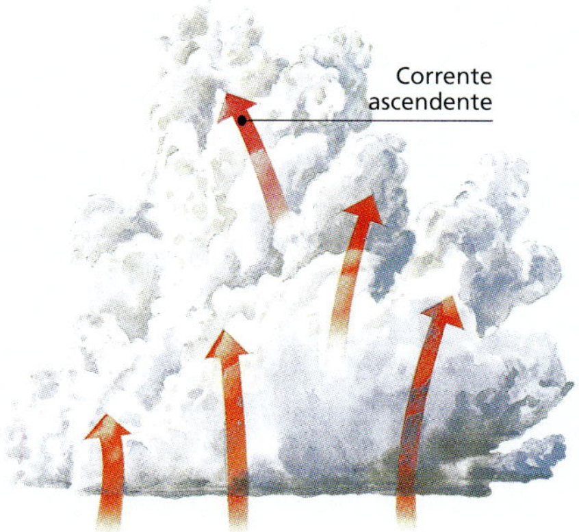

Fase di accumulo Le correnti ascendenti fanno condensare il vapore acqueo formando i cumuli.

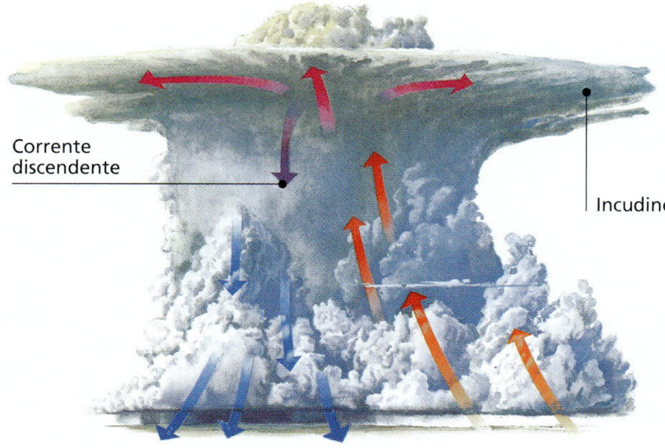

Picco temporalesco Sul cumulonembo si forma una parte appiattita, o incudine. Inizia la discesa dell'aria.

Termine Le correnti discendenti sono in numero superiore. Si esaurisce il rifornimento di aria calda.

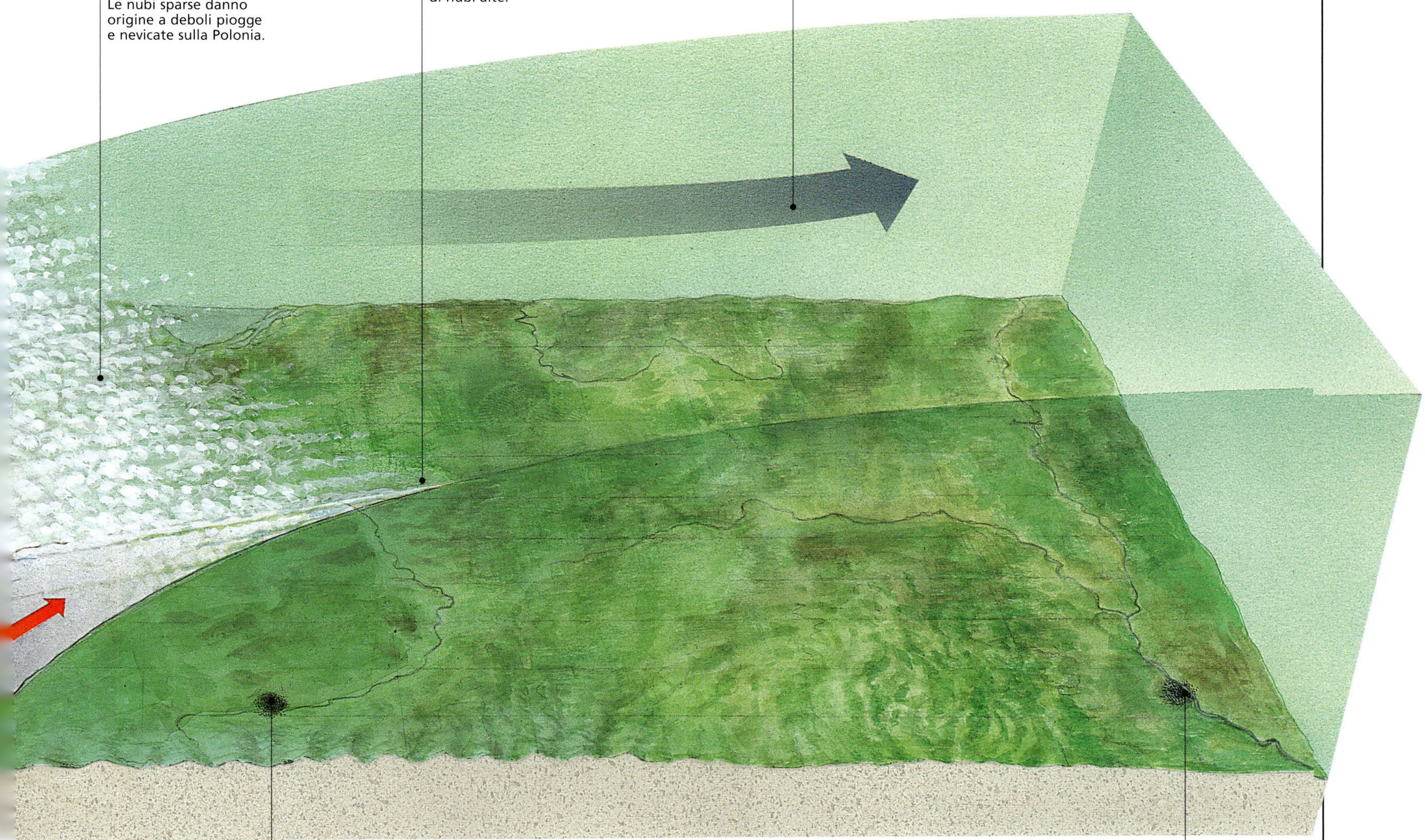

I tornado

I tornado – noti anche come trombe d'aria – sono tra i fenomeni naturali più potenti. Le condizioni di elevata temperatura e umidità sono ideali per la formazione di un tornado, che ha inizio come un'enorme nube temporalesca. Dalla sua base densa e scura, si forma una struttura rotante a imbuto, che serpeggia verso il suolo; quando lo tocca, raccoglie un'enorme nube ondeggiante di polvere e detriti che può estendersi per più di un chilometro e mezzo, spostandosi a oltre 100 km/h e dando origine a venti con velocità fino a 480 km/h. La forza di un tornado può abbattere edifici e sollevare in aria veicoli, alberi e persone.

DOVE E QUANDO
Questa mappa degli Stati Uniti mostra dove e quando sono possibili i tornado, indicandone il numero, per ogni anno, nelle diverse zone.

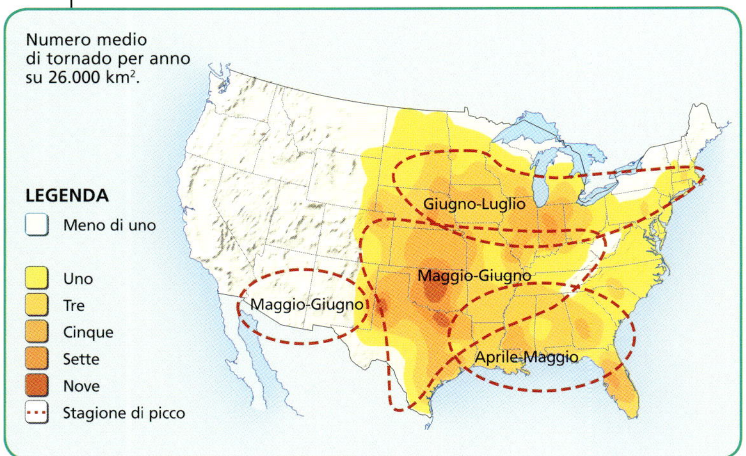

LA FORMAZIONE DI UN TORNADO

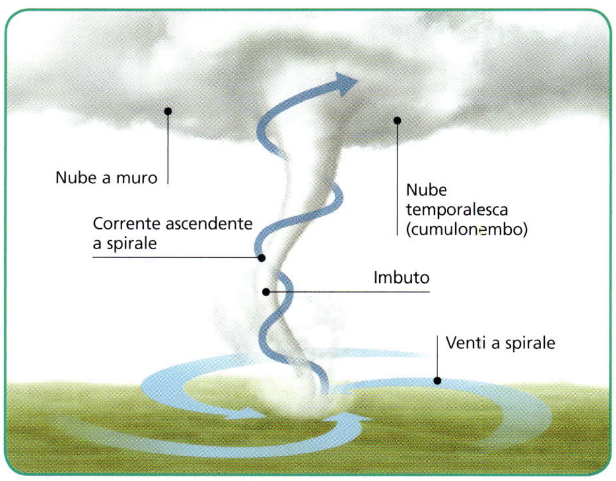

I tornado hanno una tipica forma a imbuto e pendono dalla base di una nube temporalesca. La pressione molto bassa all'interno dell'imbuto fa condensare l'umidità atmosferica, rendendola visibile. Il rigonfiamento alla base del temporale è noto come nube a muro. Condizioni di tempo molto perturbato possono dare origine a una serie di temporali che diventano poi dei tornado.

Un tornado si abbatte sulla località di Pampa (Texas, Usa), lanciando detriti in tutte le direzioni, ben oltre il limite della nube a imbuto. Il colore dell'imbuto di un tornado dipende dalla polvere e dai detriti che esso solleva.

Gli uragani

Un uragano, o ciclone tropicale, è un enorme sistema rotante che ha inizio come un insieme di temporali sulle zone tropicali. Se il sistema si sposta oltre i 5 gradi a nord o a sud dell'Equatore, inizia a ruotare, aumentando in potenza e velocità di rotazione man mano che si allontana dall'Equatore. Gli uragani possono estendersi per più di 800 km e dare origine a piogge torrenziali, a venti fino a 300 km/h e a enormi sollevamenti del mare chiamati onde anomale. Il centro dell'uragano, l'occhio del ciclone, è una zona di calma, priva di nubi e di venti forti.

L'uragano Kathrina si è abbattuto sulla costa meridionale degli Stati Uniti nel 2005. Nel territorio poco elevato di New Orleans, ha provocato la rottura degli argini artificiali: gran parte della città è rimasta allagata per diverse settimane.

DENTRO UN URAGANO

Gli uragani hanno inizio come piccoli temporali sopra a zone con acque calde.

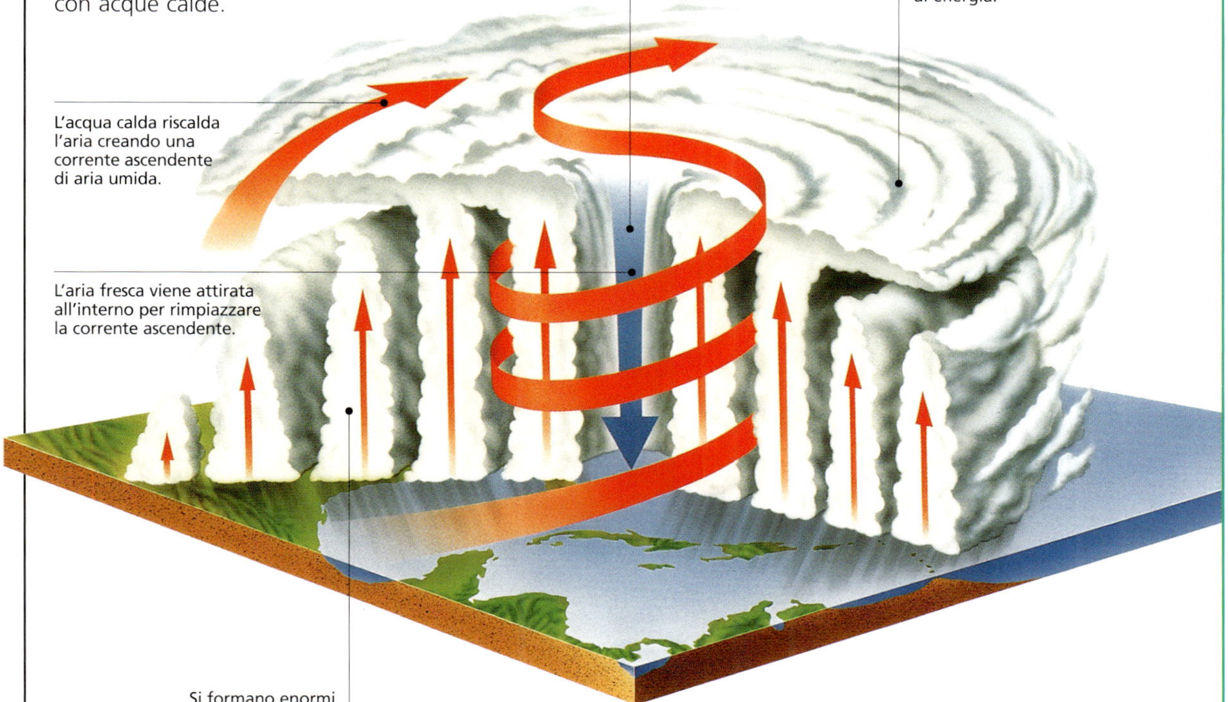

IL CICLO VITALE DI UN URAGANO

Primo giorno Si forma un ammasso temporalesco.

Secondo giorno Il sistema inizia a ruotare.

Terzo giorno Si sviluppa una forma a spirale.

Sesto giorno Diventa evidente l'occhio del ciclone.

Dodicesimo giorno La tempesta inizia a dissolversi.

VENTI DI BURRASCA
I venti forti sono caratteristici di tutti gli uragani. Un uragano può durare settimane ed estendersi per migliaia di chilometri.

I fulmini

I fulmini sono la caratteristica più spettacolare dei temporali. Ancora non è chiaro esattamente da che cosa siano causati, ma si sa che la loro formazione dipende da un aumento di cariche positive e negative dentro a una nube temporalesca. È probabile che le correnti ascendenti in un temporale trasportino le cariche positive verso l'alto, mentre le correnti discendenti portano in basso quelle negative; queste cariche opposte si attirano, e l'attrazione aumenta finché l'elettricità si scarica da una zona all'altra, rendendosi visibile come un lampo.

MECCANISMO NUBE-NUBE

La maggior parte dei fulmini si scaricano all'interno delle nubi. Spesso, le scariche avvengono per l'attrazione tra cariche opposte tra nubi diverse, ma possono avvenire anche nella stessa nube.

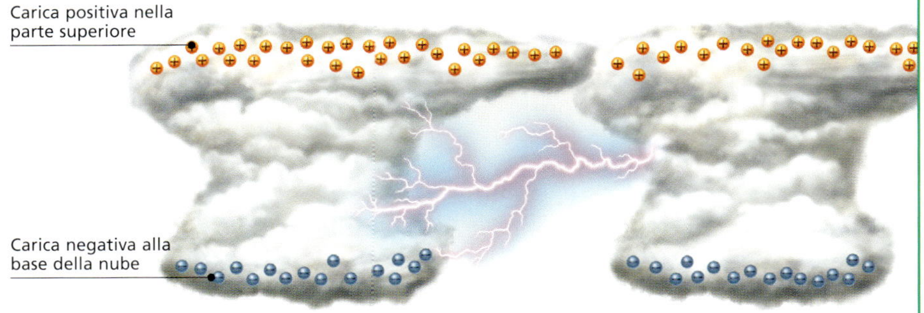

MECCANISMO NUBE-ARIA

Le cariche positive che si accumulano nella parte alta di una nube si trovano vicine a quelle negative presenti nell'atmosfera. Tra le cariche opposte si scarica l'elettricità provocando un fulmine.

Nella maggior parte dei fulmini, la scarica elettrica è pari a circa 100 milioni di volt. Le scariche sopra alle città (nella fotografia Istanbul, Turchia) possono provocare improvvise sovratensioni che interrompono i rifornimenti di energia elettrica.

MECCANISMO NUBE-SUOLO

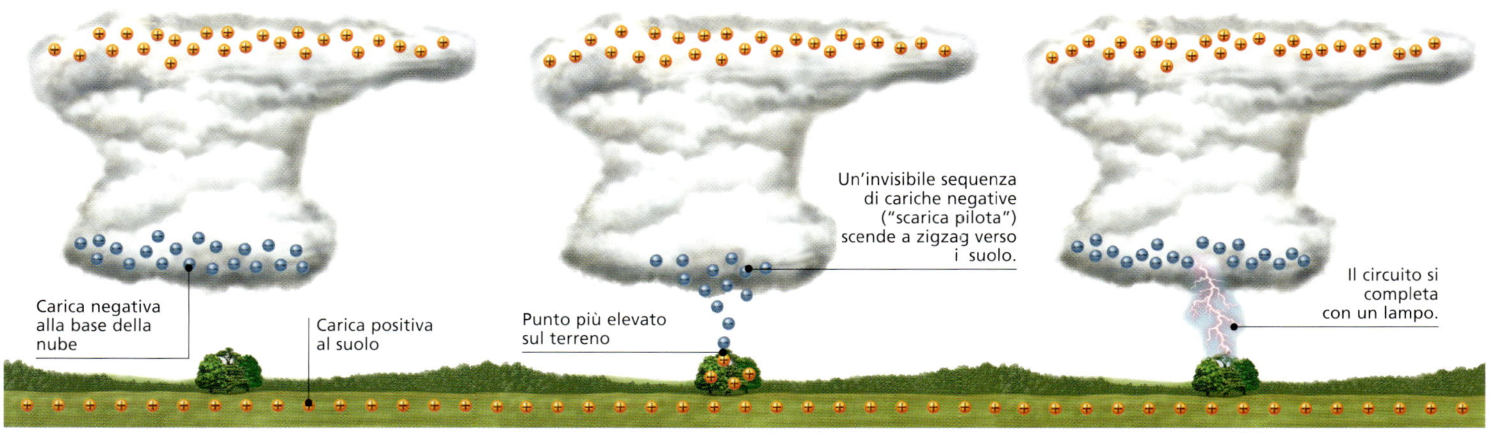

A volte, le forti cariche negative lungo la base di un cumulonembo possono generare cariche positive altrettanto forti sul terreno sottostante. Le due cariche alla fine si incontrano sotto forma di fulmini che possono colpire il terreno aperto o gli oggetti alti come gli alberi.

I COLORI DEL CIELO

LA FORMAZIONE DI UN ARCOBALENO
Quando la luce del Sole attraversa un vetro o l'acqua, viene leggermente deviata, o rifratta, scomponendosi nei colori che formano la luce bianca. Un arcobaleno si forma quando la luce subisce una rifrazione attraversando le gocce di pioggia, viene riflessa dalla parte posteriore delle gocce e subisce quindi una seconda rifrazione all'uscita.

PERCHÉ IL CIELO È AZZURRO

La luce solare è un miscuglio di tutti i colori dello spettro: rosso, arancione, giallo, verde, azzurro, indaco e violetto. Le particelle presenti nell'atmosfera diffondono questi colori uno per uno, a iniziare dal violetto. Quando il Sole è alto nel cielo, la diffusione interessa soltanto il violetto, l'indaco, l'azzurro e parte del verde: ecco perché il cielo appare azzurro.

Azzurro, giallo e rosso si riflettono nell'acqua in un tramonto fiammeggiante.

Intorno a mezzogiorno, il Sole è alto nel cielo e viene diffusa soltanto la luce blu.

Al tramonto, il percorso della luce è più lungo e vengono diffuse la luce rossa e gialla.

All'alba il cielo può essere rosso vicino all'orizzonte e blu nella parte più alta.

Il raffreddamento globale

Il clima della Terra è cambiato molte volte. Durante le ere glaciali, il ghiaccio ha scavato nel terreno, spingendo le rocce durante il suo avanzamento, e il livello del mare si è abbassato in seguito al congelamento dell'acqua. Nei periodi interglaciali, più caldi, lo scioglimento dei ghiacci ha riempito d'acqua le grandi cavità nel terreno, trasformandole in laghi. Le prove dei cambiamenti climatici si devono soprattutto ai fossili.

LA "PICCOLA GLACIAZIONE"

Tra il 1450 e il 1850, l'Europa settentrionale subì una "piccola glaciazione". A Londra (Inghilterra), il Tamigi gelava e tra il 1607 e il 1814 divennero molto comuni le "Fiere del ghiaccio", eventi con bancarelle di generi alimentari, giochi e balli.

GLI ANIMALI DELL'ERA GLACIALE
Durante l'era glaciale Würm, dal 120000 al 20000 a.C., nelle fredde pianure dell'attuale Siberia vivevano gli enormi mammut, simili agli elefanti.

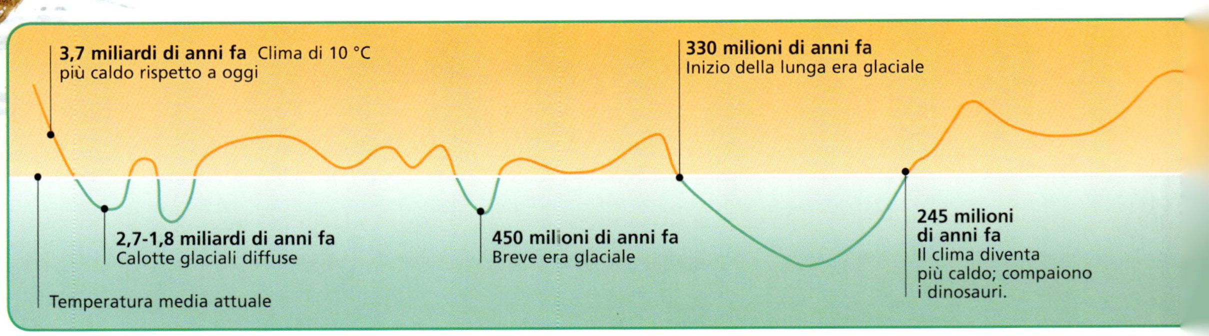

LA LINEA DEL TEMPO CLIMATICA
Questa linea del tempo mostra i principali cambiamenti climatici avvenuti sulla Terra durante i 4,6 miliardi di anni della sua storia. La linea ondulata indica l'andamento della temperatura rispetto alla media attuale, corrispondente alla linea orizzontale.

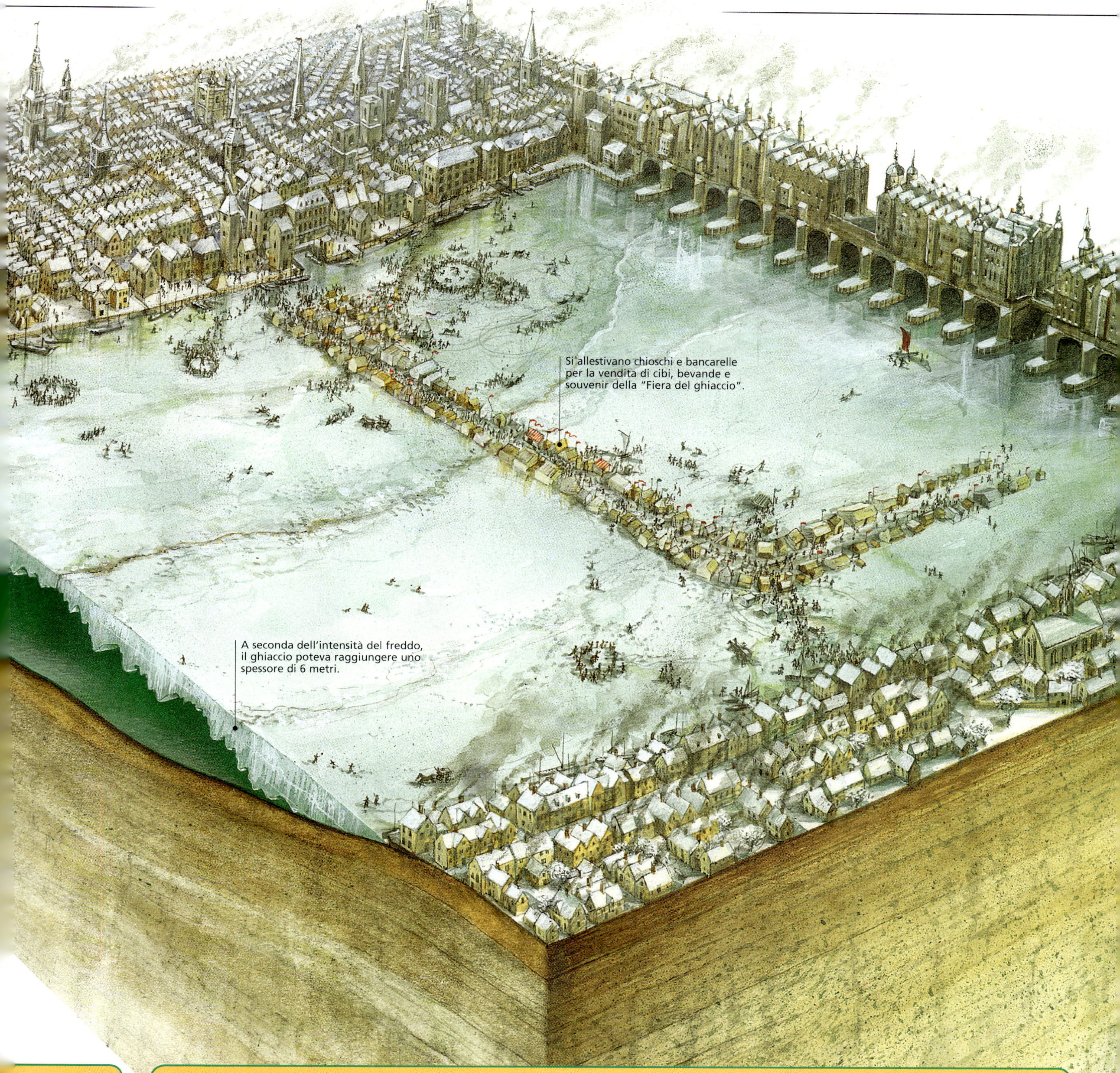

Si allestivano chioschi e bancarelle per la vendita di cibi, bevande e souvenir della "Fiera del ghiaccio".
A seconda dell'intensità del freddo, il ghiaccio poteva raggiungere uno spessore di 6 metri.

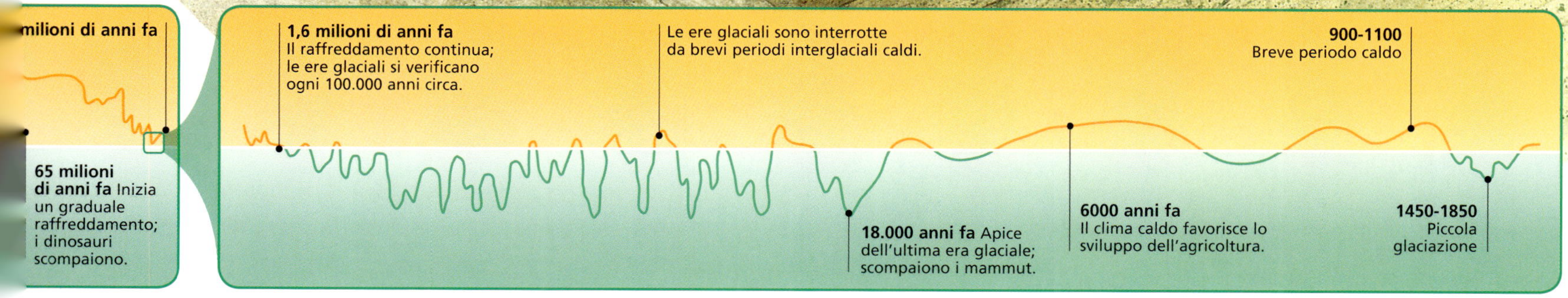

milioni di anni fa
65 milioni di anni fa Inizia un graduale raffreddamento; i dinosauri scompaiono.
1,6 milioni di anni fa Il raffreddamento continua; le ere glaciali si verificano ogni 100.000 anni circa.
Le ere glaciali sono interrotte da brevi periodi interglaciali caldi.
900-1100 Breve periodo caldo
18.000 anni fa Apice dell'ultima era glaciale; scompaiono i mammut.
6000 anni fa Il clima caldo favorisce lo sviluppo dell'agricoltura.
1450-1850 Piccola glaciazione

Il riscaldamento globale

Le attività umane sembrano modificare il clima. Dalla fine della piccola glaciazione, nel XIX secolo, la Terra ha subito un costante riscaldamento e nell'ultimo secolo le temperature si sono alzate di 0,6 °C, causando il cosiddetto riscaldamento globale, che potrebbe essere dovuto ai gas serra. Questi gas, come il vapore acqueo e il biossido di carbonio (CO_2), sono presenti normalmente in atmosfera e riscaldano il nostro pianeta intrappolando il calore del Sole. Quando però bruciamo i combustibili fossili come il carbone e il petrolio, produciamo altro CO_2 che fa aumentare la temperatura.

COME IN UNA SERRA
Le serre sono fatte di vetro e hanno tetti inclinati per permettere l'ingresso della massima quantità di luce solare. Il calore del Sole resta intrappolato all'interno, dove la temperatura si alza favorendo la crescita delle piante.

L'EFFETTO SERRA

I gas serra assorbono il calore del Sole e riscaldano la Terra. Alcuni gas serra, tuttavia, come il biossido di carbonio e il metano, si sono accumulati nell'atmosfera facendo innalzare la temperatura della "serra" naturale.

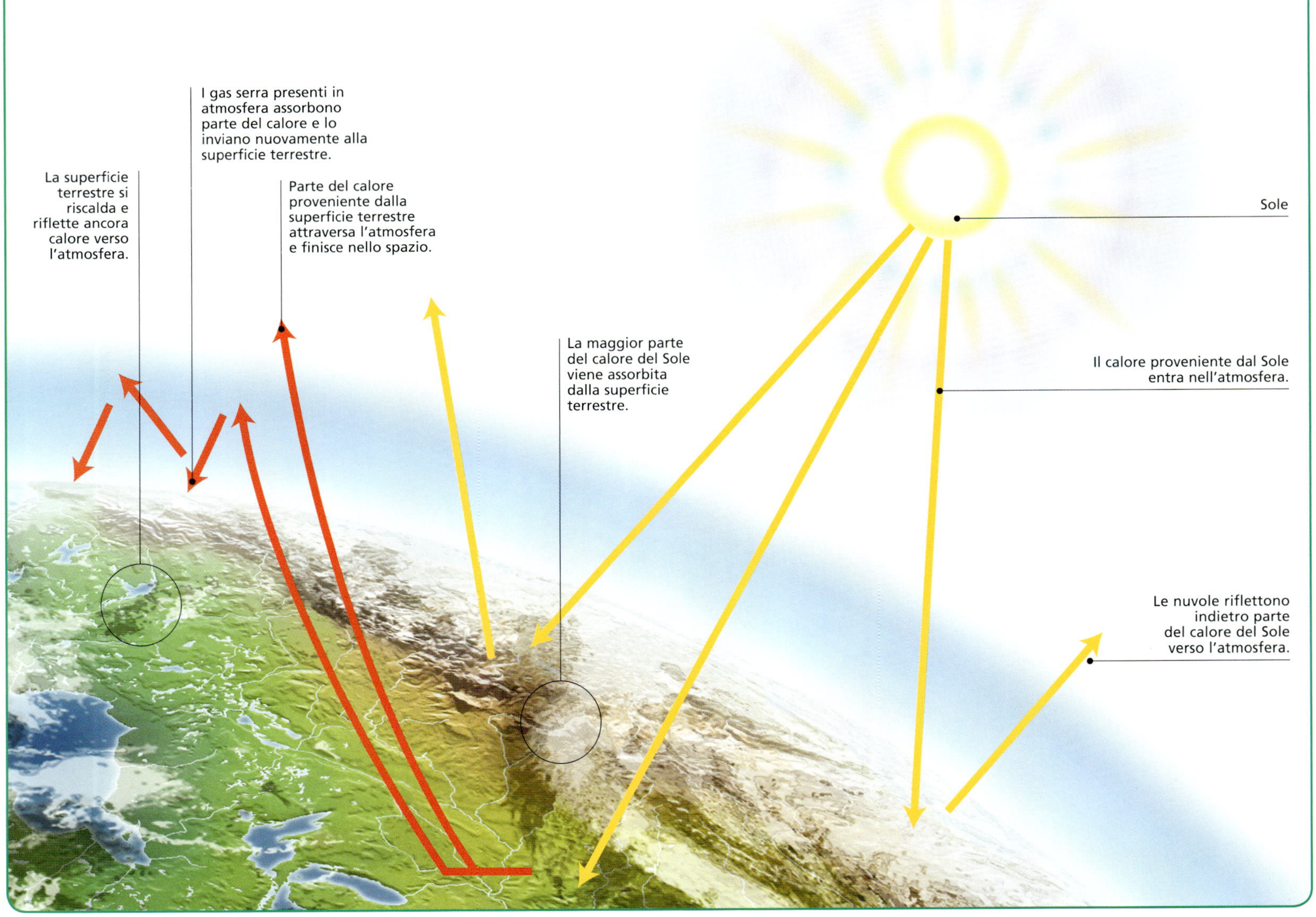

LE EMISSIONI DI BIOSSIDO DI CARBONIO

Gli Stati Uniti, con meno del 5% della popolazione mondiale, sono responsabili per oltre un quarto delle emissioni di gas serra. Il grafico illustra le emissioni totali di biossido di carbonio divise per la popolazione di alcuni Paesi. Ogni americano emette oltre 20 tonnellate di CO_2 all'anno. Nella graduatoria dei responsabili delle emissioni i secondi sono gli australiani.

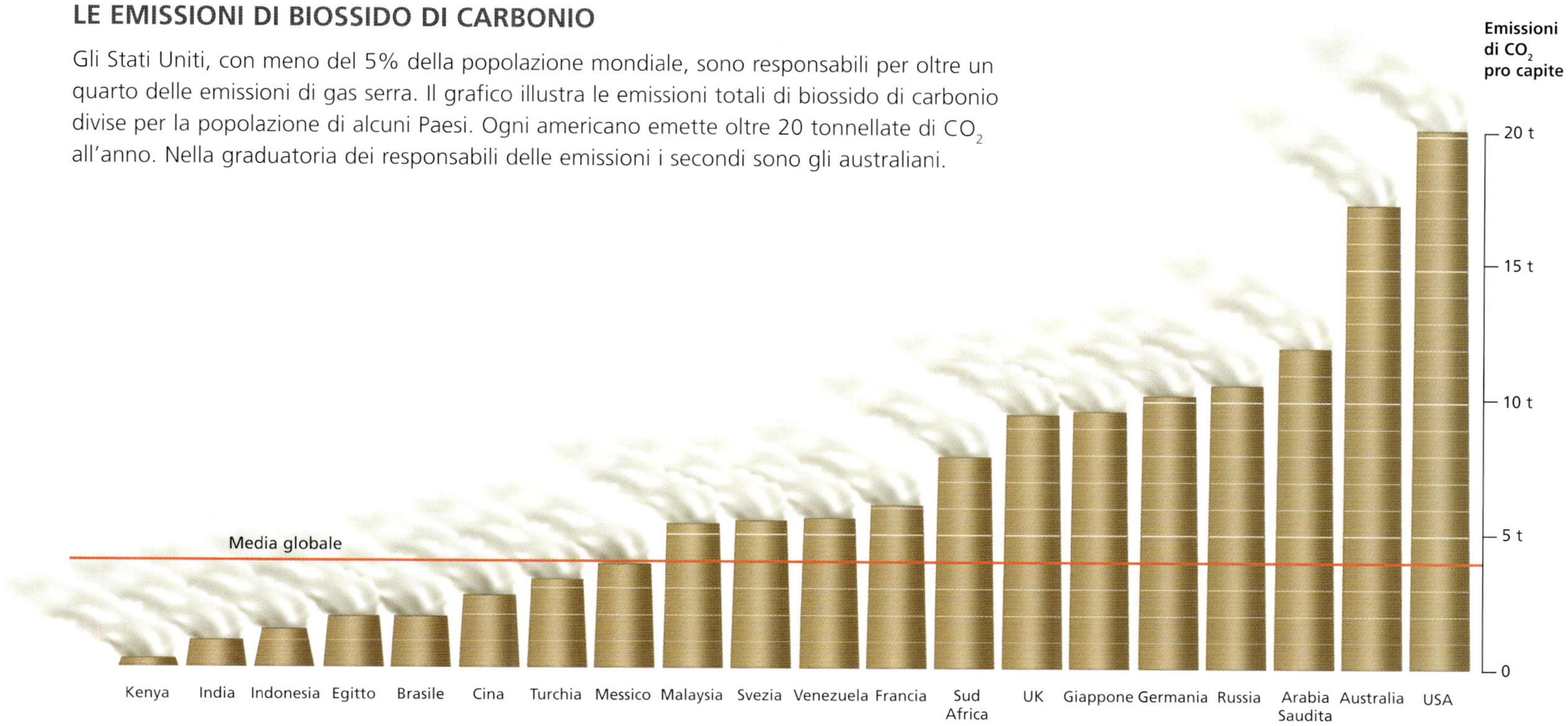

TEMPERATURA CHE CAMBIA

Il grafico illustra le temperature medie annuali globali dal 1850. Gli anni Novanta del XX secolo sono stati il decennio più caldo mai registrato. Si stima che le temperature siano destinate a salire ancora, con un aumento tra 1 °C e 4 °C per la fine di questo secolo.

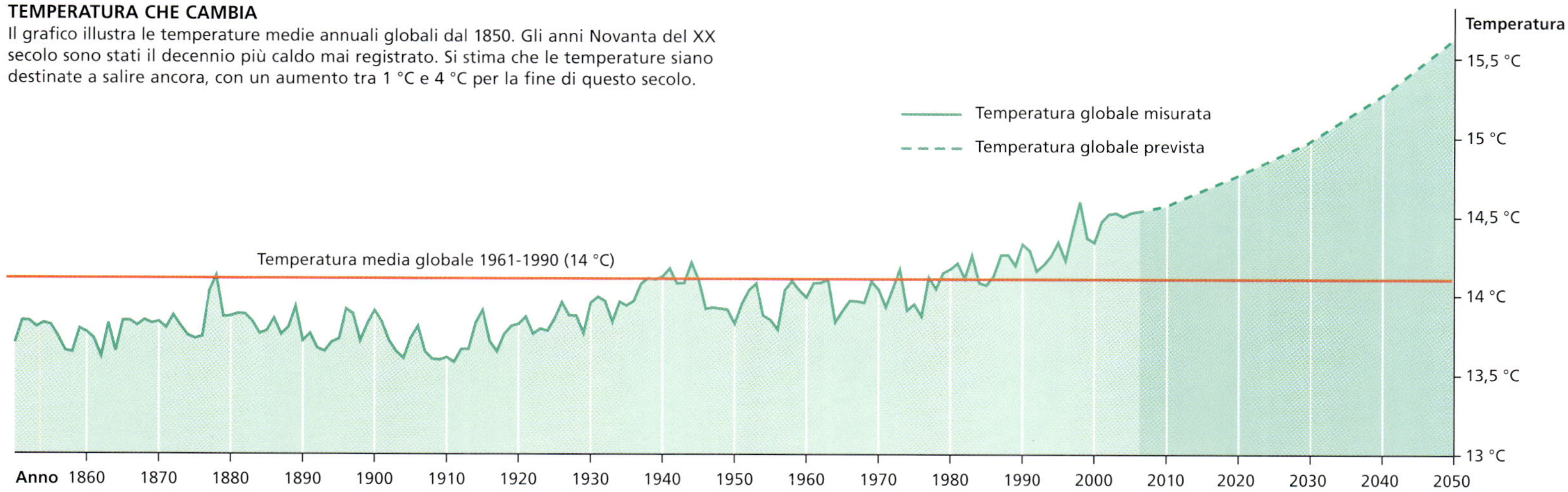

Automobili e camion emettono notevoli quantità di gas serra, soprattutto nei Paesi industrializzati, anche se sempre più auto vengono vendute nei Paesi in via di sviluppo.

Le centrali energetiche a carbone, come questa nel Regno Unito, sono tra i principali responsabili delle emissioni di CO_2 e di altri inquinanti in atmosfera.

Gli effetti del riscaldamento globale

Sulla Terra, per milioni di anni, ci sono stati cicli naturali di riscaldamento e raffreddamento, ma il riscaldamento attuale si distingue perché siamo noi esseri umani a causarlo. In gran parte del mondo, la produzione di elettricità dipende dalla combustione del carbone, e il conseguente aumento di gas serra sta surriscaldando l'atmosfera. Se si continuerà così, gli effetti di questa situazione potrebbero essere devastanti: calotte glaciali e ghiacciai si scioglieranno, il livello dei mari salirà, isole e regioni costiere verranno sommerse. Anche la distribuzione delle piogge potrebbe cambiare, causando siccità in Africa e India. Per rallentare il cambiamento climatico, nel 1997 la maggior parte dei Paesi industrializzati ha firmato il Protocollo di Kyoto, un accordo per la riduzione delle emissioni di gas serra.

Jökulsárlón è il più grande lago glaciale dell'Islanda. Formatosi nel 1934, ha subito un costante aumento di dimensioni in seguito allo scioglimento dei ghiacciai che lo alimentano.

I PUNTI CALDI DEL RISCALDAMENTO GLOBALE
Gli scienziati hanno notato molti cambiamenti nel clima della Terra, per esempio nelle temperature e nei ghiacci dell'Artico, nell'andamento delle alluvioni e dei periodi di siccità, nella salinità degli oceani, nei sistemi dei venti e nei fenomeni meteorologici estremi come le ondate di calore, gli incendi violenti e gli uragani.

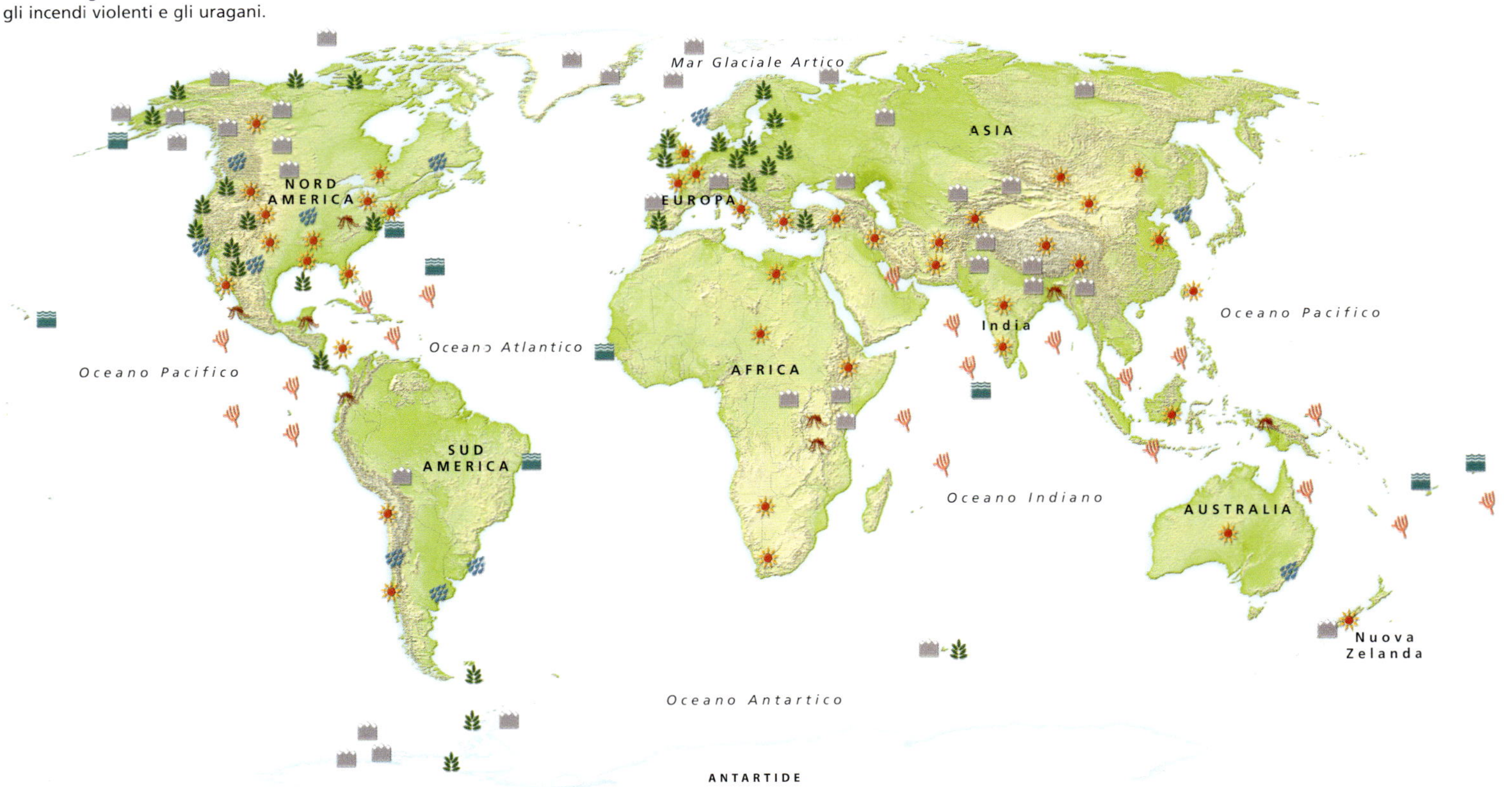

LEGENDA
- Scioglimento dei ghiacci
- Aumento del livello del mare
- Ondate di calore, siccità, incendi
- Tempeste e inondazioni
- Sbiancamento dei coralli
- Effetti delle temperature più elevate su piante e animali
- Diffusione di malattie trasmesse dalle zanzare

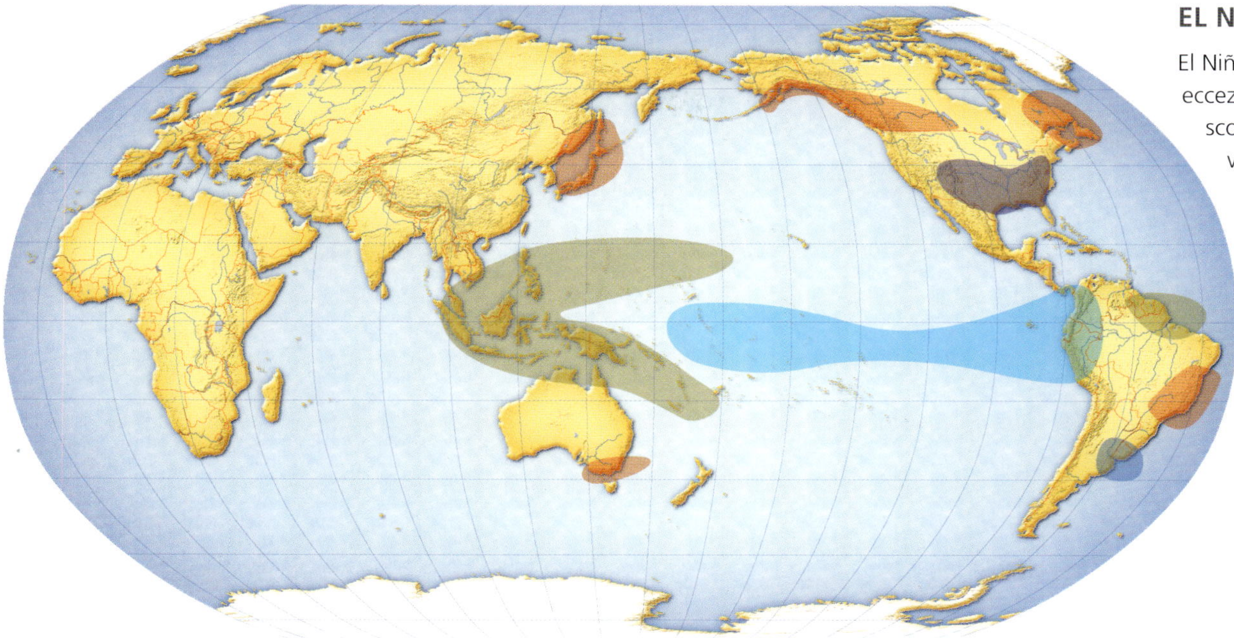

EL NIÑO

El Niño, una corrente oceanica eccezionalmente calda che scorre attraverso il Pacifico verso il Sud America, può far variare il tempo atmosferico, portando forti piogge in alcune zone e siccità in altre.

LEGENDA
- Più caldo
- Più secco
- Più umido e più caldo
- Più umido e più fresco
- Più umido

Il lago d'Aral (Kazakistan) si sta ritirando: questa barca, un tempo ormeggiata sulle sue coste, oggi è a chilometri di distanza.

Le calotte glaciali artiche si riducono, perché il ghiaccio che si scioglie è più di quello che viene rimpiazzato dalle nevicate.

La diversa distribuzione delle piogge può causare siccità. Le condizioni di aridità fanno aumentare il rischio di incendi.

GHIACCIAI IN RITIRATA

I ghiacciai sono fonti essenziali di acqua dolce per le popolazioni di zone come l'Asia centrale, il Perù, il Nepal. Lo scioglimento e la scomparsa dei ghiacciai potrebbe causare gravi carenze idriche in queste aree.

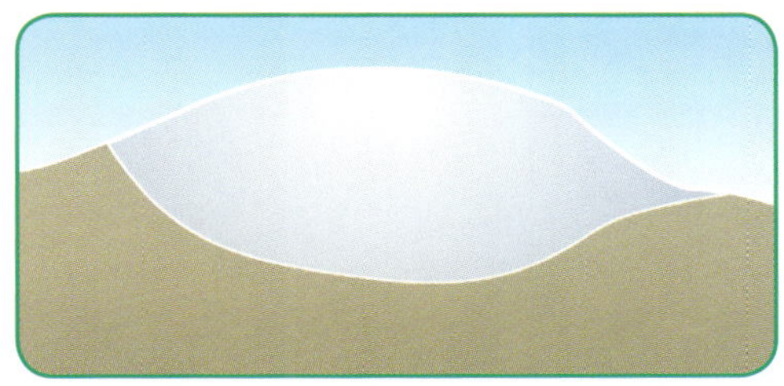

1917 La cima del Kilimangiaro in Tanzania era coperta da ghiacciai.

2007 Più dell'80% dei ghiacciai del Kilimangiaro si sono sciolti.

Secondo gli scienziati, i ghiacciai montani saranno del tutto scomparsi entro la metà di questo secolo.

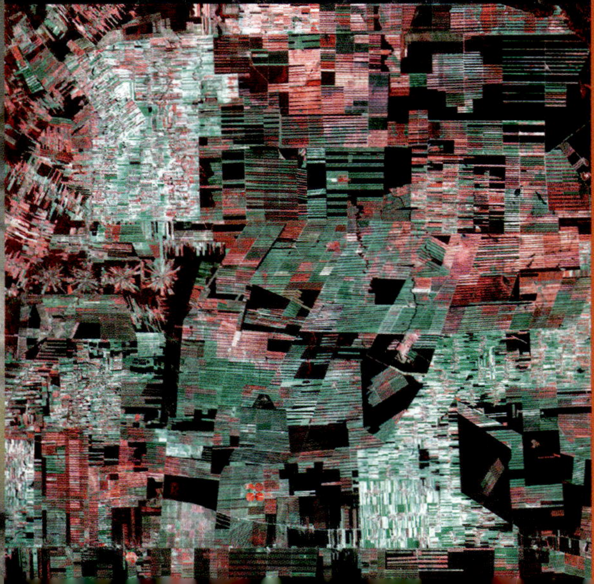

Le risorse del pianeta

Energia dalla Terra

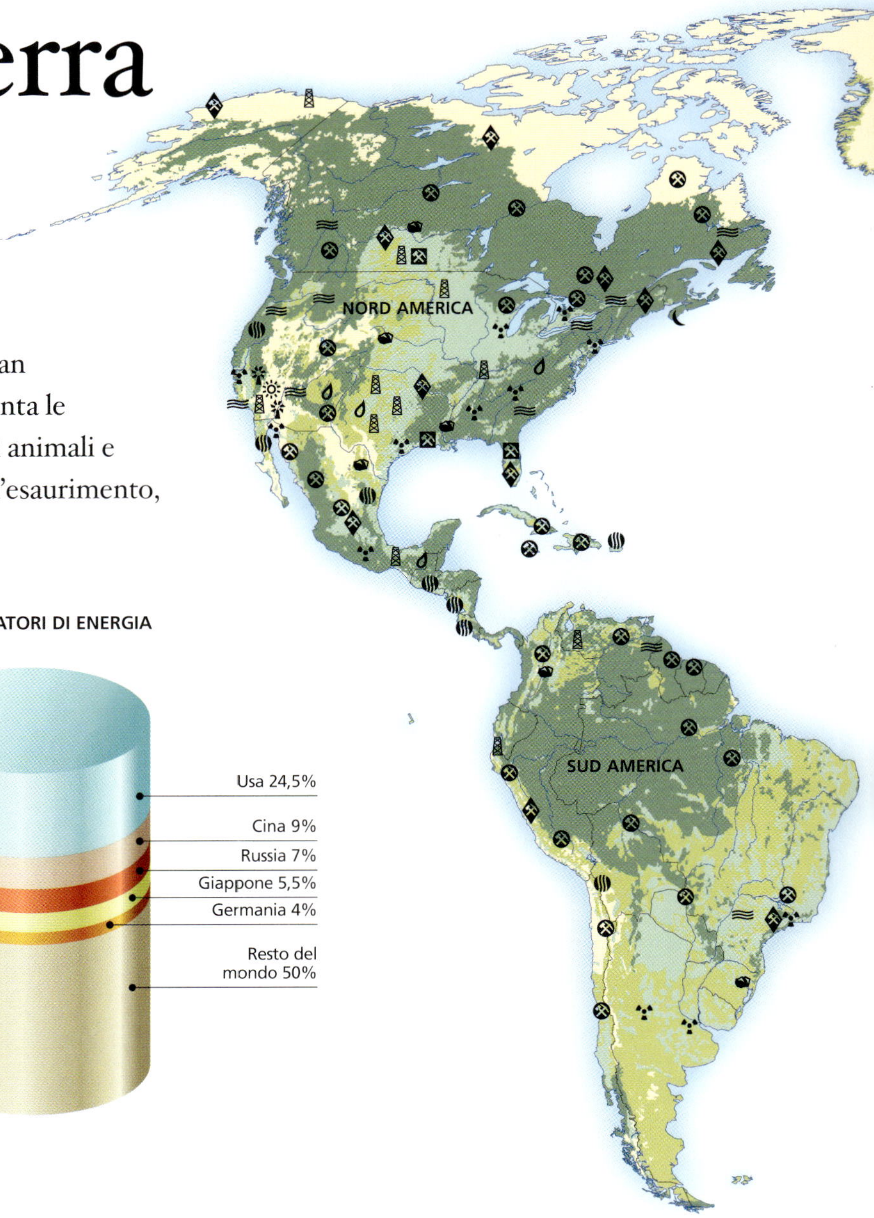

Le risorse che ci servono per vivere provengono dalla Terra. Alcune – come l'acqua, le piante e gli animali – se usate con attenzione non si esauriranno mai perché sono rinnovabili, al contrario di altre, come i combustibili fossili (carbone, petrolio e gas naturale), i minerali e le pietre preziose. Dai combustibili fossili deriva gran parte dell'energia che illumina e riscalda le nostre case e alimenta le nostre automobili; sono "fossili" in quanto si tratta dei resti di animali e piante sepolti nel sottosuolo. Alcune risorse sono prossime all'esaurimento, perciò gli scienziati sono alla ricerca di nuove fonti di energia.

LE SCORTE E IL FABBISOGNO
I tre combustibili fossili (carbone, petrolio e gas naturale) sono di gran lunga le sorgenti energetiche più importanti. Gli Stati Uniti utilizzano circa un quarto di tutta l'energia mondiale.

FONTI DI ENERGIA **CONSUMATORI DI ENERGIA**

DOVE TROVARE LE RISORSE

A fronte della diminuzione di carbone, petrolio e gas naturale, cresce l'importanza di altre fonti energetiche, come l'energia eolica e quella solare.

Petrolio e gas naturale
Per estrarre il petrolio e il gas naturale, entrambi presenti negli strati rocciosi della crosta terrestre, si compiono trivellazioni, sia a terra sia in mare.

Carbone
Il carbone, il combustibile fossile più abbondante, si può raccogliere scavando in superficie, o nelle profondità del sottosuolo.

Uranio
Alcuni elementi chimici come l'uranio emettono particelle altamente energetiche, che vengono sfruttate dalle centrali nucleari per ricavare elettricità.

Energia geotermica
In alcune regioni l'acqua del sottosuolo è riscaldata da rocce vulcaniche calde e genera così vapore, che viene utilizzato per produrre energia.

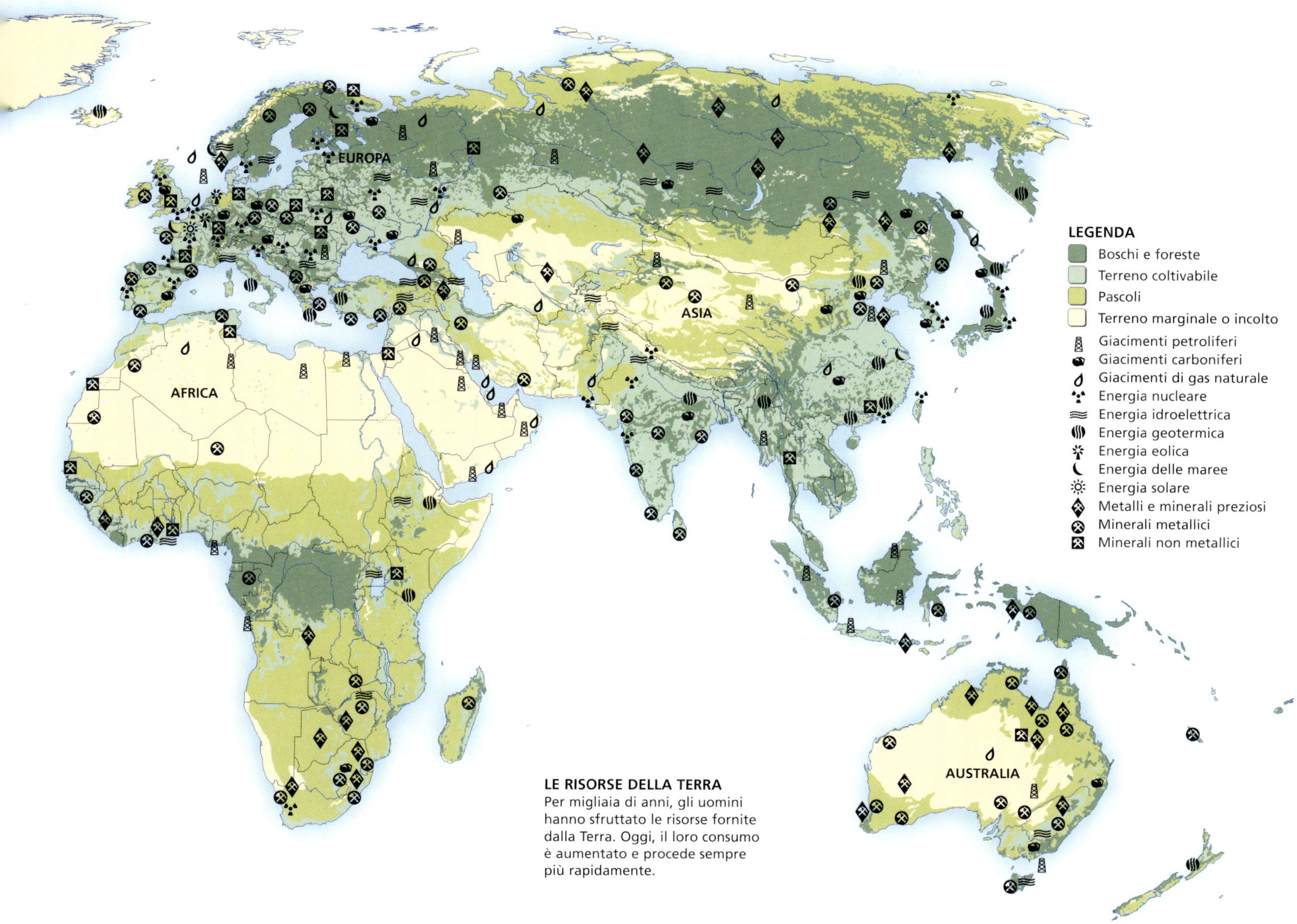

LE RISORSE DELLA TERRA
Per migliaia di anni, gli uomini hanno sfruttato le risorse fornite dalla Terra. Oggi, il loro consumo è aumentato e procede sempre più rapidamente.

Energia idroelettrica
L'energia idroelettrica si produce quando l'acqua scorre in speciali turbine generatrici di elettricità poste in fondo a una diga.

Energia eolica
Le turbine eoliche trasformano la forza del vento in elettricità. Il vento fa girare le pale delle turbine, che pilotano generatori elettrici.

Energia solare
Batterie di pannelli solari riflettenti convogliano i raggi del Sole verso una fornace solare, che converte in elettricità l'intenso calore in arrivo.

Energia delle maree
L'acqua delle maree, scorrendo negli stretti tunnel di appositi impianti di sbarramento (simili a dighe), mette in moto enormi turbine che producono elettricità.

Petrolio e gas

Il petrolio e il gas naturale sono le risorse più richieste, perciò si è continuamente alla ricerca di nuovi giacimenti. I Paesi che dispongono di grandi riserve, nel loro sottosuolo o nei mari vicini, li vendono ai Paesi che ne hanno bisogno, e questo commercio influenza l'economia del mondo intero. Le industrie moderne e i sempre più numerosi abitanti della Terra utilizzano enormi quantità di petrolio e gas naturale, ma non va dimenticato che, poiché si tratta di risorse che si formano nel corso di milioni di anni, la loro disponibilità è limitata. Quando tutte le scorte saranno esaurite dovremo cercare dunque altre fonti energetiche, come l'energia solare o quella prodotta dalla forza del vento e dell'acqua.

Questa enorme macchina è una pompa petrolifera e, attraverso un pozzo scavato nel terreno, estrae petrolio dalle riserve del profondo sottosuolo di Alberta, in Canada.

SCORTE LIMITATE
Il grafico sottostante mostra la durata in anni delle riserve conosciute di combustibili fossili, stimata in base ai consumi attuali.

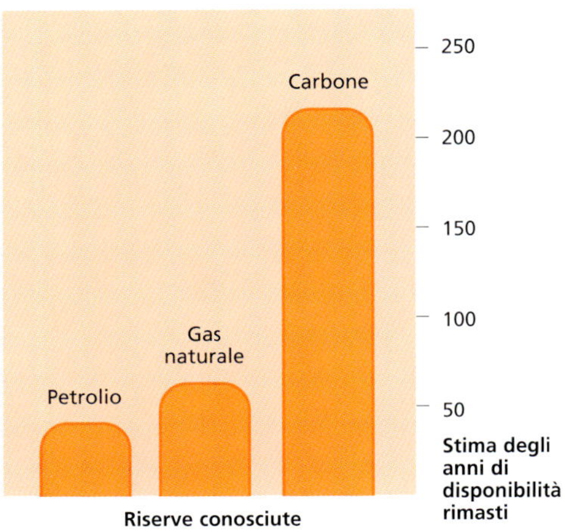

UN IMPIANTO DI TRIVELLAZIONE

Una piattaforma di trivellazione assomiglia a un grande albergo in acciaio e calcestruzzo in mezzo all'oceano; diverse centinaia di operai possono infatti viverci per intere settimane. La maggior parte delle piattaforme resta fissa per circa 25 anni.

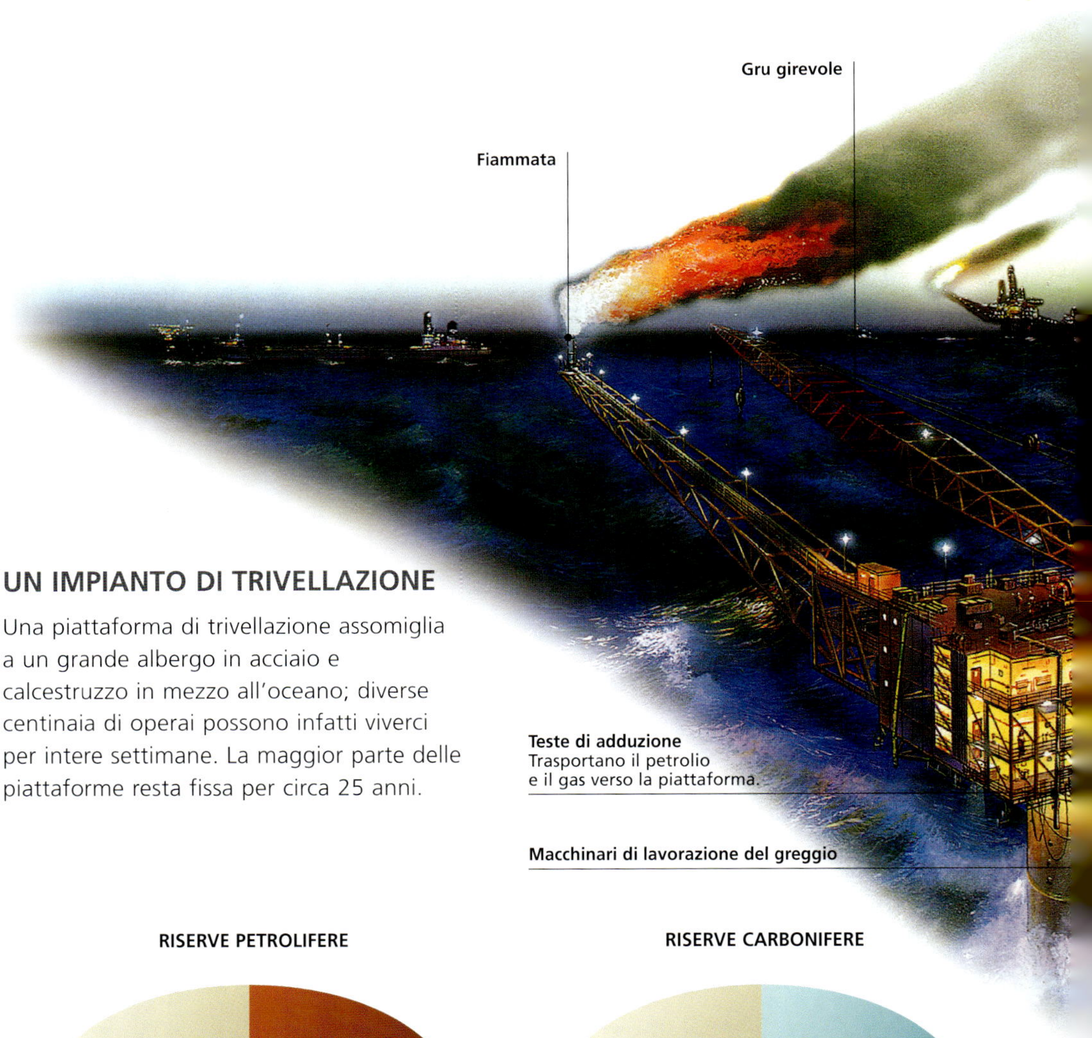

LE RISERVE DI COMBUSTIBILI FOSSILI
Tutto il mondo dipende dai combustibili fossili, ma i Paesi produttori sono pochi. La maggior parte del petrolio e del gas naturale proviene dal Medio Oriente.

RISERVE DI GAS NATURALE

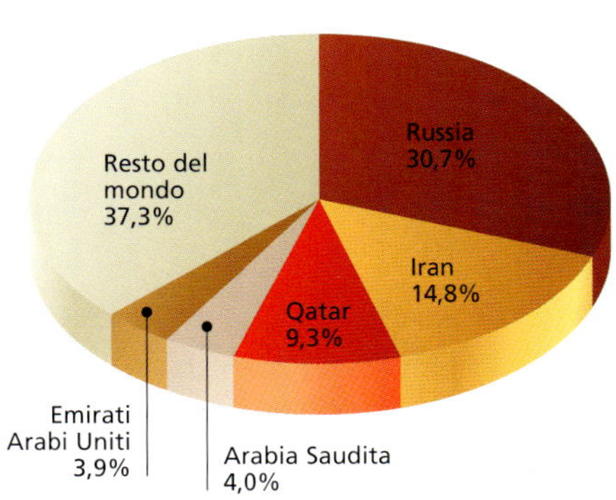

RISERVE PETROLIFERE

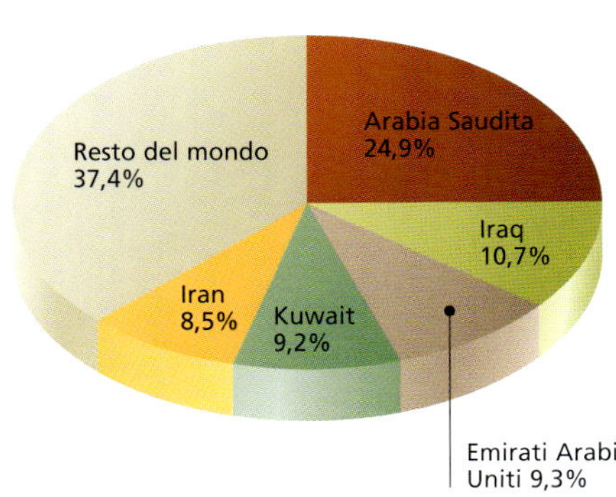

RISERVE CARBONIFERE

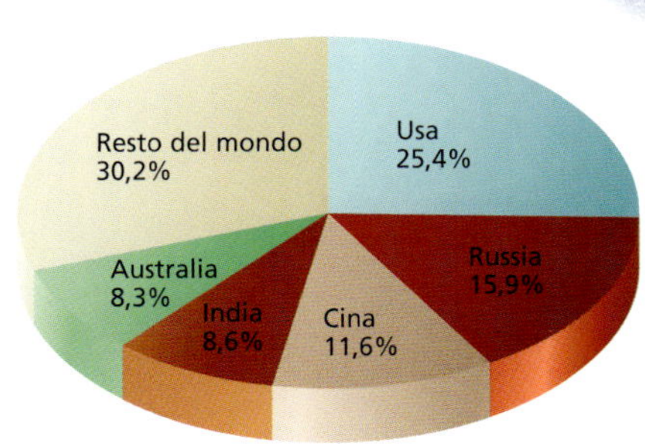

COME SI FORMANO IL PETROLIO E IL GAS NATURALE

Il petrolio e il gas naturale si formano quando i resti decomposti di piccoli organismi marini restano schiacciati sotto gli strati rocciosi. Questo processo può durare milioni di anni.

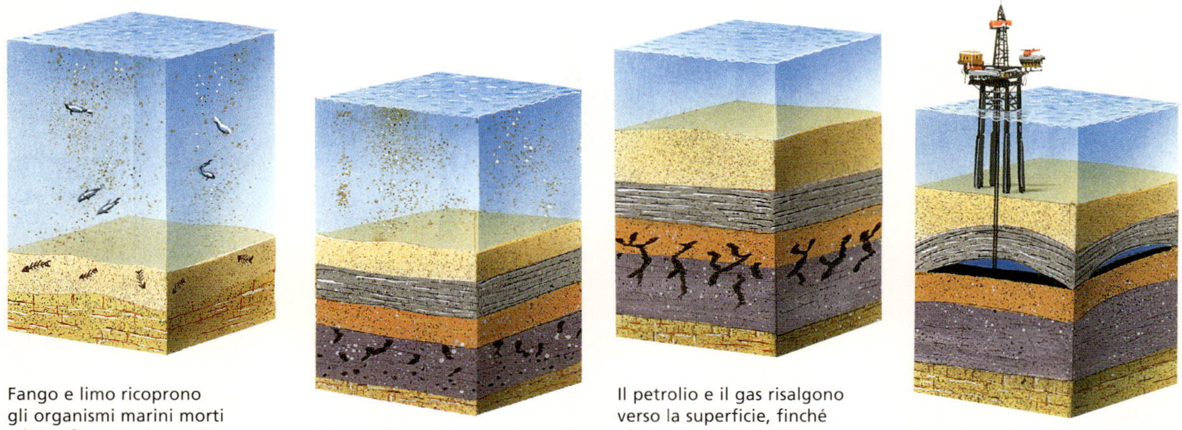

Fango e limo ricoprono gli organismi marini morti e li trasformano in roccia.

Mentre gli strati si accumulano, gli organismi si trasformano lentamente in petrolio e gas naturale.

Il petrolio e il gas risalgono verso la superficie, finché gli strati rocciosi ne bloccano il cammino.

Sotto la roccia si forma un giacimento di petrolio (sul fondo) e gas naturale (in cima).

Il carbone

Il carbone è uno dei combustili più usati nel mondo; bruciandolo si ottengono calore ed energia. Il carbone deriva dai resti di antiche piante palustri: durante la decomposizione, i resti vegetali formano una sostanza umida e porosa chiamata torba, sopra la quale a volte si formano rocce sedimentarie, che la comprimono; la torba compressa si trasforma allora in una roccia bruna chiamata lignite. Al crescere della stratificazione e della pressione esercitata, la lignite diventa litantrace, che sottoposto a un'estrema pressione si trasforma a sua volta in antracite, un carbone nero, duro e lucente. Maggiore è la compressione subita, più duro diventa il carbone, e maggiore è la quantità di energia che si libera durante la sua combustione.

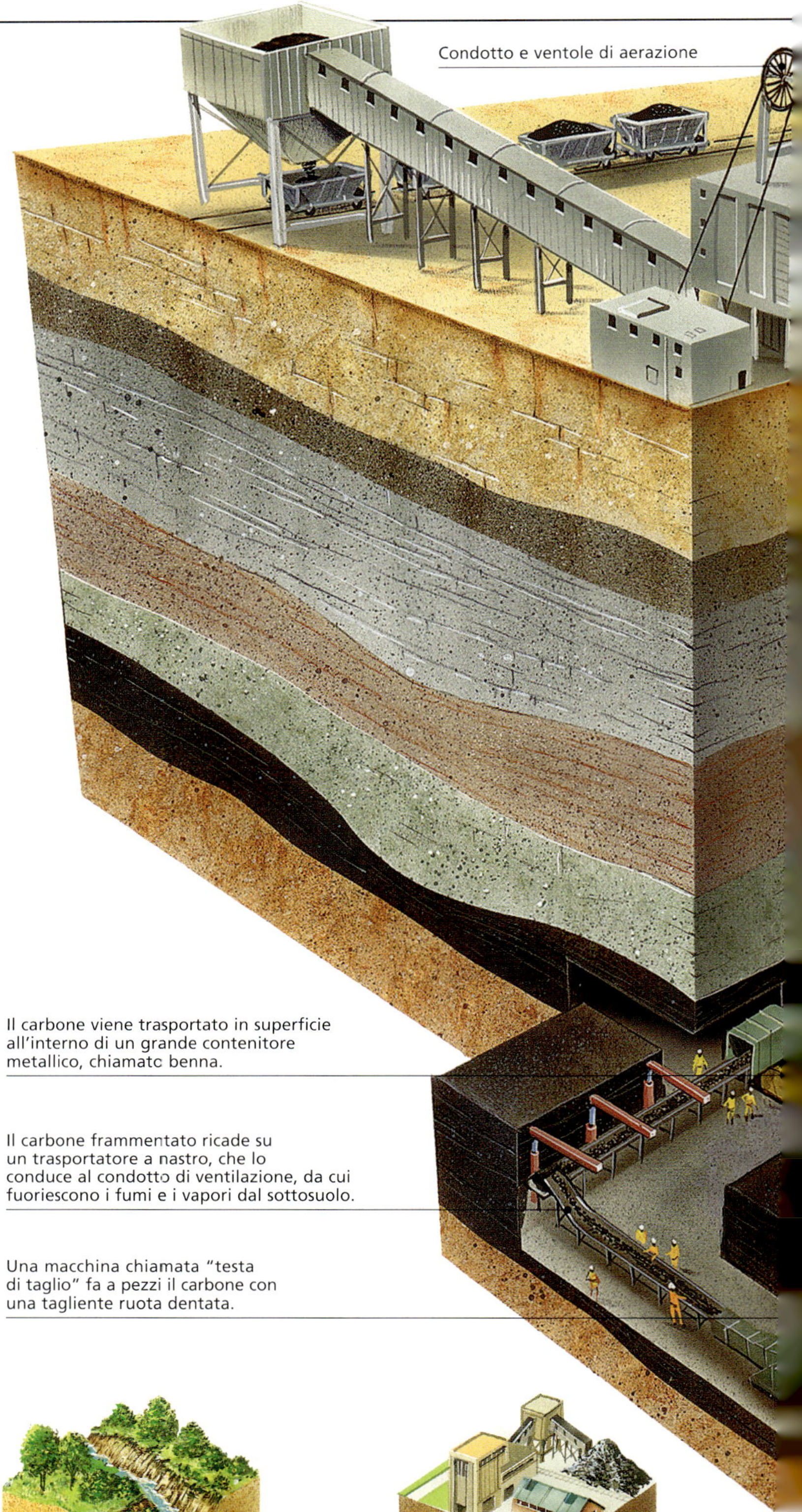

Il carbone viene estratto soprattutto dal sottosuolo, in profondità, ma in alcuni casi i giacimenti sono vicini alla superficie. Le miniere come questa, situata in Germania, si chiamano "a cielo aperto".

COME SI FORMA IL CARBONE

Nel corso di migliaia di anni, il materiale vegetale sepolto può subire una compressione e perdere gran parte dell'acqua, dell'ossigeno e degli altri gas che contiene. Durante la compressione il suo contenuto di carbonio aumenta gradualmente, trasformandolo in carbone.

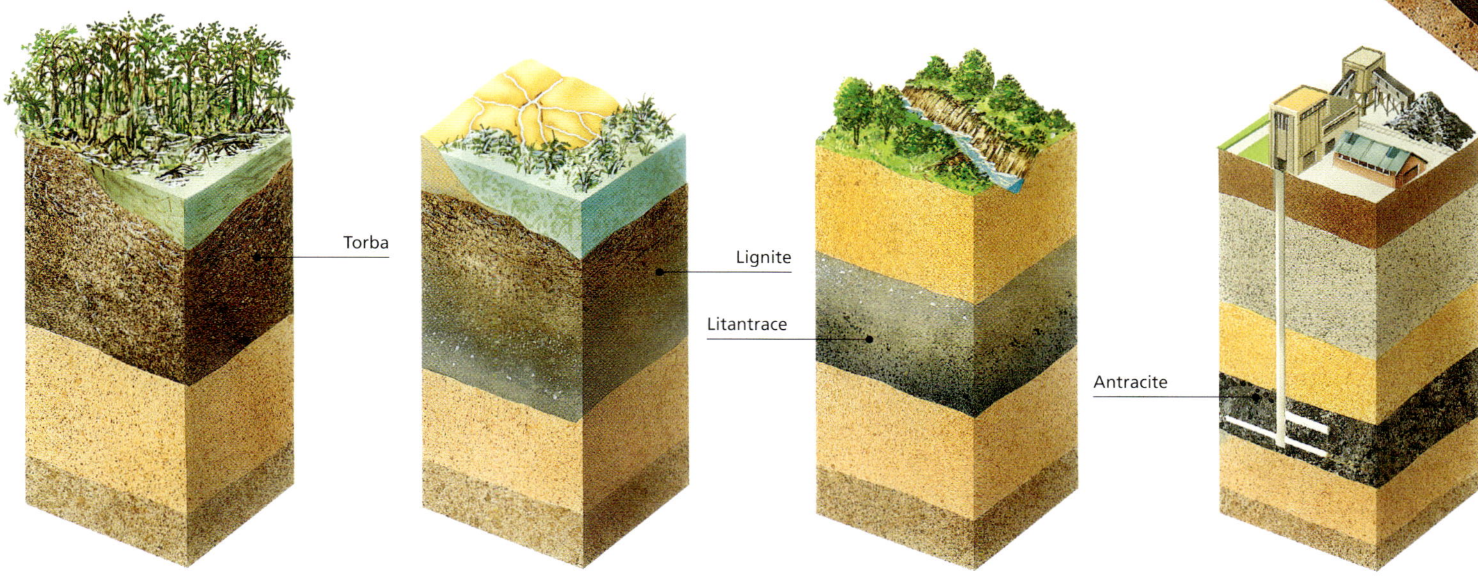

Le piante decomposte diventano torba, un materiale ad alto contenuto di umidità e gas.

Strati di rocce sedimentarie comprimono la torba, trasformandola in lignite.

All'aumentare della pressione, la lignite si trasforma in litantrace.

L'antracite è la forma più compatta e di più alta qualità di carbon fossile; contiene piccole tracce di acqua e gas.

L'ESTRAZIONE DEL CARBONE

Oggi, gran parte degli scavi richiesti nelle miniere di carbone sono effettuati dalle macchine. Il metodo illustrato sopra, noto come estrazione continua, è quello più largamente utilizzato.

LA PRODUZIONE DELL'ACCIAIO

L'acciaio è una lega di ferro e carbonio, che si combinano con il calore del carbone. È utilizzato nella produzione di utensili, automobili e treni.

LE MATERIE PRIME

Per fare l'acciaio, il ferro puro va estratto dal minerale grezzo.

Il calore del coke (carbon fossile riscaldato) fa estrarre ferro fuso dal minerale.

Il calcare rimuove le impurità dal ferro fuso.

IL CICLO PRODUTTIVO

Il coke e il minerale di ferro vengono riscaldati insieme in una grande fornace (altoforno). Quando il ferro fuso si deposita sul fondo, si aggiunge il calcare.

In un'altra fornace il ferro viene investito da un flusso di ossigeno, che ne riduce il contenuto di carbonio e lo trasforma in acciaio.

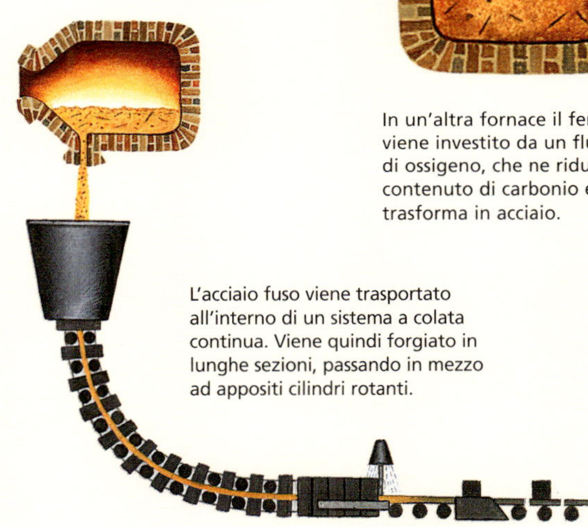
L'acciaio fuso viene trasportato all'interno di un sistema a colata continua. Viene quindi forgiato in lunghe sezioni, passando in mezzo ad appositi cilindri rotanti.

IL RISULTATO FINALE

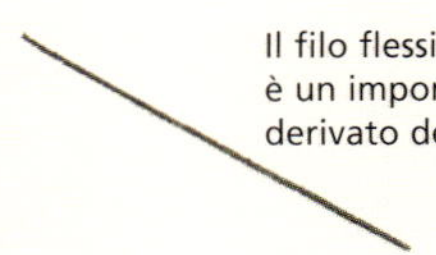
Il filo flessibile è un importante derivato dell'acciaio.

Le lamine di acciaio si utilizzano per realizzare molti prodotti.

Le travi in acciaio sono usate come strutture di sostegno nei grandi edifici.

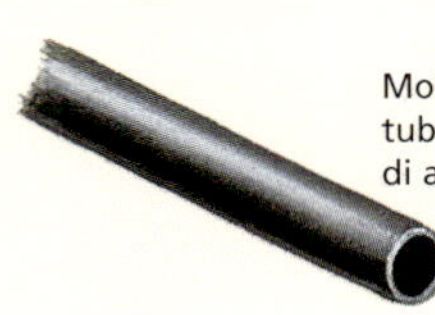
Molti tipi di tubi sono fatti di acciaio.

Energia solare ed energia eolica

Il Sole è una sorgente di energia davvero potente; potrebbe infatti soddisfare il fabbisogno energetico del mondo intero, poiché invia sulla Terra un'energia 20.000 volte superiore a quella attualmente utilizzata. L'energia solare si può catturare in molti modi: sui satelliti spaziali, per esempio, ampi pannelli ricoperti di celle solari trasformano la luce del Sole in energia elettrica; alcuni edifici, poi, sono dotati di pannelli rivestiti di vetro all'esterno e verniciati di nero all'interno, per assorbire il calore del Sole e sfruttarlo per riscaldare l'acqua. Quando i combustibili fossili saranno esauriti, il Sole continuerà ancora a lungo a inviare sulla Terra la sua energia pulita. Anche dal vento si può ottenere energia, convogliandolo verso vele o pale. Già in passato si sfruttava la forza del vento nella navigazione e per azionare i mulini a vento; oggi esistono moderne versioni di mulini a vento, chiamati turbine, in grado di generare energia elettrica.

OTTENERE L'ENERGIA SOLARE

Le celle solari convertono la luce in elettricità. Sono formate da due strati di silicio: il primo (di tipo N) arricchito di elettroni e il secondo (di tipo P) impoverito di elettroni. La luce solare stimola gli elettroni a passare dal primo strato al secondo, per colmare i "buchi" lasciati dagli elettroni mancanti, creando così una corrente elettrica.

DENTRO UNA CELLA SOLARE

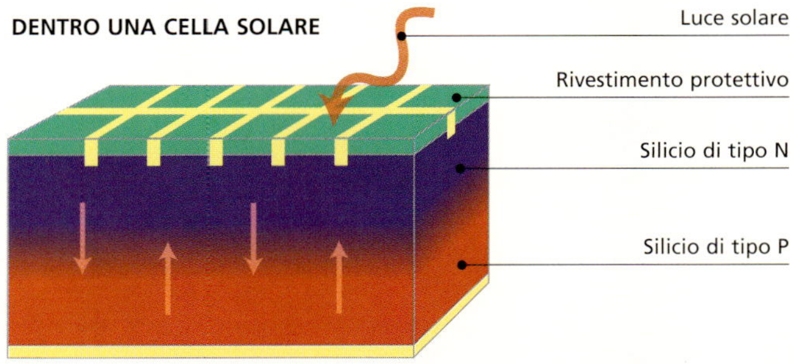

Le centrali solari, dotate di batterie di pannelli solari, sorgono in luoghi asciutti e soleggiati, come gli Usa sudoccidentali, il deserto australiano e alcune zone in Spagna e Germania.

CATTURARE IL VENTO

Le turbine eoliche, grazie alle loro grandi pale, trasformano la forza del vento in energia. Le centrali eoliche, dette anche "fattorie del vento", vengono costruite in zone particolarmente ventose. Quando il vento aziona le pale, il loro moto rotatorio viene convertito in elettricità.

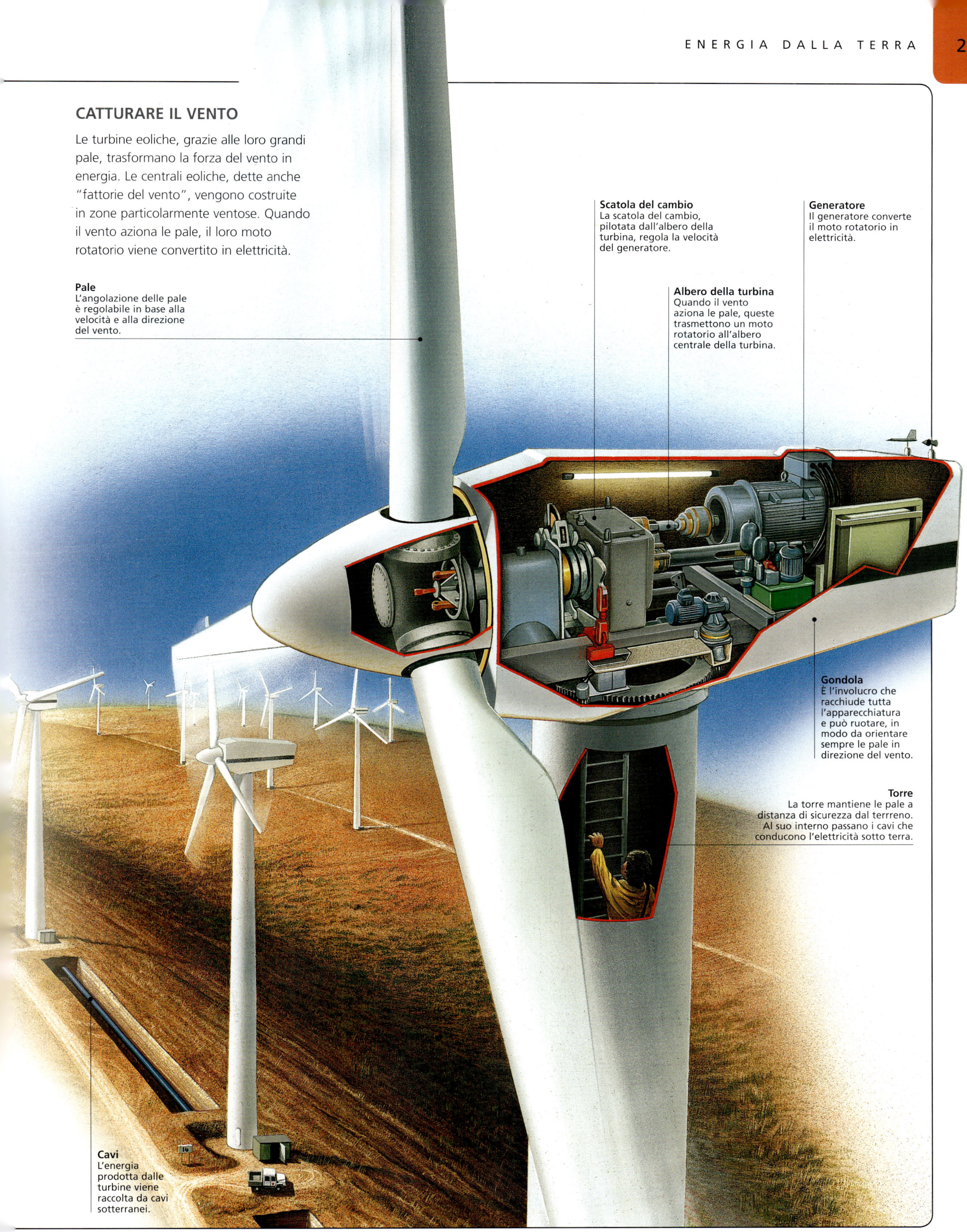

Energia dall'acqua

Le centrali idroelettriche sfruttano il moto dell'acqua per generare elettricità. Queste enormi costruzioni si trovano, in genere, in regioni montuose soggette a piogge frequenti: qui, nelle più profonde vallate, gli ingegneri costruiscono grandi dighe verso cui l'acqua viene deviata, attraversando vigorosamente le turbine poste lungo il percorso. Le pale delle turbine, ruotando, producono grandi quantità di energia. L'energia geotermica utilizza il calore del nucleo fuso della Terra per riscaldare l'acqua che scorre in tubi sotterranei; il vapore prodotto viene quindi ricondotto verso le centrali energetiche in superficie, dove mette in moto le turbine che producono l'elettricità.

Le centrali idroelettriche hanno maggiori vantaggi rispetto a quelle a carbone; usano infatti l'acqua, che è una risorsa rinnovabile costantemente riciclata nell'ambiente.

La centrale di Svartsengi, nell'Islanda sudoccidentale, è una delle cinque principali centrali geotermiche che, insieme, coprono un quarto del fabbisogno energetico del Paese.

Dal 1958, le sorgenti calde forniscono energia elettrica presso la centrale geotermica di Wairakei nell'Isola del Nord, in Nuova Zelanda.

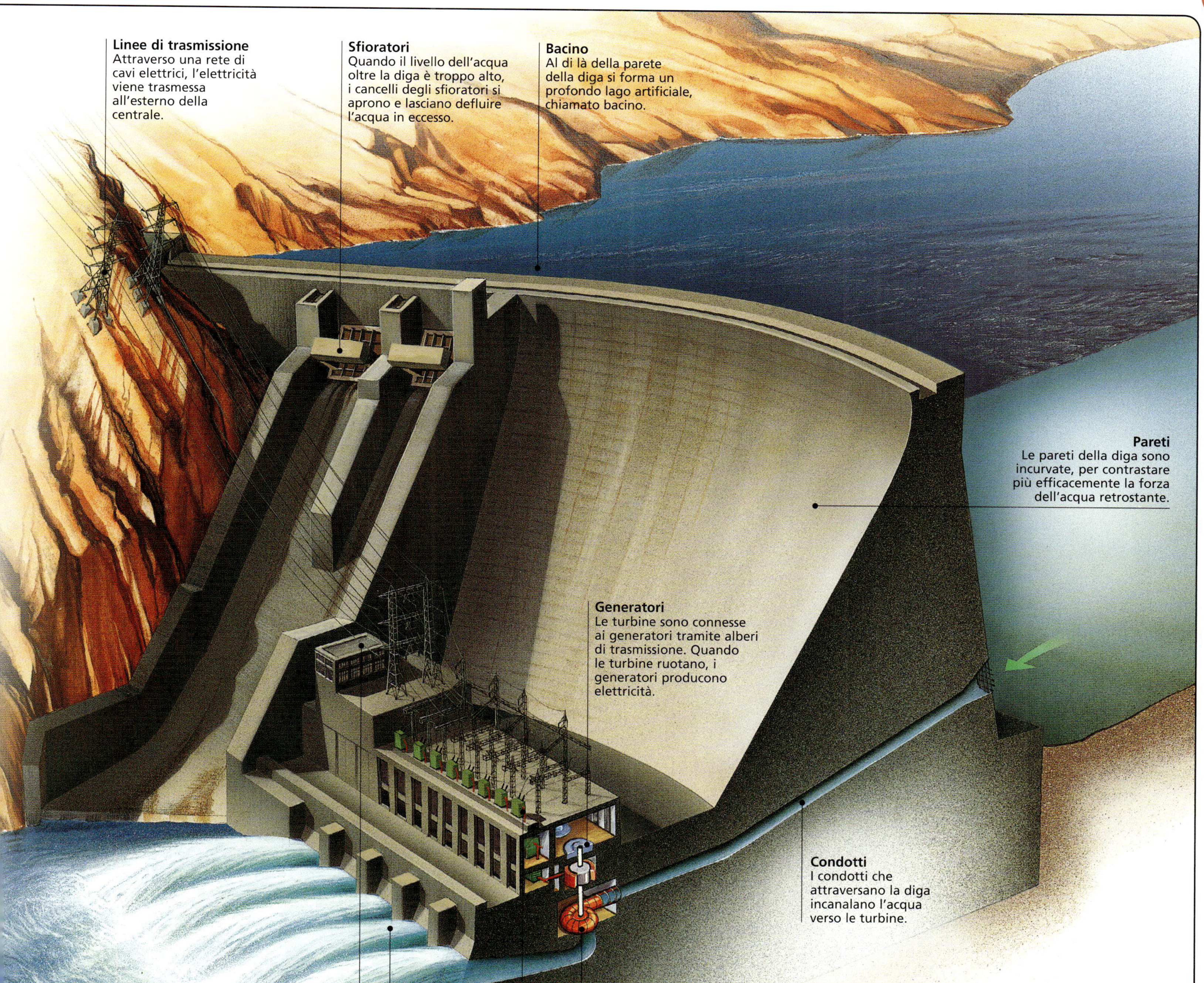

IMPIANTO IDROELETTRICO

La prima centrale idroelettrica fu costruita nel 1882, negli Stati Uniti. Oggi enormi impianti idroelettrici vengono utilizzati in quasi tutto il mondo.

DENTRO UNA TURBINA

L'acqua mette in moto la turbina e le imprime una rotazione velocissima, che produrrà l'elettricità.

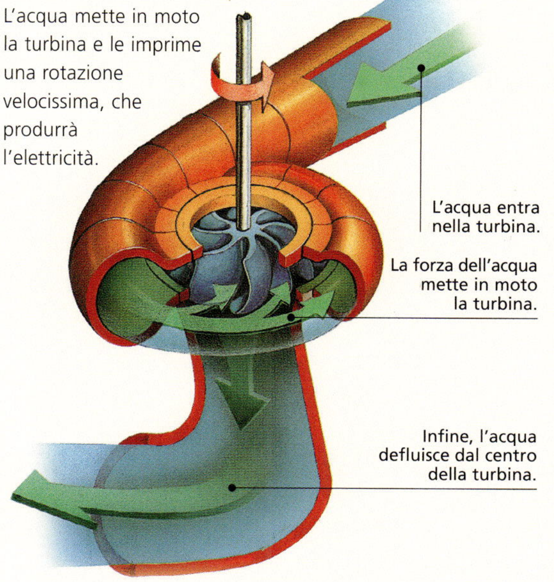

La Terra a confronto

I PAESI PIÙ GRANDI

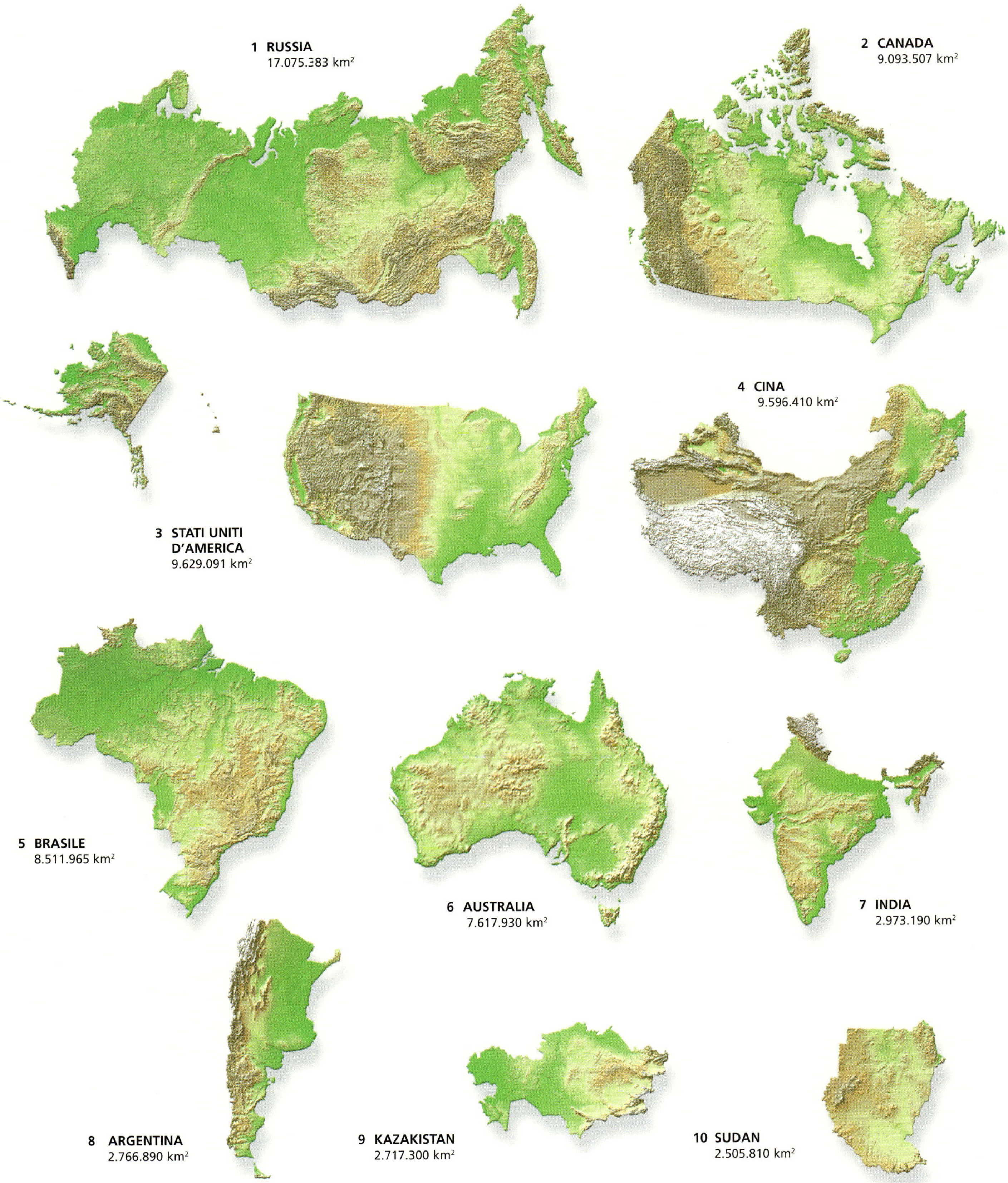

I LAGHI PIÙ GRANDI

I FIUMI PIÙ LUNGHI

Murray-Darling, Australia 3750 km
Niger, Africa 4180 km
Mackenzie-Peace-Finlay, Nord America 4240 km
Lena-Kirenga, Asia 4400 km
Heilong Jiang (Amur)-Argun', Asia 4416 km
Mekong, Asia 4500 km
Rio de la Plata-Paraná, Sud America 4500 km
Congo, Africa 4670 km
Ob-Irtysh, Asia 5410 km
Fiume Giallo (Huang Ho), Asia 5464 km
Jenisej-Angara-Selenga, Asia 5550 km
Mississippi-Missouri, Nord America 5780 km
Fiume Azzurro (Yangtze Kiang), Asia 6380 km
Rio delle Amazzoni, Sud America 6450 km
Nilo, Africa 6670 km

LE MONTAGNE PIÙ ALTE

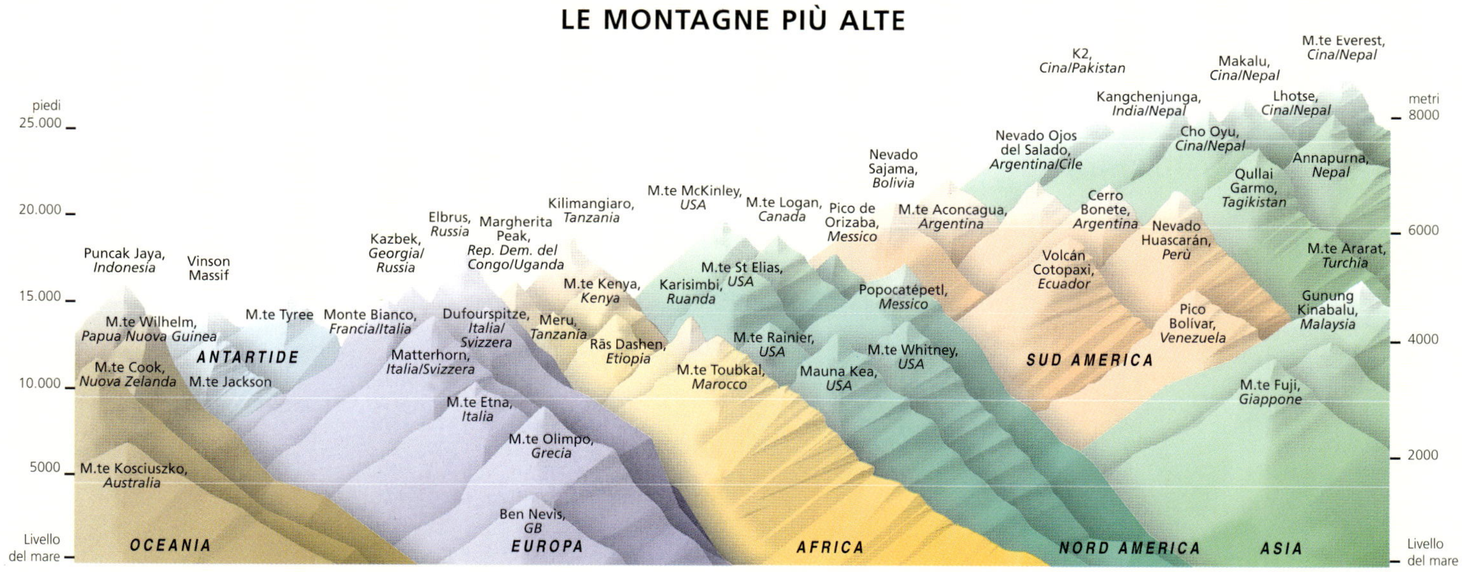

Il pianeta Terra

LA TERRA NEL TEMPO

La vita della Terra si può suddividere in diverse unità cronologiche: eoni, ere, periodi ed epoche. In ciascuno di questi intervalli vissero piante e animali differenti; i dinosauri, per esempio, vissero solo nell'era mesozoica.

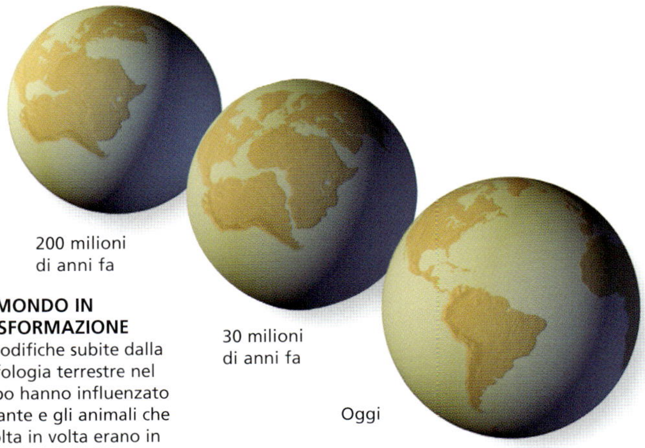

UN MONDO IN TRASFORMAZIONE
Le modifiche subite dalla morfologia terrestre nel tempo hanno influenzato le piante e gli animali che di volta in volta erano in grado di sopravvivere.

SCALA DEL TEMPO GEOLOGICO

Era	Periodo	Epoca	Inizio (m.a.)
EONE FANEROZOICO			
	Neozoico	Olocene Pleistocene	0,1 1,8
Cenozoico	Neogene	Pliocene Miocene	5,3 23
	Paleogene	Oligocene Eocene Paleocene	34 55 65,5
Mesozoico	Cretaceo	Superiore Inferiore	100 146
	Giurassico	Superiore Medio Inferiore	161 176 200
	Triassico	Superiore Medio Inferiore	228 245 250
Paleozoico	Permiano	Superiore Medio Inferiore	260 271 299
	Carbonifero	Pennsylvaniano Mississippiano	318 359
	Devoniano	Superiore Medio Inferiore	385 398 416
	Siluriano	Superiore Inferiore	423 444
	Ordoviciano	Superiore Medio Inferiore	461 472 488
	Cambriano	Superiore Medio Inferiore	501 513 542
EONE PROTEROZOICO			2500
EONE ARCHEANO			3800
EONE ADEANO			4600

LA COMPOSIZIONE DEL SUOLO

Il suolo è composto da frammenti di *bedrock* (roccia di fondo) mischiati ai resti di antichi vegetali e animali in decomposizione; alcuni organismi viventi, come i vermi, provvedono a rimescolare il terreno. L'acqua piovana, permeando il suolo, trasporta continuamente con sé dei minerali; in questo modo, nei suoli più antichi si formano strati distinti.

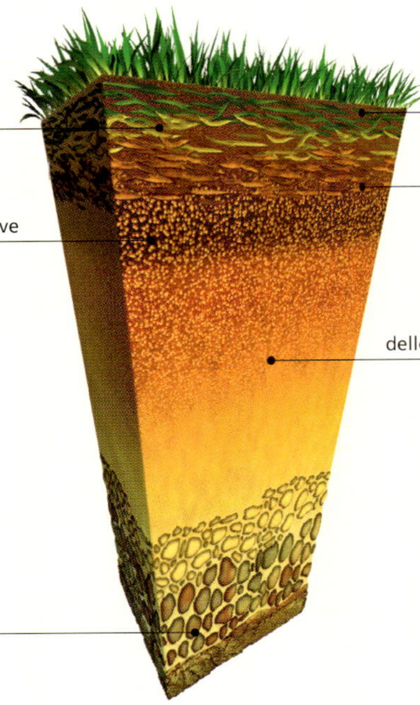

PIETRE PREZIOSE E GIOIELLI

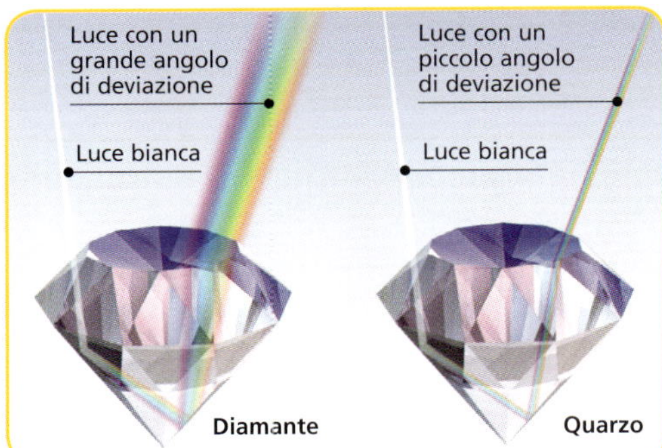

PERCHÉ I DIAMANTI BRILLANO?
Quando la luce bianca attraversa un cristallo trasparente, viene deviata e si scompone nei suoi colori costituenti (spettro luminoso). Nei diamanti, la luce viene deviata a un angolo maggiore rispetto agli altri cristalli; per questo motivo brillano così tanto.

I DIAMANTI PIÙ GRANDI DEL MONDO

Ring
1 carato

Hope blu
45,5 carati

Stella dell'Africa
530,2 carati

Regent
140,5 carati

Stella del millennio
203 carati

I vulcani

IL PROGETTO "DECADE VOLCANOES"

Nel mondo sono stati individuati 16 vulcani – i "Decade Volcanoes" – di grande importanza a livello internazionale e perciò oggetto di studio costante. Sono generalmente molto grandi, con una lunga e violenta attività alle spalle, e si trovano in prossimità di città e centri abitati.

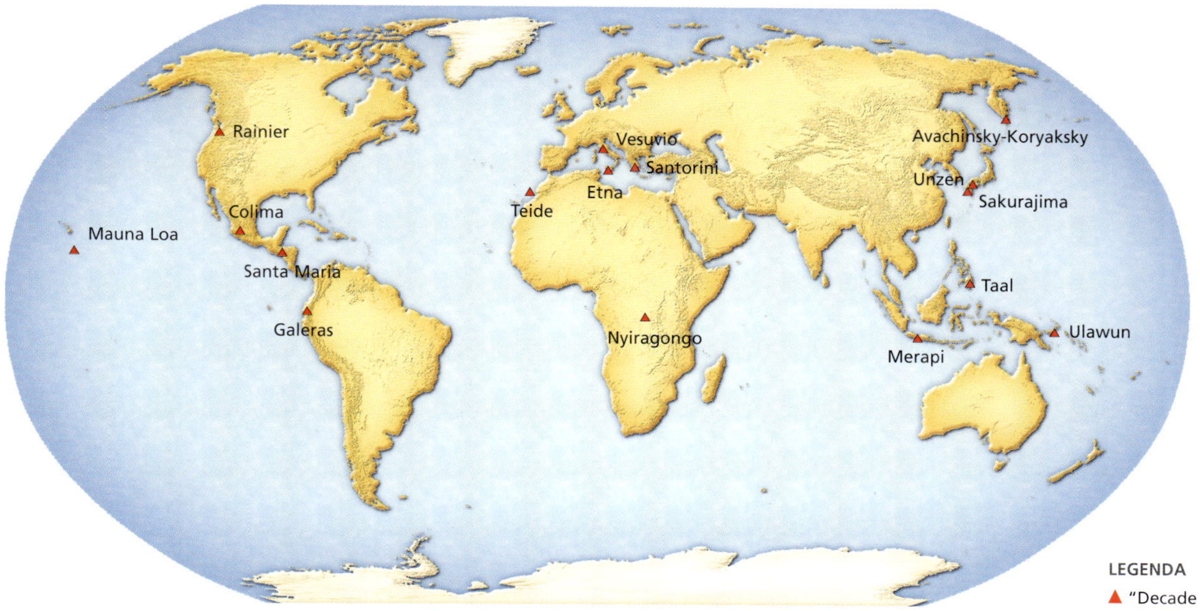

LEGENDA
▲ "Decade Volcano"

LE 10 ERUZIONI PIÙ TRAGICHE

Anno	Vulcano	Luogo	Vittime	Causa delle morti
1815	Tambora	Indonesia	92.000	Cenere, tsunami, malattie, fame
1883	Krakatoa	Indonesia	36.400	Tsunami, cenere
1902	Monte Pelee	Martinica	26.000	Flusso piroclastico
1985	Nevado del Ruiz	Colombia	23.000	Colata di fango
79	Vesuvio	Italia	16.000	Cenere e piroclasti
1792	Unzen	Giappone	14.500	Crollo del vulcano, tsunami
1586	Kelut	Indonesia	10.000	Sconosciuta
1783	Laki	Islanda	9350	Malattie, fame
1919	Kelut	Indonesia	5000	Colata di fango
1631	Vesuvio	Italia	4000	Lava e fango

OLTRE IL NOSTRO PIANETA

I vulcani non sono presenti soltanto sulla Terra, ma anche su alcuni satelliti nel sistema solare. I vulcani hanno contribuito a modellare la superficie dei quattro pianeti interni (Mercurio, Venere, Terra e Marte), così come quella di alcuni satelliti dei "giganti gassosi" esterni.

TRITONE (SATELLITE DI NETTUNO)
La figura mostra i geyser di Tritone, mentre eruttano con pennacchi ghiacciati di azoto liquido. Il materiale si innalza per circa 8 km sulla superficie, per poi riprecipitare al suolo come azoto congelato.

La Luna
Le macchie scure in superficie sono laghi di lava seccati.

Venere
La densa atmosfera di Venere deriva dallo zolfo dei suoi vulcani.

Marte
I vulcani di Marte sono giganteschi rispetto a quelli della Terra.

Io, satellite di Giove
Dalla superficie di Io sgorgano getti di biossido di zolfo.

Tritone, satellite di Nettuno
Non tutti i vulcani sono caldi; i geyser di Tritone sono gelidi.

I terremoti

IL RISCHIO SISMICO

Le possibilità di una scossa sismica dipendono dalla zona del mondo in cui ci si trova. In molti luoghi si può trascorrere tutta la vita senza mai percepire alcun movimento del terreno; in altri, invece, la terra trema regolarmente e il rischio di un terremoto distruttivo è sempre in agguato.

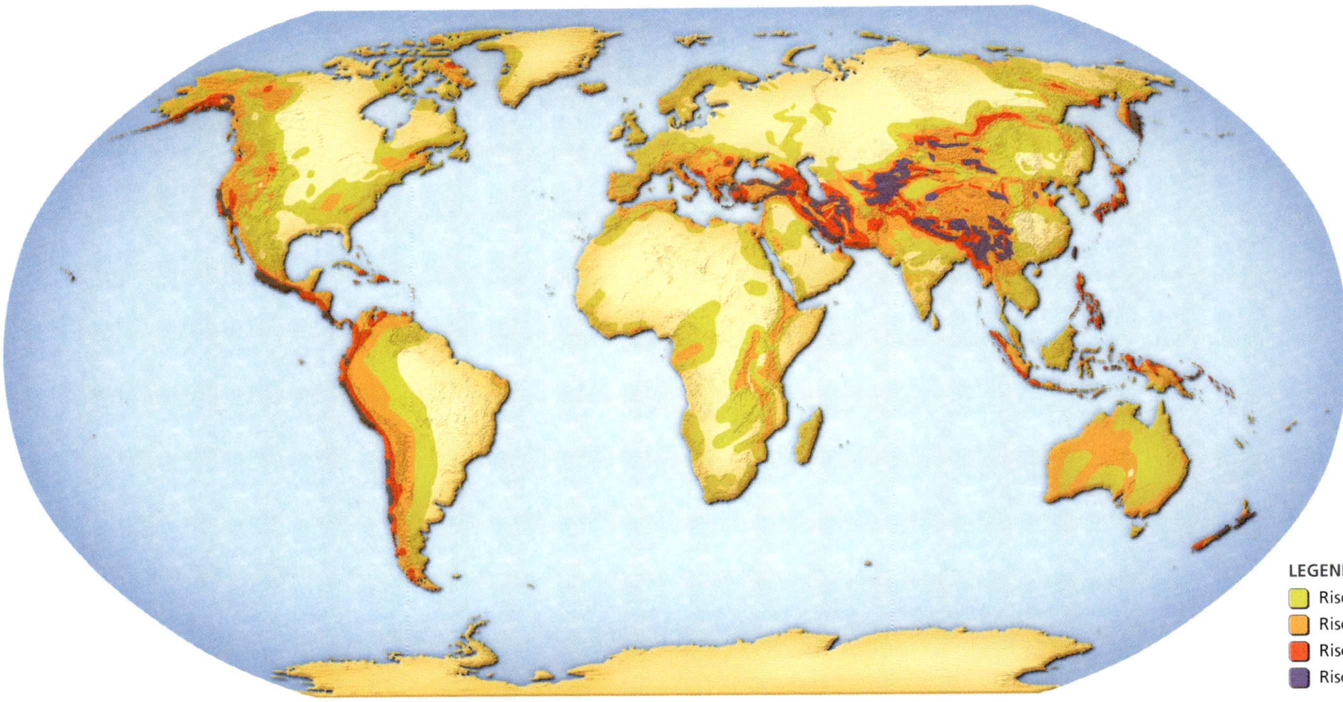

LE TEORIE SUI TERREMOTI

Gli uomini hanno cercato di dare una spiegazione al terrificante fenomeno dei terremoti fin dal primo momento in cui hanno sentito tremare il suolo. È da poco, però, che abbiamo iniziato a capire che cosa accade davvero sotto i nostri piedi.

SPIEGAZIONI MITOLOGICHE
In base a un'antica leggenda indù, la Terra è trasportata sulla schiena di un elefante, sorretto da una tartaruga che, a sua volta, è in equilibrio sopra un cobra. Ogni volta che uno dei tre si muove, la Terra trema e si scuote.

Il cosmo secondo la visione indù.

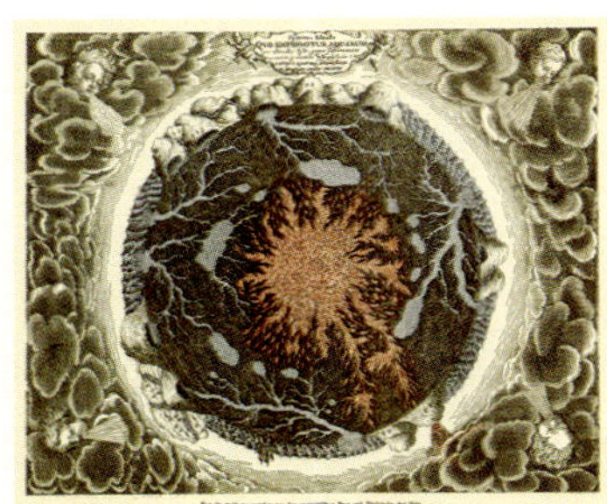

Uno spaccato dell'interno della Terra risalente al 1665.

LA STORIA MODERNA
Intorno al 1660, il filosofo francese René Descartes (Cartesio) ipotizzò che un tempo la Terra fosse calda quanto il Sole e che stesse continuando a raffreddarsi e contrarsi. Queste contrazioni avrebbero dato origine alle montagne e provocato i terremoti.

LA STORIA CONTEMPORANEA
La teoria della tettonica a placche ebbe origine nel 1915, quando lo scienziato tedesco Alfred Wegener avanzò l'ipotesi che tutti i continenti, una volta, fossero uniti e che, successivamente, si fossero allontanati l'uno dall'altro. Questa teoria si è rivelata un'efficace spiegazione per i terremoti e altri fenomeni geologici.

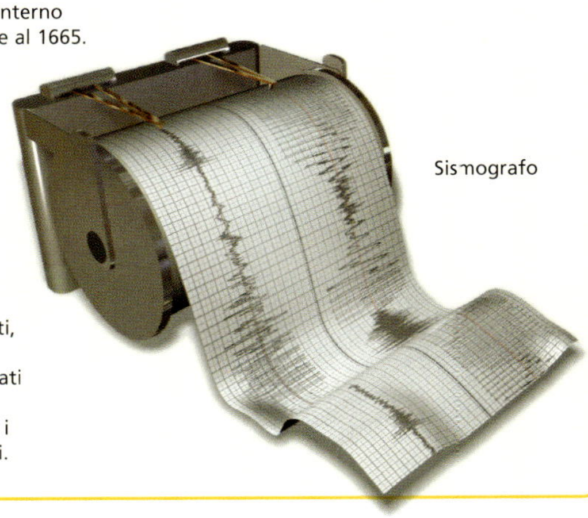

Sismografo

I 10 MAGGIORI TERREMOTI

Anno	Luogo	Vittime
1201	Egitto-Siria	1.100.000
1556	Shanxi, Cina	830.000
1139	Caucaso	300.000
1662	Cina	300.000
1737	Calcutta, India	300.000
2004	Sumatra-Andamane	283.000
115	Antioco, Turchia	260.000
1976	Tangshan, Cina	240.000
1139	Aleppo, Siria	230.000
1876	Isole Andamane	215.000

I 5 MAGGIORI TSUNAMI

Anno	Luogo	Vittime
2004	Sumatra-Andamane	283.000
1755	Lisbona, Portogallo	100.000
1908	Italia	70.000
1782	Cina e Taiwan	40.000
1883	Krakatoa, Indonesia	36.000

Fenomeni estremi

TORNADO E URAGANI

UN PERCORSO DISTRUTTIVO
Una tromba d'aria è come un gigantesco aspirapolvere che risucchia ogni cosa che trova lungo il suo cammino. Può distruggere gli edifici e gli alberi situati direttamente sul percorso, risparmiando quelli ai suoi lati.

LA SCALA FUJITA

Questa scala a 6 categorie fu ideata nel 1971 per classificare i tornado in base ai danni visibili provocati.

Scala	Velocità km/h	Danni
F0	64-117	lievi
F1	118-180	moderati
F2	181-251	notevoli
F3	252-330	gravi
F4	331-417	devastanti
F5	più di 417	distruzione totale

LA SCALA SAFFIR–SIMPSON

Questa scala fu messa a punto nel 1955 dai meteorologi dell'US Weather Bureau; si articola in 5 categorie e misura l'intensità degli uragani, considerando anche la pressione superficiale e l'altezza delle onde sollevate.

Scala	Pressione hectoPascal	Velocità del vento km/h	Altezza delle onde (m)	Danni
1	più di 980	118-152	1,2-1,6	minimi
2	965-980	153-176	1,7-2,5	moderati
3	945-964	177-208	2,6-3,7	estesi
4	920-944	209-248	3,8-5,4	estremi
5	meno di 920	più di 248	più di 5,4	catastrofici

L'URAGANO EMILY
L'uragano Emily si sviluppò al largo delle coste del Brasile il 12 luglio del 2005. Quattro giorni dopo, i venti soffiavano oltre i 125 nodi (231 km/h), con raffiche fino a 155 nodi (287 km/h). Il 18 luglio si abbatté a terra, per poi ridirigersi verso il mare il giorno dopo, riacquistando potenza. Il 20 luglio, l'uragano raggiunse le coste del Messico, con una potenza di categoria 5.

12 luglio 2005

16 luglio 2005

19 luglio 2005

20 luglio 2005

I RECORD CLIMATICI

IL LUOGO PIÙ UMIDO
Cherrapunji, India 26.461 mm di pioggia (mediamente) all'anno.

IL LUOGO PIÙ ASCIUTTO
Arica nel deserto di Atacama, in Cile Le precipitazioni medie annue sono di 0,5 mm.

LA TEMPERATURA PIÙ BASSA
Base di Vostok, Antartide Il 21 luglio del 1983 si registrò una temperatura di -89,2 °C.

LA RAFFICA DI VENTO PIÙ INTENSA NON DOVUTA A UN TORNADO
Monte Washington, Usa Il 12 aprile del 1934 si registrò una raffica di vento di 371 km/h.

I CHICCHI DI GRANDINE PIÙ PESANTI MAI REGISTRATI
Gopalganj, Bangladesh Il 14 aprile del 1986, chicchi di grandine del peso di 1 kg uccisero 92 persone.

IL LUOGO PIÙ PIOVOSO
Il cratere di monte Waialeale a Kauai, Hawaii 350 giorni di pioggia all'anno.

LA TEMPERATURA PIÙ ALTA
El Azizia, Libia Il 13 settembre del 1922 si registrò una temperatura di 57,3 °C.

L'ESCURSIONE TERMICA PIÙ GRANDE
Verhoyansk, Siberia Centrale In questa regione le temperature estive possono raggiungere i 37 °C, mentre quelle invernali possono scendere fino a -68 °C.

LA RAFFICA DI VENTO PIÙ INTENSA DOVUTA A UN TORNADO
Oklahoma, Usa Nel maggio 1999 la velocità dei venti raggiunse i 512 km/h.

LA REGIONE PIÙ CALDA
Regione desertica del Sahara Fra il 1960 e il 1966 a Dallol, in Etiopia, si registrò una temperatura media diurna di 34 °C.

Glossario

alisei Venti che soffiano verso l'Equatore, da nordest nell'emisfero settentrionale e da sudest in quello meridionale.

atmosfera Strato gassoso che circonda un pianeta o un satellite estendendosi dalla sua superficie, trattenuto dalla forza di gravità.

atollo Scogliera circolare che racchiude una laguna. Si forma comunemente sul bordo del cratere di un vulcano sottomarino estinto.

barriera corallina Massiccia struttura calcarea, tipica delle limpide acque tropicali, formata dagli scheletri esterni di piccoli celenterati (i polipi dei coralli).

biodiversità Abbreviazione di "diversità biologica"; indica la varietà degli organismi viventi presenti nel mondo o in alcune sue parti.

bioma Tipo di vegetazione presente in una vasta zona della Terra, che dipende in gran parte dal clima. Sono esempi di bioma la tundra, il deserto, la foresta pluviale tropicale.

caldera Cratere, di forma più o meno circolare, che si forma sulla sommità di un vulcano in seguito al crollo della volta di una camera magmatica.

calotta glaciale Uno dei tipi di ghiacciaio, il più grande (l'altro è il ghiacciaio di montagna); viene detta anche *inlandis* (termine norvegese).

camera magmatica Bacino sulla superficie della litosfera terrestre in cui il magma si accumula prima di risalire in superficie durante un'eruzione vulcanica.

camino Condotto all'interno di un vulcano attraverso cui lava e gas risalgono dalla camera magmatica per eruttare in superficie.

canyon Valle profonda dalle pareti ripide, scavata dall'erosione fluviale.

cenere Residuo minerale di una combustione. La cenere vulcanica contiene piccoli frammenti di roccia e lava.

CFC (clorofluorocarburi) Composti chimici di produzione industriale, utilizzati nelle bombolette spray, nei frigoriferi e nei condizionatori d'aria.

ciclone Area di bassa pressione, spesso associata a cielo grigio e precipitazioni. L'aria si muove intorno ai cicloni in senso antiorario nell'emisfero settentrionale, e in senso orario in quello meridionale (*vedi* **uragano**).

Cintura di Fuoco Regione di intensa attività vulcanica che circonda l'oceano Pacifico.

Circolo Polare Antartico Linea immaginaria, situata a una latitudine di 66,5° S, a sud della quale il sole non sorge e non tramonta in almeno un giorno dell'anno.

Circolo Polare Artico Linea immaginaria, situata a una latitudine di 66,5° N, a nord della quale il sole non sorge e non tramonta in almeno un giorno dell'anno.

clima Insieme delle condizioni atmosferiche osservate in una regione su lunghi periodi di tempo.

colata piroclastica Massa di cenere, rocce e gas che scorre a valle da un vulcano in eruzione.

combustibile fossile Materiale derivato dai resti di antichi organismi viventi (piante o animali), che può essere bruciato per produrre energia. La torba, il carbone, il petrolio e il gas naturale sono combustibili fossili.

condensazione Passaggio di stato da gas a liquido, per esempio quando il vapore acqueo si trasforma in goccioline d'acqua.

congelamento Passaggio dell'acqua dallo stato liquido a quello solido (ghiaccio).

continente Vasta area di crosta continentale la cui superficie si trova sopra al livello del mare. Secondo una delle suddivisioni più comuni, i continenti sono sette: Africa, Antartide, Asia, Australia, Europa, Nord America e Sud America.

convezione Movimento verso l'alto di una massa d'aria che riceve calore dalla terraferma o dal mare. Man mano che l'aria risale, può avvenire la condensazione, con formazione di nubi.

corrente a getto Stretta fascia in cui si osserva un forte flusso d'aria, a 10-15 km dalla superficie terrestre.

corrente ascendente Corrente d'aria che sale verso l'alto.

corrente discendente Corrente d'aria in movimento verso il suolo.

corrente marina Esistono due tipi principali di correnti marine: le correnti oceaniche, "fiumi" d'acqua che si muovono nei mari, e le correnti superficiali, alimentate dai venti.

correnti di convezione (mantello) Movimenti che si verificano all'interno del mantello quando il materiale roccioso caldo sale verso la superficie e quello più freddo sprofonda. Si pensa che i movimenti delle placche tettoniche siano dovuti a questi movimenti.

cratere Depressione circolare che può derivare dall'attività vulcanica (cratere vulcanico) oppure dall'impatto di un meteorite (cratere da impatto).

cristallo Minerale solido con una definita forma geometrica.

crosta Strato più esterno della Terra, formato da roccia solida; il suo spessore è di circa 5 km al di sotto degli oceani e può raggiungere i 64 km sotto le catene montuose.

degradazione meteorica Alterazione delle rocce e dei minerali dovuta al gelo e disgelo, all'azione delle sostanze chimiche presenti nell'acqua piovana, o all'estrema pressione e/o al calore nelle profondità del sottosuolo.

delta Sbocco di un fiume a movimento lento, che deposita uno strato di sedimenti oltre la linea di costa.

deriva dei continenti Lento movimento delle placche continentali, cioè delle parti della crosta terrestre su cui sono fissati i continenti. La deriva è causata da correnti convettive in movimento nel mantello.

deserto Regione in cui la quantità di pioggia che cade in un anno è minore della quantità di acqua che evapora nello stesso periodo di tempo.

dorsale medio-oceanica Catena di monti vulcanici che si estende al centro di un fondale oceanico. Si forma quando due placche tettoniche si allontanano e il materiale del mantello risale riempiendo la fessura e formando nuova crosta oceanica.

durezza Misura della capacità di un minerale di scalfirne un altro.

ecosistema Comunità formata dagli organismi viventi e dall'ambiente in cui essi vivono.

effetto serra Intrappolamento del calore in atmosfera dovuto all'assorbimento da parte di alcuni gas come il vapore acqueo e il biossido di carbonio.

El Niño Riscaldamento periodico straordinario delle acque superficiali al largo della costa occidentale dell'America meridionale.

emisfero Una metà di una sfera. La Terra è suddivisa in due emisferi.

energia geotermica Calore proveniente da un giacimento sotterraneo di roccia o acqua molto più calda del materiale roccioso circostante. Questa energia può essere convertita in elettricità.

epicentro Il punto sulla superficie terrestre situato sulla verticale dell'ipocentro, o punto di origine, di un terremoto.

Equatore Linea immaginaria a 0° di latitudine che divide la Terra in due emisferi.

era Unità cronologica nella storia della Terra. I geologi suddividono le ere in periodi.

erosione Processo di degradazione e rimozione delle rocce e del suolo operato da vento, acqua, ghiaccio e dai cosiddetti movimenti di massa, come le frane.

estuario Area di acque costiere parzialmente chiusa, aperta verso il mare, in cui scorre un fiume.

evaporazione Passaggio di stato da liquido a gas.

faglia Frattura della crosta terrestre lungo la quale due sezioni di crosta si spostano l'una rispetto all'altra.

fascia di ozono Regione della stratosfera situata a 20-32 km sul livello del mare, dove l'ozono è più abbondante.

fiordo Insenatura costiera lunga, stretta e con pareti ripide, situata all'estremità di una valle glaciale.

foresta pluviale Tipo di foresta che si sviluppa nelle zone con forti precipitazioni piovose o nebbie frequenti durante tutto il corso dell'anno.

fossa Profonda depressione nel fondale oceanico, spesso lunga migliaia di chilometri.

fossile Resti, tracce o impronte di un organismo vivente conservati nella roccia, o trasformati in roccia.

fotosintesi Processo attraverso cui le piante producono i nutrienti, sotto forma di zuccheri, utilizzando la luce solare, l'acqua e il biossido di carbonio. Durante la fotosintesi, le piante liberano ossigeno.

fronte Limite tra due masse d'aria con diverse temperature.

fulmine Scarica elettrica tra zone con cariche elettriche positive e negative, all'interno delle nubi o al suolo.

geyser Apertura sulla superficie terrestre da cui fuoriesce periodicamente una fontana di acqua calda diretta verso l'alto.

ghiacciaio Massa di ghiaccio formata dall'accumulo di neve compressa che si muove lentamente sulla superficie sottostante.

Gondwana Supercontinente meridionale del passato. Comprendeva le terre che oggi si chiamano Sud America, Africa, Madagascar, India, Sri Lanka, Australia, Nuova Zelanda e Antartide.

habitat Area dove vive una comunità di piante o di animali.

hot spot *Vedi* **punto caldo**.

iceberg Massa di ghiaccio che si è staccata da un ghiacciaio o da una piattaforma glaciale e galleggia nel mare.

intrusione Corpo roccioso che si è formato all'interno di rocce preesistenti.

invertebrati Animali come i vermi, i molluschi, i trilobiti o gli insetti, privi di colonna vertebrale.

ipocentro Punto all'interno della crosta terrestre in cui l'energia accumulata dalla roccia sottoposta a tensione viene improvvisamente rilasciata sotto forma di onde sismiche.

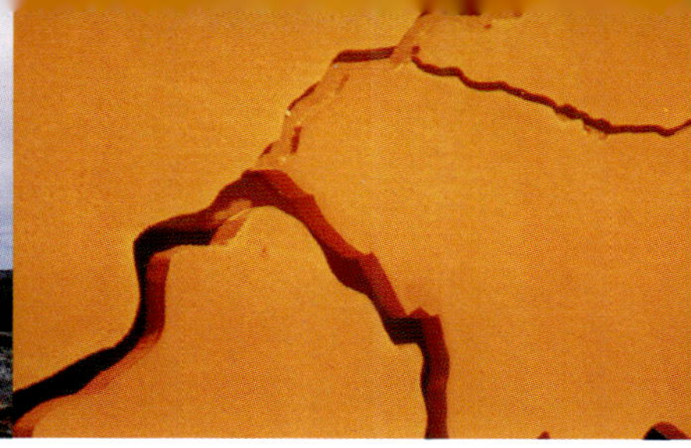

laguna Area costiera di acque basse quasi completamente chiusa, collegata al mare solo da un piccolo passaggio.

Laurasia Supercontinente settentrionale del passato. Comprendeva le terre che oggi si chiamano Nord America, Groenlandia, Europa e Asia (India esclusa).

lava Roccia fusa, o magma, eruttata da un vulcano sulla superficie terrestre.

litosfera Strato solido della Terra che comprende la crosta e la parte superiore, rigida, del mantello.

lucentezza Capacità di un minerale di assorbire o riflettere la luce.

magma Roccia e cristalli liquidi incandescenti situati sotto la superficie terrestre. Quando il magma erutta in superficie viene chiamato lava.

magnitudo Grandezza numerica che esprime l'intensità di un terremoto basandosi sull'ampiezza delle onde sismiche generate.

mangrovieto Associazione di piante tropicali adattate alla vita in acque salate.

mantello Strato della Terra compreso fra la parte inferiore della crosta e il nucleo esterno. È formato da roccia semisolida, dalla consistenza simile a quella della creta modellabile.

marea Innalzamento e abbassamento regolare del livello del mare, dovuto all'attrazione gravitazionale della Luna e, in misura minore, del Sole.

margine Limite tra due placche tettoniche, che possono essere in allontanamento, in avvicinamento o in slittamento l'una rispetto all'altra.

massa d'aria Grande estensione d'aria che ricopre gran parte di un continente o di un oceano, con temperatura, umidità e densità pressoché omogenee al variare dell'altitudine.

meandro Tratto curvilineo di un fiume nel suo lento corso pianeggiante.

mesosfera Strato dell'atmosfera sopra alla stratosfera, tra i 50 e gli 80 km sul livello del mare.

metallo Materiale buon conduttore di calore ed elettricità; la maggior parte dei metalli sono solidi e lucenti a temperatura ambiente.

meteora Fenomeno luminoso prodotto da un piccolo corpo celeste che si incendia mentre attraversa l'atmosfera terrestre, dando luogo a una "stella cadente".

meteorite Piccolo corpo celeste che ha raggiunto il suolo terrestre.

migrazione Spostamento di animali da una regione all'altra, a scopo riproduttivo o per cercare cibo durante l'inverno o l'estate.

minerale Sostanza presente in natura, con composizione chimica e struttura cristallina caratteristiche. Le rocce sono formate da minerali.

minerale grezzo Minerale (o roccia) da cui è possibile estrarre materiali utili come i metalli.

monsone Vento stagionale che dà origine a forti piogge nelle zone tropicali e subtropicali, in particolare nel Sudest asiatico.

nebbia Nubi a livello del suolo che riducono la visibilità a meno di 1 km.

nube Concentrazione di goccioline d'acqua o di cristalli di ghiaccio in atmosfera.

nucleo La parte più centrale della Terra, composta da un nucleo solido interno circondato da un nucleo liquido più esterno; entrambi sono fatti di ferro.

oceano Uno dei cinque grandi bacini d'acqua marina: Pacifico, Atlantico, Indiano, mar Glaciale Artico e oceano Antartico. Tutti insieme, gli oceani ricoprono il 71% della superficie terrestre.

onda Perturbazione di forma regolare e ripetitiva che si propaga in un solido, un liquido o un gas, provocata da energia in movimento.

onde sismiche Onde energetiche che si propagano attraverso la Terra a partire da una sorgente sismica, come un terremoto.

orogenesi Insieme dei processi che danno origine alla formazione delle montagne.

ozono Forma di ossigeno in cui la molecola è formata da tre atomi (O_3) invece che dai soliti due (O_2).

palude Area ricoperta da acque basse per tutto l'anno, con piante o alberi che emergono sopra alla superficie dell'acqua.

Pangea Supercontinente del passato che comprendeva tutti i continenti attuali. Iniziò a dividersi circa 200 milioni di anni fa, formando il Gondwana e la Laurasia.

periodo Unità cronologica standard della storia della Terra, più breve di un'era.

piana abissale Fondale oceanico profondo, piatto, quasi pianeggiante, situato tra la scarpata continentale e la dorsale medio-oceanica.

piana alluvionale Parte di una valle fluviale ricoperta dai sedimenti depositati in seguito allo straripamento del fiume dai suoi argini.

piante decidue Piante o alberi che perdono le foglie in autunno, in inverno o nella stagione secca, e si coprono di nuove foglie in primavera o nella stagione umida.

piattaforma continentale Margine di un continente situato sotto la superficie del mare.

piattaforma glaciale Area di ghiaccio galleggiante, un tempo parte di un ghiacciaio, ancora attaccata alla terraferma.

piega Ripiegamento degli strati rocciosi causato da movimenti della crosta terrestre.

piogge acide Precipitazioni piovose contenenti sostanze acide, che si formano in seguito al mescolamento delle sostanze chimiche prodotte dalla combustione dei combustibili fossili con il vapore acqueo presente in atmosfera.

precipitazione Caduta di acqua dal cielo, sotto forma di nebbia, foschia, pioviggine, pioggia, grandine o neve.

punto caldo (hot spot) Zona di intensa attività vulcanica, situata lontano dai margini delle placche tettoniche.

regione arida Regione in cui le precipitazioni sono troppo scarse per lo sfruttamento agricolo.

regioni polari Zone situate intorno al Polo nord e al Polo sud.

rift Frattura, spaccatura tra due masse rocciose precedentemente unite. Due o più fratture parallele possono far sprofondare la sezione centrale, formando una *rift valley* (fossa tettonica).

risalita continentale Parte del fondale oceanico situata oltre il margine della scarpata. È ricoperta da sedimenti e si allontana dal continente con una leggera pendenza.

roccia magmatica (o ignea) Roccia derivata dal raffreddamento e dal consolidamento di magma. Le prime rocce sulla Terra erano rocce magmatiche.

roccia metamorfica Roccia derivata dalla trasformazione di rocce preesistenti, in condizioni estreme di calore e pressione.

roccia sedimentaria Roccia che si è formata in seguito all'estrema compressione di parti di altre rocce, in cui spesso sono presenti resti di piante e animali.

scala Mercalli Scala utilizzata per misurare l'intensità di un terremoto in base all'osservazione diretta degli effetti provocati; è suddivisa in 12 categorie, che vanno da "non percepito" a "distruzione totale".

scala Richter Scala dai limiti non precisati che misura la magnitudo di un terremoto in base alla quantità di energia sprigionata. Ogni grado di questa scala corrisponde a un'intensità 10 volte superiore a quella del grado precedente.

scarpata Ripido pendio che digrada verso una pianura o verso un terreno a pendenza più lieve.

scarpata continentale Zona del fondale oceanico a forte pendenza, situata tra la piattaforma continentale e la risalita continentale. La sua superficie è solcata da profondi canyon.

scossa secondaria Scossa sismica che si verifica ore, giorni o settimane dopo il terremoto principale e ha origine vicino all'ipocentro del sisma.

stratosfera Strato dell'atmosfera che si trova sopra alla troposfera e sotto alla mesosfera. Nella stratosfera si trova la fascia di ozono.

subduzione Sprofondamento di una placca tettonica sotto a un'altra placca. Di solito le placche oceaniche sprofondano sotto a quelle continentali.

suolo Miscuglio di particelle minerali e materiale organico in decomposizione.

terremoto Improvviso e violento rilascio di energia all'interno della crosta terrestre, provocato dalle fratture che si creano nelle rocce nel profondo sottosuolo, quando esse si spostano liberando la tensione accumulata.

Tetide Mare che un tempo separava i supercontinenti di Laurasia e Gondwana.

tettonica a placche Teoria secondo cui la crosta terrestre è formata da parti rigide (placche), che galleggiano sul mantello e si spostano le une rispetto alle altre.

tornado Aria in rapida rotazione che si muove a spirale verso l'alto in una grande nube temporalesca.

Tropici o regioni tropicali Regioni comprese tra il Tropico del Cancro (23,5° di latitudine N) e il Tropico del Capricorno (23,5° di latitudine S) dove c'è almeno un giorno nell'anno in cui i raggi del sole a mezzogiorno sono perpendicolari.

troposfera Strato inferiore dell'atmosfera. È lo strato in cui viviamo e in cui avviene il 99% dei fenomeni meteorologici.

tsunami Termine giapponese che identifica un'onda marina provocata da un terremoto, da un'eruzione vulcanica o da una frana. Nelle acque basse gli tsunami possono raggiungere altezze molto rilevanti prima di infrangersi sulla terraferma.

umidità Quantità di vapore acqueo presente nell'aria.

uragano Ciclone tropicale che si sviluppa nell'Atlantico o nei Caraibi (*vedi* **ciclone**).

vertebrati Animali con colonna vertebrale: mammiferi, uccelli, rettili, anfibi e pesci.

vulcano Morfologia del terreno derivata dall'accumulo di flussi lavici e cenere. Tipicamente i vulcani sono a forma di cono.

zone temperate Regioni in cui non ci sono condizioni estreme di caldo o freddo. Nelle zone temperate sono presenti quattro stagioni distinte.

Indice analitico

A

abissale, zona 135
acciaio 66
  produzione 237
acciughe 140
acidità dell'acqua piovana 112
Aconcagua 151
acqua 16, 116
  ciclo 208-9
  energia idroelettrica 233, 240-1
  erosione 17, 50, 56-7, 59, 64, 72, 94, 110-13, 181
  formazione delle nubi 210
  immagazzinamento (piante) 174
  inquinamento 180, 190, 197
  irrigazione 191
  oceanica *vedi* oceani
  sorgenti calde 51, 104-5, 240
  temperatura 130-1, 134, 137, 142
  vapore acqueo 18, 226
acquamarina 73
acquitrini 184
adattamento 160, 174, 178, 187, 202
afotica, zona 135
Africa 153
  montagne 178
  savana 168
agata 70
agricoltura 190-1
  biodiversità, effetto sulla 194
  deserti, espansione dei 172
  estuari, danneggiamento 182
  foreste, sostituzione 165, 190
  praterie, sostituzione 168
  storia 190
  zone umide, sostituzione 184
airone bianco maggiore 182
Alaska 154, 170
alba 223
albatros 127, 195
alberi "faretra" 174
alberi pietrificati 78
alberi, taglio 165, 196
alessandrite 72
alghe 31, 77, 122, 134, 136, 139, 140, 188
alisei 207
alligatore 184
Allosaurus 83
alluminio 75
alluvioni 216
  prevenzione 216
Alpi
  europee 176
  neozelandesi 178
altocumuli (nubi) 211, 212, 213
altostrati (nubi) 211, 212, 213
Alvin 140
amazonite 68, 69, 71
Amazzonia, bacino 151, 165
ambiente globale 196-7
  raffreddamento 224-5
  riscaldamento 196-7, 226-7
ambienti 160-1
  biodiversità 194-5
  globali 196-7, 224-7
ambra 76, 79
ametista 72, 73
ammonite 79
  piritizzata 78
anaconda 163
anatre 185
Ande 151, 176, 178
andesite 58, 59
Andromeda, galassia 13
anfibolite 62
anguille abissali 141
animali
  adattamento 160, 174, 178, 187, 202
  Artide 187
  cambiamento climatico, effetti 228
  deserto 174-5
  estuario 182
  foresta temperata 166-7
  foresta tropicale 162, 164
  fossili *vedi* fossili
  montagna 178
  prateria 168
  tundra 170-1, 186
  zone umide 184-5
Annapurna (montagne) 154
anolide (sauro) 163
Anomalocaris 31
Antartide 125, 149, 201
  calotta glaciale 106, 173
  paragonata a deserto 173
  turismo 189
antracite 63, 236
apatite 69
Apollo, programma spaziale 23
aquila
  arpia 163
  reale 178
aragonite 70
Ararat, monte 154
Araucaria 37
Archeociatid 31
Archaeopteryx 40, 76, 80
Archeano (era geologica) 26
arcobaleni 223
ardesia 62, 66
aree protette 197
aree urbane 192
arenaria 60, 61, 63, 65, 66, 181
argento 75
argilla 66, 110
argillite 60, 61, 63, 65, 66, 79, 181
  di Bright Angel 65
argine 217
  New Orleans 221
armadillo gigante 163
Armstrong, Neil 22
Arsinoitherium 42
arte rupestre 45
Arthur's Seat 94
artropodi 30, 34
asbesto 68
Asia 154
  deserto 173, 174
  montagne 178
Aso, monte 96
asteroidi 15, 18
Atacama, deserto 151, 172, 202
Atlante (montagne) 178
atmosfera 17, 204
  acqua 116, 208
atolli 88, 158-9
  formazione 159
aurore 21
Australia 155
  corrente orientale australiana 131
  deserti 172, 173
  praterie 168
australopiteci 44
autunno 205
avocette 182, 185
Azzorre 121
azzurrite 72

B

Baffin, isola 157
Bagmati, fiume 180
Baia di Fundy 133
Balbi, monte 155
barite 69
barre di sabbia 138, 182
barriere coralline 32
Baryonyx 82-3
basalto 58, 64, 94, 95, 128, 158
  vescicolare 58
batteri 26
Beaufort *vedi* scala Beaufort
Belemnites 41
berillo 69
Big Bang 12
biodiversità 194-5
biosfera 160
biossido di carbonio 226
  emissioni 227
biotite 56
  scisto 63
boa smeraldino 163
Bonete 151
Bora Bora 159
Boreas 166
Borneo 157
bracconaggio 169
brachiopodi 78
bradipo didattilo 163
breccia 60, 61
brezze 214-15
  di mare e di terra 214
bromeliacee 162, 163
bronzo 74
burrasca 214

C

cactus 173, 174-5, 202
  saguaro 173, 174-5
calamaro 141
Calapoecia 33
calcare 61, 63, 65, 66, 159
  acciaio, produzione 237
  erosione 112
calcite 68, 69
caldera 91, 94, 96
  formazione 96
calme equatoriali 207
calore
  effetto serra 226
  magma 50, 56, 58, 63, 92, 128, 142, 143, 159
  solare 14, 20, 205, 206, 208, 214
cambiamento climatico 196-7
  effetti 228-9
  ere glaciali 224-5
  regioni artiche 187
  riscaldamento globale 196-7, 226-9
Cambriano (periodo geologico) 26, 30-2, 77
  esplosione del 26, 30
Cameroceras 32, 33
camini idrotermali 142, 144
canyon 112-13
caolinite 68, 71
Cape Hatteras 130
capibara 163
capra delle nevi 178
carbonato di calcio 70, 112
carbone 63, 232, 236-7
  antracite 63, 236
  emissioni di gas serra 226, 227, 228
  formazione 236
  litantrace 236
Carbonifero (periodo geologico) 28, 36, 77
carbonio 237
caribù 187
carica elettrica *vedi* fulmini
Carnotaurus 41
carrucola 234
carsismo 112-13
cartografia della Terra 148-9
cascate 180
case 192
Çatalhüyük 192
cavalletta 178
cavallucci di mare 134
cefalopodi 32
cella di Ferrel 206
cella di Hadley 206
cella polare 206
cenere vulcanica 86, 91, 92, 96
Cenozoico (era geologica) 26
cereali 190
Ceres 14
Cerro Ojos del Salado 151
cetacei 42, 121, 134, 140, 145, 188
CFC 189, 197
Chasmosaurus 83
Chimborazo 151
cianite 70
cicadacee, fossili 76
cicloni 122 *vedi anche* uragani
Cile
  Valdivia, terremoto (1960) 103
Cina 154
  Tangshan, terremoto (1976) 103
cinabro 70
Cintura di Fuoco 53, 92, 102
circonferenza (Terra) 148
cirri (nubi) 211, 212
cirrocumuli (nubi) 211, 212

cirrostrati (nubi) 212
città
espansione 192
fulmini 222
temperatura atmosferica 214-15
Città del Messico, terremoto (1985) 102
Città del Vaticano 152
Cladoselache 35
Clementine, sonda spaziale 23
clima 200 *vedi anche* temperatura
scala cronologica 224-5
zone 202-3
Climacograptus 33
coccodrilli 38
Coconino, arenaria 65
Cocos, isole 155, 159
Coelophysis 38, 39
coendu 163
coke 237
colata piroclastica 86
colate di fango *vedi* fango
colonne 112-13
colonne basaltiche 95
colore
cielo 223
nubi 210
combustibili fossili 232-3
carbone 63, 226, 227, 228, 232, 236-7
formazione 235
gas 120, 122, 232
petrolio 120, 121, 122, 226, 232, 234-5
riserve 234
Compsognathus 40
conglomerato 56, 60, 181
Congo, fiume 153
conifere 28, 29, 166
ciclo vitale 167
cono di cenere 87, 94
continenti 150-5
Africa 153
Asia 154
cartografia 148-9
Europa 152
Nord America 150
Oceania 155
Sud America 151
convezione 210, 214
correnti 49, 50
Cook, monte 155
coralli 32, 35, 36
a bolle 137
atolli 88, 158-9
banchi 159
barriere 134, 136-7
cervello 137
molli 137, 141
sbiancamento 228
corallo 136
viola 137
cordigliera 176
cordone sabbioso 138
corindone 69
Coriolis, effetto 207
corona di spine (stella marina) 137
Corrente del Golfo 130, 131
correnti 130-1, 138
a getto 214
ascendenti 218, 222
atmosferiche 206, 214, 216
convezione 49, 50
di profondità 131
discendenti 218, 219, 222
superficiali 131
coste 138-9
crateri 94, 96
formazione 22
venti 214
Cretaceo (periodo geologico) 27, 29, 40-1, 76
crinoidi 32, 37, 77, 79
crisoberillo occhio di gatto 72
crisoprasio 69
cristalli 68, 70
crosta
continentale 51, 128
Luna 23
oceanica 51, 128
terrestre 16, 18, 48, 49, 51, 68, 69, 92, 128
crostacei 182
crotalo muto 163
Ctenacanthus 35
cumuli (nubi) 211, 212, 219
a bassa quota 213
cumulonembi (nubi) 210, 211, 212, 216, 218, 219, 221
cuprite 71
Cyclonema bilix 33
Cynognathus 42
Cyrtoceras 77

D

Danubio, fiume 152
Darling, fiume 155
Decade Volcanoes *vedi* vulcani
Deccan, altopiano 94
deforestazione 165, 190, 195, 196
degradazione meteorica 110-13
Deinonychus 82
delfini 120, 140
delta 181
deriva dei continenti 52-3
deserti 17, 160, 168, 172-5, 202
desertificazione 172, 196
espansione 172, 196
temperatura 172, 173, 174
Desmatosuchus 38, 39
Devoniano (periodo geologico) 27, 34-5, 76
diamante 68, 69, 72, 73
il più grande del mondo 244
luce 244
diaspro 61
Dickinsonia 77
dighe 217
energia idroelettrica 240-1
Dimetrodon 42
Dinogorgon rubidgei 36
dinosauri 38, 40-1, 76, 224
ricostruzione 82-3
Diplodocus 82
disastri (naturali)
alluvioni 217
colate di fango 109
eruzioni vulcaniche 91, 109
tempeste 214, 218-19
terremoti *vedi* terremoti
tornado 220
uragani 200, 214, 221
disfotica, zona 135
Disosauriscus 76
distanza
spazio 14, 20
Dnepr, fiume 152
Dodici Apostoli (faraglioni) 113
dodo 157
dorsale medio-atlantica 55, 92, 120
dorsali medio-oceaniche 50, 55, 128-9, 142-3
dry dock *vedi* iceberg
Dunkleosteus 34, 35

E

ecosistemi 160-1
biodiversità 194-5
Ectenocrinus 33
effetto Coriolis *vedi* Coriolis, effetto
effetto serra 226
El Niño 229
Elasmosaurus 40, 41
Elba, fiume 152
Elbrus, monte 152
elementi 68
elettricità 226, 228
energia solare 238
ematite 70, 74
emisferi 117, 149
emissioni 196
biossido di carbonio 227
energia
delle maree 233
fonti 232-3, 234, 236, 238
idroelettrica 233, 240-1
nucleare 232
solare 233, 238-9
utilizzo 232
epicentro 98
epifite 162, 163
equiseti 28
ere
geologiche 26-7, 244
glaciali 224-5
Eris 14
erosione 17, 50, 56-7, 59, 64, 72, 94, 110-13
alluvioni 217
delta 181
suolo 197
eruzioni
geyser 105
vulcaniche 91, 109, 245
Espelandsfoss 180
Esperanza 127
esseri umani 44-5
cambiamento climatico e 227, 228-9
estate 205
estinzione
di massa 26, 36, 40, 224
estrazione mineraria 236-7
estuario 182-3
di sbarramento 183
di valle fluviale 183
tettonico 183
tipi 183
zone umide 184-5
età della pietra 44
utensili 66
Etna, monte 152
Eudimorphodon 39
Europa 152
Eusthenopteron 34, 77
evaporazione 208
evaporite 61
Everest, monte 17, 154, 177
evoluzione 26, 30, 32, 34, 36, 38, 40, 42, 44

F

faglie 54-5
San Andreas, faglia di 51, 55
fango
bollente 105
colate 109
piane fangose 182
vita nel 183
faraglioni 111, 112-13
farfalla zebra 163
fasi lunari 22-3
felci
arboree 28
fossili 78
preistoriche 28
tropicali 164
feldspato 56, 110
Ferrel, William 206
ferro 48, 74, 75
acciaio, produzione 237
fertilizzanti 190
fillite 62, 63
filoni-strato 86, 94, 95
fiocchi di neve 216
fiordo 183
fitoplancton 144
Fiume Giallo 154
fiumi 180-1
Africa 153
Asia 154
Europa 152
i più lunghi 243
inquinamento 180, 190
Nord America 150
Oceania 155
Sud America 151
zone umide 184-5
fluorite 68, 69, 71
foche 127, 145, 186, 187, 188
foresta sudamericana 164
foreste
boreali *vedi* di conifere
come risorse 233
conservazione delle 196
di conifere 161, 166-7

distruzione delle 165, 190, 195, 196
sostituzione 165, 190
temperate 166-7
tropicali 162-5, 196
formichiere nano 163
formichiere pigmeo163
Fossa delle Marianne 17, 50, 116
fossa di Puerto Rico 120
fosse 17, 50, 116, 120, 129, 135
fossili 27, 43, 45, 76-83, 223
formazione 76-7
ricostruzione 82-3
fosterite 72
fotica, zona 135
fotosintesi 144, 208
fragola 29
frane 108
Fraser Island 155
fronte 210, 218
Fujita *vedi* scala Fujita
fulmini 218, 222
fumarole nere 142-3
funghi 164
fusione nucleare 20

G

gabbro 58, 59
galassie 13
galena 68, 71
galletto di roccia 163
Galunggung 93
Gambia 153
gas 120, 122
solari 20
Terra, formazione 18
gas naturale 232, 234-5
formazione 235
risorse limitate 234
gas serra 226, 227, 228
gasteropodi 78
geotermali, regioni 104
energia geotermica 232, 240
germinazione 167
gesso 69, 70
geyser 51, 104-5, 150
ghiacciai 64, 106-7, 111
ritiro dei 170, 228, 229
ghiaccio 116, 189, 201
calotte 106-7, 173
calotte, ritiro 229
cambiamento climatico e 187, 228
mar Glaciale Artico 124
oceano Meridionale 126, 189
organismi conservati nel 81
pack 125
regioni 17, 124-5, 149, 161
giacimenti petroliferi 234-5
Giappone
sorgenti calde 105
terremoti 99
ginkgo 28, 43
fossile 79
gioielli 244
Giove 14, 15
Giurassico (periodo geologico) 27, 29, 40, 76, 81
gigli di mare 32, 37, 77, 79
Glyptodon 42
gneiss 63
Gobi, deserto di 174
Golfo del Bengala 122
Gondwana 177
granato 62, 68, 73
granchi 123, 142, 182
Grand Canyon 61, 64-5, 150
Grand Prismatic Spring 104
Grande Barriera Corallina 155
grande corrente marina globale (o Great Conveyor) 131
Grande Muraglia (Cina) 154
grandine 216-7, 218
granito 56, 59, 64, 65, 66, 110
granulite 63
gravità 18
maree e 132
Grewingkia 33
Groenlandia 156, 157, 187
grotte 112
Gruppo Locale 12, 13
Guanxi 113
Gunung Bromo 94
Gunung Semeru 54, 94

H

habitat *vedi anche* ecosistemi
costieri 138-9, 182
desertici 174
distruzione 165, 168, 170, 182, 184
estuari 182-3
fluviali 180
montagne 178-9
oceanici 134-5
tropicali 162-3
zone umide 184-5
Hadley, George 206
Hale Bopp, cometa 15
Halkieria 31
Hallucigenia 31
Hare Shetan 96
Hawaii
tsunami 103
vulcani 89, 90-1, 97
hawaiane, eruzioni 91
Helicoprion 36, 37
Hermit, argillite 65
Hesperornis 41
Himalaya, montagne 51, 55, 112, 154, 177
formazione 177
Homo erectus 81
Homo habilis 81
Homo sapiens 44, 81
Hong Kong 138
hornfels 63
hot spot
riscaldamento globale 228
vulcani 50, 88-9
Hualalai 90
Huang Ho *vedi* Fiume Giallo
Huascarán 151
Huntonia 34, 35
Hyaeonodon 42

I

Iceberg 189
a pinnacolo 189
dry dock 189
tabulari189
idrogeno 20
ignimbrite 58
Iguazú, cascate 180
IHO (Organizzazione Idrografica Internazionale) 126
Illimani, monte 151
immissario 182
impronte 45, 82-3
incendi 228, 229
Indonesia
vulcani 93, 94
industrializzazione 192,196
emissioni di gas serra 227
inquinamento 194
acqua 180, 190, 197
atmosferico 192, 196
città 192
riduzione 196-7
spazzatura 177
insetti
Antartide 188
deserto 174
fossili 76, 79
montagna 178
tropicali 162, 164
zone umide 184
Inuit 81, 125, 187
inverno 205
invertebrati 78-9
Io
vulcani 97
ipnopidi 141
ipocentro 98
irrigazione 191
Islanda
sorgenti calde 105
vulcani 89, 92
isole 156-7
continentali 156
oceaniche 156
vulcaniche 88, 94, 158-9
isopodi, di profondità 141
Izmit, terremoto (1999) 98

J

jackrabbit
antilope 202
dalla coda bianca 178
Jenisej-Angara, fiume 154
Jökulsárlón 228
Jungfrau 152

K

K2 154
Kaibab, calcare 65
Kanchenjunga 154
Kasai, fiume153
Kashima 99
Kashmir, terremoto (2005) 103
Kazakistan
Kenya, monte 153
Kilauea 90-1, 92
Kilimangiaro, monte 153, 229
kimberlite 58, 72
kinkajou 163
Kobe, terremoto 99
Kohala (Hawaii) 90
Kommunizma 154
Kosciuszko, monte 155
Krakatoa 93
Krásnohorská, grotta 152
krill 186, 188
Kuiper, Fascia di 14

L

La Paz 151
labradorite 68
laccolite 86, 95
Lachlan, fiume 155
laghi 184
i più grandi 243
lago Baikal 154
lago Superiore 150
lago Titicaca 151
lago Volta 153
paludi, formazione di 184
Laguna dos Patos 151
lama 178
lapislazzuli 70
Lariosaurus 39
lava 48, 51, 57, 58, 86, 87, 90, 96-7
aa 87
pahoehoe 87
tunnel 87, 89
lava-ossidiana 58
lemuri 157
Lena, fiume 154
lepre variabile 202
lignite 236
litantrace 236
litosfera 49
Logan, monte 150
Loira, fiume 152
luce solare 204-5
lucertola alligatore 162
"Lucy" 44
Luna 22
formazione 18
maree e 132
missioni spaziali 22
Luna, sonda spaziale 23

M

macchie solari 21
Mackenzie, fiume 150
Madagascar 157
magma 50, 56, 58, 63, 92, 128, 142, 143, 159
camera magmatica 86, 87, 88, 91, 96-7, 104
magnolia 29
malachite 68, 69, 71
malattie 228
Maldive 158
mammiferi 42-5
Mammoth Caves 150

mammut 223
mangrovie 182
mante 141
mantello 48, 49, 88, 128
mar Caspio 154
mar Glaciale Artico 116, 124-5, 149
mar Morto 154
Marathon, monte 170
mare Arabico 122
maree 132-3
  di quadratura 133
  estuari 182
  pozze di 139
  sbarramento, impianti di 217, 233
  sigiziali 133
Marella 31
Margherita Peak 153
marlin 140
marmo 62, 63, 66
  bianco 63
  blu 62
  con rubini 63
Maroochy, estuario fluviale 182
Marte 12, 14, 15
  vulcani 17, 97
Matterhorn 152, 176
Mauna Kea 90
Mauna Loa 90, 92, 97, 150
Mawsonites 79
Maxwell, monte 17
McKinley, monte 150
meandri 131, 180
meduse 140
Meganeura 77
Megazastrodon 42
Mekong, fiume 154
Melanesia 155
Menapsis armata 37
Mercalli, Giuseppe 96 *vedi anche* scala Mercalli
Mercurio 14, 15
Meru, monte 153
mesosfera 204
Mesozoico (era geologica) 26
metalli 74-5
  nativi 75
metamorfismo 62, 63
Meteor Crater 18
meteorologi 214
mica 56, 62, 71, 110
Micronesia 155
migrazione
  degli esseri umani 45
Milwaukee, abisso 120
minerali 68-71, 142
metalliferi 70
  preziosi e semipreziosi 72-3
  riserve oceaniche 120, 122
Mir 140
Mississippi, fiume 150
Missouri, fiume 150
Mohs *vedi* scala delle durezze di Mohs
molluschi 76, 78, 120
monsoni 207
montagne 17, 44, 161, 176-9
  vedi anche i singoli nomi
  Africa 153, 178
  Asia 154, 178
  clima 176-9, 202
  Europa 152
  formazione 50, 51, 177
  le più alte 243
  Nord America 150, 178
  Oceania 155, 178
  sistemi 176
  sottomarine 135, 148
  Sud America 151, 178
  venti 215
  vulcani *vedi* vulcani
Montagne Rocciose 178
monte Bianco 152
monte Rosa 152
monti sottomarini
  vedi seamount
Monument Valley 113
morena 107
mostro di Gila (rettile) 172
Muav, calcare 65
Murray, fiume 155
Murrumbidgee, fiume 155

N

Namazu 99
navicelle spaziali 23
  vedi anche i singoli nomi
Neandertal, uomo di 45
nembi (nubi) 211
nembostrati (nubi) 211, 212
Nemograptus 33
Neogene (periodo geologico) 27
Nettuno 14, 15
Nevado del Ruiz, eruzione (1985) 109
neve 216-17
nevischio 216
Niger, fiume 153
Nilo, fiume 153, 181
Nodosaurus 41
Nord America 150
  deserto 173
  montagne 178
  tornado 220
Nostoceras 78
nube a muro 220
nubi 208-11
  vedi anche i singoli nomi
  colori 210
  congelamemto 216
  formazione 210, 218
  fulmini nube-nube 222
  fulmini nube-suolo 222
  nomenclatura 211
  temporalesche 218, 220, 222
  tipi 211-3
nucleo
  Luna 23
  Terra 16, 48, 49, 50
Nuova Guinea 155, 157
Nuova Zelanda 155

O

Ob-Irtysh, fiume 154
occhio (ciclone) 221
oceani 32-3, 116-45, 148, 150, 160
  bacini 128
  correnti 130-1
  coste 138-9
  ere glaciali, impatto delle 224
  espansione 128-9, 228
  habitat 134-5
  innalzamento delle temperature 187
  maree 132-3
  onde 132-3, 138
  rete alimentare 144-5
  temperatura 130-1, 134, 137, 142, 187
  zone 134, 140-3
Oceania 155
  deserto 172, 173
  montagne 178
oceano Antartico *vedi* oceano Meridionale
oceano Atlantico 53, 116, 117, 120-1
  risorse naturali 120-1
oceano Indiano 116, 122-3
  risorse naturali 122
oceano Meridionale 116, 126-7
oceano Pacifico 116-17
olivina 48
Olimpo, monte 17, 97
onde
  oceaniche 132-3, 138
  onde-p 99
  onde-s 99
  sismiche 99
  superficiali 99
  tsunami 100-1
opale 69, 73
Opipeuter 33
opossum topo 162
orango 195
Ordoviciano (periodo geologico) 27, 30, 32-3, 77
Orinoco, fiume 151
Orione, nebulosa 12
Orizaba 150
Ornithosuchus 39
oro 74, 75
orso polare 124, 170, 186, 187
Orthograptus 33
ortoclasio 69
ossidiana 58
ossigeno 48
Ötzi 81
ozono, strato di 189, 197

P

paesaggi
  erosi 112-13
  sottomarini 135
  vulcanici 94-5
pagode 99
Paesi più grandi 242
Palaeocycas 39
Palaeoniscum 37
Paleogene (periodo geologico) 27, 29, 42-3, 76
pallasite (meteorite) 59
paludi 184
pampa 161, 168
  argentina 168
panda gigante 195
Pangea 38, 53
Pantanal 184
Paracyclotosaurus 38, 39
Paraná, fiume 151
Parasaurolophus 41, 83
pegmatite 58, 59, 71
Pele 90
peleana, eruzione 91
Pelée, monte 92
penombra 21
peridoto 73
periodi
  geologici 26-7, 244
  interglaciali 223
perla 73
permafrost 170, 186
Permiano (periodo geologico) 27, 28, 36-7, 76
perturbazioni 214, 218-19
  ciclo di un temporale 219
  onde anomale 221
  riscaldamento globale 228
pesca, aree di
  oceano Atlantico 120
  oceano Indiano 122
pesce
  di Gogo 34
  farfalla 140
  lanterna 140, 141
  luna 141
  pagliaccio 123
pesci 34, 134, 144
  a pinne lobate 34
  accetta 141
  Antartide 188
  Artide 186
  estuari 182
  granatiere 141
  lanterna 141
  nastro 141
  privi di mascelle 30, 32
  serra 182
  zona fotica 140-1
petrolio 120, 121, 122, 232, 234-5
  emissioni di gas serra 226
  formazione 235
  riserve limitate 234
Phillipsia 37
piana abissale 128, 135, 142-3
  formazione 129
pianeti 14-15
  distanza dal Sole 14, 16, 20
  nani 14
piante 28-9
  adattamento 160, 174, 178, 187, 202
  cambiamento climatico, effetti 228
  deserto 174-5
  estuario 182
  foresta temperata 166-7
  foresta tropicale 162, 164
  fossili 78-9
  in pericolo 195

montagna 178
prateria 168
tundra 170-1, 186
zone umide 184-5
piattaforma continentale 116, 133, 135, 156
pica nordamericani 178
picchio di Gila 175
Piccola Era Glaciale 224-5, 226
pietra di Luna 69
pietre
di nascita 73
preziose 72-3, 244
pigmenti 70
Pikaia 31
Pinatubo, monte 93
pinguini 126, 188
reali 126
Pinnacles, deserto dei 173
pinnacoli 112-13
iceberg 189
piogge acide 197
pioggia 208-9, 216-7, 218
acida 197
cambiamento climatico 228, 229
ciclo dell'acqua 208-9
deserti 172, 173, 174
monsoni 207
misurazioni 202-3
praterie 168
regioni temperate 161, 166
regioni tropicali 160, 162, 164
pioviggine 216
pipistrello del deserto 175
Piramide del Mago 67
pirite 69, 72, 78
piro-piro 185
piste 82
Piton de la Fournaise 123
placche tettoniche 50
collisioni 53-5, 89, 129
movimento 52-5, 88, 92, 98, 99, 102, 117, 128-9, 177, 183
Placerias 39
placodermi 34
pliniana, eruzione 91
Plotosaurus 40, 41
Plutone 14, 15
Polinesia 155
polipi 136-7
polline 167
polpi 140
pomice 58
pompa petrolifera 234
Popocatépetl 150
popolazione
Africa 153, 193
Asia 154, 193
crescita 193
Europa 152
Nord America 150
Oceania 155
sovrappopolamento 193
Sud America 151
porcospino arboricolo *vedi* coendu
Postosuchus 38, 39
povertà 192
pozze di marea 139
prateria 161, 168
agricoltura 190, 191
praterie 168-9
subtropicali 160
temperate 161
Precambriano (periodo geologico) 77
precipitazioni 216-17
pressione atmosferica 214, 218
primati 42
primavera 205
procavie 178
Proterozoico (era geologica) 26
Protocollo di Kyoto (1997) 228
Pteranodon 40 41
pterosauri 40
pulcinella dai ciuffi 138
pulcinella di mare 144
puma 178
Purus, fiume 151

Q

quarzite 62, 63
micacea 62
quarzo 56, 69, 70, 73, 110
Quetzalcoatlus 40, 41

R

raccolti agricoli 190, 196
radici, poco profonde 162
raganella 163
rame 68, 74, 75
rana freccia-avvelenata 162, 163, 178
rane pescatrici (pesci abissali) 141
Ranger, programma spaziale 23
ranuncolo dei ghiacciai 171
Ras Dashen 153
razze (pesci cartilaginei) 141
record
climatici 247
della Terra 242-3
Redwall, calcare 65
regioni artiche 136-7
calotte glaciali, restringimento 229
ricerche 187
regioni polari 17, 124-5, 149, 161, 202
Antartide 188-9
Artide 170-1, 186-7
oceani 134
temperatura 170, 186, 188
tundra 161, 170-1, 186
venti 207
regioni subtropicali 160, 202
regioni temperate 202, 203
foreste 161, 166-7
oceani 134
praterie 161
regioni tropicali 17, 160, 202, 203
foreste 162-5, 196
oceani 134
temperatura 162, 206
Reno, fiume 152
rete alimentare
oceani 144-5
rettili 38
riccio di mare 79
Richter, Charles 99 *vedi ancne* scala Richter
riciclaggio 192
rifiuti 177
riforestazione 167
Rift Valley (Africa orientale) 55
rift valley 50-1, 129
Rio delle Amazzoni 151
Rio Grande, fiume 113, 150
riolite 58
riproduzione
conifere 167
risorse
carbone 63, 226, 227, 228, 232, 236-7
energia delle maree 233
energia eolica 233, 238-9
energia geotermica 104, 232, 240
energia idroelettrica 233, 240-1
energia solare 233, 238-9
foreste 233
gas 232, 234-5
mappa 233
minerali 68-73, 120, 122, 142
oceano Atlantico 120-1
oceano Indiano 122-3
petrolio 120, 121, 122, 226, 232, 234-5
uranio 232
rocce 56-7, 64-5
ignee 56-7, 58-9
metamorfiche 56-7, 62-3
sedimentarie 56-7, 60-1, 64
usi 66-7
roccia ferrifera
pisolitica 60
striata 60
rodocrosite 68, 70
rose del deserto 70
rubino 72, 73
Russia 154

S

sabbia (erosione) 111
Saffir-Simpson *vedi* scala Saffir-Simpson
Sahara, deserto del 153, 172
sale
laghi 71
mare 131
rocce 71
salgemma 71
Salto Angel, cascate 151, 180
San Andreas, faglia di 51, 55
São Francisco, fiume 151
sarde 140
satelliti 12
energia solare 238
meteorologia 200
Saturno 14, 15
savana 160, 168, 169
sbarramento *vedi* maree
scala
Beaufort 214
delle durezze di Mohs 69
Fujita 247
Mercalli 96
Richter 98-9
Saffir-Simpson 247
scimmia ragno 163
scimmie urlatrici 163
scisto 63, 65
a bande 62
biotite 63
granato 63
scoiattoli terricoli 175
scossa di assestamento 102, 103
scricciolo del cactus 175
Scutosaurus 37
seamount 88, 135
segale 190
selce 60, 66
utensili 60, 61, 66
Selciato del Gigante 95
selenite 69, 70
Sepik, fiume 155
sequoia gigante 195
serpente del deserto 175
serpentino 59
Seychelles 153
Shinkai 140
Ship Rock 95
Shispar Peak 108
siccità 172, 228, 229
silicio 48, 238
siltite 181
Siluriano (periodo geologico) 27, 34, 77
sismografo 246
sistema solare 12, 13, 14-15
skarn 62, 63
smeraldo 72, 73
soccorsi (terremoti) 102
SOHO, osservatorio 21
Sole 12, 14, 18, 20-1
calore ed energia 14, 20, 205, 206, 208, 214
distanza dei pianeti dal 14, 16, 20
energia solare 233, 238-9
formazione 20
fotosintesi 144, 208
"motore" meteorologico 204-5, 206, 208, 214
Sole di mezzanotte 186, 187
sommergibili 140
sonde spaziali 12, 21
Sonora, deserto di 173
sorgenti calde 51, 104-5
energia geotermica 104, 232, 240
sorgenti fredde 142
sovrappascolo 172, 197
sovrappopolamento 193
Sowerbyella 33
spatole (uccelli) 185
specie in pericolo di estinzione 195
tonno rosso del Sud 140
spettro 223
Sphaeragnostus 33
spiaggia 138
spinifex 174

Spitsbergen, isola 125, 186
spugne 30, 141, 144
fossili 78, 79
squali 34, 36
abissali 140
Carcarinidi 140
St Elias, monte 150
stagione secca 207
stagione umida 207
stagioni 204
cambiamento 205
regioni tropicali 162
stagno (metallo) 74
stalagmiti 112, 152
stalattiti 112
Steamboat, geyser 150
steppa 161, 168
sterna artica 187
Stethacanthus 34, 35
Stonehenge 67
strati (nubi) 211, 212, 213
stratocumuli (nubi) 211, 212, 213
stratosfera 17, 92, 204
Stretto di Bering 124, 154
stromatoliti 27
Stromboli, eruzione 91
Styracosaurus 40, 41
subduzione 92
Sud America 151
Sudan 153
Suez, canale 154
suolo 244
Supai, gruppo 65
supercontinenti 38
Surveyor, sonda spaziale 23
Svartsengi, centrale energetica 240

T

Taj Mahal 67
talco 69, 71
Tamigi, fiume 180
Tapeats, arenaria 65
tapiro 163
Tarawera 93
tartarughe 38, 121
Tasman, monte 155
temperatura *vedi anche* clima
atmosferica 216
biodiversità e 195
deserti 172, 173, 174
massima registrata 153, 203
misurazioni 153, 202-3
oceano 130-1, 134, 137, 142, 187
regioni polari 170, 186, 188
regioni tropicali 162, 206
riscaldamento globale 196-7, 226-9
Temple Butte, calcare 65
tempo atmosferico 200-1
temporali, formazione 218-19
Tentaculites 33
terapsidi 36
termiti 165, 174
termoclino 133
termosfera 204
Terra 12, 14, 15, 16-17
cartografia 148-9
clima 205
formazione 18-19, 52-3
interno 48-9
nel tempo 244
orbita 204
rotazione 204
terrazzamenti 191
terre emerse 148
venti provenienti dalle 214, 215
terremoti 50, 98-9, 246
i più disastrosi 246
localizzazione 102-3
misurazione 98
rischio sismico 246
sottomarini 100
teorie 246
testuggini 122
Tetide, mare 177
Thar, deserto di 172, 173
Theia 18
Tien Shan, montagne 178
Tokyo 154
tonno rosso del Sud 140
topazio 69, 73
torba 236
tormalina 73
tornado 220
formazione 220
scala Fujita 247
Toroweap, arenaria 65
Torres del Paine 54
tortora alibianche 174
Toubkal, monte 153
tramonto 223
transantartiche, montagne 178
transiberiana, ferrovia 154
Triassico (periodo geologico) 28, 38-9, 42, 76
tricheco 120, 187
trilobiti 30, 31, 32, 34, 36, 77, 79
Tritone
vulcani su 97
trivellazione 234
Troodon 40, 41
troposfera 17, 92, 204
tsunami 100-1
Indonesia (2004) 100
tucano 163
tufo vulcanico 58
Tugela, cascate 180
Tumulites 78
tundra 161, 170-1, 186
artica 170-1, 186
turbine
eoliche 238, 239
idroelettriche 240-1
turchese 68, 73
Tyrannosaurus 40, 41, 76, 81

U

Ubangi-Uele, fiume 153
uccelli
Antartide 188
evoluzione 40
zone umide 185
Uluru 155
universo 12-13
Uomo 44-5
uomo di Similaun *vedi* Ötzi
uragani 200, 214, 221
ciclo 221
Emily (2005) 247
Fran (1996) 200
Katrina (2005) 221
scala Saffir-Simpson 247
Urali, monti 152, 154
uranio 232
Urano 14, 15
urie di Brünnich 125
utensili
pietra 60, 61, 66

V

valanghe 108
Valdivia, terremoto (1960) 103
valli
formazione 50, 51, 55, 61, 129
glaciali 107, 111
Vauxia 31
veld 161
Venere 14, 15
venti 215
venti occidentali 207
venti orientali 207
vento 200, 201
ciclo 214-15
energia 233, 238-9
misurazioni 202-3
modelli di circolazione dei venti 206-7
tornado 220
turbine 238, 239
uragani *vedi* uragani
velocità 214
vermi
estuari 182, 183
oceano 142
tropicali 162
vertebrati 34, 80-1
vesuvianite 69
vetro 66, 69
Via Lattea 12
Victoria, monte 155
vipera di mare (pesce) 141
Visnù, scisto 65
vita
su altri pianeti 12
sulla Terra 26
Volga, fiume 152
Voronya, grotta di 49
vortici 201
vulcani 16, 50-1, 53, 56, 64, 86-97, 123
a scudo 87, 91
brecce 95
composti 87, 96
Decade Volcanoes 245
dicchi 59, 86, 94, 95
eruzioni 91, 109
extraterrestri 17, 97, 245
formazione 54
hot spot 50, 88-9
lineari 87
localizzazione 92-3
paesaggi vulcanici 94-5
tappi di lava 59, 94
tipi 87
vulcaniana, eruzione 91

W

Wairakei 240
Wallace, Alfred 52
Weddell, mare di 201
Wegener, Alfred 52
Whitney, monte 150
Wilhelm, monte 155
Wiwaxia 31
wulfenite 70, 71
Würm, era glaciale di 224

X

Xerocrinus 33

Y

Yangtze, fiume 154, 217
Yarlung Zangbo, canyon 113
Yellowstone, Parco Nazionale 104, 150
Yosemite, cascate 180
Yukon, fiume 150

Z

zaffiro 72, 73
Zambesi, fiume 153
zolfo 68, 70, 72, 142
zona
abissale (sottomarina) 135
afotica (sottomarina) 135
fotica (sottomarina) 135, 140
intertidale 139
sopratidale 139
subtidale 139
zone
aride 202
climatiche 202-3
oceaniche 134, 140-3
semiaride 203
umide 184-5
zooplancton 141, 144-5
Zoroaster, granito 65

Fonti iconografiche

LEGENDA
t=alto; l=sin.; r=destra; tl=alto, sin.; tcl=alto, centro, sin.; tc=alto, centro; tcr=alto, centro, destra; tr=alto, destra; cl=centro, sin.; c=centro; cr=centro, destra; b=basso; bl=basso, sin.; bcl=basso, centro, sin.; bc=basso, centro; bcr=basso, centro, destra; br=basso, destra

AAP = Australian Associated Press; ADL = Ad-Libitum; Alex Lavroff & Associates; AMNH = American Museum of Natural History; AUS = Auscape International; BCC = Bruce Coleman Collection; CBT = Corbis; COR = Corel Corp.; DS = Digital Stock; EGL = Encompass Graphics Ltd.; GI = Getty Images; iS = istockphoto.com; MP = Minden Pictures; N_EO = NASA/Earth Observatory; N_J = NASA/Jet Propulsion Laboratory; N_V = NASA/Visible Earth; NASA = National Aeronautics and Space Administration; NHM = Natural History Museum, London; NHPA = Natural History Photographic Agency; NMNH = National Museum of Natural History; PD = Photodisc; PE = PhotoEssentials; PI = Polar Images; PL = photolibrary.com; SH = Shutterstock; SOHO = Solar and Heliospheric Observatory; SPL = Science Photo Library; TSA = Tom Stack & Associates; USGS = United States Geographical Survey; WF = Werner Forman Archive

Copertina b tl tr CBT, tc iS, **Aletta di copertina** t Peter Bull Art Studio, b Colin Newman **Dorso** Michael Saunders **Quarta di copertina** tc Chris Forsey, tcr Peter Bull Art Studio, bl Kevin Stead, br Nick Farmer/Brihton Illustration **Aletta della quarta di copertina** t Ray Grinaway b Chris Forsey **Risguardi** Juliana Titin

FOTOGRAFIE
1bc, br, tl COR bl DS tc, tr PE **2**c PL **3**c NASA **5**c SH **6**bcl, tcr PE bcr, br, tcl, tl COR bl DS **7**bc, tcl, tr COR bcl, bcr, bl, br, tl PE tcr DS **12**bcr NASA cl SPL **15**bcl, r SPL bcr, br, cr, l, r N_J cr NASA **16**c N_V **17**bcr, cl, cr, r iS **18**cr CBT **21**cr SOHO r SPL **23**bcr, tcr, tr NASA br PL **24**bcr, bl, br, tcl, tl USGS tr SH **25**b, tcl, tr SH tl USGS **27**r AUS tl CBT **29**tcl CBT **30**bl CBT **32**bl CBT **34**bcl John Long l **36**bl CBT **43**bc SH br PL **44**l PL **45**br CBT r SPL **46**bl, br, tl SH tr USGS **47**bcl, br, tl, tr SH bl, cr USGS **48**c CBT **50**cr AUS tr SH **51**l SH tl GI **52**br CBT **54**br SH r iS **55**c PL **56**b, c, l, r Ad-Libitum **57**bc, br SH bc PL **58**bc, br SPL bl, br, c, cr Jim Frazier cl, t GI r Robert R Coenraads **59**bc NHM bl, l Robert R Coenraads c PL cl SPL tc CBT tl Jim Frazier **60**bcr Brian M. England bl, tr SPL c PL cl, cr Robert R Coenraads **61**bl GI c PL cl, tcr SPL tcl ADL tl CBT **62**bc, bcr SPL bcl CBT bcr, c, tcr PL c, cl Brian M. England r GI **63**c Ad-Libitum c NHM cl, tc PL l, r Brian M. England **64**b CBT bl AUS l SH **65**t CBT **67**r, tl iS **69**cr Ad-Libitum **70**bcl, r PL br NMNH c, r SPL c BCC cl CBT **71**bc GI bcl, c, l, r PL bcr Jim Frazier bl, l SPL c, l, tl Brian M. England cl SH **72**bcr tr Brian M. England, r AMNH r NHM r Jim Frazier **73**bcl, tcl PL l Jim Frazier l NHM **74**tr CBT **75**bl NHM or, r WF cl, l Brian M. England tr PE **76**tr SPL **78**bc, bl CBT bcr, tcr PL c NHM tr iS **79**bcl, c NHM bcr CBT bl SPL br, cl, tcl, tr PL cl, cr, tl SH **80**bc, bl, br, c CBT **81**b, c SH bcr AAP br WF tl AUS **82**b SH bl AUS **83**bcr SH bl Jan Tove Johansson/PEP tl GI **84**bcl, bl USGS br NASA tcl, tl, tr SH **85**bc, bl, br, c, tl SH tr NASA **89**bc iS bl SH **90**c GI **92**br PL tr CBT **93**bcl, bl, tc, tl CBT bcr, br GI tr AUS **94**tc GI **95**tc GI tl PL **96**b GI l NHPA **97**br N_J **98**tr CBT **99**tcl AAP tl Gregory Smits **100**bl AUS **102**br, tr CBT **103**bc PL tcr, tl GI **104**c PL **105**tc, tl, tr PL **106**c CBT **108**c PL **110**c SH **114**bcl USGS bl, br, tl, tr SH **115**bl, br, cr, tcl, tl, tr SH **118**bcl SH **119**bcr, r SH r iS **120**bcl SH bcr iS **121**b PL c iS cr NHPA cr SH **122**bl SH **123**bl, r iS l AUS **124**bl SH **125**bcr iS r AUS r SH tcr GI **126**bl SH **127**br, cr iS tcr PL tr AUS **130**c GI, **131**bl N_V bl, br N_EO **132**c CBT **134**bc, bcr, br SH **136**bc iS **137**bcr PL cr, r, tcr SH **138**l CBT **144**bcl GI, cl SH **146**bcl, tl USGS bl GI br CBT cr, tr NASA **147**bl NASA cr GI tl USGS **156**t iS **157**bl, cr, tc, tcr iS c CBT c AUS **158**tcr iS **159**tl, tr iS **164**c SH **168**bcl, bcr, bl, br, cr SH **170**br MP c SH **172**c SH cl PL **173**cl, tcl, tl SH **176**c iS **177**l CBT tr iS **178**bc, c, cl, tc, tr SH bl CBT **179**tl SH **180**br iS c, tr SH **181**bl, br USGS tr NASA **182**tr MP **183**tl SH **184**c SH tr GI **186**b PL **187**tl NHPA tr iS **188**b PL **189**cr NASA r PL tr SH **190**b SH tr iS **191**bl PLbr SH **192**br GI cr PL tr iS **194**c iS **196**t SH **197**cr, tr SH **198**bcl, br, cr, tcl SH bl NASA t PD **199**bcl, bl, br, tcl, tl, tr SH **200**b, tr NASA **201**tl USGS tr NASA **202**bc iS br SH **203**bc, br SH bl iS **205**bc, bcl, bcr, br iS **207**tr PL **208**tr iS **209**br PL tr SH **210**c NASA/EO **212**b CBT bc PI c SH **213**b, t MP bc, c, tc CBT **214**tr CBT **217**br NASA **220**r GI **221**tr iS **222**cr iS **223**br, tr SH **227**bl SH br iS **228**bc Gerry Whitmont, tr SH **229**bcr MP bl SH cl PL l iS **230**bl, cl, tr SH br, tl NASA tcr iS **231**bcr, tcr, tr NASA bl, tl SH br USGS **234**tr iS **236**cl PL **238**b PL **240**b SH tl PD tr PL **245**bc, bcl, bl NASA **246**bc iS c MEPL **247**c, cr, l, r NASA

ILLUSTRAZIONI
Susanna Addario 152cl; **The Art Agency** 50b, 53b, 67tr, 69bl tc, 70tcr, 210bc bl br, 211c, 216t, 217bcl bl cl tr, 218b; **Alistair Barnard** 42bl; **Julian Baum/The Art Agency** 23bcr cr; **Andrew Beckett/Illustration** 109c, 196b, 224l; **Richard Bonson/The Art Agency** 86c, 88c, 89bcr br, 129bl r tc; **Robin Bouttell/The Art Agency** 30l, 31br c, 78r; **Anne Bowman** 171r; **John Bull** 17c, 135bl, 137b, 138cr, 141c, 143r, 145c, 159bcr, 183bl r, 202bcl bl l, 212t, 214b, 220bl, 222bc bl br cl t, 223bl cl; **John Bull/Map Illustrations** 157t, 243c, 35br c, 37br c, 225t; **Peter Bull Art Studio** 89bcr; **Greg Campbell Design** 163c; **Brian Choo** 77tl; **Barry Croucher/The Art Agency** 195bc; **Andrew Davies/Creative Communication** 14t, ´9c, 45r, 53t, 63c, 92c, 103c, 116bcl bcr, 131tl, 137tl, 161tc, 162tr, 168tr, 170tr, 176tr, 186tr, 188tr, 189t, 195t, 197tl, 232c cr, 233t, 234bc bl br cl; **Andrew Davies and Map illustrations** 9b, 134tc, 168tr, 172tr, 176tr, 246t; **Brin Edwards/The Art Agency** 34bl; **EGL** 177cr; **Simone End** 9br, 29bl, 137c; **Nick Farmer/Brihton Illustration** 221c, 247t; **Jesse Fisher** 75tl, 223tl; **Cecilia Fitzsimons/The Art Agency** 82bl br, 83bcr bl; **Giuliano Fornari** 206bl; **Chris Forsey** 55r, 57c, 65c, 87c, 94b, 99bcl bcr cl cr r, 111c, 208b, 216tr, 221bc bcl bcr bl br, 235tr, 237tl; **Mark A. Garlick/space-art.co.uk** 13c, 18bl br, 19bl, 20bcl, 21bcr, 22bcr, 23tcr, 51tr, 204br, 205tr, 245br cr; **Jon Gittoes** 52bcl, 139c, 162bl br, 165tr, 179c; **Mike Gorman** 91bcr br r tcr tr, 131r, 156b, 187bcl, 189b l, 216b; **Ray Grinaway** 22b tr, 28bcr br, 68b bcl bl c cl l, 69bcr br r tcr tr, 98c, 99tcr, 151cr, 187tcl, 237bcr br cr r tc tcr tr; **David Hardy/The Art Agency** 14b, 20tcr, 23c, 133tl, 204bcl, 205cr; **Tim Hayward/Bernard Thorton Artists UK** 166b; **Steven Hobbs** 245bcr; **Phil Hood/The Art Agency** 83bcl; **Mark Iley/The Art Agency** 40bcl; **Ian Jackson/The Art Agency** 124r, 155r, 187bl, 167t; **Janet Jones** 74bl; **Suzanne Keating** 20l; **Steve Kirk/The Art Agency** 82bl, 83br; **David Kirshner** 40b, 82c, 83tr, 107bc, 157bcr, 170bl, 174bcl bl, 175c, 187bc bcr br, 195cr; **Frank Knight** 76b, 83c, 15c cl cr r tcl, 17bc tl; **David Mackay** 28bl, 29tr; **Martin Macrae/FOLIO** 164b, 165c; **Map Illustrations** 72c, 90tc, 117c, 118cl, 120cl r, 122c l, 135cl r, 145tcl, 148c, 150t, 151tl, 152t, 153c, 154l, 155cl, 165tcl, 167br, 168cl, 172bl, 193tl, 203t, 220cl, 229tl, 245c; **Shane Marsh/Linden Artists Ltd** 191t; **MBA Studios** 140cl, 98b; **Iain McKellar** 67c, 99tcr, 174cr tr; **James McKinnon** 39br c, 41br c; **Stuart McVicar** 38bcl bl, 232b; **Moonrunner Design Ltd.** 19bcr, 23br; **Colin Newman** 182bl; **Kevin O'Donnell** 100c cl cr; **Nicola Oram** 38l; **Mick Posen/The Art Agency** 12bl, 27tr, 32bc bl, 49c, 52bl cl, 60bc r, 61bc br cr, 77c, 78cl, 87l t, 91c, 92bl, 95tc tl, 97bc, 105b, 107tc, 112bcl bcr bl l, 113bcl l, 158c, 177bl br c l, 180bl, 181c. 244bcr tr; **Luis Rey/The Art Agency** 82br; **Oliver Rennert** 97c, 128b, 173b, 192bl, 195br, 204tr, 207br cr l tcr, 214bcl c tc tr, 215b, 219tc tl tr, 239c, 241br t; **John Richards** 44cr, 45t, 66c, 101c, 102bl, **Trevor Ruth** 139b, 142c, 153cr; **Claudia Saraceni** 187tc tcr; **Michael Saunders** 59bcr cr tcr, 61bcr cr tr, 63bcr cr r, 72bcl l, 167c cl, 171c, 236bl, 171tr, 173tr; **Peter Schouten** 40cl, 42c l, 43t; **Peter Scott/The Art Agency** 26c, 40bcl bl l, 169c; **Steve Seymour** 235b; **Tom Stack/TSA** 238t; **Kevin Stead** 28b, 184bl br; **Steve Trevaskis** 160b, 246bl; **Guy Troughton** 195bl; **Erik van Ommen** 185c; **Glen Vause** 210tr; **Rod Westblade** 226tr; **Laurie Whiddon** 218tr; **Steve White/The Art Agency** 33br c, 113tcl; **Ann Winterbotham** 28t, 29tl